P. F. G. LACURIA

LES
HARMONIES DE L'ÊTRE

EXPRIMÉES PAR LES NOMBRES

ÉDITION NOUVELLE

Publiée par les soins de RENÉ PHILIPON

TOME SECOND

PARIS
BIBLIOTHÈQUE CHACORNAC
11, QUAI SAINT-MICHEL, 11

1899

Ex Libris VELLA MARCUS

Georges Monti

LES HARMONIES DE L'ÊTRE

P. F. G. LACURIA

LES
HARMONIES DE L'ÊTRE

EXPRIMÉES PAR LES NOMBRES

ÉDITION NOUVELLE
Publiée par les soins de RENÉ PHILIPON

TOME SECOND

PARIS
BIBLIOTHÈQUE CHACORNAC
11, QUAI SAINT-MICHEL, 11

1899

CHAPITRE I

DU CORPS FLUIDIQUE

Pour avoir une connaissance complète de l'homme il nous reste encore à étudier une partie mystérieuse de lui-même, qui échappe à notre observation directe et qui ne nous est connue que par les phénomènes exceptionnels qu'elle produit, et qu'on a appelé le plus souvent : phénomènes de seconde vue.

Comment une seconde vue, sans un second œil, et un second œil sans un second corps ? Nous aurions donc plusieurs corps.

Cela ne doit pas nous trop étonner puisque nous avons un exemple sous les yeux celui de la terre que nous habitons.

La terre aussi a un second corps que les physiciens appellent : magnétisme terrestre ; ce corps mérite le nom de fluidique car il paraît de la même nature que l'électricité, il est organisé comme la terre il a son équateur et ses deux pôles, il les modifie et les déplace indépendamment, il échappe aussi à notre observation directe nous ne pouvons ni le voir, ni le toucher, et nous n'aurions aucune connaissance de lui si l'aiguille aimantée ne trahissait son existence et ne révélait ses mouvements.

Si la terre, qui est sans vie, est douée, d'un second corps fluidique et organisé, comme elle, ne pouvons-nous avoir notre corps fluidique d'autant plus parfait que le magnétisme terrestre, que notre corps vivant est plus parfait que la masse de la terre ?

La terre n'a point d'âme qui ramène à l'unité ses deux corps juxtaposés, mais notre âme vivante ramène à l'unité de sa conscience les corps qu'elle possède.

L'organisation du corps de la terre est simple et élémentaire, mais le corps qui loge l'âme doit être complètement organisé et jouir des cinq sens comme le corps charnel. Les expériences de seconde vue nous montrent les sens de ce corps fluidique incomparablement plus parfaits que ceux du corps grossier. Les personnes en état de seconde vue voient à de grandes distances, d'un bout du monde à l'autre, elles voient le jour et la nuit sans le secours des lumières inférieures, elles voient l'intime des corps, pour elles tout est éclairé et transparent parce qu'elles voient dans le fluide lumineux qui remplit tout l'espace. Elles prétendent même voir les esprits comme nous voyons les hommes.

Ce corps peut se nourrir et grandir comme l'autre ; il paraît de la même nature que les trois fluides impondérables. Or, dans les aliments que nous prenons, dans l'air que nous respirons, il y a une quantité d'électricité latente et probablement aussi de calorique et de lumière, dont ce corps peut se nourrir en se les assimilant.

Les fluides le nourrissent mais ne le font pas, ce corps n'est pas un produit et comme une doublure de l'autre, il a son individualité propre, et les fluides ne le nourrissent que parce qu'ils l'ont trouvé déjà fait.

Car il faut le remarquer, l'aliment développe les êtres, mais ne les produit pas, et il ne développe que la forme qui est en germe dans la semence.

Jetez plusieurs graines dans la terre, toutes auront la même nourriture, mais l'une deviendra un grand arbre, l'autre une plante gracieuse et fleurie, et l'autre un simple brin d'herbe. Le secret et la vertu de ces formes différentes étaient dans le germe que la terre a nourri et développé, et en cela elle a accompli le commandement primitif du créateur : « Que la terre produise toute plante selon sa semence. »

Il faut donc que le germe de ce corps fluidique soit partie intégrante de notre nature, qu'il soit contemporain du germe qui a produit le corps charnel, et c'est parce qu'ils l'ont trouvé existant que les fluides ont pu le nourrir : en se les assimilant il a choisi la nourriture qui était de même nature que lui, et, comme les fluides, ce corps merveilleux est incorruptible et inaltérable.

Pourquoi cet état de seconde vue n'est-t-il qu'une exception ? ne serait-il pas naturel que l'homme jouît d'un corps qui lui appartient ? Il en était ainsi au commencement mais le péché originel a jeté ses ténèbres dans notre nature ; il a enseveli le corps lucide sous un voile de chair, ne nous laissant d'autre lumière que celle que laisse pénétrer ce corps de mort que nous traînons jusqu'au tombeau, et par là il nous prive de la société du monde spirituel qui nous environne de toutes parts, mais que notre aveuglement nous cache et nous fait trop souvent oublier et même nier.

Ceux qui ne peuvent comprendre la résurrection, parce qu'il est dit que nous ressusciterons avec notre même corps, ce corps qu'ils voient inutile, décomposé, dévoré et brûlé ! seront peut-être tentés de l'expliquer par ce corps fluidique, qui reste, lui, intègre, qu'on ne peut ni corrompre ni détruire ?

Mais qu'est-il besoin de recourir à ce second corps? ne reste-t-il rien du corps grossier que nous enfouissons dans la terre? et ce qui reste ne suffit-il pas? Pour nous en convaincre, relisons attentivement les belles paroles de Saint-Paul à ce sujet (1ᵉʳ Cor. 15. 35). « Mais dira quelqu'un : Comment les morts ressuscitent-ils? ou avec quel corps reviendront-ils? Insensé! ce que tu sèmes n'est point vivifié, si auparavant il ne meurt — et ce que tu sèmes n'est pas le corps même qui doit venir, mais une simple graine, comme de blé.

« Mais Dieu lui donne un corps, comme il veut, de même qu'il donne à chaque semence son corps propre. Toute chair n'est pas la même chair; mais autre est celle des hommes, autre celle des brebis, autre celle des oiseaux, autre celle des poissons. — Il y a aussi des corps célestes et des corps terrestres; mais autre est la gloire des célestes, autre celle des terrestres. — Autre est la clarté du soleil, autre la clarté de la lune, autre la clarté des étoiles. Une étoile même diffère d'une autre étoile en clarté. Ainsi est la résurrection des morts. Le corps est semé dans la corruption, il ressuscitera dans l'incorruptibilité; il est semé dans l'abjection, il ressuscitera dans la gloire; — il est semé dans la faiblesse, il ressuscitera dans la force. — Il est semé corps animal, il ressuscitera corps spirituel. »

Comprenons bien tout ceci. Vous admirez un grand arbre qui couvre la terre de son ombre; mais vient un moment où tout semble perdu pour lui. Ses feuilles tombent desséchées, ses fruits pourrissent, on coupe ses branches qu'on met en fagots, on scie son tronc et on le brûle. Mais la terre a recouvert une de ses graines, cette graine elle-même se décompose, il ne reste plus rien, rien qu'un germe à peine visible, mais cela suffit. Dans ce germe est le mystère de la vie et le secret de la forme, la terre humide le nourrit et le développe, et plus tard on revoit au même endroit le même grand arbre avec son feuillage, ses fleurs et ses fruits.

Mais dira-t-on : le germe lui-même ne peut-il pas être détruit? Le dernier mot de saint Paul nous rassure sur le germe de la résurrection : *Surget corpus spiritale*. Il s'élèvera un corps spirituel. Pour qu'un corps spirituel surgisse, il faut que le germe lui-même, un germe que ni le fer ni le feu ne peuvent atteindre, soit spirituel. Pourquoi avons-nous donc semé un corps animal?

Voici : bien que formé du limon de la terre, le corps d'Adam devait se spiritualiser de plus en plus, jusqu'à ce qu'il pût suivre l'âme et le corps fluide dans leur élan vers les sphères célestes. Mais Dieu avait dit à l'homme : « le jour où tu mangeras le fruit défendu tu mourras. » Le corps, après le péché, au lieu de se spiritualiser comme le demandait son germe, s'est matérialisé et animalisé, il est devenu une proie que la mort ronge dès le berceau, et qu'elle achève de dévorer sur le seuil de la tombe : mais la mort a été vaincue et condamnée par la résurrection de Jésus-Christ. Et le germe humain délivré reproduira un corps spirituel selon sa nature.

La croyance à plusieurs corps n'est pas nouvelle, elle est aussi ancienne que le monde, et on la retrouve dans les plus anciennes traditions, dans les livres sacrés des Indiens. Voici ce qu'on lit dans l'*Oupnekhat*. « Nous avons trois corps : le corps grossier (asthout), le corps vivant et agissant (karn), et le corps subtil ou presque spirituel (soutchem). » (Journal asiatique, tome II, page 75.)

L'homme si enclin à n'admettre que ce qu'il voit n'a pu inventer une pareille doctrine qui doit venir des traditions primitives.

Nous verrons tout à l'heure la raison de ces trois corps. Mais pour la comprendre, il faut étudier deux questions qui se présentent enchaînées l'une à l'autre.

Quel est l'état de l'âme après la mort et avant la résurrection ? On dit qu'elle est comme les anges ; mais comment sont les anges ?

Déjà, dans le chapitre IX de la première partie, nous avons reconnu avec beaucoup de Saints Pères que Dieu seul pouvait être un pur esprit.

Cependant, depuis le commencement du monde, on appelle les anges des esprits. Quelle valeur faut-il donner à ce mot ?

Les hommes ont toujours appelé esprit tout ce dont ils ne pouvaient constater la matérialité, tellement qu'en plusieurs langues le même mot signifie esprit et vent. Au moyen-âge, saint Thomas se croit obligé de prouver que l'air est matériel, mais il nie que la lumière le soit. Maintenant qu'on calcule la vitesse de la lumière, on sait qu'elle n'est pas esprit. Il n'est donc pas étonnant que les hommes aient appelé esprit les anges qui paraissaient et disparaissaient subitement sans laisser de trace.

Les docteurs chrétiens, suivant l'usage immémorial, ont appelé les anges des esprits, et plusieurs, regardant cet usage comme une tradition, ont pris le mot tout à fait au sérieux. Mais un grand nombre d'autres, pesant attentivement la valeur des mots, ont compris que la spiritualité pure excluait toute matière, toute dimension, toute circonscription dans l'espace, toute sujétion au lieu. De là l'esprit pur, étant sans être dans un lieu, est absolument, ou il n'est pas, ou il est partout ; il possède donc nécessairement l'ubiquité, l'immensité, et l'immutabilité qui en est la conséquence, ce qui ne peut convenir qu'à Dieu. Ils ont donc déclaré que Dieu seul pouvait être pur esprit et que toutes les créatures qu'on appelait esprit devait avoir une forme quelconque circonscrite dans l'espace.

Leur dire était conforme au langage de l'Écriture Sainte qui suppose toujours aux anges et aux démons des changements de lieu. Ce qui suppose une limite dans l'espace. Les démons sont chassés du ciel, les anges descendent du ciel sur la terre et remontent au ciel, un démon est enchaîné par Raphaël dans le désert de la Haute Égypte : dans l'Apocalypse des anges sont liés sur l'Euphrate et le grand dragon est enchaîné, jeté dans l'abîme et fermé sous clef pour mille ans.

L'esprit pur, qui n'est pas sujet au lieu et qui par conséquent est partout, ne peut ni changer de place ni être enchaîné dans un lieu ; il faut donc que les anges soient limités dans l'espace, or toute limite dans l'espace est matérielle à un degré quelconque. Les anges ont donc une enveloppe matérielle, c'est-à-dire un corps. Mais quelle est la matière de ces corps ?

L'esprit qui est indivisible est un terme absolu, la spiritualité pure n'a pas de plus ou de moins, elle est ou elle n'est pas.

La matière au contraire, dont l'essence est la divisibilité, a des degrés innombrables de matérialité.

Nous ne la connaissons encore qu'à quatre états : solide, liquide, gazeuse et fluide. Les solides et les liquides ont différents degrés de pesanteur et de légèreté. Les gaz en se subtilisant échappent à nos sens et semblent devenir spirituels. Les fluides que nous ne connaissons que par leurs effets, sont si subtils que plusieurs ont douté s'ils étaient matériels, et la mesure de leurs mouvements est la seule preuve que nous ayons de leur matérialité. Ils sont peut-être susceptibles de beaucoup de degrés de subtilité que nous ne connaissons pas. On peut supposer la matière du corps des anges aussi subtile que l'on voudra, plus subtile encore que la lumière et l'électricité mais tant qu'ils sont circonscrits dans l'espace, ils sont encore matériels et de vrais corps.

Un mot de Saint Jean Damascène résume toute la question : « Les anges, dit-il, sont spirituels par rapport à l'homme et corporels par rapport à Dieu. » C'est-à-dire que leur matérialité subtile échappant à tous nos moyens d'investigation, ils nous paraissent des esprits. Mais Dieu voit et connaît cette matérialité, car c'est lui qui a créé pour eux les limites qui les circonscrivent dans l'espace ; ces limites qui sont le commencement de toute créature et le sceau du fini.

Revenons à l'âme. Si, après la mort, elle est comme les anges, comme les anges elle ne peut subsister sans un corps quelconque, et si elle a été obligé d'en laisser un dans le tombeau il faut qu'elle en ait plusieurs pour pouvoir en garder au moins un.

Ici la foi vient à notre aide. Il est de foi que l'âme de Jésus-Christ est descendue aux enfers. Or si l'âme de Jésus-Christ avait été à l'état d'esprit pur, n'étant pas sujette au lieu elle n'aurait pu ni descendre dans un lieu ni ramener de ce lieu avec elle les âmes des patriarches, qui l'attendaient depuis si longtemps et n'en pouvaient sortir sans lui

La mort même nous apprend donc que l'âme a plusieurs corps. L'ange ne peut pas mourir c'est-à-dire être séparé de son corps, parce qu'il n'en a qu'un qui est indispensable à son existence. Si l'âme peut mourir et perdre un corps c'est qu'il lui en reste un autre pour continuer à subsister.

Mais dira-t-on, deux corps ne suffisent-ils pas à l'âme humaine ? pourquoi admettre les trois corps que lui donne la tradition indienne ?

Le voici : l'homme ne forme pas dans la création une série radicalement différente des autres, mais comme nous l'avons déjà vu, il est le résumé de toutes les séries qui ont été créées avant lui. L'homme possède à la fois les cinq propriétés de la matière, les six sensibilités de l'animal et les sept facultés lumineuses qui se reflètent de Dieu dans l'intelligence angélique. Pour contenir et manifester ces trois trésors il lui fallait trois vases différents, c'est-à-dire trois corps, car c'est la différence des limites qui détermine la différence des participations aux divers aspects de l'infini.

L'homme est donc comme un ange que Dieu a revêtu de deux manteaux, de celui de l'animalité et de celui de la matérialité qui était déjà une doublure du précédent et cela afin que l'homme portant en lui toutes les formes de la création, pût en s'offrant à Dieu offrir la création entière et être le prêtre par excellence.

Par le péché l'homme a été condamné à mourir c'est-à-dire à être dépouillé du vêtement dont Dieu l'avait orné. A la rigueur il pourrait en perdre deux la matérialité et l'animalité, sans cesser d'exister ; mais le troisième le corps subtil est comme la peau de l'âme qu'on ne pourrait lui arracher sans lui ôter l'existence.

Que laisse l'âme dans le tombeau ? qu'emporte-t-elle ? Nous voyons le corps grossier enfoui dans la terre. Nous comprenons qu'elle doit accessoirement garder le corps subtil et angélique ; mais que fait-elle du corps fluidique ? Le laisse-t-elle aussi dans la tombe ou plutôt ne l'emporte-t-elle pas avec elle dans le lieu de la purification pour expier les fautes où la sensibilité a eu tant de part ?

Quoi qu'il en soit, le dogme de la résurrection lui promet la restitution de tout ce qu'elle a perdu, non point dans l'état misérable où elle l'a perdu, mais renouvelé, purifié, transfiguré, spiritualisé. *Seminatur corpus animale surget corpus spiritale*.

La connaissance des trois corps ouvre aussi de nouveaux aperçus sur la question de la souillure originelle.

En effet, s'il est un corps qui ne puisse être séparé de l'âme, un corps qui soit pour elle condition indispensable d'existence, ce corps fait partie de sa constitution, de sa personnalité, et s'il ne peut être détruit sans qu'elle-même soit détruite, peut-il être souillé sans qu'elle ne le soit aussi ?

Or tout ce qui est matière à quelque degré que ce soit, peut se transmettre par la génération. La souillure originelle pourrait donc se définir : une forme vicieuse et dégradé de l'âme transmise de génération en génération depuis Adam jusqu'à nous.

On conçoit dès lors que cette lèpre qui a envahi la peau même de l'âme, reçoive l'application de la grâce par un remède extérieur qui est l'eau du baptême.

Il est vrai que dans l'adulte, le baptême ne peut purifier sans la foi et le consentement de la volonté ; c'est que l'adulte par la liberté a une telle possession de cette forme intime de l'âme que rien ne peut la modifier sans son consentement. Mais l'enfant qui n'a pas l'usage de la liberté ne peut opposer aucune résistance à l'action bienfaisante du remède qu'on lui applique, et la lèpre de son âme est guérie.

Tout ceci n'est que conjecture sur le comment. Le certain est ce que dit la foi, savoir que la souillure originelle est transmise par la génération et que le baptême la guérit. Quant au corps grossier, sa déchéance est sans remède, il faut qu'il meure, il faut que la décomposition le désagrège jusqu'à la dernière molécule, et qu'il soit transformé et reconstruit sur un nouveau plan par la résurrection.

Le caractère propre de la matière grossière est la rigidité. Le corps matériel conserve toute sa vie le type qu'il a reçu à la naissance, il ne se modifie dans certains détails, que peu à peu et ne cède qu'à une action constante et prolongée.

Il n'en est pas de même du corps fluidique, et surtout du corps subtil. Comme un vêtement souple et vivant, ils se collent sur l'âme et prennent sa forme à chacun de ses mouvements, ils se transforment et la traduisent jusque dans ses moindres détails avec une fidélité plus grande encore que celle de la photographie.

Cette fidélité doit se trouver dans le mal comme dans le bien, et le corps fluidique peut ainsi réaliser des prodiges de laideur aussi bien que de beauté.

L'âme cependant n'est pas sans influence sur le corps grossier, mais cette influence est fort limitée ; ce n'est que par une longue habitude et des efforts réitérés, qu'elle peut modifier sensiblement ces dures formes de la matière. Nul doute que deux enfants parfaitement semblables à l'âge de sept ans, s'ils mènent une vie tout opposée ne se ressembleront plus à trente ans.

Ces changements sont plus sensibles qu'on ne le croit ordinairement, on a pu observer des modifications remarquables même dans la forme solide du crâne, néanmoins la matière ne cède jamais qu'en partie ; celui qui a reçu de ses parents, un type dégénéré, ne pourra malgré une vie de vertu, le réformer entièrement, à peine pourra-t-il en adoucir l'expression. De même celui qui reçoit un type élevé et parfait, conservera jusqu'à la mort malgré ses vices, un reste de sa beauté première.

Les traits résistent longtemps à l'action de l'âme, l'expression au contraire lui obéit instantanément; mais l'âme peut la contenir et cacher ainsi les émotions qui l'agitent.

Le corps reste donc un masque qui cache l'âme autant qu'il la traduit, et il faut une grande sagacité aux physionomistes pour deviner ce qui se passe derrière ce masque.

Il n'en serait pas ainsi, si nous pouvions voir le corps fluidique, l'âme serait alors comme nue devant nous, pas un trait de sa beauté ou de sa laideur ne pourrait nous échapper et nous nous connaîtrions tous tels que nous sommes.

Ainsi en sera-t-il au jugement dernier. Toute hésitation cessera, les deux sociétés se sépareront d'elles-mêmes.

La blanche beauté montera briller à la lumière céleste, la noire laideur ira se cacher dans les ténèbres de l'enfer. Dieu qui veut laisser à l'homme sur la terre, le temps et la liberté de choisir entre le bien et le mal, Dieu qui veut lui ménager la possibilité de se repentir et de revenir à lui lorsqu'il s'est égaré, lui a laissé ce masque du corps grossier derrière lequel il peut à l'insu de tous, terminer ses évolutions.

L'homme voit avec peine ce corps, compagnon de son pèlerinage, tomber en ruine peu à peu et devenir pour tous un objet de dégoût et de pitié, mais puisque le mal est sans remède, au lieu de faire d'inutiles efforts

Pour réparer des ans l'irréparable outrage,

il devrait reporter sa sollicitude sur le corps fluidique qu'il peut soigner utilement.

Ce corps merveilleux ne vieillit point comme l'autre, il est indestructible, il sera le modèle de la résurrection et demeurera l'immortel vêtement de l'âme, c'est à celui-là qu'il importe de conserver sa beauté, car sa beauté est le gage du salut, et sa laideur le signe de la damnation.

Tous les vices l'enlaidissent, l'orgueil lui donne un aspect dur et repoussant, la colère décompose ses traits, l'envie le décolore, l'avarice le dessèche, la gourmandise le boursoufle, la luxure le vieillit et lui donne un aspect cadavéreux, la paresse le plie en deux, le mensonge le noircit.

Toutes les vertus au contraire l'embellissent, la vérité lui donne la blancheur sans tache, la foi qui des enfants des hommes fait des enfants de Dieu l'ennoblit, l'espérance fait rayonner la sérénité sur son front, la justice dessine ses traits avec une rare perfection, la prudence lui donne la majesté des rois et la force lui fait commander le respect, la pureté lui conserve la fleur sans pareille de l'adolescence, l'amour l'illumine et fait resplendir sa beauté.

Nous ne voyons donc pas l'homme tel qu'il est, le corps fluidique seul pourrait nous le révéler, mais nous ne voyons que le masque qui nous trompe le plus souvent. Si nous pouvions arracher le masque de ces impudiques beautés qui brillent dans le monde, nous reculerions d'horreur devant le hideux spectacle qui s'étalerait à nos yeux; les beaux esprits nous apparaîtraient noirs et idiots, et les rois des salons plus repoussants que de hideux reptiles.

Mais qu'il se console celui qui est vertueux, celui qui a conservé la pureté du cœur, celui qui a toujours aimé la vérité, celui qui n'a point de haine et dont l'amour est sans bornes, il est beau d'une beauté merveilleuse, les hommes ne voient en lui qu'un vieux corps courbé par l'âge, défiguré par les rides, attristé par la maladie, chancelant par la faiblesse. Mais si le masque pouvait tomber, si tout à coup apparaissait aux yeux des hommes ce corps fluidique si souple, si jeune, si gracieux, si rayonnant d'amour et de beauté, si éblouissant de lumière, un cri involontaire d'admiration et d'amour partirait de toutes les bouches, comme lorsque la belle Hélène passa devant les vieillards de Troie.

Travaillons donc à acquérir non la beauté du masque mais la beauté du corps vivant, et nous pourrons dire comme saint Paul: « Bien qu'en nous l'homme extérieur soit dévoré par la décomposition, cependant celui qui est au dedans se renouvelle de jour en jour. « *Licet is qui foris est noster homo currumpatur, tamen is qui intus est renovatur de die in diem.* »

Nous pouvons maintenant nous former une idée plus exacte de la différence qui existe entre l'ange et l'homme. L'homme a trois corps qui répondent aux trois vies, ou plutôt aux trois formes de la vie qu'énumèrent les physiologistes; la vie végétative, la vie animale ou sensible, la vie intellectuelle ou raisonnable. L'ange n'a que le troisième corps qui répond à la vie raisonnable; il faut donc diminuer de sa manière d'être tout ce qui correspond aux deux autres vies.

Par la vie végétative l'homme se trouve assujetti aux lois physiques telle que la pesanteur, sa nutrition dépend en partie des affinités chimiques, et cette vie inférieure presque tout entière échappe à la conscience de l'homme, se passe à son insu et indépendamment de la volonté, le cœur de l'homme bat sans qu'il le sente ou le veuille, chez lui la digestion, l'assimilation, le sommeil obéissent à des lois qu'il n'a pas faites et que le plus souvent il ignore.

Dans l'ange au contraire, rien n'est soumis aux lois physiques, rien ne se passe à son insu, il a toujours conscience entière de tout lui-même, et le sommeil ne voile jamais son immortelle vie.

Par la vie animale ou sensible, l'homme est passif dans ses impressions, le plaisir ou la douleur viennent frapper à sa porte, au moment où il s'y attend le moins et malgré sa volonté.

L'ange au contraire libre, jusque dans les communications avec ce qui n'est pas lui, n'entend et ne voit que ce qu'il veut, et n'exerce jamais que librement la sensibilité exquise et supérieure de son corps spirituel. L'agilité du corps de l'ange doit être en rapport avec sa spriritualité et si la rapidité de l'électricité est déjà très inférieure à celle du corps fluidique, elle n'est rien en comparaison de celle du corps angélique.

Nous avons parlé de la flexibilité du corps fluidique. Cette flexibilité est au plus haut degré possible dans le corps angélique. Ce corps merveilleux qui n'est que l'enveloppe éthérée de la vie intelligente, doit céder sans aucun effort à tous ses mouvements. Il peut donc se dilater, s'illuminer, se colorer, se transfigurer de mille manières, pour suivre et traduire tous les élans de la vie et toutes les illuminations de la pensée. Toutefois l'ange étant dans la règle et la vérité, ne peut abuser de cette puissance de transformation. La pensée de Dieu et la raison ne l'abandonnent jamais, et sa forme ne peut cesser d'être divine et raisonnable. Mais sans sortir du type qui appartient à la nature angélique, cette forme doit offrir d'admirables nuances pour exprimer les ardeurs des séraphins, les éblouissements des chérubins, la majesté des trones, la fermeté des archanges, et l'innocence des anges et dans le même ange bien des transformations doivent s'opérer à mesure qu'il remplit des missions différentes, soit qu'il soit ministre de la justice de Dieu ou messager de sa miséricorde.

Les démons ont nécessairement comme les anges la flexibilité docile du corps subtil, mais comme ils sont pervertis dans leurs pensées et dans leur volonté, ils peuvent jusqu'à la limite que leur impose leur nature, abuser de leur puissance et exprimer la perversité de leur conscience, par la perturbation monstrueuse de leur forme ils peuvent traduire dans leur corps la laideur des sept péchés capitaux qu'ils s'efforcent de souffler dans nos âmes. Eux qui cherchent à nous rendre semblables aux bêtes peuvent revêtir des formes bestiales et hideuses, même se rendre visibles sous ces formes, à moins qu'il ne soient empêchés par une puissance supérieure.

La différence entre l'homme et ce que nous appelons les esprits est donc immense.

L'homme n'est ni ange pur, ni animal pur, ni végétal pur, mais il est tout cela à la fois. Les êtres spéciaux peuvent l'emporter sur lui dans leur spécialité, mais l'homme les surpasse tous par l'ensemble.

Il est par-dessus tout une œuvre de récapitulation et d'harmonie.

Aussi il est de droit roi et prêtre de la création, c'est en lui que toute la création résumée et vivifiée peut s'offrir d'elle-même à Dieu, et se rattacher ainsi à son principe.

Les apparitions angéliques ramènent notre attention sur une question fort difficile, celle des visions.

Ce qui complique cette question c'est que la vision peut être subjective, et qu'elle peut se faire par chacun des trois corps de l'homme.

La vision est subjective lorsqu'un homme croit voir et même voit distinctement un objet qui n'est pas réellement devant ses yeux. Comment cela peut-il se faire ?

Rappelons-nous comment s'opère la vision naturelle.

Les rayons lumineux qui rejaillissent d'un objet quelconque arrivent jusqu'à l'œil et reproduisent sur la rétine une image de cet objet; c'est cette image qui, ébranlant le nerf optique, donne à l'homme la vision de cet objet.

Si cette image pouvait exister sans la présence de l'objet, la vision subjective serait possible. Or un ange qui a toute puissance sur la matière fluide ne peut-il pas avec un pinceau de lumière peindre sur la rétine d'un œil toutes les images qu'il veut et donner à cet œil la vision de tout ce qu'il a peint? Ce serait faire d'une autre manière et plus parfaitement ce que font les peintres qui nous font voir sur une toile plate toutes les scènes qui n'existent pas.

Lorsqu'une personne est en état de seconde vue il suffit de produire cette impression sur le corps fluidique pour lui donner la vision; c'est ce qui a dû arriver même aux prophètes lorsqu'ils ont eu des visions allégoriques ; c'est ce qui arrive probablement dans les songes significatifs, tels que ceux de Joseph, de Pharaon, de Nabuchodonosor et de Daniel.

Cette impression qui peut se faire sur le sens de la vue, doit pouvoir se faire également sur les autres sens, pour faire entendre, sentir et goûter.

On peut considérer cette opération comme une espèce de langage et d'écriture hiéroglyphique par lesquels les anges peuvent communiquer avec les hommes.

Pourquoi les anges ne pourraient-ils pas ce qui paraît être en certaines circonstances au pouvoir de l'homme ?

Une des expériences usitées des magnétiseurs, est de faire voir, sur une table vide, au sujet magnétisé tout ce qu'on veut, et de lui faire trouver, à de l'eau pure, successivement le goût de toutes les liqueurs. Que ce soit l'homme lui-même ou un esprit qui produise cet effet peu importe, le fait entraîne la possibilité.

Ce que peuvent naturellement les anges, les démons le peuvent aussi. Seulement bien que les visions allégoriques que donnent les anges n'aient pas une réalité objective, elles expriment toujours des vérités ou des mystères utiles à l'homme tandis que les visions produites par les démons renferment des mensonges propres à tromper l'homme et à le porter au mal.

Ceci nous montre qu'au sujet des visions subjectives deux écueils sont à éviter : premièrement de prendre pour réel ce qui n'est que figuratif, secondement de prendre le langage du démon pour celui d'un ange, et nous devons reconnaître la sagesse de l'Église qui se réserve le jugement des visions et ne demande la foi que pour celles qu'elle a revêtues de son autorité.

Mais les visions peuvent être objectives, c'est-à-dire causées par la présence réelle de l'objet qui est vu ; et cela doit être surtout pour les visions des anges et des démons ; car, d'un côté, les anges sont les messagers et les ministres de Dieu dans toute la création ; de l'autre, jusqu'au jugement dernier, les démons luttant contre les anges se répandent partout où ils peuvent et infectent surtout la terre pour y introduire le mal.

L'apparition des uns et des autres peut donc, sans difficulté, être réelle, ils n'ont qu'à se rendre visibles.

Mais on peut se demander si les apparitions de J.-C., de la Sainte-Vierge et des Saints dont le séjour est au ciel, sont réelles ? et on répugne à admettre de leur part un déplacement que la multitude des apparitions supposerait continuel.

Si nous examinons attentivement, nous verrons que ces apparitions peuvent être réelles sans qu'on soit obligé de recourir au déplacement.

Nous l'avons déjà noté : la vision se fait par le rejaillissement de la lumière qui vient des objets jusqu'à nos yeux. Cette lumière qui rejaillit des objets matériels est soumise à des lois physiques, soit pour l'angle, soit pour la portée ; à mesure que l'objet s'éloigne, les rayons lumineux qui parviennent à notre œil sont moins nombreux et ils s'éteignent dans l'épaisseur du milieu qui nous sépare de l'objet, aussi à une certaine distance ils n'ont plus la force d'ébranler le nerf optique et l'on ne voit plus. Mais les corps ressuscités sont des lumières vivantes et libres qui ne sont point sujettes à ces lois physiques, elles peuvent rayonner en tous sens aussi loin qu'elles le voulent et se diriger spécialement sur un point voulu. Or si ces rayons des corps ressuscités viennent frapper l'œil soit fluidique soit matériel d'un homme, il voit réellement Jésus-Christ ou le saint qui projette ces rayons aussi bien qu'il voit l'objet matériel dont le reflet vient jusqu'à lui.

Jésus-Christ et la Sainte Vierge n'ont donc pas besoin de quitter leur trône pour apparaître réellement, à une ou plusieurs personnes, au degré où ils veulent apparaître. Il est vrai que ces apparitions peuvent résulter aussi d'une impression faite par un ange. Les deux sont possibles ; mais quelle est la cause qui agit dans tel ou tel cas particulier ? Il n'est guère possible de le constater sûrement. Dans l'un et l'autre cas l'âme est illuminée, et n'a d'autre chose à faire que de profiter de la lumière qu'elle reçoit.

Ce qui a été dit dans ce chapitre peut jeter quelque jour sur une question que soulève Salomon dans l'Ecclésiaste :

Unus interitus est hominis et jumentorum... Quis novit si spiritus filiorum Adam ascendat sursum et si spiritus jumentorum descendat deorsum. (3.21)

L'homme et l'animal meurent de la même mort... Qui sait si l'esprit des fils d'Adam monte en haut et si l'esprit des animaux descend en bas ?

Voici les conclusions qui se présentent :

D'abord l'homme meurt. *Dieu*, dit le Livre de la Sagesse, *n'a pas fait la mort*. Elle est fille de Lucifer et a été introduite dans le monde par le péché.

Le péché originel a eu pour Adam deux terribles conséquences. D'abord elle l'a fait déchoir de la destinée surnaturelle, c'est-à-dire du pouvoir de participer à la vie divine ou éternelle par l'union au Médiateur et par là même toute sa race s'est trouvée exclue de cette destinée sublime, car un exilé ne peut enfanter que des exilés. Secondement il a été soumis à la mort, c'est-à-dire que son troisième corps formé du limon de la terre, est devenu la proie de la mort qui le rend corruptible et a le droit de le détruire et d'en dépouiller l'homme. Le corps fluide et à plus forte raison le corps subtil ou angélique sont incorruptibles et ne peuvent être détruits par la mort.

Ces deux conséquences auraient été irréparables si le Médiateur ne s'était offert pour racheter l'homme.

Il l'a réintégré dans l'ordre surnaturel au prix de son sang et de sa vie et il a triomphé de la mort par sa propre résurrection, puis il a donné aux hommes de participer à ce triomphe, c'est-à-dire, qu'au dernier jour ce troisième corps sera reconstitué et rendu à ceux qui l'auront perdu par la mort. Cette réintégration du corps décomposé et arraché par la mort est un miracle de la toute puissance divine dont nul ne soupçonne la grandeur ; elle est le grand triomphe de l'homme-Dieu et la grande joie de l'Eglise qui fait retentir l'*Alleluia*.

La résurrection n'a lieu que pour les hommes.

Secondement, les animaux meurent comme l'homme. Puisque Dieu n'a pas fait la mort, il a dû les créer immortels, mais la solidarité mystérieuse qui relie toute la nature à l'homme a fait retomber sur les animaux innocents une des conséquences du péché originel. Les animaux ne pouvaient être exclus de l'ordre surnaturel auquel ils n'étaient pas appelés et dont ils sont incapables, mais ils ont été soumis à la mort qui est devenue maîtresse de leur corps.

Ici plusieurs questions se présentent. La mort en détruisant le corps des animaux, les anéantit-elle ? Cette question dépend d'une autre : les animaux ont-ils outre le corps grossier, un corps fluide ? S'ils ont un corps fluide qui étant incorruptible est hors de la portée de la mort, ils survivent avec ce corps fluide. C'est ce que suppose le texte de Salomon, car si les animaux sont anéantis, on ne peut parler de leur esprit ni demander s'il monte ou descend. Le mot *spiritus* indique évidemment ce qui survit en eux, c'est-à-dire leur corps fluide avec lequel ils commencent une nouvelle vie. Alors débarrassés du corps grossier et de tous les mauvais instincts que le démon y avait attachés, exempts de toute douleur, possédant un corps agile, incorruptible dont les sens sont très parfaits ils jouissent de tout le bonheur dont leur nature est capable.

Il n'y a pas pour eux de résurrection mais ils n'en ont pas besoin ; l'unique corps qu'ils possèdent suffit pour leur faire jouir parfaitement de la vie.

Enfin une dernière question se présente : Tous les animaux ont-ils un corps fluide ? On admettra volontiers la survivance des bêtes qui font l'ornement de la création et dont quelques-uns servent l'homme et s'attachent à lui, mais la pensée se refuse à immortaliser la vermine et tous ces êtres dégoûtants qui naissent de la corruption et vivent d'elle, tous ces milliards d'animalcules qui échappent à nos regards et conspirent nuit et jour contre toute chair vivante.

Voici donc ce qui me paraît vraisemblable. Tous les animaux que Dieu a créés dans le paradis terrestre et qui sont mentionnés dans la Genèse ont un corps fluide et survivent à la mort. Mais tous ceux qui ont leur raison d'être dans le péché, tous ceux qui naissent de la corruption et vivent d'elle, qui sont même les instruments de la corruption, n'ont point de corps fluide.

Leur vie imparfaite n'a d'autre point d'appui qu'un corps corruptible, en perpétuelle dissolution ; lorsque ce corps est entièrement détruit, la vie n'ayant plus aucun support se retire et disparaît, et tous ces enfants de la mort, après avoir été les instruments de sa puissance destructive, sont dévorés par elle et sont anéantis. Tous doivent cesser d'être un jour, et il n'en restera pas un seul. La mort sera elle-même anéantie, selon cette parole de Saint-Paul : *Novissima inimica destruetur mors*. Après tout ce qui doit être détruit la mort ennemie sera elle-même détruite.

CHAPITRE II
DU PROGRÈS

Tout ce que nous avons établi nous aidera à mieux comprendre le vide de certains mots et de certaines formules, dont on s'est servi pour séduire les peuples.

Le progrès est un de ces mots qui a servi de drapeau à l'utopie. Ceux qui ont promené ce drapeau dans le monde avec le plus de bruit ne croient souvent ni à Dieu, ni à la Providence et voici la théorie qu'ils ont imaginée.

Tout être porte en soi un principe d'expansion qui le fait se développer et grandir. L'échelle de la perfection est immense, elle plonge son pied dans l'abîme et élève sa tête jusqu'au ciel. Tout être occupe un des degrés de cette échelle et tend à monter plus haut. Pour le moment, le plus haut degré occupé l'est par l'homme. Nous ignorons quand et comment il a commencé, mais si nous suivons sa marche depuis que son histoire est connue, nous verrons que la loi de l'humanité est le progrès, que ce progrès n'a point de limites assignables, que l'ambition et l'espérance de l'homme peuvent s'étendre indéfiniment dans l'avenir. Nous pouvons donc croire qu'un jour viendra où l'humanité ayant triomphé tour à tour de tous les obstacles qui s'opposent à sa perfection sur la terre, aura fait disparaître tout défaut et toute douleur, et qu'enfin la jouissance de tous les biens de la nature sera le partage de tous.

Autant de mots, autant de mensonges.

Cette conclusion ressortira des observations suivantes.

Notons d'abord qu'aucun être ne renferme en lui-même les éléments du progrès.

On peut entendre le mot progrès en deux sens. Ou bien il est un mouvement qui approche d'un but, ou bien il est une dilatation, un accroissement de l'être qui progresse.

Tout mouvement suppose une attraction, un moteur ou au moins un but. Le but, le moteur, le point qui attire, tout cela n'est pas l'individu qui se meut, mais quelque chose hors de lui.

L'accroissement, soit de la plante, soit de l'animal, se fait par l'assimilation d'une substance étrangère.

Il y a donc toujours dans le progrès deux éléments, et l'un de ces éléments est autre que l'être qui progresse. L'intelligence progresse aussi par assimilation, elle s'assimile la vérité qu'elle découvre, mais découvrir n'est pas créer, la vérité, c'est ce qui est, et c'est parce qu'elle est déjà, que l'intelligence la découvre et s'en nourrit, mais elle ne l'invente et ne la crée pas plus que l'animal n'invente et ne crée le fruit dont il se nourrit. Il faut donc pour le progrès intellectuel de l'homme que la vérité soit là, avant lui et hors de lui.

Notons secondement que l'accroissement ou le progrès matériel n'est jamais indéfini, mais toujours limité par la nature du germe qui doit se développer.

Jetez dans la terre, une multitude de graines différentes, l'attraction du soleil les sollicitera en son temps à se développer en s'assimilant les sucs de la terre; mais les résultats seront bien différents. Quelques-uns de ces grains ne produiront que des brins d'herbe dont la vie est éphémère, d'autres produiront de grands arbres qui vivront plusieurs siècles, mais il y a toujours un terme fatal auquel l'accroissement s'arrête.

Du reste, cet accroissement limité mérite-t-il le nom de progrès? Est-ce un progrès que ce circuit fatal qui commence à la naissance et finit à la mort, et que chaque être accomplit à son tour? Si encore ce circuit s'agrandissait graduellement, mais loin de là; l'histoire nous le montre se rétrécissant de plus en plus, du moins pour l'homme, car la longévité antique dépassait de beaucoup la notre.

Le progrès pour mériter son nom doit être indéfini.

Il ne doit pas être un cercle fatal, mais une spirale sans fin où l'on peut toujours monter.

Mais le progrès indéfini est-il possible? Et par quels moyens?

Examinons bien les conditions du problème.

Progresser c'est grandir et, comme nous venons de le voir, aucun être ne grandit par lui-même, mais toujours à l'aide et au dépens d'un autre. Le corps comme l'âme s'agrandissent par assimilation, mais il faut remarquer ici une différence importante entre le corps et l'âme.

La matière dont se nourrit le corps est passive et inférieure au corps qui se l'assimile. C'est le corps qui prend l'initiative pour saisir la nourriture et en se l'assimilant il l'élève jusqu'à lui, mais il ne peut l'élever plus haut, il est lui-même la mesure qu'il ne peut dépasser, et quand il a épuisé la vertu de son germe il s'arrête et ne peut s'élever au-dessus de lui-même.

La nourriture de l'âme au contraire, c'est-à-dire la vérité et la bonté, lui est supérieure. De plus la vérité et la bonté dont se nourrit l'âme ne sont pas des abstractions passives, mais une réalité vivante et active, car au fond elles sont Dieu même. De sorte que l'initiative vient plutôt de la vérité que de l'âme, et c'est l'âme qui est assimilée à la vérité supérieure qui l'éclaire, c'est pourquoi en se nourrissant de la vérité, elle s'élève au-dessus d'elle-même et réalise un véritable progrès.

Ainsi pour progresser réellement il faut être appelé et attiré par un être supérieur et monter jusqu'à lui, mais si cet être supérieur est fini lui-même, arrivé à lui il faudra s'arrêter; le progrès ne peut donc être indéfini qu'autant que c'est l'être infini lui-même qui appelle et attire. Mais il faut encore deux conditions : il faut que l'être fini puisse répondre à cet appel, et s'il est libre, qu'il le veuille. Voilà donc les trois conditions indispensables du progrès indéfini. L'infini qui appelle et attire; le fini qui est capable d'être appelé et attiré; la libre coopération du fini.

La mesure de l'être, ce qui constitue sa grandeur réelle, ce qui par conséquent peut s'agrandir et est le sujet du progrès, c'est dans l'animal l'individualité et dans l'homme la personnalité.

L'individualité ou la conscience animale résulte comme nous l'avons vu, du contact de la vie et des sens qui produit la sensation, la sensibilité ou l'instinct. Nous ne pouvons savoir au juste jusqu'à quel degré la sensibilité pure peut se développer sous l'influence de la vie, mais l'expérience semble nous indiquer qu'elle apporte à ce développement une limite fatale.

Depuis le commencement du monde l'instinct des animaux est le même, les abeilles font le même miel, les castors les mêmes constructions et les renards ont les mêmes ruses. Le développement factice que l'action de l'homme procure à certains animaux ne persiste pas lorsque l'homme les abandonne. Dans tous les cas la participation à l'idée de l'être met entre l'homme et l'animal une différence radicale, une distance infinie et infranchissable, de sorte que nul développement ne peut transformer l'individualité en personnalité.

La personnalité de l'homme ou la conscience intelligente résulte du contact de l'idée du non être avec l'idée de l'être.

L'idée de l'être qui est aussi l'idée de l'unité donne à l'idée du non être la forme du nombre, et comme la série des nombres est interminable, elle ouvre pour l'intelligence la possibilité d'un développement inépuisable.

La conscience intelligente ou la personnalité dans l'homme est plus ou moins grande selon que chez lui l'idée du non être correspond plus ou moins avec l'idée de l'être et s'unit à elle. L'idée de l'être est pour ainsi dire un aliment infini auquel l'idée du non être s'assimile peu à peu, et par là dilate de plus en plus la personnalité humaine. L'âme de l'homme aurait donc en elle-même tous les éléments du progrès indéfini, si l'idée de l'être au lieu d'être une simple participation était une propriété dont elle puisse disposer à volonté. Mais l'homme n'est pas maître de cet aliment divin et ne peut s'en nourrir selon son caprice, il faut que cet aliment qui est le Dieu vivant se donne lui-même et provoque l'âme à s'en nourrir. Il s'est donné dès le commencement par la révélation naturelle du langage qui formule l'idée de l'infini. Il s'est donné plus amplement ensuite par la révélation surnaturelle des mystères qui sont, pour l'intelligence, comme des tranches du pain infini de la vérité; il se donnera plus amplement encore au ciel par la vision intuitive qui sera le pain de la vérité livré sans autre mesure que le désir et la faim de notre âme qui s'en rassasiera éternellement et éternellement agrandira sa personnalité.

Mais pour que cette splendide réalisation ait lieu il faut la troisième condition, l'assentiment et la coopération de la liberté, car l'âme humaine peut refuser de se nourrir de la vérité que Dieu lui offre, elle peut, par ce refus s'amoindrir de plus en plus et mourir spirituellement de faim.

En résumé, le progrès indéfini est possible, mais il suppose l'action combinée de Dieu et de l'homme; c'est de la part de Dieu la révélation et la grâce, de la part de l'homme la foi et la sainteté; et ce progrès ne sera sans obstacle et parfait qu'au ciel. Mais en face du progrès apparaît la déchéance qui a son terme dans l'enfer.

Nous voici bien haut et bien loin des pensées des prôneurs du progrès, redescendons régler avec eux quelques comptes.

Les utopistes du progrès qui songent médiocrement au vrai progrès de leur âme s'occupent beaucoup de celui de l'humanité; mais leurs vues s'élèvent rarement au dessus de la matière. Le bien-être physique est toute leur ambition ; ce qu'ils admirent, ce qui les rend fiers; c'est le coton, la pomme de terre, la vaccine, la vapeur, l'électricité, le chloroforme, etc. Comment osent-ils parler du progrès indéfini avec un idéal si pauvre?

Ils voudraient que tout homme pût, à tous ses repas manger de la viande et boire du vin. Nous n'en sommes pas encore là, mais quand on y arriverait, qu'est-ce que cela, et n'y a-t-il rien autre à désirer? Fourier va plus loin, il promet un temps où l'on fera six bons repas par jour; c'est énorme, mais pourquoi cette limite de six?

On voudrait qu'il n'y ait plus de pauvres; jusqu'à présent on a peu réussi, mais supposons qu'on atteigne ce but, allons jusqu'à l'extravagance, mettons que tous les hommes soient riches, qu'ils soient tous millionnaires ! Pourquoi s'arrêter à un million ? Un million est-il la dernière limite du progrès indéfini ? N'en est-il pas déjà plusieurs qui ne peuvent s'en contenter.

Il ne peut donc être question avec vos utopistes du progrès indéfini qui ne peut être que spirituel, mais du progrès matériel dont les limites sont toujours très étroites.

Néanmoins, tout limité qu'il est, ce progrès trouve dans l'état actuel de l'humanité d'innombrables obstacles, et ce qu'on a pu réaliser jusqu'à présent est encore bien peu de chose relativement à l'idéal qu'on s'en fait tout pauvre qu'il est.

Mais enfin ce peu qui a été réalisé, à qui le doit-on ? Il est important de le savoir.

Nul ne conteste que le progrès matériel soit la conséquence du progrès intellectuel et moral.

Pour arriver à ce progrès matériel, il faut trois choses : en avoir l'idée et le désir ; connaître les moyens de le réaliser ; avoir le cœur et le courage d'y travailler.

L'idiot et le sauvage n'en ont pas même l'idée, l'ignorant ne sait comment le produire, le paresseux ne veut pas se donner la peine d'y travailler.

Nous avons vu tout à l'heure que le progrès intellectuel et moral n'avait son plein essor que dans la sphère religieuse ; nous pouvons donc conclure a priori que l'organisation sociale et le progrès acquis ont leur principale cause dans l'influence religieuse.

L'histoire confirme cette conclusion.

Nous voyons dans l'antiquité surgir de grandes civilisations, mais à l'origine de toutes ces civilisations, nous voyons un livre sacré, une langue richement constituée et un législateur qui organise la multitude au nom de la divinité.

L'Évangile sépare le monde antique du monde moderne et il est le principe d'une nouvelle civilisation bien supérieure à l'ancienne. Cette civilisation suit partout l'Evangile, avec lui elle passe d'Asie en Europe et élève au premier rang les peuples barbares qui l'habitaient, car nul ne peut contester la supériorité des peuples chrétiens.

Cependant l'Evangile ne prêche que la sainteté et semble peu soucieux du progrès matériel ; mais il contient cette parole qui se réalise toujours : Cherchez d'abord le royaume de Dieu et sa justice et le reste vous sera donné par surcroît.

Mais voici une objection qui trouble bien des esprits et qu'il faut résoudre.

Si la révélation est la vraie cause du progrès, même matériel, c'est chez les nations catholiques qui ont conservé intact le dépôt de cette révélation, qu'on devrait trouver le plus haut degré de civilisation et le plus grand développement du progrès matériel; mais elles semblent au contraire rester en arrière des peuples protestants.

Pour juger ce différent, bien des choses sont à considérer.

Remarquons avant tout que le nom ne répond pas toujours à la réalité. Un peuple catholique s'il perd la foi en tout ou en partie, ne mérite plus son nom, et bien que les vérités soient diminuées chez un peuple protestant, s'il s'attache sincèrement aux vérités qui lui restent, il vaut encore mieux qu'un peuple qui a le nom de catholique et qui au fond est voltairien.

Mais cependant il est facile de comprendre pourquoi le progrès matériel ne se trouve pas toujours en proportion de la sainteté.

Il y a deux progrès : le progrès intellectuel et moral qui se résume dans la sainteté ; celui-là est le progrès supérieur et le seul qui puisse être indéfini.

Le progrès matériel qui a pour but le bien-être physique est inférieur et s'arrête fatalement à une limite.

Le progrès inférieur il est vrai, est une conséquence et un reflet du progrès supérieur; la perfection serait un développement égal et harmonique de tous les deux. C'était là le plan primitif de Dieu, plan qui s'est réalisé dans le paradis terrestre.

Mais le péché et Satan ont introduit partout la division et la discordance, de sorte que les deux progrès se trouvent quelquefois dans une opposition inconciliable; alors il faut choisir. Dans ce cas, le monde n'hésite pas à sacrifier le progrès supérieur, et les Saints n'hésitent pas non plus à sacrifier le progrès inférieur, selon le conseil de Jésus-Christ : si votre œil vous scandalise, jetez-le loin de vous, car il vaut mieux entrer dans la vie avec un œil, que d'être relégué avec ses deux yeux dans la gehenne.

Mais quel est le plus ennemi du progrès ? Celui qui sacrifie momentanément la conséquence et l'accessoire pour conserver le principe, ou celui qui sacrifie la source et le cours d'eau vive pour conserver la citerne qui s'épuise.

Le royaume du ciel, dit Jésus-Christ est semblable à un trésor caché dans un champ. L'homme qui l'a découvert court, plein de joie, vendre tout ce qu'il possède pour acheter ce champ (Matt. 13-44).

Pourquoi vend-il ce qu'il possède? Parce qu'il n'a pas d'ailleurs de quoi acheter ce champ, autrement il préférerait certainement tout garder. Mais il ne s'appauvrit pas en se dépouillant de ses biens, parce qu'il acquiert un bien supérieur, par le moyen duquel il pourra, un jour ou l'autre, recouvrer amplement tout ce qu'il a perdu.

Les Saints semblent donc ennemis du bien-être des hommes, parce qu'ils s'en privent souvent pour atteindre un bien supérieur. Cependant, ils rendent au progrès même matériel plus de services qu'on ne pense, car voici ce qui arrive.

La révélation en appelant l'homme à la sainteté, agrandit la raison et exalte l'idéal humain. L'élite de l'humanité s'élance vers le but infini ; mais beaucoup, par faiblesse de cœur, n'osent s'élancer ainsi, et ils emploient la puissance qu'ils ont reçue à perfectionner la matière ; dans ce premier moment leur force est grande à cause de l'élan général qui a été donné à la société, mais comme leur progrès inférieur qui se sépare du supérieur est un commencement de déchéance ils finiraient en suivant la même voie par revenir à la barbarie.

Cependant comme ils ne sont pas seuls dans la société, le feu sacré ne se perd pas ; ce sont les saints qui le conservent, tout en en faisant un meilleur usage, et rallument à tout moment le flambeau de la civilisation qui menace de s'éteindre. La religion seule conserve l'idéal dans le monde, sans cet idéal s'évanouiraient peu à peu et l'intelligence du progrès et la puissance de l'accomplir ; ce sont les discours du ciel mal compris qui donnent à l'homme le désir de réaliser le ciel sur la terre. Au fond ce projet est absurde, c'est pourquoi l'activité humaine en poursuivant ce but enfante des monstruosités mêlées aux merveilles, le luxe et sa conséquence qui est une surexcitation de l'industrie est une de ces monstruosités. Le luxe est l'enflure qui recouvre le paupérisme, c'est une plénitude qui est une maladie avec l'apparence de l'embonpoint ; la société que ronge le luxe ressemble à ces plantes piquées par des insectes qui produisent au lieu de fruits des excroissances énormes mais parasites et vénéneuses.

Le but que l'homme voulait atteindre par cette recherche désordonnée du progrès est donc manqué, ce but était le bonheur universel, et, malgré tant d'inventions merveilleuses, le bonheur ne règne pas ; comme auparavant, plus encore peut-être, l'on voit partout la misère, la souffrance, l'inquiétude et le mécontentement.

Si toute la société suivait la voie de la sainteté, ce bonheur universel qu'on cherche sans le trouver arriverait sans qu'on le cherche, autant qu'il est possible sur la terre ; le vrai progrès inférieur se réaliserait comme conséquence du progrès supérieur, il serait moins brillant peut-être, mais exempt de toute maladie, de toute excroissance monstrueuse, et toute sa série serait employée à produire des fruits c'est-à-dire, le contentement de tous et la paix.

La civilisation des peuples catholiques peut paraître quelquefois moins brillante que celle des peuples protestants, mais si l'on regarde au fond peut-être trouvera-t-on que la réalité ne répond pas toujours à l'apparence, plusieurs fois déjà on a vu apparaître dans ces brillantes civilisations des fruits bien véreux et qui ont causé de grands scandales.

On peut se demander après tout, lequel vaut mieux d'avoir une médiocrité générale ou des fortunes colossales en face d'une misère universelle, d'avoir des pauvres ou d'avoir le pauperisme, de nourrir ses pauvres ou de les mettre en prison, de pratiquer la charité ou la philantrophie, d'envoyer des missionnaires civiliser les sauvages ou de s'en débarrasser en les exterminant.

Mais pour faire un parrallèle bien concluant, il faudrait avoir sous la main d'un côté un peuple franchement et pratiquement catholique, de l'autre un peuple exclusivement protestant.

Les protestants ont perdu la foi, mais la foi est tiède et languissante chez beaucoup de catholiques; ce qu'on pourrait faire de plus utile pour le progrès serait de rendre la foi aux uns et de la ranimer chez les autres.

Il suit de ce que nous avons dit que le moment où le progrès matériel doit se produire avec plus d'éclat est celui où un peuple se detournant de sa sainteté et du progrès supérieur, concentre ses forces sur le progrès inférieur et matériel.

Le protestantisme a généralement produit cet effet; a-t-il raison d'en être fier ? Il faut prévoir la fin. Lorsque des sauvages abattent un arbre pour en cueillir les fruits, ils paraissent au premier moment dans une abondance excessive, ils ont tout sous la main mais ensuite l'arbre se dessèche et après le rassasiement vient la famine.

Ici s'évanouit le dernier mensonge de la théorie du progrès. Non le progrès n'est pas la loi de l'humanité; l'humanité comme l'individu est libre de monter ou de descendre, de prendre la bonne voie ou de s'égarer, et en face de la route du progrès se trouve toujours largement ouverte la route de la déchéance ; l'histoire enregistre l'un et l'autre. Les civilisations naissent avec la foi dans le surnaturel, le respect des lois de la morale, la constance dans le travail et le courage dans la lutte. Mais souvent la séduction du progrès inférieur désorganise ces civilisations si brillantes d'abord; le bien-être matériel amène le luxe et la corruption, la corruption dissout le lien social, tout se détache, tout s'écroule, et la société elle-même disparait.

Le nécrologe du progrès est déjà bien long et nous pouvons y lire des noms illustres : Henoch, Balbek, Memphis, Ninive, Babylone, Ecbatane, Suse, Carthage, Athènes, Jérusalem. Le cimetière n'est pas rempli, plus d'une ville peut encore y retenir sa fosse et peut-être sera-t-elle ouverte pour quelques unes plus tôt qu'elles ne le pensent!

CHAPITRE III

DU BIEN ET DU MAL

Lorsque Macbeth, sur le point de s'asseoir au royal festin, aperçoit l'ombre de Banco assise à sa place, il recule d'horreur. Plus de joie, plus de fête, le festin est interrompu. Ainsi lorsque la raison s'asseoit au splendide festin de la philosophie, si, après avoir admiré les harmonies de l'être, elle se trouve tout à coup en face de la pensée du mal, toute lumière semble s'éteindre. Elle se trouble et se scandalise. Que fait ce monstre au milieu des splendeurs de la création ? Qui lui a donné naissance ? D'où vient-il ? Que deviennent la bonté et la puissance devant cette formidable apparition ?

C'est avec ces terribles problèmes que nous avons à lutter aujourd'hui.

§ I. — DÉFINITION

Le plus horrible doute qui puisse transpercer l'âme chrétienne est : que Dieu soit l'auteur du mal, et ce qui donne prétexte à ce doute est que Dieu seul est par lui-même et que rien n'existe que par lui. Il faut voir dans les confessions de Saint-Augustin combien son âme a souffert de ce doute. Aussi le premier souci des penseurs religieux a été de séparer la cause de Dieu de celle du mal, et, comme tout être vient de Dieu, ils ont posé avant tout que le mal n'est pas un être.

Le mal, dit Saint-Denis (de. div. IV. 4) n'est ni existant ni bon, et Saint-Ambroise : « Le mal n'est que l'indigence du bien (de 18 a a c. c. 7); « ô Dieu, s'écrie Saint-Augustin, vous avez fait toutes choses très bonnes donc tout ce qui est en tant qu'il est, est bon et ce mal dont je cherchais partout l'origine n'est pas une substance : s'il était substance il serait bon » (conf. liv. b. c. 12).

Saint Thomas résumant la tradition, dit : « le mal n'est pas un être, une forme, une nature ; il n'est que l'absence du bien ».

La conclusion de tout ceci c'est que Dieu n'est pas le créateur du mal.

Mais prenons garde en évitant un abîme de ne pas tomber dans un autre.

Quelques-uns partant des prémisses que nous venons de poser ont ainsi argumenté. Dieu est la source du bien parce qu'il est la source de l'être ; et l'être c'est le bien, le mal qui n'est que la privation, la négation du bien n'est donc que la privation et la négation de l'être.

Si cet argument est vrai nous n'avons rien à répondre aux Manichéens qui condamnèrent tout ce qui a le caractère négatif, la matière, la femme et par conséquent le mariage. Il faut aller plus loin, tout excepté Dieu est mal car toute créature étant un moindre être est mauvaise par ce qui lui manque d'être. Dieu a eu tort d'appeler ces créatures très bonnes, *et erant valde bona*. Le ciel lui-même est peuplé d'êtres mauvais. Mais cet argument est faux. D'abord l'être n'est pas synonyme de bien ; l'être est la source du bien mais il n'est le bien que lorsqu'il arrive à l'harmonie et sans l'harmonie l'être peut devenir le mal selon l'oracle sorti de la bouche de Jésus-Christ : il vaudrait mieux pour cet homme n'être pas né.

Le bien est l'enfantement de l'être et le mal son avortement. Le bien de l'être est l'harmonie et le mal le contraire de l'harmonie on peut le définir par tous les mots suivants qui sont synonymes :

Division, discorde, désaccord, désordre, disproportion, divergence.

L'être et le non être sont deux termes simples, l'harmonie et la discordance et par conséquent le bien et le mal sont deux termes complexes car il faut au moins deux notes pour constituer soit l'harmonie soit la discordance et si l'on suit jusqu'au bout la pensée de Saint-Augustin et de Saint-Thomas, on voit qu'ils l'ont entendu ainsi. Le mal, dit Saint-Augustin, (de nat. boni. 37) est la privation du mode de la forme et de l'ordre, *privatio, modi, speciei et ordinis*. Et Saint-Thomas, le péché n'est pas une privation pure et simple, il est un acte privé de l'ordre convenable. L'ordre ne peut se montrer que là où se trouvent plusieurs termes car il suppose une relation entre ces termes. Le bien ni le mal ne peuvent donc résulter d'un terme simple, c'est pourquoi l'être ne suffit pas pour constituer le bien, et le non être ni le moindre être ne sont pas le mal. Dieu par la création a réalisé tous les moindres êtres qui sont exprimés par la série des nombres et il les a trouvés bons, pourquoi les a-t-il trouvés bons ? est-ce simplement parce qu'ils étaient ? non mais parce qu'ils étaient en harmonie, c'est-à-dire que toutes les conditions de leur être étaient en rapport parfaits les unes avec les autres, certes tous étaient infiniment près d'être par rapport à Dieu l'être infini, tous étaient partiellement privés les uns relativement aux autres, mais ce n'était pas un mal à l'éléphant de n'avoir point d'ailes ni à l'oiseau de n'avoir point de trompe, ni au cheval de n'avoir point de nageoires, ni au poisson de n'avoir point de jambes parce que toutes ces choses n'entraient point dans les conditions en harmonie de leur être, mais il y aurait mal si l'on coupait les ailes de l'oiseau ou la trompe de l'éléphant.

Le moindre être n'est pas un mal, mais le mal est la lutte de l'être contre lui-même et la lutte des êtres entre eux.

Cette juste notion du bien et du mal nous fera comprendre en quoi consiste leur grandeur à tous deux. Si le mal était la privation de l'être il s'en suivrait que les êtres seraient d'autant plus mauvais qu'ils seraient moindres, par conséquent nous arriverions à cette conséquence absurde qu'un insecte, ou mieux encore une plante ou un minéral sont plus mauvais que Satan.

Si, au contraire, comme nous l'avons dit, le mal est la division, la discordance de l'être, plus l'être est grand plus le mal aussi peut être grand et le mal peut avoir sa plus complète réalisation dans Satan.

Ici se présente une observation qui jette un grand jour sur la question du mal, la divergence, un des noms du mal peut se calculer à deux points de vues différents. Prenons pour exemple un compas; lorsque les deux branches sont jointes elles paraissent n'être qu'une branche, cette unité symbolise l'amour ou le bien, l'écartement des deux branches peut représenter les divers degrés de la divergence ou du mal, l'angle augmente peu à peu de degrés mais arrivé à 180 degrés l'opposition est absolue, elle représente la haine.

Si maintenant au lieu de calculer simplement l'écartement on mesure l'aire renfermée entre les deux branches du compas on verra que cette aire sera d'autant plus grande que les branches du compas seront plus longues. Tout compas quelque petit qu'il soit peut arriver à l'écartement absolu, néanmoins, la distance parcourue par la pointe du grand compas qui s'écarte est beaucoup plus grande que celle que décrit la pointe du petit compas.

Ceci nous fait comprendre que, le plus petit mal ainsi que le plus petit bien ont quelque chose d'absolu, le bien lorsque la conjonction est parfaite le mal lorsque la divergence va jusqu'à l'opposition.

Néanmoins tant que les deux éléments en rapport sont finis tous les deux, le mal ou le bien qui résulte de ce rapport est fini lui-même.

Il en est autrement lorsque l'un des deux éléments est infini et l'autre fini. Le bien et le mal sont alors finis en un sens mais dans l'autre sens participent à l'infini. Le bien est alors la vertu et le mal le péché.

Enfin lorsque les deux éléments sont infinis le bien qui résulte de leur union est infini en tous sens.

Si ces deux éléments pouvaient être en divergence ils produiraient un mal infini.

Mais il faut ici constater une importante vérité, c'est que le mal infini, non seulement n'est pas, et ne peut pas être, mais il ne peut pas même être l'objet de la conception, mal infini est absurde et contradictoire comme cercle carré.

En effet le mal étant la division de deux éléments séparés qui luttent l'un contre l'autre, pour réaliser le mal infini, il faudrait supposer deux éléments infinis et séparés luttant l'un contre l'autre, or il ne peut y avoir deux infinis et nulle pensée ne peut les concevoir. Le mal infini est donc non seulement irréalisable, mais inconcevable.

Nous avons, il est vrai, admis dans l'infini trois termes que nous avons appelé par analogie trois dimensions et qui seraient mieux dit trois incommensurables.

Mais ces trois dimensions sont distinctes et non divisées ; elles ne peuvent subsister que dans l'unité de l'être et ne forment qu'un seul infini. Le bien est l'unité, le mal la division, l'unité seule peut être infinie, la division ne le peut pas.

Ainsi l'unité reste inviolable, et Dieu qui est l'unité absolue exclut absolument la division qui est le mal. C'est pourquoi il est essentiellement saint, et s'il renferme trois dimensions il est trois fois saint, parce que ces trois dimensions inséparables l'une de l'autre, sont scellées éternellement de l'indivisible unité.

Le plus grand mal possible est donc l'opposition d'un terme fini à un terme infini, ce mal est le péché.

Nous avons dit que l'idée du mal était nécessaire à la perfection de l'intelligence comme l'idée du néant, que de même que l'idée de l'être engendre nécessairement l'idée du non être ; l'idée du bien amenait celle du mal.

Mais il y a ici des différences qu'il faut noter.

L'idée de l'être, idée simple et absolue, produit l'idée contraire, qui est l'idée du néant idée simple et absolue comme l'idée de l'être, précisément parce qu'elle est simple, elle ne peut renfermer en elle de termes contradictoires, ce qui constitue l'absurdité, elle n'est donc pas absurde quoiqu'absolue et infinie.

La réalité de l'être exclut, il est vrai, la réalisation du néant et le rend pratiquement impossible, mais cela n'empêche pas sa conception d'être absolue.

L'idée de l'harmonie ou du bien appelle aussi l'idée de la discordance ou du mal. Mais le contraire de l'harmonie infinie n'est pas nécessairement la désharmonie infinie. L'infini étant indivisible exclut l'idée d'infini divisé. D'ailleurs, toute discordance est le contraire de l'harmonie. Entre une note qui résonne et son contraire qui est le silence, il y a une différence absolue et incommensurable. Mais entre deux notes l'harmonie est un point indivisible et unique et les discordances sont innombrables, et toutes contraires à l'harmonie. De là l'axiome de l'école *bonum ex integrâ causâ malum ex minimo defectu*. La perfection seule est le bien, le mal résulte du moindre défaut.

Ainsi, en Dieu, l'idée de l'harmonie infinie ou du bien infini appelle, comme idée contraire et corrélative, l'idée de la discordance ou du mal, mais cette idée ne peut être objectivement infinie.

Ainsi, le mal ne peut être dans l'infini qui est l'indivisible unité, mais toute la création fondée sur la limite est divisible et par là dans la possibilité du mal. Dieu l'a créée dans l'harmonie, quoique dans la distinction. Si cette distinction reste dans l'harmonie et tend à remonter vers l'unité, elle s'élève dans le bien; si elle dégénère en division, elle descend dans le mal. Au fond du mal sont l'égoïsme et l'orgueil (qui divisent), au sommet du bien l'humilité et la charité (qui unissent). La charité qui est en Dieu est infinie, l'ignorance n'est pour l'intelligence qu'une pauvreté, mais l'erreur est une maladie, un mal proprement dit.

Or, l'erreur n'est pas un terme simple, mais complexe, comme le dit Aristote (de anim. 3, 21): où il y a composition d'idée, là se trouve le vrai et le faux; et saint Thomas : « remarquons-le bien, l'intelligence ne se trompe point dans la perception des essences, ou elle est dans le vrai ou elle ne perçoit rien. »

Ainsi, aucune idée isolée ne peut être fausse en elle-même, il n'y a de faux que des associations d'idées. Prenez un vocabulaire complet, il contient tous les mots d'une langue, mais aucun de ces mots n'est une erreur, et c'est par l'assemblage de ces mots que se produiront toutes les erreurs qui seront parlées ou écrites en cette langue.

Quelqu'un objectera peut-être qu'une simple négation peut être une erreur. L'objection n'est qu'apparente, car il ne faut pas confondre l'idée négative avec la négation formulée, ni l'idée positive avec l'affirmation. L'idée positive ainsi que l'idée négative sont simples et complémentaires l'une de l'autre, l'idée du non être, comme nous l'avons vu, n'est que l'ombre qui sert à mesurer la grandeur de l'idée de l'être.

Mais lorsque l'affirmation et la négation sont formulées elles renferment toujours soit deux termes, soit le même terme qui se redouble pour se joindre ou s'apposer à lui-même. Alors il peut y avoir vérité ou erreur.

L'être est: affirmation vraie. Le néant n'est pas: négation vraie. L'être n'est pas négation fausse, erreur monstrueuse.

Le péché est le mal moral ou le mal de la volonté, l'erreur est le mal de l'intelligence, et l'erreur aussi n'est qu'une discordance. Remarquons d'abord que l'ignorance n'est pas un mal en elle-même, pas plus que le non être ou le moindre être.

L'ignorance ne devient un mal que par sa disproportion avec la destinée, les fonctions et les devoirs de l'être intelligent. Elle peut même devenir un bien momentané, par sa convenance avec la phase que parcourt l'être qui se développe. Il est bon à l'enfant, de ne pas savoir tout ce que sait le vieillard, et cette ignorance produit en lui un charme que nous appelons naïveté. Il était bon à Adam d'ignorer le mal jusqu'à ce que Dieu le jugea capable de supporter cette connaissance.

Le mal intellectuel ou l'erreur est donc la division, la discordance qui se trouve entre deux ou plusieurs mots que l'intelligence finie associe contre nature, c'est-à-dire contre la vérité. La vérité première qui contient toutes les vérités et qui est le bien suprême de l'intelligence se compose de trois mots: Dieu est un. C'est d'abord l'idée de l'infini, secondement l'affirmation de sa réalité et troisièmement de son harmonie. La même vérité est formulée autrement. *Deus caritas est* par saint Jean. La plus monstrueuse erreur qui soit sortie de la bouche humaine est celle-ci: *Dieu c'est le mal*, en identifiant Dieu avec le mal; elle est plus horrible que la parole de l'insensé: *Dieu n'est pas*, car le mal est plus haïssable que le néant. Maudite est la bouche qui a prononcé ce blasphème.

Tout ce qu'on appelle mal à quelque titre que ce soit présente les mêmes conditions. Qu'est-ce que la douleur, s'écrie saint Augustin (de lib. arbitr.) sinon le sentiment de la division? La division ou la disproportion peut être intérieure ou extérieure, c'est-à-dire que la désharmonie peut exister entre les différentes parties de cet être ou entre cet être et les autres êtres. La maladie est un exemple du premier cas, la douleur qu'on éprouve par le froid ou le chaud un exemple du second, tant que les différentes parties du corps humain, sont en parfaite harmonie il y a santé, la maladie n'est et ne peut être qu'un désordre, une désorganisation intérieure.

Tant qu'il y a égalité ou harmonie entre la réaction de la peau et l'air ambiant, le froid et le chaud ne sont point une douleur mais lorsque la proportion cesse, la sensation devient douleur.

Il en est de même de la joie ou de la douleur morale, la première condition du bonheur naturel est que toutes les facultés de l'une soient dans une juste proportion les unes avec les autres, c'est-à-dire en harmonie.

Le bien de l'être, dit saint Thomas (1, 2 ce. Q. 36, A. 3), consiste dans cette unité individuelle qui rassemble en lui toutes les choses constitutives de perfection, et voilà pourquoi les platoniciens disaient que le *un* est *principe* et *bien*. Tous les êtres désirent et poursuivent donc l'unité individuelle comme leur bien ; et ailleurs : (I. Q., 103. A. 3). Nous voyons que les choses répugnent à leur division autant qu'il leur est possible et la dissolution d'une chose quelconque provient toujours d'un défaut inhérent à cette chose.

Toute harmonie qui se fait sentir est une joie ou un bien partiel, mais le bonheur naturel d'un être devient complet, lorsque toutes ses harmonies peuvent se ramener à l'unité et qu'il peut les embrasser d'un regard et les savourer d'un seul sentiment.

Le malheur est tout le contraire ; il est partiel lorsqu'une discordance se mêle aux autres harmonies il est complet lorsque le désordre est universel.

On applique encore les termes bien et mal aux beaux-arts, alors ces deux termes se transforment en ceux-ci le beau et le laid.

Il n'est pas nécessaire de prouver que le bien ou le beau en musique c'est l'harmonie, mais il y a aussi une harmonie entre les formes et entre les couleurs, une œuvre d'art peut être nulle sans être laide, la laideur résulte toujours de la disproportion entre plusieurs formes ou plusieurs couleurs qui selon l'expression usitée jurent entre elles.

Nous sommes fixés maintenant sur le sens précis de ces deux termes le bien et le mal, c'est déjà un grand point, car avec une notion inexacte ou confuse, il serait impossible d'aborder les graves questions qui restent à élucider. D'où vient la possibilité du mal ? Quelle est son origine et ses résultats ? Dieu aurait-il pu l'empêcher ?

Mais avant tout notre définition nous fait comprendre comment le mal peut être une réalité sans que Dieu en soit l'auteur.

Nous pouvons admettre sans crainte que tout être vient de Dieu, et que la limite n'arrive à l'individualité que par la puissance créatrice. Car le mal qui cependant n'est pas le néant n'est ni l'être, ni même une limite, il est la désharmonie de l'être.

Il suppose plusieurs éléments qui ont l'être, soit plusieurs êtres, soit plusieurs parties d'un être, ces éléments sont bons et viennent de Dieu, mais leur discordance qui est le mal, n'en vient pas, elle n'a pour cause que la mauvaise volonté de la créature libre, et nul n'en peut faire remonter le reproche jusqu'à Dieu, qui a tout fait en harmonie *viditque Deus cuncta quæ fecerat et erant valde bona.*

Lorsqu'un habile musicien construit un piano c'est pour produire l'harmonie. Si un élève désobéissant à ses leçons frappe à la fois des notes qui faussent entre elles, la discordance qu'il produit déchire les oreilles et offense le maître. L'élève peut-il reprocher au maître d'avoir fait ces notes qui faussent entre elles ? Non certes ! Le maître peut dire : aucune note n'est fausse en elle-même, toutes ont leurs harmonies dans le clavier, suivez mes préceptes et jamais discordance ne blessera les oreilles.

La comparaison est juste. Les préceptes de Dieu sont la condition et la règle de l'harmonie, la désobéissance à la loi de Dieu produit seule la désharmonie qui est le mal.

§ 2. — POSSIBILITÉ ET ORIGINE DU MAL.

Le mal est possible théoriquement puisqu'il est l'objet de la conception ; mais à cause de sa nature privative il pourrait être éternellement possible sans être réalisé. Le néant aussi est une possibilité théorique négative, mais la réalité de l'être ne lui laisse aucune place et le relègue éternellement dans le domaine abstrait de l'intelligence.

Pourquoi n'en est-il pas ainsi du mal ?

Le mal ne peut être en Dieu, nous venons de le voir ; il ne peut venir de lui puisqu'il le hait d'une haine infinie. Les créatures elles-mêmes ont une horreur instinctive et universelle du mal. Comment ont-elles donc pu arriver à le vouloir et à le réaliser ?

Demandons à saint Thomas la clef de ce problème.

Le mal, dit-il (P 1. Q. 19. A. 9), ne peut être désiré dans lui-même, mais il peut l'être accidentellement dans ses conséquences, comme produisant quelque bien. Mais le bien que donne le mal enlève un autre bien.

Un bien qui enlève un autre bien voilà le grand secret de cette terrible question. Ce n'est point en tant que mal que le mal est aimé, ce qui est aimé est un bien mais le mal résulte de la division qui fait que le bien lutte contre lui-même.

Ici les réflexions se pressent en foule.

Il faut donc qu'il y ait plusieurs biens et que ces biens soient en lutte ?

Mais comment le bien peut-il être opposé à lui-même ? est-ce que tous les biens ne sont pas réunis en Dieu sans que leur parfaite harmonie soit jamais troublée ? si la créature ne peut pas jouir de tous les biens à la fois comme Dieu ; qui peut empêcher qu'elle ne jouisse en paix de celui qu'elle choisit pour le moment ?

Il est en effet irrationel qu'un bien soit de sa nature incompatible avec un autre. Mais il est un point d'où le litige peut surgir, c'est la hiérarchie. En effet le bien qui est synonyme d'ordre ne peut être mis en jouissance que par l'unité ou l'harmonie qui est son essence même ; et s'il se subdivise et devient multiple il faut que toutes ses parties autant qu'elles sont connues soient mises en ordre et se rapportent à un autre, c'est-à-dire qu'il faut qu'il y ait un bien pivotal et suprême auquel tous les autres se rattachent comme les branches et les feuilles d'un arbre tiennent au tronc qui les nourrit.

Le bien final dit saint Augustin (de Civit. 19. 1) est celui pour lequel tous les autres sont aimés et qui est aimé pour lui-même. La suprématie, la finalité voilà la royauté qui peut seule être en litige parmi les biens et la guerre ne peut venir que d'une usurpation.

Mais comment la finalité peut-elle être litigieuse, comment deux biens peuvent-ils se donner comme fin de la créature? la créature peut-elle donc avoir deux fins?

Dans le sens le plus général Dieu est la fin de toute chose et de lui-même. Toute la création a été faite par Dieu et pour Dieu et doit se rapporter à lui. Mais dans un sens plus spécial on appelle fin dernière la béatitude qui est le but où tend toute créature sensible. Dans ce sens spécial, naturellement Dieu n'est la fin que de lui-même c'est-à-dire que seul il peut réaliser la béatitude en jouissant immédiatement de lui-même.

La béatitude de fin spéciale de toute créature sensible consiste comme nous l'a dit saint Thomas dans cette unité individuelle qui rassemble en lui toutes les choses constitutives de la perfection ; peut-il donc y avoir pour l'homme une autre unité, que cette unité de toutes les parties de l'être que nous avons vu trouver sa dernière perfection dans l'amour d'identité?

Oui il y a une autre unité mais celle-la est en dehors de la conscience, autrement de la personnalité. Toute créature a son type éternellement existant dans la pensée du verbe, et comme l'union du père avec la pensée du verbe et toute sa variété forme l'harmonie divine, ces types se trouvent donc en Dieu participant de l'unité ou harmonie divine, qui est la béatitude infinie, mais cette unité Dieu seul la connaît, si cependant la créature intelligente pouvait s'identifier pour ainsi dire avec son type éternel et sentir cette unité infinie dont il fait partie, elle jouirait d'une unité infiniment supérieure à son unité individuelle et par conséquent d'une béatitude incomparablement plus grande.

Il est clair qu'aucune créature ne peut par elle-même ni soupçonner, ni désirer ni atteindre cette unité suprême, tout ce que peut faire un être fini par ses efforts c'est de réaliser les conditions de sa nature propre, mais non celles d'une nature supérieure et si elle s'élève jusque là, supposé que ce soit possible, il faut que l'être supérieur se révèle à l'être inférieur l'appelle et le porte jusqu'à lui.

Il y a des distances infranchissables : l'animal ne peut participer à la raison ; mais Dieu en faisant l'homme à son image a mis en lui la possibilité d'être élevé jusqu'à lui, et nous avons vu que l'idée de l'être était une porte royale ouverte sur l'infini.

Mais il faut que Dieu se révèle, il faut qu'il appelle, il faut qu'il porte la créature jusqu'à lui, ici tout est surnaturel et audessus de la puissance humaine, la révélation qui fait connaître, la vocation qui appelle et le secours qui élève, qui s'appelle la grâce, par là comme dit saint Pierre, nous devenons participants de la nature divine *divinæ consortes naturæ*.

Mais voilà l'homme en présence de deux fins : la fin naturelle et la fin surnaturelle, ces deux fins ne peuvent être toutes les deux dernières ou suprêmes, il faut choisir, il faut subordonner l'une à l'autre.

Le choix n'est pas indifférent. Celui qui n'ayant qu'une main libre veut emporter deux vases de différentes grandeurs doit mettre le plus petit dans le grand et prendre le grand avec la main, mais si sa main s'attache obstinément au petit vase, le grand ne pouvant entrer dans le petit, il est obligé de l'abandonner.

La fin surnaturelle étant infiniment plus grande peut contenir la naturelle, peut la contenir mais non être contenue en elle. Celui donc qui subordonne la fin inférieure ou naturelle à la supérieure ou surnaturelle peut les conserver toutes les deux, cherchez d'abord le royaume de Dieu et sa justice et le reste vous sera donné par surcroit.

Mais celui qui prend pour fin dernière la fin naturelle est obligé d'abandonner la fin surnaturelle qui ne peut se subordonner à l'autre ni être contenue par elle, voilà donc le bien qui lutte contre lui-même, voilà le bien qui fait perdre un autre bien, voilà la division, la discorde, la divergence, voilà le mal.

Avec une seule fin le mal semble irréalisable. Un être qui n'a devant lui qu'une seule fin, qu'un seul but dans lequel il voit la béatitude doit marcher sans hésiter vers ce but poussé par l'invincible désir du bonheur, il franchira les obstacles, redressera les errements accidentels et ne s'arrêtera pas qu'il n'ait atteint le but. Pourquoi dira-t-on, Dieu n'a-t-il pas laissé l'homme devant une seule fin.

Dieu, il est vrai, aurait pu laisser l'homme avec sa fin naturelle, c'est ce que définit l'Église quand elle dit que Dieu aurait pu laisser l'homme dans l'état de nature, mais il ne pouvait pas lui donner la fin surnaturelle sans l'autre et voici pourquoi :

La fin surnaturelle qui est un mystère au-dessus de la raison ne peut être connue que par la révélation et doit être acceptée par la foi c'est-à-dire la confiance. Or la foi suppose l'intelligence, la volonté et dépend uniquement de la liberté. Il faut donc qu'il y ait d'abord une nature complète, et comme toute nature a le sentiment, le besoin et le désir de sa propre unité, la révélation qui propose la fin surnaturelle ne peut s'adresser qu'à une créature qui a déjà une fin naturelle.

Dieu ne pouvait donc faire à la créature raisonnable l'immense honneur de l'appeler à la béatitude surnaturelle sans ouvrir la possibilité du mal.

Ce qui étonne au premier abord c'est que la créature puisse hésiter dans un pareil choix. Quoi, d'un côté le fini, de l'autre l'infini; d'un côté, une vie terrestre et un bonheur mesuré, de l'autre la vie éternelle et la béatitude sans limite; d'un côté l'union avec une créature, de l'autre avec le Créateur et l'on doute encore; mais voici, la destinée naturelle est il est vrai infiniment inférieure à la destinée surnaturelle, mais elle est claire et intelligible, l'autre est un mystère qui dépasse la raison; elle est présente, elle est une réalité, l'autre est future, elle n'est qu'une espérance; elle attire comme une pente douce où l'on se laisse aller, l'autre décourage comme une hauteur à laquelle il faut s'élever. La destinée naturelle se présente la première, ce qui est surnaturel suppose la nature auquel il s'ajoute. Lors donc que la destinée surnaturelle est annoncée par la foi elle trouve le trône de l'âme déjà occupé. En effet, l'homme dès qu'il a conscience de lui-même désire invinciblement le bonheur ou l'unité ce qui est identique, et son premier mouvement est de trouver l'unité en lui-même dans sa propre personnalité. Mais la révélation, lui ouvrant l'infini de l'idée de l'être, lui apprend que son unité ou son bonheur parfait n'est point en lui-même c'est-à-dire dans la personnalité, mais dans cet infini auquel il participe sans en avoir la conscience, et qui est hors de sa personnalité, car nous avons vu que dans l'homme l'idée négative seule était personnelle et que l'idée positive ou de l'être était à l'état impersonnel. Il faut donc pour que l'homme accepte la donnée de la foi que la personnalité descende du trône qu'elle occupait par droit de naissance, qu'elle reconnaisse son infériorité et son impuissance à réaliser le bonheur de l'âme et que, se renonçant elle-même, elle s'agenouille et adore sa rivale, c'est là le sacrifice que Jésus-Christ demande à ceux qui veulent le suivre, *abneget semet-ipsum*, qu'il se renonce lui-même.

On conçoit donc que l'âme hésite, elle est comme celui qui s'avance dans l'océan et qui hésite au moment de perdre pied. On lui dit à cette âme de sortir d'elle-même par l'idée de l'être, cette porte ouverte sur l'infini, et de se jeter, sur la parole de Dieu, dans cette immensité dont elle ne voit pas le fond, non seulement l'hésitation est possible mais un tel acte est au-dessus des forces de la nature et ne peut être accompli qu'avec le secours de la grâce. Ce qui est impossible aux hommes, dit Jésus-Christ, est possible à Dieu; et ailleurs: tout est possible à celui qui croit; il faut là une grande foi, mais la foi est déjà une grâce et un don de Dieu.

Toutefois que personne ne s'excuse car Dieu ne refuse jamais sa grâce sinon à ceux qui la refusent.

Si donc nous n'y mettons pas obstacle, nous aurons la foi, nous nous élancerons à la parole de Dieu, et nous ferons le sacrifice de nous-même demandé. Mais nous n'avons pas de regrets à avoir, avec Dieu nous n'avons rien à perdre, celui à qui on demande une pièce d'un franc en lui donnant un billet de mille francs semble donner quelque chose mais il retrouve mille fois sa pièce dans le billet, nous ne savons au juste comment nous retrouverons notre personnalité sacrifiée, mais nous avons pour garant la parole de Jésus-Christ : celui qui perd son âme pour moi la retrouvera.

Mais le texte de l'Évangile a un revers, celui qui cherche son âme la perdra. Voilà le secret du mal.

Celui qui cherche son âme. Qu'est-ce à dire? Celui qui refuse de sortir de lui-même, celui qui au lieu de se confier à Dieu se cramponne à sa personnalité, et veut se réaliser en elle, celui qui au lieu de se coordonner au centre infini veut rester centre lui-même, celui qui adore le moi. En un mot, l'égoïsme est la racine du mal et son premier fruit c'est l'orgueil. Or celui qui cherche son âme la perdra, voilà la conséquence du mal qu'il faut étudier.

§ 3. — CONSÉQUENCES

Celui qui cherche son âme, c'est-à-dire celui qui fait de son âme son bien final. Le bien final, nous a dit Saint-Augustin est celui qui est aimé pour lui-même, pour lequel tous les autres sont aimés, on pourrait ajouter : s'ils restent en harmonie avec lui, sinon le bien final est celui pour lequel on est prêt à sacrifier tous les autres.

Voici une autre formule de la même vérité. Vous aimerez le Seigneur votre Dieu par-dessus tout et le prochain comme vous-même pour l'amour de lui. Dieu par-dessus tout parce qu'il est le bien suprême non seulement de lui mais de nous, or si l'être n'est bon et aimable qu'en tant que bien, et si notre bien, est en Dieu, c'est donc en Dieu seul que nous pouvons nous aimer nous-même, et le prochain comme nous-même pour la même raison.

En Dieu sont tous les biens et en lui tous les biens peuvent être aimés, la vocation surnaturelle qui appelle à l'amour de l'infini demande que le cœur s'élargisse sans mesure, et qu'il embrasse toute chose dans son amour, mais ce qu'il aime surtout en toute chose c'est le bien, c'est-à-dire son harmonie avec le bien suprême; c'est pourquoi son amour se manifeste en cherchant à établir et à maintenir cette harmonie et à la rétablir lorsqu'elle a été rompue, c'est là la charité, le vrai bien engendre donc le bien.

Tout au contraire le mal engendre le mal et le malheur. Celui qui par l'égoïsme se renferme dans le moi, ou autrement celui qui, mis en demeure d'opter, choisit pour bien final le bonheur naturel, ne pouvant lui subordonner le bonheur surnaturel, est obligé d'y renoncer, il le rejette loin de lui ou plutôt il se rejette et se sépare lui-même du bien infini, voilà le premier mal, celui qui engendre tous les autres. Il est mal parce qu'il constitue une division, une incompatibilité qui met le bien en contradiction avec lui-même, il est le souverain malheur parce qu'il prive du bien infini.

Comme le bien infini était dans la volonté de Dieu, l'homme, en voulant exclusivement le bien fini, met sa volonté en divergence avec la volonté de Dieu et produit le péché. Arrive aussitôt l'erreur, mal de l'intelligence. L'erreur qui consiste à lier ensemble par la chaîne du mensonge deux idées divergentes et incompatibles qui jurent comme deux notes qui faussent.

Semblables à des nuages noirs s'avançant de tous les points de l'horizon pour obscurcir le ciel, les erreurs arrivent de tous côtés obscurcir l'âme qui s'est constituée dans le mal. Ainsi : la parole de Dieu ne mérite pas confiance, le bonheur surnaturel est incertain, le bonheur naturel est certain ; c'est ce dernier que nous devons chercher avant tout. Le commandement que Dieu nous fait de l'aimer est une tyrannie, Dieu est injuste en nous donnant des lois, il ne manque qu'une chose à notre bonheur c'est qu'il nous laisse la paix, etc. etc, la liste serait interminable ; une fois écloses les erreurs pullulent comme la vermine.

Mais voici une autre divergence c'est-à-dire un autre mal. Le bonheur est une équation ou une harmonie parfaite entre l'idéal et la réalité, et l'idéal c'est tout ce qui est conçu par l'intelligence. Ceux qui souffrent le moins sur la terre sont ceux qui ont l'idéal le plus borné, ceux qui ont l'idéal très développé éprouvent des souffrances morales indicibles, et nul sur la terre n'est complètement heureux parce que la pauvre réalité de la terre ne répond à aucun idéal quelque limité qu'il soit. Or celui qui par la révélation, a reçu l'idée d'un bonheur infini, ne peut plus être parfaitement heureux que par la possession de ce bonheur qui seul peut établir l'équation entre la réalité et l'idéal.

Celui donc qui refuse le bonheur surnaturel pour se concentrer dans le bonheur naturel établit entre la réalité et l'idéal une divergence effroyable, qui commence pour lui un supplice sans mesure. Lors même qu'il doute, lors même qu'il a très volontairement refusé ce bonheur infini cette idée lui reste attaché comme la flèche au flanc du cerf blessé, il a beau fuir il emporte le trait avec lui, le bonheur naturel est empoisonné par cette idée indestructible qui le tourmente, il fait ce qu'il peut pour s'oublier mais en vain, car, comme nous l'avons vu, si les images s'effacent avec le temps l'idée reste et surtout l'idée de l'infini qui est l'idée mère ; il faudrait pour l'oublier que l'infini cessât d'exister ce qui est impossible ; alors l'âme dans le mal, sentant que cette idée met un obstacle invincible au bonheur tel qu'elle le veut, en vient à haïr cette idée et la réalité qu'elle exprime. Arrivé à la haine de Dieu le malheur de l'âme est sans issue. Le bonheur, comme le dit Saint-Augustin, consiste à posséder ce qu'on aime. Or l'âme qui hait Dieu ne peut être heureuse ni en possédant Dieu qu'elle n'aime pas, ni sans lui dont l'idéal la tourmente et le sceau de la damnation est sur elle, car ce supplice est ce qu'on appelle la peine du Dam.

La haine de Dieu engendre toutes les autres, on hait Dieu d'abord parce que son idée empêche d'être heureux, on hait la créature qui se trouve par là incapable de donner le bonheur, on se hait soi-même parce que ne pouvant réaliser l'harmonie on reste en discorde avec soi-même.

Le bonheur consiste essentiellement dans l'amour et l'harmonie, la haine ne remplit le cœur que d'amertume. Cependant sur la terre la haine trouve accidentellement une satisfaction féroce dans la mort de son ennemi, mais après cette vie, lorsque la mort sera détruite, *novissima destruetur inimica mors*, la haine sera privée même de cette satisfaction passagère puisqu'elle ne pourra ni détruire Dieu qui est éternel, ni se détruire elle-même puisqu'elle sera dans un cœur immortel aussi.

Même dans cette vie où le corps et l'âme sont dans une indépendance relative, les grandes perturbations morales amènent des douleurs physiques, quelquefois même la mort, à plus forte raison dans l'autre vie où l'union de l'âme et du corps sera si intime que tout ébranlement dans l'un vibrera également dans l'autre.

Nous voyons par ce qui précède la filiation logique qui mène du refus de la grâce jusqu'à l'enfer. L'enfer est la conséquence du mal et pas plus que le mal il n'est l'œuvre de Dieu. Il a son germe dans le refus de l'ordre surnaturel et comme en ce point la liberté de la créature est absolue, Dieu ne peut pas l'empêcher. L'histoire de la providence montre que Dieu a fait tout ce qui est possible pour détourner l'homme de s'y jeter lui-même mais l'obstination de la créature est seule cause de tout le mal, cette vraie notion de l'enfer est de la plus haute importance parce qu'elle écarte jusqu'au moindre nuage et laisse briller dans tout son éclat la bonté infinie de Dieu.

C'est pourquoi je la confirmerai ici par plusieurs autorités.

La miséricorde, dit saint Thomas, apparaît dans la damnation des méchants, non pas que Dieu supprime entièrement la peine mais parce qu'il l'adoucit en ne punissant pas le mal avec toute la rigueur qu'il mérite.

La peine des damnés, dit sainte Catherine de Gênes, (purgatoire) n'est pas infinie en quantité, pour ce que la douce bonté de Dieu répand encore le rayon de sa miséricorde en enfer, combien qu'étant l'homme mort en péché mortel il mérite peine infinie en temps infini ; mais la miséricorde de Dieu a fait seulement le temps d'icelle infiny et la peine terminée en quantité.

Pourquoi Dieu n'agit-il pas sur la durée du mal comme sur l'intensité ? parce que cela est impossible, nous avons vu qu'au premier moment où l'ordre surnaturel était offert, l'âme ne pouvait l'accepter sans le secours de la grâce ; à ce moment elle a refusé la grâce et nous savons qu'elle peut toujours la refuser, le damné ne pourrait sortir de l'enfer que par un acte d'amour de Dieu ; il ne pourrait faire cet acte qu'avec le secours d'une grâce puissante, mais il a fixé sa volonté dans la haine et si Dieu lui offrait cette grâce il la refuserait, c'est pourquoi Dieu ne la lui offre pas.

O œuvre admirable et merveilleuse de l'amour, s'écrie sainte Catherine de Gênes (dial. 2. II S). Dieu accorde à l'homme les grâces et la lumière dont il a besoin et il les augmente peu à peu de telle manière et en telle quantité que jamais il n'en a ni plus ni moins qu'il ne faut, car s'il n'en avait pas assez il se pourrait excuser de n'avoir pas opéré parce que la grâce lui manquait, si elle surabondait il serait puni pour avoir manqué d'y correspondre..... et fait le tout par amour et pour l'utilité de l'homme, c'est donc parce qu'elle serait inutile que Dieu retire sa grâce aux damnés.

Enfin sainte Catherine ajoute : je dis encore plus, que je vois pour le regard de Dieu, que le paradis n'a point de porte, mais quiconque veut entrer y entre, pour ce que Dieu est tout miséricorde, et se tient vers nous les bras ouverts, pour nous recevoir en sa gloire. Mais bien je vois que cette divine essence est de telle pureté, et beaucoup plus qu'il ne se peut imaginer, que l'âme qui a en soi tant soit peu d'imperfection se jetterait plus tôt en mille enfers que de se trouver avec cette tache en la présence de la majesté divine.....

Sortant donc l'âme du corps en péché mortel, si en cet instant elle ne trouvait pas cette ordonnance et disposition procédante de la justice de Dieu, elle demeurerait en un plus grand enfer... partant ne trouvant rien plus convenable ni de moindre mal pour elle, si elle se va jeter dedans comme en son propre lieu.

Enfin terminons par cette parole de Jésus-Christ. Voici le jugement parce que la lumière est venue dans le monde et que les hommes ont mieux aimé les ténèbres que la lumière car leurs œuvres étaient mauvaises. Quiconque fait le mal hait la lumière et la fuit.

Pesons bien ces paroles : quiconque fait le mal hait la lumière et la fuit. La lumière lui fait mal comme à celui qui a les yeux malades

Voilà le jugement.

Et ce qu'il y a de plus terrible dans l'enfer c'est qu'il est une conséquence inévitable du mal et que Dieu ne peut nous en tirer.

Le malheur conséquence du mal, le malheur d'autant plus grand que le mal est plus grand. Voilà la sanction de la morale ; cette sanction est supprimée si l'on regarde le mal comme une simple diminution de l'être, car à mesure que l'être diminue la sensibilité diminue aussi, elle laisse à peine des traces dans certains animalcules, elle disparait dans les plantes et si nous allons jusqu'au bout, arrivés au néant, nous avons le mal suprême et absolu et la douleur nulle. C'est là au fond le dernier espoir de ceux qui trop enfoncés dans le mal désespèrent d'en sortir, ils aspirent au néant comme à un repos. La parole qui les trouble le plus est celle de Bossuet qui leur crie : « n'espérez pas impies votre éternité vous est assurée et celle de la sagesse ». *Potentes autem potenter tormenta patientur.* Les puissants seront tourmentés en raison de leur puissance.

Quoique le mal par lui-même ne produise que le mal, il est possible d'en tirer du bien et c'est là le chef-d'œuvre de la sagesse divine ; mais pour en voir quelques traits, il est nécessaire de jeter un coup d'œil sur l'histoire du mal.

§ 4. — HISTOIRE DU MAL.

La vie surnaturelle, ou l'union intime de la créature à Dieu n'est complète qu'en Jésus-Christ, ce n'est que par lui qu'une créature quelle qu'elle soit peut participer à cette vie divine, c'est par lui seul que la création plonge ses racines dans l'être divin et peut vivre de sa vie, dans tous les temps, soit avant soit après l'apparition de Jésus-Christ sur la terre, le Verbe incarné est le médiateur indispensable de l'état surnaturel. *Gratia Dei per Jesum Christum.*

La première fois que Dieu a fait à la créature la destinée surnaturelle ce fut lorsqu'il eut créé les anges pour régir comme ses ministres la création matérielle qui remplissait l'espace de lumière.

Le plus beau des anges et le chef de leur brillante armée était Lucifer. La grandeur, la puissance, la beauté de cette sublime créature ne peut être ni comprise ni soupçonnée par notre faible intelligence. Cependant elle n'était rien devant l'infini et comme les autres incapable de comprendre Dieu et d'aspirer à vivre de sa vie, ce n'était que par la foi en la parole de Dieu qu'elle pouvait s'élever à la vie surnaturelle. Mais dans Lucifer comme dans les autres quand la parole de Dieu se fit entendre, la personnalité était déjà sur le trône de la conscience, et songeait à saisir l'unité pour jouir d'elle-même. La parole de Dieu étonna Lucifer; affolé de sa propre grandeur, il lui semblait qu'il n'avait besoin de personne; et qu'aucune béatitude ne pouvait être plus grande que celle qu'il entrevoyait dans les éléments de sa nature, son orgueilleuse personnalité ne voulut point descendre de son trône, Lucifer refusa la grâce et la destinée surnaturelle.

Chez cette intelligence formidable les conséquences marchèrent à grands pas, il en arriva vite à la haine de Dieu. Il prêcha la révolte, et entraîna une partie des anges qui comme lui repoussèrent la grâce.

Chez tous ces êtres dégradés, par une conséquence inévitable, le mal engendra le malheur, les divergences qu'ils avaient produites en eux les torturaient et leur faisait éprouver une douleur d'autant plus vive qu'ils étaient plus grands par leur nature, alors toutes les haines naquirent dans leurs cœurs de la haine de Dieu, la rage de la destruction s'empara d'eux et ne pouvant détruire le créateur ils entreprirent de détruire la création. En ce moment Dieu se servit de cette révolte pour donner aux Anges fidèles, c'est-à-dire ayant la foi, l'occasion de montrer leur amour du bien et leur aversion du mal en combattant les démons. Alors commença cette grande lutte dont parle saint Jean qui doit se terminer au jugement dernier.

« Et il y eut un grand combat dans le ciel. Micaël et ses anges combattaient contre le dragon, et le dragon combattaient avec ses anges, mais ceux-ci ne purent tenir, et leur place ne se trouva plus dans le ciel. Et ce grand dragon, l'ancien serpent appelé le démon et Satan qui séduit tout l'univers fut précipité sur la terre et tous ses anges avec lui; et j'entendis une grande voix dans le ciel disant : Cieux, réjouissez-vous et vous qui les habitez. Malheur à la terre et à la mer parce que le démon est descendu vers vous plein d'une grande colère. » (Apoc. 12. 9-12).

Cependant Dieu avait créé Adam et l'avait placé sur la terre comme sur son domaine, il l'avait destiné à la vie surnaturelle et lui avait donné sa grâce. Satan haineux et jaloux entreprit de détruire cette nouvelle œuvre de Dieu, Dieu n'empêcha pas entièrement son action mais lui traça des limites et ne lui laissa pour champ de bataille que l'arbre de la science du bien et du mal, et avertit Adam du danger.

On se demande ici pourquoi Dieu a permis à Satan de tenter l'homme? Le voici :

La tentation de Satan n'était pas la première pour Adam, nous avons vu qu'en face de la révélation il y avait dans toute nature finie une inévitable tentation d'égoïsme et d'orgueil. Le danger de l'orgueil ne disparaît pas après le premier acte de foi, car dans la nouvelle vie surnaturelle, l'homme ne pouvant rien que par la grâce ne doit jamais l'oublier, et s'attribuer ce qui ne lui appartient pas. Le grand danger de l'orgueil c'est que ce vice, bien que le plus opposé à la vérité et le plus incompatible avec Dieu et sa grâce ne voit pas sa propre laideur, et affronte même le regard de Dieu : « Mon Dieu, je vous rend grâces de ce que je ne suis pas comme les autres hommes. »

C'est pourquoi une chute est quelquefois utile pour l'abattre. La tentation ne rend pas l'homme mauvais mais, comme le dit l'*Imitation*, (t. 13. 5), elle montre ce que nous sommes. « Ne croyons pas, dit saint Augustin (Super genes. ad. litt. 25), que le tentateur eût pu faire tomber l'homme s'il n'y avait eu d'avance dans son cœur une hauteur superbe qui devait être abaissée. » Et ailleurs (de Civ.; D. 14. 13), « J'ose le dire, il est utile au superbe de tomber dans une faute évidente et manifeste afin que se déplaisant à lui-même, il se relève ; car en se plaisant il est tombé. Les larmes et l'amer déplaisir de Pierre lui furent plus salutaires que sa présomptueuse complaisance ».

Satan donc attaqua Ève, et l'on s'étonne de voir la quantité d'erreurs que le père du mensonge a su accumuler dans quelques mots. Point du tout, répond-il à Ève, mais Dieu sait que si vous mangez de ce fruit vous deviendrez comme des dieux. C'est-à-dire, Dieu est menteur, Dieu est jaloux et méchant, et le bonheur peut être atteint sans lui et malgré lui. Ève perdit confiance en Dieu et voulut usurper la divinité, et Adam n'osa déplaire à sa femme. Alors Satan victorieux devint maître d'Adam et de la terre que Dieu lui avait donnée pour domaine. Il se hâta de profiter de sa puissance pour tout désorganiser. Commençant par l'homme, il rompit l'harmonie naturelle qui était entre l'âme et le corps, révolta la chair contre l'esprit; et par là le fit descendre au-dessous de l'ordre naturel. Il épaissit le voile de chair sur l'âme pour lui empêcher de voir la lumière de la vérité; il désorganisa les différentes parties du corps par les maladies, les mit en guerre avec les éléments, et soumit l'homme à la mort qui est fille de Lucifer, car, comme le dit la Sagesse, Dieu n'a pas fait la mort mais les impies l'ont appelée par leurs œuvres et leurs paroles. Puis ensuite Satan a ravagé la terre, l'a remplie d'épines et de poisons, a perverti les saisons, et n'aurait rien laissé de bien si la pénitence d'Adam n'avait engagé Dieu à arrêter ses ravages. Mais la révolte de la chair ou la concupiscence, désordre introduit dans la nature même, couvrit Adam de honte et il se cacha. Et cette honte, en retranchant son orgueil, fut le commencement de son salut. Et Dieu lui pardonna et lui promit un rédempteur.

Toutefois, la vocation à l'état surnaturel fut retranché de l'héritage d'Adam. Dieu se réserva de la donner à qui il le jugerait convenable, et elle ne fut possible depuis que par la foi au rédempteur futur.

Les quatre fléaux, œuvre de Satan, demeurèrent; c'est-à-dire : l'ignorance, la concupiscence, la douleur et la mort, et Dieu les laissa dans le monde pour contrebalancer la dangereuse tentation de l'orgueil.

Ainsi Dieu ne fait et ne peut faire aucun mal et lui-même, comme le dit saint Jacques, ne tente personne.

Le mal et la tentation viennent de la créature que Dieu a faite libre et qui use mal de sa liberté.

Néanmoins Dieu aurait pu, dès que le mal s'est produit, le juger et le réduire à l'impuissance, il ne l'a pas fait, il lui a laissé jusqu'à un certain point sa liberté d'action dans le monde, parce qu'il a vu qu'il tirerait de ce mal un plus grand bien. Ainsi, la lutte des démons contre les anges a exalté chez eux l'amour du bien jusqu'à l'héroïsme. La tentation de Satan a fait rentrer Adam en lui-même, les misères dont il a rempli la terre combattent autant qu'il est possible l'orgueil inné dans le cœur de l'homme. La lutte contre le mal entretient l'activité du bien qui languirait sans cela.

Les persécutions ont produit les martyrs, la vue de la folie du monde a peuplé les déserts d'anachorètes et les couvents de saints pénitents, l'ignorance a suscité le zèle des apôtres et des missionnaires, mais par dessus tous les travaux et les souffrances de Jésus-Christ pour réparer le mal ont produit des merveilles infinies de bien, ce qui fait dire à saint Paul : où le péché a abondé la grâce a surabondé; ce qui fait que l'Église ose chanter : l'heureuse faute qui a mérité un tel sauveur; c'est pourquoi saint Thomas dit : (P.L Q 22. a.2.R.4). Bannir les maux de ce monde c'est réduire la somme des biens, et dans l'évangile le père de famille dit aux serviteurs zélés qui veulent tout de suite arracher l'ivraie; non de peur que vous n'arrachiez en même temps le bon grain. Ce n'est pas que Dieu ait eu besoin du mal et qu'il ait eu la volonté qu'il existe, le mal s'est fait contre la volonté de Dieu, mais, le mal étant donné, Dieu par sa sagesse en a tiré un plus grand bien.

Ainsi l'homme qui n'a pas fait la férocité de certains animaux s'en sert néanmoins pour en détruire d'autres qui lui sont nuisibles. Ce n'est qu'au jugement dernier que cessera le mélange du bien et du mal, alors ils seront séparés à jamais, le mal relégué dans les ténèbres extérieures sera abandonné à lui-même, et le bien triomphant dans la lumière jouira pendant toute l'éternité de l'élan que lui aura donné la lutte contre le mal pendant le temps de l'épreuve.

De ce que Dieu tolère la présence du mal jusqu'au jugement; il ne faudrait pas conclure que nous devons lui laisser la liberté de se développer; Dieu permet le mal pour l'utilité qu'il en tire. Mais quel est l'utilité du mal? uniquement d'être combattu par nous, ce qui achève notre perfection. Notre devoir à tous est donc de détruire le mal chacun selon son pouvoir; l'individu en lui-même, le père dans la famille, le gouvernement dans l'état. L'unique utilité du charbon est d'être brûlé, ce qui empêche l'engourdissement des hommes par le froid, cependant on le conserve utilement dans les chantiers, mais dès qu'il arrive dans les foyers de chacun on se hâte de le consumer; et il serait aussi insensé de le conserver dans les foyers que fâcheux de le brûler dans les chantiers.

Mais lorsque l'été éternel sera venu, on fera disparaître tout le charbon et l'on blanchira tout ce qu'a souillé sa noirceur.

§ 5. — RÉPONSE A QUELQUES QUESTIONS.

Mais quelqu'un dira peut-être : si l'ordre surnaturel ouvrait la porte au mal, pourquoi Dieu l'a-t-il offert à la créature ? Pourquoi vous-même fondez-vous une famille sachant que plusieurs de vos enfants ou de vos petits enfants peuvent tourner mal ? Pourquoi donnez-vous de l'instruction et des richesses à vos enfants sachant qu'ils peuvent en abuser ? Pourquoi le marchand expose-t-il ses marchandises sur un vaisseau sachant que le vaisseau peut faire naufrage ? Pourquoi le guerrier expose-t-il sa vie, pour acquérir la gloire ? ? ! ? ? ? ?

Un instinct merveilleux pousse l'homme, un enthousiasme sublime l'emporte quand il sent qu'il peut réaliser un grand bien ou produire un chef d'œuvre et la pensée du mal, qui peut accidentellement se mêler malgré lui à ce bien, ne l'arrêtera jamais. Si l'homme a cet instinct c'est qu'il est fait à l'image de Dieu.

Le bien surnaturel est si grand ! Dieu pouvait-il ne pas le produire ? de quel droit les méchants qui refusent le bonheur qu'on leur offre voudraient-ils priver de l'existence les bons qui l'acceptent. Dieu songeant à l'éternel banquet des élus, aux chants des anges, à l'amour des vierges, à la palme des martyrs, à l'alléluia de tous les saints a senti son cœur tressaillir d'amour et c'est dans ce tressaillement que la création s'est échappée de ses mains.

Dieu se serait-il mis à l'œuvre pour créer des plantes et des animaux ? Non l'œuvre de Dieu devait être digne de lui, c'est-à-dire avoir la plus grande perfection possible.

Au fond la création c'est avant tout et principalement Jésus-Christ, c'est là mon fils bien-aimé en qui j'ai mis toutes mes complaisances, le reste n'est qu'un accessoire. En Jésus-Christ la puissance de Dieu se montre tout entière. L'œuvre arrive à une perfection absolue puisqu'elle est totalement divinisée, toutes les créatures possibles arrivent en Jésus-Christ à la perfection; l'être raisonnable, l'être sensible et la matière elle-même. En Jésus-Christ la création est complète et parfaite, toutes les autres créatures ne peuvent être que des diminutifs de ce type complet, que les reflets décroissants de cette lumière première, les échos s'éteignant peu à peu de cette harmonie sublime. C'est pour Jésus-Christ que Dieu a créé, c'est au point de vue Jésus-Christ que Dieu a composé tout le plan de la création.

Après Jésus-Christ le grand souci du Créateur a été le cortège qui devait lui servir de cour, le groupe des élus choisis entre toutes les créatures et pour lequel Dieu fait tout, *omnia propter electos*.

Pour qui le père de famille prépare-t-il le festin nuptial? Est-ce pour les serviteurs qu'il emploie, est-ce pour les étrangers qu'il invite? non tout est organisé pour l'époux et l'épouse, pour eux le festin, les lumières, les guirlandes et les fleurs, c'est pour eux que les serviteurs reçoivent des ordres, pour eux que les étrangers sont convoqués.

La création est un festin que le créateur a préparé avant tout pour son fils.

Mais le groupe des élus qui doit éternellement peupler le ciel est l'Epouse de Jésus-Christ, Epouse qui lui a coûté tout son sang, Epouse qui a puisé la vie surnaturelle dans l'amour sans mesure de son cœur divin, ce que le créateur a symbolisé en formant Eve d'une côte d'Adam, le mariage est un grand sacrement, dit Saint-Paul, je le dis en Jésus-Christ et en son Église, c'est à Jésus-Christ et à son Eglise que se rapporte tout le plan divin.

Or, c'est à faire partie de ce groupe choisi des élus que Dieu vous appelle par l'offre de sa grâce, et vous vous plaignez, âmes sans grandeur, vous regrettez que Dieu ne vous ait pas éternellement confiné sur cette terre.

Du reste Dieu dans la création a réalisé tous les degrés, et cette pauvre fin naturelle sera le partage d'un certain nombre de créatures non pas de celles qui ont eu la petitesse de refuser la grâce mais de celles à qui elle n'a jamais été offerte, parmi ces créatures se trouvent les enfants morts sans baptême.

En effet, le péché originel qui était aussi un péché actuel dans Adam a eu chez lui deux effets, l'un de le rendre coupable et en état de révolte contre Dieu, l'autre de le faire déchoir de l'ordre surnaturel et de lui ôter le droit et le pouvoir d'atteindre cette fin sublime.

De ces deux effets le second seul a été transmis à des descendants, et en lui toute l'humanité a été déchue de la dignité surnaturelle qu'elle avait dans le paradis terrestre.

C'est comme un oiseau à qui on aurait coupé les ailes et qui produirait des petits sans ailes comme lui. Ceux là seuls de ces petits pourraient s'élever en l'air à qui on rendrait les ailes.

Dieu promit un sauveur à Adam pénitent, mais depuis ce temps-là les hommes naissent dans la voie naturelle et pour rentrer dans la voie surnaturelle, pour avoir part au salut il faut le baptême ou réel ou de désir par la foi en Jésus-Christ.

Les enfants morts sans baptême n'ayant aucune des conditions requises sont exclus du bonheur surnaturel. Mais n'ayant commis aucune faute personnelle, ils ne peuvent souffrir.

La peine du péché originel, dit le pape Innocent III est la privation de la vue de Dieu et la peine du péché actuel est le tourment de la gehenne.

Saint-Thomas dit aussi : « La faute n'a pas été commise ici par l'action de la personne, la peine ne doit donc pas s'accomplir par la souffrance de la personne mais uniquement par la privation du bien que la nature ne pouvait atteindre d'elle-même. Quant aux prérogatives, aux perfections que la nature humaine possédait en vertu de ses principes constitutifs elles ne souffrent aucun détriment dans la peine du péché originel.

La privation de la vue de Dieu est un supplice pour ceux qui par la vocation surnaturelle en ont l'idée, car alors l'idéal et la réalité font une divergence qui est l'essence du mal et la cause de la douleur : mais dans ces enfants qui ne sont pas appelés, l'idéal n'étant pas éveillé, la divergence n'a pas lieu et la souffrance non plus. Car comme le dit l'adage : *Ignoti nulla cupido*.

Saint-Thomas pense aussi que ces enfants ne peuvent souffrir de cette privation et voici comment il le prouve : Si des enfants non baptisés ressentaient la douleur de l'âme ils s'affligeraient ou de la faute ou de la peine. Dans le premier cas puisqu'ils ne peuvent plus se purifier de la faute la douleur les jetterait dans le désespoir, et ce désespoir est le ver rongeur des damnés. Il n'y aurait donc pas entre eux et les damnés la différence qu'admet Saint-Augustin. Dans le second cas, puisque la peine leur est justement infligée par Dieu, leur volonté s'opposerait à la justice divine et outre le péché originel ils auraient le péché actuel ce qui est contre l'hypothèse. Donc ces enfants n'éprouvent aucune douleur de l'âme.

Concluons : si ces enfants n'ont aucune douleur, ni dans le corps ni dans l'âme ; si les facultés de la nature humaine ne sont point altérées en eux, il est évident qu'ils jouissent d'un bonheur naturel.

Nous ignorons si cette destinée naturelle n'est pas réalisée ailleurs que sur la terre. Les millions de mondes qui peuplent l'espace sont-ils vides ou habités par des êtres raisonnables comme nous ? Ces êtres ont-ils été appelés à la destinée surnaturelle ou sont-ils restés dans l'état de nature ? Nous ne pouvons, à ce sujet, que former des hypothèses. Mais ces hypothèses font entrevoir le vrai sens d'une vérité dont on a tant abusé ; le petit nombre des élus.

Les élus sont ceux qui appelés à l'ordre surnaturel, ont répondu à leur vocation et partageront les joies sans fin du ciel. Leur nombre peut être petit en comparaison de ceux qui ne sont pas appelés. Mais on ne peut pas appeler petit le nombre de ceux qui, d'une manière ou de l'autre sont heureux, un simple calcul de ce qui se passe sur la terre peut le démontrer.

La statistique constatent que les enfants qui meurent avant l'âge de discrétion fournissent près de la moitié de la mortalité sur la terre. Or, aucun de ceux-là ne sont malheureux, c'est dans l'autre moitié qu'il faut prendre tous les saints, tous ceux que le purgatoire prépare au ciel, tous ceux que la bonne foi excuse aux yeux de Dieu. Le nombre des heureux même sur la terre n'est donc pas le plus petit et les habitants des autres mondes sans compter les anges peut rendre le nombre des heureux beaucoup plus grand que celui des malheureux.

Il faut répondre à une dernière question.

Dieu, dit-on, qui prévoyait tout, n'aurait-il pas pu ne créer que ceux qui devaient être bons et laisser les autres dans le néant ?

Non ! la création n'est pas un dictionnaire mais un poëme. Dans un dictionnaire où les mots ne sont pas liés entr'eux on peut retrancher un grand nombre de mots, sans nuire aux autres, mais dans un poëme où tout se tient si l'on retranchait un grand nombre des mots, le reste n'aurait plus de sens.

L'enchaînement des causes secondes forme un immense mécanisme où tout se tient. Pour avoir la raison de la moindre chose qui se passe, il faudrait souvent remonter de cause en cause très loin, quelquefois jusqu'au commencement du monde.

Ce qui augmente la difficulté c'est qu'il a fallu tenir compte d'un élément incompressible, capable de déranger tous les plans, qui est la liberté. Il a fallu toute la sagesse divine pour arriver à ses fins à travers toutes ces complications.

Comme nous l'a dit saint Thomas : retrancher le mal serait aussi retrancher une partie du bien, et, dit le père de famille de l'évangile, en arrachant l'ivraie on arracherait aussi le bon grain, il vaut donc mieux attendre la moisson où l'on pourra les séparer sûrement l'un de l'autre.

Ne citons qu'un exemple parmi les ancêtres de Jésus-Christ.

L'histoire mentionne des hommes qui étaient méchants. Supprimez-les, la chaîne des générations est brisée. Il ne naît pas et le monde n'est pas sauvé.

La même observation peut s'appliquer à tous les saints et à tous les bienfaiteurs de l'humanité.

La création forme donc un tout indissoluble dont on ne peut rien retrancher, c'était à prendre ou à laisser.

Certainement, le plan de la Providence est trop compliqué pour ne pas présenter des obscurités à notre faible intelligence, mais, comme dit Pascal, il ne faut jamais abandonner les choses claires à cause des choses obscures, ce qui est clair et certain, c'est que Dieu est infiniment sage et infiniment bon, pourquoi embarrasser notre esprit de questions insolubles pour le moment. Notre devoir relativement au mal est de ne pas en être nous-mêmes une cause volontaire ; si nous restons purs, nous verrons clairement un jour le plan de Dieu, et nous inclinant avec les vingt-quatre vieillards de l'apocalypse nous chanterons avec eux : Vous êtes digne Seigneur notre Dieu, de recevoir gloire, honneur et puissance ; parce que vous avez créé toutes choses et que par votre volonté, elles étaient et elles ont été créées. *Dignus es Domine Deus noster accipere gloriam et honorem et virtutem, quia tu creasti omnia, et propter voluntatem tuam erant et creata sunt.*

§ 6. — DE L'UTILITÉ QUE DIEU TIRE DU MAL

Pour faire comprendre cela il faut remonter bien haut et résumer beaucoup de doctrine.

Le but de Dieu est d'amener l'homme à la Sainteté, parceque le degré de sainteté mesure le degré de béatitude dont chacun pourra jouir dans la vie éternelle.

Le degré sera différent pour tous les élus, celui-là seul jouit d'une béatitude infinie et sans degré qui est trois fois saint, *sanctus, sanctus, sanctus.*

Or la sainteté comme nous l'avons vu, n'est pas l'innocence par l'ignorance du mal mais l'amour du bien et la haine du mal qui résulte de la connaissance de l'un et de l'autre. Ces deux sentiments sont corrélatifs et toujours au même degré, car ils ne sont au fond que le même sentiment vu pour ainsi dire de face et de revers.

Le bien c'est l'harmonie ou l'amour, le mal la désharmonie ou la haine. La haine de la désharmonie n'est autre chose que l'amour de l'harmonie et la haine de la haine n'est autre chose que l'amour de l'amour.

Le beau nom de Sainteté n'appartient qu'à l'amour du bien surnaturel doublé de la haine du mal surnaturel car dans le bien et le mal il y a trois ordres qu'il ne faut pas confondre.

Au degré inférieur est le bien physique c'est-à-dire le bien-être qui résulte de l'harmonie des éléments matériels, et le mal physique ou la souffrance qui résulte de la désharmonie de ces mêmes éléments. Dans le degré au dessus se trouvent le bien et le mal moral qui peuvent être passifs ou actifs. Passifs ils se résument dans la joie qui résulte de l'harmonie de l'âme avec elle-même, et la tristesse qui vient de la désharmonie de l'âme avec elle-même. Actif le bien moral consiste dans la volonté de l'harmonie entre l'âme et les autres âmes, c'est-à-dire dans la bienveillance et la bienfaisance, et le mal dans la volonté de la désharmonie entre l'âme et les autres âmes, c'est-à-dire la malveillance et *la malfaisance*. Enfin, au degré supérieur sont : le bien surnaturel qui est l'harmonie de l'âme avec Dieu infini connu par la foi qui produit la charité, et le mal surnaturel qui est la désharmonie de l'âme avec Dieu infini et révélateur par la désobéissance, la révolte, ou la haine.

Le bien et le mal ne se trouvent pas seulement dans ces trois amours et ces trois haines mais dans leurs proportions avec leur objet. Car il faut aimer le bien supérieur par dessus tout et subordonner le bien inférieur à tous les autres, autrement il résulte une disproportion désharmonique qui est elle-même un mal. Ce mal le seul auquel l'ignorance, l'illusion et la faiblesse peuvent quelquefois servir de circonstances atténuantes est le plus universel parmi les hommes, et empêche la multitude de s'élever à la sainteté. La perfection est de préférer la mort au péché ; c'est la gloire des martyrs et le sommet de la sainteté, cet acte héroïque et sublime réunit tout, il exalte au plus haut degré le bien supérieur, il subordonne ce qui est inférieur jusqu'au sacrifice, met tout à sa place et en harmonie et rend le plus possible semblable au Dieu trois fois saint.

Mais pour aimer le bien et haïr le mal il faut avant tout les connaître et les distinguer. Satan disait à Ève : vous serez comme des dieux connaissant le bien et le mal. Cette parole est à la fois une grande vérité et un grand mensonge.

Pour être semblable à Dieu il ne suffit pas de connaître le bien et le mal mais il faut aimer le premier et haïr le second, préférer le mal au bien les connaissant l'un et l'autre ce n'est pas être semblable à Dieu mais à Lucifer : *ut sciat reprobare malum et eligere bonum*. (Isaïe)

La science du bien et du mal n'est pas aussi facile qu'on pourrait le croire ; elle n'est pas impossible à la créature puisque les anges l'ont eue, mais elle est très difficile à l'homme surtout depuis que le péché a empêtré son intelligence dans la matière.

Pour comprendre la laideur du mal il faut comprendre la beauté de l'harmonie, l'un et l'autre se perçoivent au même degré; et pour comprendre vraiment le bien il faut élever sa pensée jusqu'à l'harmonie universelle. Or l'homme ainsi que toute créature possible naît dans l'ignorance. Son premier sentiment est nécessairement celui de sa propre existence et, à ce premier moment, il ne connait que lui, se croit tout et s'aime uniquement. Ce premier sentiment exclusif parce qu'il n'est qu'instinctif n'est pas encore le mal, mais il peut le devenir.

Toute créature doit entrer dans le concert universel et y faire sa note harmonieuse, tout ce qui n'est pas libre avait été créé par Dieu dans l'harmonie et s'il le faut y sera ramené à la fin des temps. Mais Dieu ne peut faire entrer la créature libre dans ce concert sans son consentement, il faut qu'invitée par Dieu elle y entre volontairement. Si elle refuse, l'amour de soi devient l'égoïsme et l'estime de soi l'orgueil ; l'égoïsme et l'orgueil laissent la créature libre hors du concert, dans l'isolement ; or l'isolement c'est le mal, parce que c'est le contraire de l'unité principe et fin de tout. Mais comment trouver l'intelligence et le sentiment de l'unité dans l'humanité poussière d'hommes en proie à la division.

Lorsque l'homme est invité à sortir de l'isolement, il est bien tenté de refuser, l'égoïsme lui semble un lit de repos, où le retiennent l'ignorance et la paresse, et l'orgueil lui apparaît comme une auréole de l'égoïsme ; comment l'amener à comprendre que c'est le mal ?

Voici : Dieu n'a jamais fait le mal ni moral ni physique ; tout mal quel qu'il soit est l'œuvre de la malice de la créature libre, le désordre physique, la laideur, la douleur sont l'œuvre de Satan à qui la terre a été livrée par le péché originel.

Dieu, bien qu'il ait pardonné à l'homme, n'a pas ôté le mal physique de dessus la terre parce qu'il savait l'utilité qu'il en tirerait.

Nous avons vu comment le bien et le mal moral, proposé à la créature libre, était difficilement discerné et apprécié par l'intelligence obscurcie de l'homme et par sa volonté faible et indécise. Mais le mal physique s'adresse directement à la nature animale qui n'est pas libre et dont l'instinct invariable a horreur de la souffrance, l'homme donc qui passe du bien-être à la souffrance voit la différence de ces deux états, qui se font apprécier l'un par l'autre, et, sans hésiter, il appelle l'un le bien et l'autre le mal. C'est par là qu'il commence à discerner l'un de l'autre. Quand le mal physique lui est infligé par la malice d'une autre créature libre et quand il en est délivré par la bienfaisance d'une autre créature libre aussi, il commence à saisir le rapport de filiation qui existe entre le bien et le mal moral et le bien et le mal physique, alors il hait le mal moral dans la créature malfaisante et il aime le bien dans la créature bienfaisante. Mais s'il est sincère il est amené logiquement à aimer et haïr aussi l'un et l'autre en lui-même quand il les y découvre.

C'est surtout pour nous en inspirer l'horreur que la présence du mal nous est utile.

En Dieu qui est le bien absolu, il n'y a point de mal d'aucune sorte ; mais, comme nous l'avons vu, il a du mal une connaissance purement spéculative mais parfaite et infinie, de là en lui une haine infinie du mal en même temps que l'amour infini du bien.

Pour nous ignorants, faibles et distraits, une connaissance purement spéculative du mal serait très insuffisante ; c'est la douleur, dernière conséquence du mal, qui la première nous en révèle l'existence et nous le fait haïr, d'abord dans l'ordre inférieur, puis par voie de conséquence, dans l'ordre moral.

Le mal moral est fondamentalement l'égoïsme et l'orgueil qui sont comme les deux cornes offensives du moi ; mais qui soupçonnerait qu'il porte en lui ces deux armes malfaisantes, si à chaque pas que nous faisons dans la vie nous n'étions blessés et froissés par d'autres *moi* que le nôtre ? et lorsque nous revenons couverts des blessures, soit morales, soit physiques, qui nous ont été infligées par les autres *moi*, nous commençons à prendre au sérieux cette formidable parole de Pascal : le moi est haïssable, et après avoir éprouvé que le moi est haïssable dans les autres la logique nous insinue, qu'il doit bien aussi l'être en nous-mêmes, de là cette loi morale qui est le sommet de la sagesse humaine : ne fais pas à autrui ce que tu ne voudrais pas qu'on te fasse, c'est-à-dire : maintiens ton *moi* dans de telles limites qu'il ne puisse blesser ni froisser personne.

Connaître le bien et le mal moral, aimer l'un et haïr l'autre, combattre le mal non seulement dans les autres mais en nous-mêmes, c'est là la perfection naturelle de l'âme.

Voilà donc un grand progrès et toute une éducation qui a pour point de départ la douleur physique.

Arrivée là l'âme est prédisposée à entendre ce qu'on lui dira du bien et du mal surnaturels.

Ici est le pas le plus difficile à franchir car nous entrons dans la région de l'infini où tout dépasse la raison, où la seule lumière qui doit garder est la parole de Dieu acceptée par la foi. Or rien n'est plus dépendant de la liberté que la foi qui est un acte de confiance. L'homme peut donc non seulement hésiter mais refuser. S'il refuse l'échelle se brise et il retombe au plus bas, mais s'il accepte, la voie de la perfection s'ouvre indéfiniment devant lui. En effet dans cette région supérieure toute barrière tombe, toute limite est effacée, l'amour doit être sans bornes car il faut aimer même ses ennemis, c'est-à-dire n'exclure aucun être de son cœur ; il faut haïr et repousser le mal absolument et lui résister s'il le faut jusqu'au sang, *non dum enim usque ad sanguinem restitistis, adversus peccatum repugnantes.* (Heb. 12).

Il faut non seulement abaisser l'orgueil mais l'anéantir, il faut effacer jusqu'aux dernières traces du moi. Si quelqu'un veut me suivre, dit Jésus-Christ, qu'il se renonce lui-même. *Abneget semetipsum* (Matth. 24). C'est de la société sainte des élus que l'on pourra dire parfaitement ; ils n'ont qu'un cœur et qu'une âme ; sans détruire pour cela la personnalité, le moi sera entièrement fondu dans le *nous* et le *nous* lui-même dans l'unité qui est Dieu.

Tel est l'amour surnaturel qu'on appelle charité et qui est le sommet de l'échelle mystérieuse de la sainteté. Cette échelle dont le pied s'appuie sur la terre et dont la tête se perd dans l'éblouissement de la lumière céleste est l'objet spécial de la Providence divine. Les anges y descendent sans cesse pour chercher les hommes, et ils y montent pour aider leur ascension. Peu sur la terre atteignent ce sommet brillant, la plupart restent au degré inférieur qui touche la terre. Aussi Dieu, qui connaît l'infirmité humaine, voulant inspirer aux hommes l'horreur du mal a souvent recours aux dernières conséquences du mal, la douleur physique, et il pousse la multitude en avant en lui montrant de loin la peur de l'enfer.

Le mal dont la présence a été utile à l'homme pour le pousser à la sainteté ne sera plus nécessaire quand la sainteté sera acquise, et comme ces échafauds dont on se sert pour construire une voûte et qu'on enlève quand la voûte est achevée, il devra disparaître et n'aura aucune place dans le séjour céleste des saints. *Absterget omnem lacrymam ex oculis eorum*. Dieu, dit saint Jean, essuyera toute larme de leurs yeux ; et le bonheur restera pur et sans mélange pour tous, bien qu'il soit plus ou moins grand, selon le degré de sainteté de chacun.

Mais bien que le mal soit absent, les élus en conserveront la connaissance acquise, et cette connaissance leur fera apprécier et aimer davantage le bien qu'ils posséderont. En cela, ils imiteront Dieu qui de toute éternité haïssait le mal qui n'était pas encore mais qu'il connaissait, et comme lui ils conserveront dans leur cœur l'amour du bien sans hésitation, sans mesure et sans fin.

A un point de vue plus élevé, et qui mériterait un traité à part, on pourrait faire entrevoir les trésors d'amour que la souffrance permise par Dieu a fait sortir du cœur des saints qui, bien qu'encore sur la terre, n'en avaient plus besoin pour aimer le bien et haïr le mal.

C'est surtout du cœur de Jésus-Christ, la sainteté même, que Dieu a fait sortir ces trésors, non plus finis et imparfaits, mais divinisés et revêtus d'un mérite infini par la présence du Verbe. Ces merveilles de l'amour seront éternellement l'objet de la contemplation, de l'admiration enthousiaste, et des louanges que saint Jean a entendu chanter au ciel dans sa vision de Pathmos.

Vous êtes digne Seigneur... parce que vous avez été mis à mort, et que vous nous avez rachetés pour Dieu par votre sang, de toute tribu, de toute langue, de tout peuple et de toute nation. Et vous avez fait de nous un royaume et des prêtres pour notre Dieu... A celui qui est sur le trône et à l'agneau, bénédiction, honneur, gloire et puissance dans les siècles des siècles. *Dignus et domine... quoniam occisus es et redemisti nos Deo in sanguine tuo ex omni tribu et lingua et populo et natione. Et fecisti nos Deo nostro regnum, et sacerdotes... sedenti in trono et agno : benedictio, honor, et gloria. Et potestas in secula seculorum.*

§ 7. — QUELQUES DISTINCTIONS IMPORTANTES

Les considérations qui précèdent, nous indiquent d'importantes distinctions qu'il faut ajouter à tout ce que nous avons dit du nombre deux.

1° Nous avons dit que toute idée claire était double, c'est-à-dire avait un corrélatif, un contre poids obligé, qui l'accompagnait comme l'ombre accompagne partout le corps, et sans lequel elle restait confuse et inintelligible, il faut noter que ceci n'est vrai que des idées abstraites et non des idées concrètes.

L'être, la vérité, la justice, la grandeur, le moi, etc., sont des idées abstraites et l'idée de l'être ne peut subsister, ni être intelligible, sans celle du non-être, celle de vérité sans celle d'erreur, celle de justice sans celle d'injustice, celle de grandeur sans celle de petitesse, celle du moi sans celle du non moi.

Mais si un homme est aperçu en même temps par un autre homme et par un animal ; il se forme immédiatement dans l'imagination soit de l'homme, soit de l'animal, une image qui reste dans le souvenir. Cette image est aussi appelée idée, mais c'est une idée concrète, bien qu'il faille pour percevoir cet homme le distinguer confusément de ce qui l'entoure, de ce qui n'est pas lui, néanmoins cette image subsiste seule et sans corrélatif obligé. Elle reste à cet état concret dans l'imagination de l'animal, mais dans la pensée de l'homme s'adjoignent ordinairement des idées abstraites, ainsi pour la pensée intelligente cet homme est une créature raisonnable, l'idée de créature appelle l'idée de créateur, et l'idée de raisonnable, celle d'être sans raison.

Ce sont les idées abstraites qui constituent dans la pensée humaine la distinction, et la distinction est la balance intellectuelle qui est à la fois comparaison, raison, intelligence et libre arbitre.

L'animal a comme nous les idées concrètes sans corrélatif et sans contre poids, il en tire instinctivement des conséquences pratiques, mais il n'a pas les idées abstraites qui sont engendrées par l'idée de l'unité, c'est pourquoi il n'est ni intelligent, ni raisonnable. L'imagination de l'animal est une case unique où s'entassent les images, la pensée de l'homme est une balance où tout est comparé et pesé.

C'est l'idée infuse de l'unité qui engendre, dans la pensée humaine, l'idée corrélative du nombre, qui, selon l'expression du comte de Maistre, est le miroir de l'intelligence, et le nombre deux, qui est le premier des nombres, lui donne la clef de toute la série.

Cette duplicité constante des idées abstraites a été remarquée par les philosophes modernes, et chaque terme dans son opposition avec son corrélatif est appelé une antinomie.

2° Parmi les idées abstraites, il est très important de distinguer les idées simples des idées complexes. Les idées simples sont relativement positives et négatives, elles ont pour fondement et pour type, la double idée de l'être et du non être. Tels sont les termes suivants : infini et fini, grandeur, petitesse; puissance, impuissance; connaissance, ignorance; activité, inertie; richesse, pauvreté.

Dans tous ces groupes, l'objet direct de l'idée positive est supérieur et plus excellent que l'objet direct de l'idée négative, néanmoins comme nous l'avons vu, en Dieu, l'idée du non être n'est pas moins nécessaire, parfaite et infinie que l'idée de l'être. Lorsque Dieu a voulu se manifester dans la création, ce n'est point l'être et le non être qu'il a exprimés, mais l'idée qu'il en a ; c'est pourquoi dans ces manifestations, les deux termes peuvent avoir une perfection égale, bien que d'un caractère différent ou opposé, le type le plus complet en ce genre est l'homme et la femme, bien que dans les idées simples, l'objet de l'idée négative soit très inférieur, il n'est cependant pas le mal.

Il n'en est pas de même des idées complexes; celles-ci expriment toujours un rapport de convenance ou de disconvenance; elles se résument dans la double idée d'harmonie qui est le bien, et de discordance qui est le mal. Tels sont les termes suivants : amour et haine, vérité et fausseté, justice et injustice, vertu et vice, béatitude et souffrance, santé et maladie, beauté et laideur, lumière et ténèbres.

Ainsi les idées simples sont relativement positives et négatives, mais n'expriment directement ni le bien, ni le mal; tout au contraire les idées complexes expriment le bien et le mal, en opposition l'un à l'autre.

Quelques-uns ont pensé que le souverain bien était d'être lui-même. A vrai dire, l'être est plutôt la source du bien que le bien même. Lui seul peut le produire et en le produisant il devient lui-même le bien. Mais le bien n'apparaît dans l'être que lorsque par l'amour il a réalisé l'harmonie de lui-même avec lui-même, et comme en Dieu tout est éternel et simultané, l'être en Dieu est éternellement le souverain bien.

Pour les intelligences finies qui ne sont pas l'être mais qui y participent seulement le bien consiste aussi à réaliser par l'amour l'harmonie d'elles-mêmes non avec leur personnalité mais avec l'être auquel elles participent c'est-à-dire avec Dieu. Alors elles entrent en participation avec l'harmonie divine qui est le bien même et la source de tous les biens.

Mais elles peuvent refuser de réaliser cette harmonie, alors l'être en elles au lieu d'être le bien peut devenir le mal. Selon cette parole de Jésus-Christ : il eut mieux valu pour cet homme ne pas naître. *Bonum erat ei si natus non fuisset homo ille* (Math. 2624). Il faut dire ici du bien et du mal ce que nous avons dit de l'être et du non-être, malgré l'infériorité du non-être l'idée que Dieu en a n'est pas moins parfaite que celle qu'il a de l'être, de même quoique le mal soit non seulement inférieur au bien, mais souverainement haïssable en lui-même, l'idée que Dieu en a n'est pas moins parfaite et infinie que celle qu'il a du bien, et ces deux idées inséparables l'une de l'autre sont le sommet de la lumière intellectuelle selon cette parole indiscrète et perfide de Satan, vous serez comme des dieux sachant le bien et le mal.

Nous avons dit, au chapitre des cinq erreurs, que tout grand problème se posait par deux termes, un positif, l'autre négatif, et que la solution consistait à trouver l'harmonie de ces deux termes. Mais ceci n'est vrai que pour les antinomies dont les idées sont simples, mais dans les antinomies dont les idées sont complexes le premier terme est déjà la solution d'un problème c'est pourquoi il exprime le bien, le terme opposé est la destruction de l'harmonie qu'exprimait le premier terme c'est pourquoi il exprime le mal, entre ces deux termes, aucun compromis, aucune combinaison, aucune solution n'est possible, à la question qu'ils posent il n'y a qu'une réponse, toujours la même : l'adoption et le triomphe du premier terme, et la proscription absolue du second. Selon cette parole de saint Paul : *Quæ enim participatio justitiæ cum iniquitate? Aut quæ societas luci ad tenebras? Quæ autem conventio Christi ad Belial.*

Quelle participation peut-il y avoir entre la justice et l'injustice? Quelle société entre la lumière et les ténèbres. Quel accord est possible en Jésus-Christ et Bélial. (Eph. 4). Le premier des grands problèmes a été résolu de toute éternité dans les profondeurs de la nature divine, la grande antinomie de l'idée de l'être et de l'idée du non-être trouve éternellement sa solution dans la lumière de la conscience divine. Puis ensuite la coexistence de l'infini et du fini autre grande antinomie a été réalisée, au commencement du temps par l'œuvre de la création.

Il y a aussi en Dieu une antinomie à idées complexes dans la connaissance qu'il a du bien et du mal, mais à la question posée par ces deux termes la réponse éternelle est toujours la même : le règne du bien qui est l'harmonie et la proscription absolue du mal qui serait la désharmonie, c'est-à-dire la guerre entre le père et le fils. La nature divine est donc absolument pure de tout mal, aucun mal ne peut atteindre l'Infini, ce n'est que la liberté indomptable de la créature qui a pu l'introduire dans le fini, c'est-à-dire qu'elle a pu briser l'harmonie que Dieu avait préparée pour toute chose.

Aux yeux d'une attention superficielle plusieurs idées complexes peuvent paraître simples, ainsi la vérité qui a été mal définie : ce qui est ; ce qui est c'est la réalité, terme simple synonyme de l'être, la vérité comme l'ont enseigné Aristote et saint Thomas est complexe, elle est une harmonie, elle est l'harmonie de la réalité avec la pensée ou l'affirmation, de même que l'erreur n'est pas ce qui n'est pas, mais la discordance de la réalité avec la pensée ou la négation. Ainsi la vérité et l'erreur sont deux termes complexes, et nul ne conteste que la vérité ne soit un bien et l'erreur un mal. Le beau comme nous l'avons vu est l'harmonie de l'unité et de la variété, la beauté même purement physique est considérée partout comme un bien ; et la laideur comme un mal, cela ne veut pas dire que ce soit un crime d'être laid, mais la laideur est le fruit d'un crime dont la première responsabilité remonte à Lucifer qui, lorsque le péché de l'homme lui a livré la terre, s'est hâté de pervertir et de défigurer l'œuvre de Dieu autant qu'il a pu le faire: Car Dieu n'avait point fait de laideurs. Dieu dit la Genèse considéra les œuvres qu'il avait faites et elles étaient toutes très bonnes, *et erant valde bona*. Toute laideur tire donc son origine du mal, est elle-même un mal. Lorsqu'au jugement dernier on séparera le bien du mal on séparera aussi la beauté de la laideur ; toute laideur sera rejetée dans l'abîme et la beauté régnera seule dans le royaume céleste car alors il n'y aura pas comme maintenant des contradictions dans le même être, de belles âmes dans de vilains corps, tout sera à l'unisson, et la beauté ou la laideur du corps traduiront fidèlement la beauté ou la laideur de l'âme.

La béatitude aussi est l'harmonie de tous les éléments de l'être et la souffrance la discorde de ces mêmes éléments. La souffrance, même purement physique, est un mal que Dieu n'a pas fait, et qui est l'œuvre de Lucifer. Mais, de même que les médecins se servent de certains poisons pour guérir de graves maladies, Dieu se sert des souffrances d'un ordre inférieur pour préserver l'homme de souffrances d'un ordre supérieur, dont il est menacé par le mauvais usage de sa liberté.

Dès cette vie, la souffrance peut se changer en bien par l'harmonie supérieure de l'amour divin.

Mais la plus grande difficulté vient des mots qui peuvent être pris en plusieurs sens. Nous avons vu dans un chapitre précédent que plusieurs mots présentaient deux ou même trois sens, et alors, il y a toujours un de ces sens qui renferme une idée complexe ; mais selon que l'idée est simple ou complexe, les conclusions ne sont pas les mêmes. On peut donc, si l'on ne spécifie pas dans quel sens on prend le mot, disputer longtemps sans s'entendre sur ce même mot ; par exemple : la vie, prise comme racine de l'être, est un terme simple, il a pour antinomie, ce qui n'a jamais eu vie, c'est-à-dire la matière pure. La participation de la matière à la vie qui a produit toute la série des êtres vivants a admirablement résolu le problème posé par cette antinomie. Mais la vie prise comme l'harmonie qui fait de l'âme et du corps un seul être, est un terme complexe qui exprime le bien et qui a pour antinomie la mort, qui est le mal qui résume tout le mal physique.

L'unité même, comme nous l'avons vu, se prend en plusieurs sens. L'unité radicale qui est l'indivisible essence de l'être est un terme simple, il a pour antinomie la variété. Cette antinomie a posé de hauts et nombreux problèmes qui ont été résolus, soit dans l'éternité, soit dans le temps, par l'harmonie de ces deux termes. Mais lorsque l'unité se prend pour cette harmonie même et a le sens d'union et d'amour, elle a pour antinomie non la variété qui est bonne en soi mais la division qui est l'essence du mal.

Il est surtout dangereux de se méprendre lorsque les conclusions deviennent pratiques.

Dans l'ordre social, l'autorité et la liberté ne sont autre chose que la traduction, en fait, de l'unité et de la variété, et les mêmes ambiguïtés trompent et séduisent les intelligences humaines.

Lorsque l'autorité est le principe formateur de la société, le pivot qui groupe autour de lui et ramène à l'unité une multitude quelconque, elle représente l'unité radicale, terme simple, alors son antinomie qui est la liberté, prend le sens de variété. Alors les deux termes, loin d'être ennemis, se combinent et résolvent le problème des nationalités.

Mais lorsque l'autorité a le rôle de maintenir le bien social, de juger les différents et d'étouffer les guerres intestines, qui menacent la paix intérieure, la liberté prend le sens de discorde, elle devient le mal et l'autorité a, sous peine de mort, le devoir de réprimer cette liberté licencieuse.

Hélas ! que ces ambiguïtés ont fait commettre d'horreur et couler de sang, et que l'intelligence humaine a besoin d'être éclairée pour ne pas se fourvoyer dans ces labyrinthes dangereux.

Ainsi la société, but final et pratique de la création, est la solution ou l'harmonie de la grande antinomie, l'unité et la variété qui résume les antinomies simples.

La variété, par elle-même, est sans force et sans lumière, mais l'unité lui donne la force et la lumière, et fait d'une multitude faible et ignorante un peuple puissant et éclairé.

Une fois le problème résolu, et la Société constituée, l'unité devient l'union, alors se présente fatalement l'antinomie complexe, l'union et la division, l'union qui est l'harmonie et le bien, la division qui est la discordance et le mal.

Cette antinomie, comme nous l'avons vu, se trouve même dans la pensée divine, mais en Dieu la connaissance du mal, ce sommet aigu et tranchant de l'intelligence, est un glaive qui complète l'armure de l'être, mais ne se retourne jamais contre l'être lui-même par le suicide.

Il n'en est pas de même dans la Société imparfaite des hommes. L'homme naît dans l'isolement intellectuel et moral, ce n'est que par l'effort du libre arbitre qu'il peut entrer dans la Société des âmes, et sortir de l'isolement où le retiennent l'égoïsme et l'orgueil. Tant que toutes les libertés individuelles n'ont pas fait leur choix, la Société est menacée et entamée par la division qui, pour elle, est la mort, selon cette parole de Jésus-Christ : Tout royaume divisé contre lui-même périra. *Omne regnum divisum desolabitur*.

Ce n'est qu'à la fin du temps, lorsque tous les choix seront faits, que la société pourra se constituer définitivement par l'exclusion de tout élément discordant. Ce sera le règne de Dieu que tous les jours nous appelons de nos vœux. *Adveniat regnum tuum*. Toutes les âmes saintes ne seront qu'un en Dieu, par Dieu et avec Dieu, selon le vœu de Jésus-Christ. *Ut sint unum sicut nos*. Dans cette Société parfaite la connaissance du mal concluant, comme en Dieu, à l'exclusion absolu du mal, sera sans danger pour l'harmonie de fruit la charité qui régnera sans fin. *Caritas autem manet in æternum*.

Quant à ceux qui auront refusé d'entrer dans l'harmonie, ils resteront dans la division, séparés absolument de la Société sainte, et la division est la mort de l'âme et le suicide perpétuel de la Société maudite.

CHAPITRE IV

DE LA GRACE ET DE LA PRÉDESTINATION

Nous avons plusieurs fois parlé dans les chapitres précédents de l'ordre surnaturel et de la grâce ; il est nécessaire de revenir sur ces deux mots, pour bien en déterminer le sens et la portée.

Le mot surnaturel a toujours un sens relatif. Il n'y a point de surnaturel pour Dieu, parce qu'il n'y a rien au-dessus de sa nature, mais toutes les natures inférieures ont au dessus d'elles des régions inaccessibles qui sont à leur égard surnaturelles.

Nous avons vu dans le plan de la création, l'ensemble des êtres partagé en quatre grandes séries, qui sont toutes séparées les unes des autres par des distances infinies, ce sont des natures différentes, et chacune est surnaturelle relativement à celles qui sont inférieures, et peut appeler surnaturelles celles qui lui sont supérieures. Ainsi la vie animale est surnaturelle pour la pierre, la vie raisonnable pour l'animal et la vie divine pour toutes les autres. Naturellement il est impossible à la pierre de vivre et de sentir, à l'animal de raisonner, à l'être fini raisonnable de participer à la nature divine.

Néanmoins, la matière participe à la vie dans l'individualité animale, l'animalité participe à la raison par l'unité de conscience dans la personnalité humaine, et l'humanité avec tout ce qu'elle renferme participe à la divinité dans l'unique personnalité du Christ qui est la seconde personne de la Trinité.

Le mot grâce, veut dire une chose gratuite, mais il s'entend encore d'une faveur non seulement gratuite, mais spéciale.

Certainement tout ce qui vient de Dieu est gratuit. Dieu ne devait rien au néant, lorsqu'il lui a donné une réalité sensible, il ne devait rien à toutes les créatures, lorsqu'il leur a distribué leurs natures différentes ; mais l'être raisonnable a reçu une faveur spéciale qui n'a pas été donnée aux autres. Il n'a pas été donné à la pierre de s'élever jusqu'à la vie, ni à l'animal de s'élever jusqu'à la raison, mais il a été donné à l'homme de franchir l'espace infini que le sépare de Dieu, et selon l'expression de saint Pierre, de devenir participant de la nature divine. *Divinæ consortes naturæ.*

La grâce est plus encore, elle est à la fois le moyen, l'instrument et la réalité de cette ascension prodigieuse.

Par la grâce, Dieu nous appelle à la gloire, c'est-à-dire au partage de son propre bonheur. Mais rappelons-nous en quoi consiste le bonheur. Le bonheur, avons-nous dit, c'est l'enivrement que l'être éprouve par le sentiment de son unité. Or cette unité résulte de l'harmonie entre ses deux éléments positifs et négatifs, et cette harmonie n'est autre chose que l'amour proprement dit.

En Dieu, le Père et le Fils s'aiment d'un amour mutuel qui est l'Esprit-Saint lui-même. L'Esprit-Saint est donc le bonheur en Dieu et lui seul l'est. Car le bonheur de Dieu n'est autre chose que l'amour qu'il a pour lui-même, l'Esprit-Saint est cet amour et rien autre ne l'est. De plus cet amour ne peut résulter que de la connaissance que Dieu a de lui-même, car comme le dit l'adage : *Ignoti nulla cupido.* Nul amour de ce qu'on ne connaît pas, et l'amour est toujours en proportion de l'idée qu'on se fait de l'objet aimé.

Supposons maintenant la créature la plus parfaite qu'on voudra, laissée à sa puissance naturelle, admettons qu'elle arrive à formuler l'idée de l'infini, et qu'il résulte en elle de cette idée, un profond sentiment d'adoration, pour le Créateur, dont elle entrevoit la perfection infinie. Sera-ce la vie surnaturelle et éternelle que Dieu nous offre et nous promet ? Nullement.

Cette sublime élévation n'existe de soi et pleinement qu'en Jésus-Christ et ce n'est que par lui, en s'identifiant pour ainsi dire avec lui, que toute créature peut y participer.

C'est pourquoi les anges pour arriver là, ont dû s'unir par la foi à l'âme de Jésus-Christ, et si nous arrivons au même but, c'est parce que l'Église est appelée l'épouse et le corps de Jésus-Christ, et les fidèles, membres de Jésus-Christ.

Cette gloire divine est surnaturelle dans la force du mot pour tout être fini. Aucune créature quelque parfaite qu'on la suppose, n'y a aucun droit, et ne pourrait pas elle-même ni la saisir, ni la désirer, ni même la soupçonner ; c'est d'elle que parlait saint Paul lorsqu'il disait : l'œil n'a point vu, l'oreille n'a point entendu, le cœur de l'homme n'a point soupçonné, ce que Dieu a préparé à ceux qui l'aiment ; mais Dieu nous l'a révélé par l'Esprit-Saint, car cet Esprit pénètre tout, même les profondeurs de Dieu (1. Cor. 9-10).

Mais pour mieux comprendre notre impuissance, et la grandeur de l'œuvre divine, il faut étudier plus en détail, les moyens par lesquels Dieu a triomphé de toutes les impossibilités naturelles, et réalisé la merveille de la destinée surnaturelle.

L'amour de cette créature pour Dieu sera toujours proportionné à la connaissance finie et imparfaite qu'elle en a. Elle pourra trouver une grande joie dans cet amour, mais elle ne participera point pour cela au bonheur de Dieu. Son amour et son bonheur sont d'une nature différente que l'amour et le bonheur de Dieu, ils sont séparés par l'abîme sans fond qui sépare le fini de l'infini.

Dieu ne peut donc nous faire participer à son bonheur qu'en faisant pénétrer en nous l'amour qu'il a pour lui-même, qui est l'Esprit saint. C'est ce que dit Saint-Paul : La charité de Dieu a été répandue dans nos cœurs par l'Esprit-Saint qui nous a été donné. (Rom. 35) Donné est ici un mot rigoureusement vrai, car comme l'affirme Saint-Thomas après Saint-Augustin ; *Don est le nom propre du Saint-Esprit, et le Saint-Esprit ainsi donné c'est la grâce.* Ce don selon le langage universel des pères (Petav. de trinit. assert. 34) n'est pas seulement accidentel mais substantiel, en sorte que la substance même de l'Esprit-Saint est unie à nous et qu'il nous rend saints, justes, et enfin fils de Dieu. Cet amour infusé dans nos cœurs par l'Esprit-Saint, qui est l'amour de Dieu lui-même est d'une autre nature que tous les amours naturels et humains, c'est pourquoi il a un nom spécial et s'appelle : Charité.

Or, comme nous l'avons dit : « L'amour qui est l'Esprit-Saint ne pouvant résulter que de la connaissance que Dieu a de lui-même, Dieu ne peut nous communiquer son amour sans nous communiquer aussi sa connaissance et comme notre intelligence qui est la limite de notre personnalité finie est radicalement impuissante à atteindre et à contenir cette connaissance, ce n'est pas à l'intelligence que Dieu s'adresse, mais à la croyance qui ayant la nature indéfinie du sentiment, peut se dilater sans mesure ; et la réponse de la croyance à la parole de Dieu, c'est la foi. C'est pourquoi la foi est le principe de la vie surnaturelle ; le juste vit de la foi dit Saint Paul. *Justus ex fide vivit*, et c'est la foi seule qui produit la charité.

La sagesse humaine qui est circonscrite dans les limites de l'intelligence, est d'une nature toute différente de celle de la foi qui dépasse immensément ces limites. Aussi la sagesse humaine est-elle impuissante dans l'ordre surnaturel. Les études les plus profondes, les conceptions les plus élevées, les méditations philosophiques les plus sublimes, peuvent éclairer l'intelligence d'une vive lumière, mais sans la foi et la grâce, elles ne produiront jamais une étincelle de charité ; tandis que la grâce peut produire dans des âmes ignorantes, dans des cœurs simples et même dans des enfants des prodiges de charité, et quelquefois même des intuitions sur les choses divines qui confondent d'admiration jusqu'aux savants.

C'est pourquoi Saint-Paul après Isaïe fait dire à Dieu ; « Je confondrai la sagesse des sages, et je rejeterai la prudence des prudents, (Rom. I. 19) et Jésus-Christ dit lui-même : « Je vous rends gloire mon Père, Seigneur du ciel et de la terre parce que vous avez caché ces choses aux sages et aux prudents, et que vous les avez révélées aux petits ». Par tout cela on voit clairement l'inévitabilité des mystères.

Ainsi dans l'ordre surnaturel, la nature n'a aucune part, nous ne pouvons rien par nous-même, pas même avoir la pensée qui précède l'acte libre. Or, dit Saint-Paul, nous sommes incapables d'avoir une bonne pensée comme de nous, mais notre capacité est de Dieu. (2. Cor. 3. 5) Personne, dit-il encore, ne peut dire Seigneur Jésus si ce n'est dans l'Esprit-Saint (Cor. 12-13). Il ne s'agit pas ici de prononcer matériellement le nom de Jésus mais de le dire avec la foi en sa divinité. Et quand nous prions ce ne sont point nos paroles et nos pensées qui arrivent jusqu'à Dieu, mais comme dit encore Saint-Paul « l'Esprit-Saint aide notre infirmité ; car nous ne savons ce qu'il faut demander ni comment il faut le demander ; mais l'Esprit-Saint lui-même demande pour nous par des gémissements inénarrables. (Rom. E. 26.)

Ainsi nous ne pensons plus avec notre propre pensée, nous n'aimons plus avec notre amour, c'est une nouvelle vie qui commence, nous sommes une nouvelle créature en Jésus-Christ (2. Cor. 5. 17).

Le Saint-Esprit s'empare de nous, nous porte sur ses ailes, nous assimile pour ainsi dire à lui-même ; c'est la grâce qui nous prévient et nous appelle, la grâce qui nous donne la puissance de répondre à cet appel par la foi ; la grâce qui fait fructifier la foi, et lui fait produire la charité, et les œuvres de la charité.

Mais alors, direz-vous, s'il en est ainsi, la nature et la liberté ne peuvent subsister, il faut qu'elles soient détruites. Nullement, la nature reste entière en présence de l'ordre surnaturel, et la liberté se tient en face de la grâce et s'élève même par elle à son plus haut degré. Pour résoudre ce problème il faut avoir recours à la grande distinction qui en a résolu tant d'autres, celle du positif et du négatif. Le positif et le négatif nous fourniront deux royaumes sans limites dont l'un appartiendra tout entier à la grâce et l'autre tout entier à la liberté, et ainsi s'expliquera leur coexistence. La doctrine est renfermée dans ce texte du concile de Trente.

« *Declarat (Sancta Synodus) ipsius justificationis exordium, in adultis, a Dei, per Jesum Christum, præveniente gratia, sumendum esse, hoc est, ab ejus vocatione, qua, nullis eorum existentibus meritis, vocantur; ut qui peccato a Deo aversi erant, per ejus (Dei) excitantem atque adjuvantem gratiam ad convertendum se ad suam ipsorum justificationem, eidem gratiæ liberè assentiendo et cooperando, disponantur, ita ut, tangente Deo cor hominis per spiritus sancti illuminationem, neque homo ipse nihil omnino agat, inspirationem illam recipiens; quippe qui illam et abjicere potest, neque tamen sine gratia Dei movere se ad justitiam coram illo libera sua voluntate possit.*

Le concile déclare que le commencement de la justification chez les adultes, vient de la grâce prévenante de Dieu, par Jésus-Christ, c'est-à-dire de la vocation qui les appelle sans aucun mérite précédent de leur part... et ceux que le péché a détourné de Dieu, sont disposés par la grâce excitante et aidante de Dieu à se tourner vers leur propre justification, consentant librement et coopérant à cette même grâce, de telle manière que Dieu touchant le cœur de l'homme par l'illumination du Saint-Esprit, l'œuvre de l'homme n'est pas absolument nulle en recevant cette inspiration, puisqu'il peut la repousser, et cependant sans la grâce de Dieu, il ne peut par sa propre et libre volonté se mouvoir en sa présence vers la justice.

Ainsi dans ce qu'il y a de positif rien ne vient de l'homme, c'est de la grâce prévenante que vient le commencement et à plus forte raison la suite de la justification. De la part de l'homme point de mérites précédents. L'ordre naturel et surnaturel sont sans proportions l'un avec l'autre, de même que tous les corps accumulés ne pourraient parvenir à la valeur d'un seul esprit, de même tous les mérites naturels sont nuls et ne peuvent compter devant le don surnaturel; c'est pourquoi ce don est appelé grâce, parce qu'il est essentiellement gratuit et selon le texte cité sans mérites précédents.

Cependant, dit le concile, la part de l'homme n'est pas nulle. Pourquoi? parce qu'il peut refuser. Voilà la part de la liberté, elle est négative, mais elle est absolue, l'homme peut toujours refuser. « Si quelqu'un dit que l'homme ne peut pas refuser la grâce s'il le veut. » Si quelqu'un dit qu'il n'est pas au pouvoir de l'homme de faire le mal, mais que le mal comme le bien est l'œuvre de Dieu qu'il soit anathème (Ses. 6, cau. 4-6). Ces décisions sont claires et sans réplique. Mais, dira-t-on, n'est-ce pas un mérite pour l'homme de ne pas refuser? Nullement! Quel mérite a celui qui ne ferme pas les yeux devant une belle lumière, qui ne se bouche pas les oreilles quand l'harmonie se fait entendre, qui n'éteint pas le feu du salon pendant l'hiver, et n'arrache pas les fleurs du jardin au printemps? Lorsqu'un bateau traverse le lac, doit-on une récompense à tous ceux qui n'empêchent pas le pilote de ramer?

L'homme en ne refusant pas la grâce n'a donc aucun mérite. Seulement Dieu l'ayant fait capable de la recevoir, en ne la refusant pas il reste ce que Dieu l'a fait, en la refusant il se rend incapable de la recevoir. C'est pourquoi Jésus-Christ dit à ses disciples : « Lorsque vous aurez fait tout ce qui vous est commandé, dites : « Nous sommes des serviteurs inutiles. » (Luc. 17-10). Que reste-t-il donc ? que Dieu est essentiellement bon, et qu'il fait du bien toujours quand il n'en est pas empêché, mais qu'il a donné à l'homme, par la liberté, le terrible pouvoir d'empêcher le bien qu'il voudrait faire.

C'est ce que sainte Catherine explique par ces paroles qu'elle met dans la bouche de Dieu.

« Je suis Dieu immuable, j'aimais l'homme avant de le créer, je ne puis ne pas aimer ce que j'ai créé... Je ne trouve rien qui me soit contraire que le libre arbitre que je lui ai donné avec lequel sans cesse je lutte par amour... Je ne puis cesser de faire mon œuvre, qui est de faire toujours du bien, sinon lorsqu'il met obstacle à l'opération que j'ai ordonnée pour le mener à sa fin. Or cet obstacle est uniquement le péché mortel (Dial.).

Ainsi, dans cet ordre surnaturel, l'homme ne peut par lui-même faire un seul pas ; il est porté, et cependant il est libre parce qu'il pourrait refuser d'être porté, et il coopère en ne refusant pas, et en continuant de ne pas refuser.

La nature n'est point détruite pour cela, elle continue d'agir dans sa sphère, mais l'œuvre surnaturelle n'est point de son ressort, c'est l'Esprit-Saint qui nous inspire, qui prie en nous, qui opère en nous et le vouloir et le faire. *Deus est enim qui operatur in vobis et velle et perficere.*

Je suppose qu'un riche Européen offre son adoption à un enfant vivant dans une île sauvage de l'Océan, et l'invite à venir habiter son palais. Cet enfant est pourvu comme les autres d'un appareil naturel de locomotion, il marche, va et vient, change de lieu à volonté ; mais arrivé au bord de l'Océan sa puissance de locomotion devient inutile, il ne peut, par ses propres forces traverser la mer pour répondre à l'invitation imprévue qu'il vient de recevoir. Mais le riche Européen a envoyer un vaisseau pour l'amener ; l'enfant se laisse hisser sur le vaisseau et il traverse l'Océan avec une rapidité plus ou moins grande selon l'étendue des voiles et la force du vent. Mais pendant cette traversée toute son agilité, toute sa vigueur à supporter une longue marche lui sont inutiles et ne hâtent pas son arrivée d'une seconde. Elles ne sont pas détruites, elles lui servent même à se transporter dans les différentes parties du vaisseau selon le besoin ; mais elles n'ont aucun rapport avec le but du voyage : l'arrivée en Europe. Cependant ce voyage est libre en principe, l'enfant pouvait le refuser ; il est libre tout le long de la route, car il peut à quelque moment que ce soit couper court au voyage en se jetant à la mer, sauf à être repêché s'il se repent à temps de sa folie.

Cette comparaison n'est encore qu'une ombre de la vérité, car elle met en contraste deux moyens différents, d'atteindre un but mais finis tous les deux; tandis que de l'ordre naturel à l'ordre surnaturel la différence est du fini à l'infini.

Ce n'est pas à un rivage plus ou moins éloigné que Dieu nous invite, mais à la vie éternelle, au bonheur dont il jouit par son amour, bonheur infini auquel nous ne pouvons atteindre qu'<u>en participant selon la parole de saint Pierre à la nature divine</u>, *Divinæ consortes naturæ.*

L'homme ne peut ni songer à cette fin sublime ni la désirer sans la grâce prévenante qui l'attire, il ne peut faire un pas dans cette voie sans la grâce aidante qui le porte ; et il ne peut atteindre le but sans la grâce sanctifiante qui l'en rend capable.

Cependant en rien de tout cela la liberté n'est détruite, et si cette liberté ne peut rien positivement, elle peut tout négativement, c'est-à-dire qu'elle peut tout empêcher, elle a la terrible puissance que donnait à Rome aux tribuns du peuple le droit du *Veto*. Elle peut dès le début refuser l'invitation divine ; lorsqu'elle a accepté la vocation par la foi et le baptême, elle peut à tout moment donner la mort à l'âme en la précipitant dans l'abîme du péché, et alors même en acceptant la grâce de la pénitence qui lui est offerte, elle peut réintégrer l'âme et lui laisser continuer son voyage.

Il y a plus. Si la liberté, comme nous l'avons définie avec saint Thomas consiste dans le pouvoir de tendre fortement à sa fin et de l'atteindre ; la liberté humaine par sa subordination à la grâce, s'élève à une grandeur incommensurable. D'elle-même, elle ne pouvait arriver qu'à la fin naturelle qui est finie, mais en coopérant à la grâce, elle poursuit avec elle la fin surnaturelle qui est infinie, elle l'atteint avec elle, et en jouit avec elle éternellement.

La liberté donc, en changeant ses pôles, en laissant de côté la fin naturelle, ce que Jésus-Christ appelle se renoncer soi-même, loin de se détruire, s'agrandit, et de finie qu'elle est par elle-même, elle semble devenir infinie. Mais qu'elle n'oublie pas que son rôle est négatif, que toute sa puissance vient de la grâce, et qu'elle doit toujours répéter la parole divine. Nous sommes des serviteurs inutiles.

En tout ordre de choses l'humilité de notre part est vérité et justice. Cependant dans l'ordre naturel, tout en reconnaissant que nous devons tout à Dieu, il nous reste une volonté personnelle qui est devenue notre propriété par la création, dont l'usage dépend de notre liberté et qui agit pour elle-même dans les actes humains. Mais dans l'ordre de la grâce, notre unique part étant négative, rien ne nous appartient, et l'humilité pour être dans la vérité doit être absolue, c'est-à-dire infinie.

Toutefois, ce serait mal comprendre la grâce que de l'entendre dans le faux sens du quiétisme. La nature doit agir de toutes ses forces comme si tout dépendait d'elle, elle doit agir toujours sous la conduite de la grâce et reconnaître ensuite que toute la vertu de son action vient de la grâce. La nature et la grâce ne doivent point se détruire l'une l'autre mais coopérer.

Cependant les auteurs mystiques opposent quelquefois la nature à la grâce comme inconciliables. Cette opposition n'est réelle que dans un sens qui est celui de la fin dernière.

Mais dans ce sens elles sont absolument opposées et inconciliables. En effet, elles offrent à l'homme comme but de son existence et de son activité deux fins différentes, l'une le bonheur naturel, l'autre le bonheur surnaturel. « Or, nul, dit saint Thomas ne peut avoir deux fins dernières. » On ne peut marcher dans deux directions à la fois, ni viser en même temps deux buts, et personne, dit Jésus-Christ, ne peut servir deux maîtres, il faut donc choisir. Sacrifier une des deux fins en la subordonnant à l'autre qui reste seule fin dernière, il faut que la nature, au lieu de poursuivre la fin qui lui est propre, s'efforce d'atteindre l'autre, et transporte son activité dans la voie que lui indique la grâce. Ainsi, la nature et la grâce inconciliables quand il s'agit d'assigner à l'homme sa fin dernière, peuvent parfaitement réunir leur activité, coopérer à la même œuvre, et poursuivre d'un commun accord la fin supérieure et surnaturelle.

Il semble, il est vrai, que ce soit annihiler un être que de lui ôter la fin qui lui est naturelle, mais si en lui ôtant cette fin on lui en assigne une plus élevée, loin de l'annihiler on l'agrandit et on le transforme. La nature tout en se renonçant elle-même, selon le conseil de Jésus-Christ, par l'abandon de sa fin ne perd aucune de ses facultés; pas plus que l'homme ne perd ses jambes lorsqu'il se laisse emporter par la rapide locomotive. Loin de là, la nature exalte toutes ses facultés en coopérant à la grâce dans la route merveilleuse qui s'ouvre devant elle. La grâce n'a diminué en rien la force chez les martyrs, la pénétration du génie chez saint Augustin, l'éloquence chez saint Jean-Chrysostome, la science chez Albert le Grand, la claire intelligence chez saint Thomas, la puissance chez Charlemagne, la sagesse administrative chez saint Louis, le sentiment poétique chez saint François d'Assise, l'activité bienfaisante chez saint Vincent de Paul. Qui peut se comparer à ces saints qui sont des géants même au point de vue humain ?

La nature était riche, grande et active chez ces hommes admirables, mais chez eux la grâce s'était réservé de choisir le but final de l'existence, elle n'a laissé aucune autre main que la sienne se poser sur le gouvernail de l'activité; et c'est précisément pour cela que cette activité s'est décuplée et que leur nature a paru encore plus riche et plus grande, et qu'elle a semblé tenir du prodige.

La question de la grâce amène celle de la prédestination, car le mot de prédestination a été réservé par les théologiens pour exprimer l'ordination de la grâce dans la pensée divine, et on a laissé le nom de providence à l'ordination générale de toutes choses. Ainsi, comme le dit St-Thomas, la prédestination, quant à son objet, est une partie spéciale de la providence : *Predestinatio quantum ad objecta, est quædam pars providentiæ* (p. 1. q. 23. ch. 1).

La destinée naturelle trouve aussi sa cause première dans les décrets de la providence qui a prévu, calculé, et réglé tout l'ensemble des causes secondes, lequel, pareil à un immense mécanisme, broie et façonne le genre humain.

Dans cet ensemble, tout n'est pas de Dieu ; la liberté a sa part, qui est le mal, et son inévitable conséquence, le malheur. Mais, comme le dit St-Augustin : Si Dieu ne fait pas tout, il règle tout et rien ne dépasse les limites qu'il assigne. *Quædam ergo et facit Deus et ordinat, quædam vero tantum ordinat. Justas et facit et ordinat ; peccatores autem in quantum peccatores sunt non facit sed ordinat tantum* (de Genes. ad litter. 25).

Il est vrai que l'enchevêtrement des choses et la solidarité humaine, faisant souffrir les bons avec les méchants, présente une apparence d'injustice ; mais le bien immense que Dieu sait tirer de cette licence transitoire du mal justifie et au-delà sa providence.

Nous avons à repousser ici un reproche que l'on fait quelquefois : c'est l'inégalité native des créatures qui vient entièrement de Dieu.

Cette inégalité est inévitable. En effet, la création, n'étant que la réalisation de l'idée que Dieu a du fini, et cette idée renfermant la série des nombres et tous les degrés de l'existence finie qui leur correspondent, toute créature a dû se trouver différente des autres ; plus grande que les unes, plus petite que les autres, sauf aux deux extrémités de la chaîne.

Or, y a-t-il injustice en Dieu ? et une de ces créatures peut-elle se plaindre de n'avoir pas été placée à un degré plus élevé dans l'échelle des êtres ? Nullement ; Dieu ne doit à personne ni l'être, ni un degré quelconque de l'être. Tout ce qui est doit, en justice, louer Dieu, comme le beau cantique des enfants dans la fournaise invite toutes les créatures à le faire.

Dieu ne doit qu'une chose à la créature, c'est de la constituer en harmonie avec elle-même, c'est-à-dire de lui donner des facultés proportionnées à la fin qu'elle doit atteindre ; lorsqu'une créature a cela, elle a tout ce qui lui est dû, tout le bonheur dont elle est capable, tout ce qu'elle peut concevoir et désirer. Sous ce rapport, la providence ne peut être prise en défaut ; c'est pourquoi, après la création, Dieu vit que toutes choses qu'il avait faites étaient très-bonnes : *et erant valde bona*.

Mais l'inégalité était nécessaire dans le plan de Dieu, puisqu'elle était renfermée dans l'idée du fini. C'est de cette inégalité même, comme le remarque St-Thomas, que résulte l'harmonie universelle.

Autrement, si chaque créature avait le droit de se plaindre, Dieu n'aurait pu créer qu'un type, et de ce type un seul individu, le plus parfait, et encore cela n'eût pas suffi pour arrêter la plainte, car toute créature, si parfaite qu'on la suppose, étant, par sa nature finie, infiniment éloignée de Dieu, aurait pu demander plus de perfection encore; il aurait donc fallu que Dieu fît un second Dieu, ce que nous savons impossible.

Ceci n'est pas une hypothèse, mais la réalité même.

La créature la plus élevée que Dieu avait créée, ne fut pas contente de son sort. Lucifer ne supporta pas d'être le second dans l'échelle des êtres, il fut jaloux de Dieu, de là sa révolte et sa déchéance.

Mais voici la merveille.

Ce que Lucifer ambitionnait par orgueil, et voulait acquérir par la révolte, Dieu, dans sa sagesse et son amour infinis, méditait de le donner au monde.

Le problème à résoudre était celui-ci :

La créature, étant finie par son essence même et devant résulter telle de l'acte créateur, trouver le moyen de faire remonter cette créature jusqu'à sa source, de l'assimiler à l'infini en la divinisant, de sorte que l'œuvre, de finie qu'elle était par essence, devînt d'une perfection infinie.

La réalisation de ce problème est le chef-d'œuvre de Dieu; il lui fait éluder pour ainsi dire l'impossibilité où il est de faire un autre Dieu.

C'est l'incarnation qui résout ce problème, c'est l'union hypostatique qui, unissant solidairement l'humanité du Christ au Verbe, la divinise. En s'assimilant ainsi l'humanité qui résume en elle tous les éléments de la création, la matière, la sensibilité et la raison, le Verbe divin divinise tous les types créés non dans leur totalité, mais dans une portion choisie qui les représente au sein de la divinité.

Cette suprême faveur qui a divinisé l'humanité du Christ est l'infini de la grâce. C'est pourquoi il est le principe, la plénitude et la source de toute grâce.

Dieu vit encore dans sa sagesse que, par la solidarité, cette source de grâce qui est en Jésus-Christ pouvait se répandre sur d'autres créatures, et les rendre semblables à lui, sans être lui-même, comme le fer plongé dans un feu ardent semble se confondre avec le feu, quoiqu'il ne soit pas le feu; et, dans sa sagesse et sa prescience, il détermina quelles créatures il ferait participer à cette faveur ou à cette grâce, et c'est ce décret qu'on appelle le décret de la prédestination. *Quos prædestinavit conformes fieri imaginis filii sui ut sit ipse primogenitus in multis fratribus*. Ceux qu'il a prédestinés à être conformes à l'image de son fils, de telle sorte que celui-ci soit le premier-né entre beaucoup de frères. La prédestination fait ce qu'on appelle les élus. C'est une faveur qui n'est pas donnée à tous. En dehors des prédestinés, nous trouvons deux séries dont il faudra parler : les exclus et les réprouvés. Occupons-nous d'abord des élus.

La doctrine de la prédestination est renfermée fondamentalement dans ce texte de Saint-Paul :

Quos præscivit prædestinavit, conformes fieri imaginis filii sui, ut sit ipse primogenitus in multis fratribus. Quos autem prædestinavit, hos et vocavit, et quos vocavit hos justificavit, quos autem justificavit illos et glorificavit.

« Ceux qu'il a connus dans sa prescience, il les a aussi prédestinés pour être conformes à l'image de son fils, afin qu'il fût lui-même le premier né entre plusieurs frères. Et ceux qu'il a prédestinés, il les a appelés ; ceux qu'il a appelés, il les a justifiés, il les a glorifiés ».

Nous devons dans ces paroles considérer non seulement le sens qu'elles renferment, mais l'ordre dans lequel Saint-Paul les a placées.

Avant tout nous voyons la prescience : *Quos præscivit*. Il est vrai qu'en Dieu tout est éternel et simultané ; cependant, outre que les décrets éternels sont forcément successifs dans leur exécution dans le temps, en Dieu même il y a un ordre logique. Ainsi, quoique les trois personnes divines soient éternelles, le père précède logiquement le fils dont il est le principe, et l'un et l'autre le Saint-Esprit qui procède d'eux.

C'est donc logiquement que la prescience précède la prédestination, quoique l'une et l'autre soient éternelles dans la pensée divine.

La prescience ne montre point à Dieu, dans la créature qu'il prédestine, de mérite précédent comme le prétendent les pélagiens. La prédestination est une grâce, par conséquent elle est purement gratuite. Nul ne l'a méritée d'avance, pas même, comme le dit Saint-Augustin, l'humanité de Jésus-Christ qui, n'ayant pas existé avant l'Incarnation, n'a rien pu faire pour mériter l'onction divine.

Cependant la prescience, qui montre à Dieu dans un éternel présent, l'enchaînement de toutes les causes, la disposition naturelle de toute créature et l'usage même de la liberté, a pu lui fournir des motifs de convenance qui nous sont insondables et devant lesquels nous devons nous écrier avec Saint-Paul : *O altitudo divitiarum sapientiæ et scientiæ Dei : Quam incomprehensibilia sunt judicia ejus, et investigabiles viæ ejus* (Rom. 11. 33).

« O profondeur des trésors de la sagesse et de la science de Dieu :

que ses jugements sont incompréhensibles et ses voies insondables ».

Toutefois nous pouvons affirmer que ses motifs sont tous tirés de la sagesse et de l'amour, car Dieu fait tout avec sagesse et par amour.

Dieu donc a prédestiné un certain nombre de créatures, c'est-à-dire qu'il les a destinées à devenir semblables à Jésus-Christ, *imaginis ii sui*, de sorte que, devenant cohéritiers de Jésus-Christ, ils deviennent héritiers de Dieu. *Hæredes quidem Dei cohæredes autem Christi.* (Nom. 3. 17.)

Ceux-là, il les appelle par la grâce prévenante : *hos et vocavit*, puis il les rend saints par la grâce sanctifiante qui fait habiter l'Esprit Saint en eux. *Nescitis quia templum Dei estis et spiritus Dei habitat in vobis?* (1. Cor. 3. 16) « Ne savez-vous pas que vous êtes le temple de Dieu et que l'Esprit saint habite en vous ? » *hos justificavit*. Enfin il les glorifiera, lorsque que l'esprit saint, qui est l'amour que Dieu a pour lui-même, produira en eux, autant qu'ils en sont capables, le fruit qui lui est propre, c'est-à-dire la béatitude divine qui est la vie éternelle.

L'harmonie de l'ordre surnaturel, comme celui de l'ordre naturel, résulte de l'inégalité et de la hiérarchie. C'est cette immense échelle touchant la terre d'un côté, et de l'autre se perdant dans le ciel, qui fut montrée à Jacob dans une vision. Le sommet de cette échelle est Jésus-Christ, qui est la plénitude de la grâce, le fils unique et bien-aimé en qui Dieu se complaît ; celui à qui le Père a laissé tout jugement (Jean. 5. 27.) Lui seul distribue aux autres les grâces qui sont sa propriété, et nulle grâce qui ne vienne de lui : *Gratia Dei per Jesum christum* (Rom. 7. 25). Après Jésus-Christ vient Marie qui seule a pu comme lui être appelée pleine de grâce. Ce sont deux plénitudes différentes. Jésus-Christ est plein de grâce et de vérité : *plenum gratiæ et veritatis* (Jean), comme la source dont la fécondité est incessante et inépuisable. Marie est pleine de grâce comme le bassin qui déborde et où viennent puiser ceux qui ont soif. Jésus-Christ et Marie sont les deux prédestinés par excellence, tous les autres le sont après eux, en eux et par eux.

Lorsque Dieu, au commencement du monde, appela les anges à l'ordre surnaturel, et leur offrit sa grâce, ce ne put être que par Jésus-Christ comme source et Marie comme canal ; et, de même que les patriarches de l'ancienne loi ne pouvaient être sauvés que par les mérites du Rédempteur futur, les anges ne pouvaient être élevés que par l'influence du médiateur futur. Aussi plusieurs docteurs de l'Église ont pensé que la jalousie de Lucifer et de ses complices avait surtout pour objet Jésus-Christ et Marie.

Cette jalousie était injuste et insensée, car Dieu, ne devant sa grâce à personne, est maître de ses dons, et, quelque petite que soit la grâce qu'il donne, il mérite une reconnaissance infinie.

Les vases que fait un potier n'ont point le droit de lui demander pourquoi il a fait les uns plus grands et les autres plus petits, ils pourraient être mécontents si on les laissait vides, mais si on les remplit tous jusqu'au bord, que peuvent-ils désirer de plus ?

Dieu par la création a rempli tous les vases ; il a comblé toutes les créatures des richesses naturelles, et si maintenant la nature est défectueuse, c'est que la créature, par le mauvais usage de sa liberté a gâté l'œuvre de Dieu, elle ne peut donc s'en prendre qu'à elle-même.

Quant à la grâce, c'est une surabondance, une surérogation que nul n'a le droit de réclamer. Dieu, qui ne trouve en sa créature ni droit, ni mérite précédent, répartit ses grâces selon sa sagesse et sa bonté ; c'est pourquoi il est dit : *Non est volentis, neque currentis, sed miserentis est Dei* (Rom. 9-16). Cela ne dépend ni de celui qui veut, ni de celui qui court, mais de Dieu qui fait miséricorde. Dieu en prévient quelques-uns dès l'enfance de grâces merveilleuses, il en laisse d'autres dans l'obscurité native jusqu'à la onzième heure et, non seulement nul ne peut lui reprocher d'en donner trop peu, mais toute créature, excepté Jésus-Christ et Marie, peut se reprocher d'avoir laissé perdre des grâces, et c'est Dieu qui a sujet de se plaindre.

Ne soyons donc point ambitieux outre mesure, mais, nous conformant en tout à la très-sage volonté de Dieu, tout en admirant les Saints ou plutôt Dieu qui est admirable dans ses Saints, appliquons-nous humblement à remplir le degré que Dieu nous assigne, et à ne rien laisser perdre de la part qui nous est donnée dans le trésor inestimable de la grâce. C'est le conseil que saint Paul donnait aux Romains lorsqu'il disait (12-3) : « Je vous exhorte donc vous tous... de ne point être sages plus qu'il ne faut, mais d'être sages avec sobriété, et selon la mesure de la foi que Dieu a départie à chacun de vous. » *Dico enim omnibus qui sunt inter vos... non plus sapere quam oportet sapere, sed sapere ad sobrietatem, et unicuique sicut divisit mensuram fidei.*

Tous les serviteurs fidèles, qu'ils aient reçu un sens ou plusieurs talents, s'ils en ont profité, entendront à la fin la même parole : « Entrez dans la joie de Votre-Seigneur : » *Intra in gaudium Domini tui.* Tous, grands et petits, seront comblés selon leur capacité, et recevront une mesure surabondante : *Mensuram confertam et superfluentem,* et cette diversité de la grâce et de la gloire formera un concert ravissant, une harmonie divine dont tous jouiront, les petits et les grands.

L'appel à l'ordre surnaturel est une grâce que Dieu ne doit à personne, aussi l'Église enseigne que Dieu, qui a appelé Adam à l'état de justice et de sainteté, aurait pu le laisser dans l'état de pure nature. Cet état de pure nature est donc une possibilité. Dieu a-t-il réalisé cette possibilité dans quelques parties de la création, soit parmi des hommes, soit parmi des esprits? Nous ne le savons pas, mais nous savons que le principal effet du péché originel a été de faire retomber Adam et toute sa race dans cet état de nature dont la grâce l'avait tiré. Il a fallu une nouvelle grâce, une grâce de rédemption pour le relever et le réintégrer dans la justice et l'espérance du ciel, mais tous ne sont pas relevés de leur déchéance native ; le décret de la prédestination laisse une partie de l'humanité dans cet état inférieur de pure nature, sans qu'il y ait faute de leur part : ce sont les enfants morts sans baptême.

C'est bien à ces enfants que peut s'appliquer exactement le texte de saint Paul : « Est-ce que le potier n'a pas le pouvoir de faire de la même masse d'argile, un vase pour un noble emploi et un autre pour un vil emploi ? » *An non habet potestatem figulus luti, ex eadem massâ facere aliud quidem vas in honorem aliud vero in contumeliam?* (Rom. 9-21). Car l'état surnaturel et l'état naturel sont certainement, relativement l'un à l'autre, noble et vil.

Or ces enfants ont-ils lieu de se plaindre? Nullement. Ils remplissent un degré supérieur dans l'échelle du plan divin, et, s'ils sont heureux dans ce degré, ils n'ont que des actions de grâces à rendre à Dieu qui leur a donné selon leur capacité, l'être et le bonheur.

Saint Thomas nous a montré que ces enfants n'ont perdu aucune de leurs facultés naturelles, et qu'ils ne peuvent éprouver aucune douleur, c'est-à-dire qu'ils jouissent d'un bonheur naturel. Il est vrai que ce bonheur est infiniment au-dessous du bonheur surnaturel, mais, s'ils ne connaissent pas ce bonheur auquel ils n'ont aucun droit et dont ils sont incapables, ils peuvent jouir en paix de celui qu'ils ont et qui leur suffit. Il est très-probable que ceux qui, comme ces enfants, sont forcément exclus de l'ordre surnaturel parce qu'ils n'en ont jamais entendu parler, s'ils n'ont pas fait mauvais usage de leur liberté, partagent le sort de ces enfants.

Il nous reste à parler des réprouvés : ceux-là non plus n'ont aucun droit de se plaindre, car Dieu leur répondra toujours par cette parole éternellement vraie : *Perditio tua Israel ex te* (Osé, 13,9). « Ta perte, ô Israël, ne vient que de toi. »

La réprobation, il est vrai, est renfermée comme la prédestination dans la prescience divine, mais il y a entre elles une grande différence. Écoutons saint Thomas (p. 1. Q.23. a. 3. R. 2°) : « La réprobation n'est pas causée de la même manière que la prédestination. En effet la prédestination est la cause de ce que les prédestinés attendent dans la vie future: de la gloire; et de ce qu'ils reçoivent dans la vie présente : de la grâce; mais la réprobation n'est pas cause de ce que fait le réprouvé dans cette vie : du péché, elle l'est seulement de l'abandon de Dieu. Le péché vient donc du libre arbitre, il a sa source dans la volonté de l'homme réprouvé et délaissé de la grâce, voilà comment se vérifie la parole du prophète : « Ta perte, ô Israël, ne vient que de toi. » La réprobation est l'abandon que Dieu fait de sa créature en retirant sa grâce. Mais pourquoi Dieu abandonne-t-il ? pourquoi retire-t-il sa grâce ?

Dieu, dit le concile de Trente n'abandonne jamais ceux qu'il a justifiés par sa grâce, s'il n'est le premier abandonné par eux; et saint Thomas (3. 50. 2) : « Ce qui est en nous l'effet d'une grâce de Dieu, ne nous est jamais retiré qu'à cause d'une faute que nous avons commise, selon cette parole de l'apôtre : les dons de Dieu et sa vocation sont sans repentir. *Sine pœnitentia enim sunt dona et vocatio Dei* » (Rom. 11. 19).

Pourquoi Dieu retire-t-il sa grâce à ceux qui en abusent? Rappelons-nous le beau passage de sainte Catherine de Gênes déjà cité : « O œuvre admirable et merveilleuse de l'amour... Dieu accorde à l'homme les grâces et la lumière dont il a besoin, et il les augmente peu à peu, de telle manière et en telle quantité que jamais il n'en a ni plus ni moins qu'il ne faut : car, s'il n'en avait pas assez, il se pourrait excuser de n'avoir pas opéré, parce que la grâce lui manquait; si elle surabondait, il serait puni pour avoir manqué d'y correspondre. La grâce se multiplie selon que l'homme l'emploie; lorsque l'œuvre croît, la grâce croît aussi, l'œuvre ne croissant pas, la grâce ne croît pas non plus ». (Dial. liv. 2, cap. 5).

Ainsi c'est par bonté que Dieu mesure sa grâce.

Le mal proprement dit, qui est le péché, comme nous l'avons vu, produit logiquement et inévitablement le mal qu'on appelle malheur, et il le produit toujours dans les proportions qu'il a lui-même ; s'il ne le produit pas toujours immédiatement, il le produit toujours inévitablement, comme le grain qu'on sème produit un peu plus tôt ou un peu plus tard une plante avec ses fruits.

Ainsi, augmenter la culpabilité, c'est nécessairement augmenter le malheur qui en est la conséquence.

Or multiplier les grâces à celui qui les refuse serait le rendre plus coupable et aggraver d'autant son malheur. Dieu donc épargne le pécheur en retenant la grâce que l'amour voudrait donner. Dieu ouvre la voie à tous ceux qui entendent la parole divine, il donne la grâce et la multiplie à tous ceux qui ne la refusent pas; mais comme l'homme, ainsi que l'a défini le concile de Trente, peut toujours résister à la grâce, si l'homme refuse, Dieu se retire, parce qu'aller plus loin serait également inutile et nuisible. Cet abandon de Dieu est la réprobation.

Ainsi la cause efficiente et première du don de la grâce est l'amour et la volonté de Dieu, mais l'inégalité de ce don peut avoir une de ses causes dans l'usage prévu de cette grâce, comme le dit saint Thomas (1. 23. 5) : *Usus gratiæ præscitus non est ratio collationis gratiæ nisi secundum rationem causæ finalis.* L'usage prévu de la grâce ne peut être la raison de sa distribution que comme cause finale.

En résumé :

Dieu infiniment bon ne peut faire autre chose que du bien ; voulant porter son œuvre jusqu'à la perfection, il a résolu, par le moyen de Jésus-Christ, d'élever jusqu'à lui les élus, c'est-à-dire l'élite de la création, et il a préparé à ceux qu'il a prévu devoir profiter de sa grâce le secours surnaturel nécessaire pour réaliser cette sublime destinée. Aucune créature ne mérite par elle-même cette merveilleuse élection, et ceux que Dieu appelle lui doivent d'infinies actions de grâces. Ceux que Dieu laisse dans l'état de nature doivent reconnaissance au créateur pour les dons naturels, mais n'ont aucun motif de se plaindre de n'avoir pas reçu la vocation surnaturelle à laquelle ils n'ont aucun droit.

Si Dieu ne trouve aucun mérite précédent dans ses élus, il trouve un obstacle dans le réprouvé, et il retire une grâce qui lui serait inutile et nuisible.

Les élus doivent tout à Dieu, et le vouloir et le faire, et le mérite et la récompense, mais les méchants empêchent Dieu de leur faire du bien, ils ne doivent qu'à eux-mêmes leur malheur, ta perte, ô Israël, ne vient que de toi, et nulle créature ne sera jamais privée du bonheur dont elle est capable, que celle qui empêche Dieu de le lui donner.

CHAPITRE V.

DU NOM DE DON ATTRIBUÉ AU S^T-ESPRIT

Les théologiens disent que, de même que le mot Verbe est un nom propre de la seconde personne de la Trinité, le mot Don est le nom propre du St-Esprit.

Nous pouvons maintenant apercevoir toute la justesse et toute la beauté de ce nom.

Le substantif Don a un sens plus restreint que le verbe donner, celui-ci se prend indifféremment en bien et en mal, on donne la vie et la mort, la récompense et le châtiment, la vérité et le mensonge, on donne ce qu'on doit, on donne forcément aussi bien que librement, on donne à celui qui refuse et à celui qui accepte.

Don a le sens de présent et de cadeau, il se prend presque toujours en bonne part, il est un acte de bienveillance et d'amour, il manifeste la générosité, renferme l'idée de gratuité, il suppose deux êtres intelligents, l'un qui donne librement l'autre qui accepte librement, c'est dans ce sens complet et éthéré que le St-Esprit est le don par excellence.

Et d'abord le Don présupposant deux personnes, l'une qui donne l'autre qui reçoit, forme nécessairement un troisième terme et, s'il convient à une personne de la Trinité, ce ne peut-être qu'à la troisième.

St-Thomas nous dit avec une logique aussi claire que profonde : (P. I. Q. 38 à 12) « La première chose que nous donnons, c'est l'amour par lequel nous désirons le bien de notre ami ». On voit par là que l'amour forme le premier don, celui qui est la source de tous les autres. Puis donc que l'Esprit-Saint procède comme amour, il procède avec la nature de premier Don.

Le St-Esprit est donc avant tout cet amour, premier Don, que se donnent mutuellement le Père et le Fils. Il y a plus : en Dieu il n'est pas seulement le premier don, mais le don absolu qui renferme tous les autres, car cet amour mutuel du Père et du Fils est aussi la lumière par laquelle ils se connaissent complètement : *spiritus scrutatur etiam profonda Dei.*

Il est l'harmonie qui les charme, la beauté qui les achève, il est la béatitude même qui les enivre éternellement d'une joie infinie, et cet amour conscient de lui-même est une personne qui complète l'ineffable Trinité.

Le nom de Don n'est pas moins admirable lorsqu'on le considère comme descendant de Dieu aux hommes.

En un certain sens, les dons de Dieu sont innombrables, on dit que Dieu nous a donné l'être, la vie, la sensibilité, l'intelligence, la raison ; la chaleur, la lumière, les fleurs et les fruits sont un don de sa main, comme le chantent les poëtes ; mais en tout cela le mot don n'a pas ce sens élevé et complet que nous lui avons reconnu au commencement. Le Don parfait suppose un être qui aime et qui donne, un être aimé qui accepte. Quand Dieu nous a donné l'être, à qui l'a-t-il donné, puisque nous n'étions pas ? L'acte de Dieu était proprement une création plutôt qu'un Don, et comme le don suppose deux êtres complets et capables l'un de donner, l'autre d'accepter, libres par conséquent, tout ce que Dieu a fait pour achever et compléter un être rentre plutôt dans le domaine de la création que dans celui du don.

Ainsi c'est par l'acte créateur que Dieu nous a donné l'être négatif et matériel que nous partageons avec les éléments, la vie des plantes, la sensibilité des animaux, et enfin l'idée de l'être, fondement de la raison, lumière qui éclaire tout homme venant en ce monde, qui nous est commune avec les anges, et qui entraîne la liberté, la plus haute dignité de la créature, dignité qui, par la nature même, clôt l'ère de la nécessité et ne permet pas d'aller plus loin sans la coopération de l'être libre.

Arrivée à ce point, l'œuvre de la création est finie, tous les types sont réalisés et Dieu se repose ; il a distribué les formes contenues dans l'idée du non être, il l'a rendue participante à l'être dont il est la source et dont il garde la possession et le domaine, il a communiqué l'idée de l'être qui est radicalement l'idée de l'infini et le reflet de la sagesse divine, il a reflété, comme nous l'avions vu, en dehors de lui deux des dimensions de l'infini ; il ne lui reste plus que la troisième qui ne peut être œuvre de création car elle renferme la divinité, et Dieu ne peut créer un autre Dieu, car il ne peut y avoir qu'un Dieu.

C'est alors que la bonté et la libéralité infinies le poussent à faire un don merveilleux de ce qui ne peut être une création.

Tous les êtres finis sont achevés et complets dans leur genre : au sommet de la création se trouve l'être raisonnable et libre, l'ange et l'homme, l'un plus pur, l'autre plus complet, car l'homme, comme nous l'avons vu, est le résumé de tous les types créés ; il partage la forme solide avec la pierre, la vie avec la plante, la sensibilité avec l'animal, mais son âme est sœur des anges ; c'est par elle spécialement qu'il est fait à l'image de Dieu et capable de recevoir les dons les plus élevés.

Dieu donc voulut offrir le don sans prix de sa divinité à l'être raisonnable, l'ange et l'homme, qui, en un certain sens, en était capable.

Toutefois l'œuvre était si haute qu'il a fallu toute sa puissance et toute sa sagesse pour la réaliser, et voici par quels moyens merveilleux il est arrivé à son but.

Cette troisième dimension de l'infini qui renferme la divinité, comme nous l'avons déjà vu, est l'harmonie, qui est aussi la lumière et l'amour, en un mot c'est l'Esprit-Saint lui-même, mais l'Esprit-Saint est essentiellement le don du Père au Fils et du Fils au Père, en droit et en réalité le Père le donne absolument et totalement au Fils. Comment donc faire pour faire arriver les créatures jusque-là?

Il faut se rappeler que toutes les personnalités finies qui sont négatives se trouvent implicitement renfermées dans la personnalité que caractérise l'idée du non-être, et qui est celle du Verbe fils du père.

Dieu a commencé son chef-d'œuvre comme toutes ses œuvres par l'unité, il a uni son Verbe avec la plus parfaite des natures créées, l'humanité de Jésus-Christ. Dans cette union la personnalité divine a absorbé la personnalité humaine, et l'humanité de Jésus-Christ, par cette union personnelle, s'est trouvée fils de Dieu, Dieu lui-même ayant tous les droits du Verbe, *et Verbum caro factum est*, alors il a pu lui donner l'Esprit-Saint sans mesure, or l'Esprit-Saint c'est la grâce, mot synonyme de Don, c'est pourquoi saint Jean dit qu'il a vu J. C. *plenum gratiæ et veritatis*, plein de grâce et de vérité ; il a en effet la plénitude de la vérité par le Verbe auquel il est uni personnellement, et la plénitude de la grâce par l'Esprit-Saint qui lui est donné sans limite, c'est pourquoi aussi il est dit qu'en lui habite corporellement la plénitude de la divinité, (Coloss. 2. 9.) *quia in ipso inhabitat omnis plenitudo divinitatis corporaliter*.

En Jésus-Christ la solution du problème est complète. La divinité, l'Esprit-Saint, la grâce, tout est donné sans mesure et immédiatement, et sans qu'il y ait plusieurs Dieux ; il y a un homme-Dieu et cet homme Dieu est le fils bien-aimé du père, en qui il met toute sa complaisance, *hic est filius meus dilectus in quo mihi bene complacui*.

Comment maintenant le don parfait parviendra-t-il aux autres créatures qui en sont capables? Saint Jean nous le dit : *quot quot autem receperunt eum dedit eis potestatem filios Dei fieri, his qui credunt in nomine ejus*.

Dieu a donné à ceux qui reçoivent Jésus-Christ et croient en son nom le pouvoir de devenir fils de Dieu.

Nous avons déjà indiqué l'effet prodigieux de la foi. L'homme est circonscrit dans sa personnalité finie; par la limite même de son intelligence que sa conscience ne peut dépasser ; il ne peut comprendre que jusqu'à un certain degré qui est différent dans chaque individu ; mais, par la foi, l'homme, au lieu de s'appuyer sur sa compréhension qui est finie, se base sur la parole de Dieu, expression de sa pensée infinie ; en laissant de côté sa compréhension pour s'attacher de confiance, c'est-à-dire par la foi, à la parole de Dieu, l'homme se renonce lui-même selon le précepte de Jésus-Christ : *et quis vult post me venire abneget semetipsum* (Mat. 14. 24). Mais par là même, il brise, pour ainsi dire, la limite du fini qui le retenait dans sa personnalité et il s'ouvre un horizon sans fin. Sa personnalité, sa raison étaient comme un piédestal sur lequel il trônait sans pouvoir monter plus haut, la parole de Dieu est comme l'échelle de Jacob dont le pied touche la terre et le sommet se perd dans les Cieux ; en quittant le piédestal pour mettre le pied sur l'échelle, il ne le détruit pas, il cesse seulement de s'appuyer sur lui, et il monte avec les anges s'élevant indéfiniment au-dessus de lui-même. Par cette confiance, il s'attache intimement à cette lumière du Verbe qui est en lui le fondement de la conscience et de la personnalité et, sans s'identifier absolument avec cette personnalité du fils de Dieu, il s'y unit moralement et devient capable ainsi de participer aux droits du fils de Dieu, *dedit potestatem filios Dei fieri his qui credunt in nomine ejus.* Dans la société, l'époux et l'épouse ne forment qu'une personne morale, leurs droits sont indivisibles; c'est pourquoi saint Paul dit du mariage: « C'est un grand sacrement, je le dis en Jésus-Christ et son église. » L'église, c'est-à-dire tous les fidèles, participent donc aux droits de Jésus-Christ même, comme une épouse aux droits de son époux. Saint Paul dit encore plus loin : « Notre personnalité, il est vrai, a son siège dans les hautes régions de l'âme; mais le corps, quoique plusieurs de ses parties soient inconscientes, quoique quelques unes même comme les cheveux puissent être retranchées et aliénées, est néanmoins tout entier regardé comme faisant partie de la personne, il partage tous les honneurs qu'elle reçoit, et une insulte faite à une partie du corps est regardée comme faite à la personne. » Or Saint Paul dit en cent endroits que nous sommes les membres de Jésus-Christ. *Sicut enim corpus unum est et membra habet multa, omnia autem corporis cum sint multa, unum tamen corpus sunt, ita et Christus. Etenim in uno spiritu omnes nos in unum corpus baptisati sumus... Vos autem estis corpus Christi et membra de membro.* Car comme le corps est un et a plusieurs membres, et que les membres, quoique multiples, ne forment qu'un seul corps, de même nous avons tous été baptisés en un seul corps dans un même esprit, vous êtes donc le corps du Christ et les membres de ses membres.

Enfin, complétant sa pensée, il dit : « Ne savez-vous pas que vos corps sont le temple de l'Esprit-Saint qui est en vous, et qui vous a été donné par Dieu? Vous ne vous appartenez pas, car vous avez été achetés un grand prix (1. Cor. 6, 18). » *An nescitis quoniam membra vestra templum sunt Spiritus Sancti, qui in nobis est, quem habetis a Deo, et non estis vestri. Empti enim estis pretio magno.* Et ailleurs : *Charitas Dei diffusa est in cordibus nostris per Spiritum Sanctum qui datus est nobis.* (Rom. 5, 5.). « La charité de Dieu a été répandue dans nos cœurs par l'Esprit-Saint qui nous a été donné. »

Il résulte de tout ceci que c'est par le moyen du Verbe incarné que nous pouvons devenir capables de recevoir le don de l'Esprit-Saint. Le Verbe incarné porte avant tout le caractère de médiateur. Il a été le médiateur nécessaire, même avant tout péché, soit des anges, soit des hommes, pour que les anges et les hommes puissent être appelés à la fin surnaturelle et recevoir le Saint-Esprit; cette capacité de recevoir le don divin a été perdue par le péché, et, afin de rendre à l'homme déchu cette capacité perdue, il a fallu que le Verbe ajoutât au titre de médiateur celui de sauveur, et vînt racheter l'homme au prix de son sang, c'est pourquoi il est appelé messie ou envoyé; mais tout le but de sa mission est de nous apporter ou de nous rendre le don divin du Saint-Esprit qui n'est autre que la grâce, c'est lui qui la possède en droit, c'est lui qui en est la source, c'est par lui qu'elle parvient jusqu'à ses membres, mais c'est cette grâce qui est le don, qui est la vie éternelle ou la béatitude, but de notre existence.

Stipendia enim peccati mors. Gratia autem Dei, vita eterna in Christo Jesu Domino nostro. La solde du péché est la mort, mais la grâce de Dieu est la vie éternelle en Jésus-Christ Notre-Seigneur.

Et ailleurs *Quis me liberabit?... Gratia Dei per Jesum Christum.* Qui me délivrera? La grâce de Dieu par Jésus-Christ.

C'est pourquoi Jésus-Christ disait à la Samaritaine : « Si vous saviez le don de Dieu, vous me le demanderiez et je vous le donnerais. Et ce don était l'eau vive de la grâce ou le Saint-Esprit. »

Or, cette grâce ou ce don de l'esprit, comme vient de nous le dire saint Paul, c'est la vie éternelle, et qu'est-ce que la vie éternelle, c'est la vie de Dieu même, et, pour la créature, c'est la participation à cette vie, c'est le partage de la béatitude divine par la vue et l'amour de Dieu. Mais Dieu seul peut se voir : *Deum nemo vidit unquam*, dit saint Jean (1. 18 ev). « Jamais personne n'a vu Dieu. » Comment pourrons-nous voir Dieu sinon en participant à sa propre vue, en empruntant pour ainsi dire ses yeux; c'est ce que dit le psaume : *in lumine tuo videbimus lumen*, c'est dans votre lumière que nous verrons la lumière; et comment participer à la béatitude divine? nous l'avons déjà dit, la béatitude divine résulte du mutuel amour du Père et du Fils et ne peut se réaliser que par cet amour qui est le Saint-Esprit même ; il faut donc que le Saint-Esprit vienne dans nos cœurs et les transforme en lui, il faut que nous aimions Dieu avec l'amour même dont il s'aime, et ce n'est que par l'union avec Jésus-Christ, qui possède en propre cet amour, que nous pouvons y participer; aussi Saint-Paul dit-il : *jam non vivo, vivit verò in me Christus*, déjà je ne vis plus de ma propre vie, mais c'est Jésus-Christ qui vit en moi. Nous sommes donc transformés. Nous savons, dit saint Jean, que, lorsque Dieu nous apparaîtra, nous lui serons semblables parce que nous le verrons tel qu'il est. *Scimus quoniam cum apparuerit, similes ei erimus quoniam videbimus eum sicuti est*. Sans être Dieu, nous sommes pour ainsi dire divinisés par notre union avec Jésus-Christ, nous partageons tous ses droits : *Heredes quidem dei coheredes autem Christi*, héritiers, de Dieu et cohéritiers de Jésus-Christ. Enfin, selon l'énergique expression de Saint-Pierre : sans perdre notre nature nous participons à la nature divine, *divinæ consortes naturæ*. C'est à ce sujet que Saint Paul s'écrie : « L'œil n'a point vu, l'oreille pas entendu, le cœur de l'homme n'a pu soupçonner ce que Dieu a préparé à ceux qu'il aime, mais Dieu nous l'a révélé par son Esprit, car l'Esprit scrute tout, même les profondeurs de Dieu, *oculus non vidit, nec auris audivit, nec in cor hominis ascendit quæ preparavit Deus his qui diligunt illum, nobis autem revelavit Deus per spiritum suum, spiritus enim omnia scrutatur, etiam profunda Dei*. (1 cor. 2. 9). » A ce point de vue la création prend d'immenses proportions et se montre une œuvre digne de la toute puissance de la sagesse divine et de la bonté infinie.

Certes il était digne d'un Dieu aussi infiniment bon que puissant de former des créatures pour partager avec elles, autant que possible, sa propre divinité, de vouloir multiplier pour ainsi dire en elles son propre bonheur, et de les inviter à boire à la coupe de la béatitude éternelle autant que leurs lèvres pouvaient s'ouvrir pour y puiser.

Dieu a fait cela librement. Il aurait pu ne pas réaliser cet idéal merveilleux, car l'Eglise nous enseigne que Dieu aurait pu laisser l'homme dans l'état de pure nature, n'ayant d'autre but de son existence que sa fin naturelle. Mais les pensées de Dieu sont plus hautes, sa bonté et sa libéralité plus grandes, la réalisation de l'ordre surnaturel, le don de l'Esprit-Saint, la vie de la grâce, le ciel et son éternelle béatitude, voilà quel a été pour Dieu le vrai but et le vrai motif de la création, comme dit Saint-Paul : *omnia propter electos*, tout a été fait pour les élus; tout le reste n'est qu'accessoire et comme un hors d'œuvre qui accompagne et encadre l'œuvre principale. Dans cette œuvre la pierre angulaire, le point capital qui domine de beaucoup tout le reste est Jésus-Christ, le fils bien-aimé en qui le père a mis toutes ses complaisances ; c'est lui qui est à lui seul la perfection de l'œuvre, c'est lui qui possède le don absolument, c'est lui qui est le médiateur universel et c'est par lui que le don se communique à tous ceux qui deviennent ses membres par la foi. Mais certes Dieu a montré une bonté infinie d'appeler à la participation de ce don les créatures raisonnables, et sa bonté ne s'est pas montrée moins infinie lorsqu'il a sacrifié ce fils bien-aimé pour nous rendre ce don que nous avions perdu.

Car ce but surnaturel de la création est sublime, mais il renferme des périls et des chances. Pour qu'une créature soit capable de ce don, il faut qu'elle possède la plus haute perfection naturelle, il faut qu'elle soit vivante, intelligente, il faut qu'avec la raison elle possède la liberté, dernier degré de la perfection naturelle. Or ce don offert librement doit être accepté librement, il ne peut être reçu que par la foi, c'est à dire la confiance, et la confiance ne peut jamais se forcer, c'est pourquoi l'église a défini que l'homme peut toujours résister à la grâce.

Au premier abord cette résistance, quoique possible, paraît une hypothèse inadmissible. Qui ne croirait, en contemplant la magnificence de ce don, en voyant Dieu sacrifier son fils pour qu'il ne soit point perdu, que toutes les créatures ne soient saisies d'un enthousiasme enivrant et pénétrées d'une reconnaissance sans limite ? Ne semble-t-il pas qu'elles doivent chanter en chœur avec saint Jean dans l'Apocalypse : « *Agno benedictio, et honor, et gloria, et potestas in sæcula sæculorum... quoniam occisus est et redemisti nos Deo in sanguine... et fecisti nos Deo nostro regnum et sacerdotes, et regnabimus* ».

« Bénédiction, honneur, gloire et puissance dans les siècles des siècles, à l'agneau, parce qu'il a été tué et qu'il nous a racheté à Dieu dans son sang, et il nous a fait rois et prêtres de notre Dieu et nous règnerons. » Tels sont les airs d'enthousiasme et de joie que semble devoir inspirer à tous la bonté divine offrant le don divin qui rend roi et prêtre pour l'éternité.

Mais il n'en est point ainsi. Beaucoup de créatures raisonnables, soit parmi les anges, soit parmi les hommes, ont refusé.

Certes, c'est un spectacle qui consterne l'âme que celui de la folie de l'orgueil, qui, malgré l'offre et l'invitation divines, détourne la vue pour ne rien voir, se bouche les oreilles pour ne rien entendre et se cramponne à sa nature finie, à son intelligence bornée, à la pauvreté de son cœur, à son incurable misère, à son néant ; et ce mystère de la démence orgueilleuse est mille fois plus incompréhensible que celui de la bonté divine. Oh ! qui ne voudrait avoir mille voix et crier par toute la terre la parole de Jésus-Christ : *Si scires donum Dei!* Si vous connaissiez le don de Dieu ! Si vous pouviez détourner votre vue de vous-même pour jeter un regard sur la beauté infinie de ce don merveilleux, vous seriez saisis d'admiration, de joie et d'enthousiasme et vous lui ouvririez vos cœurs tout entiers, vous sortiriez de votre pauvreté et de votre misère, vous retrouveriez la voie de la béatitude que vous avez perdue, vous recouvreriez l'espérance de satisfaire toutes les plus hautes aspirations de votre cœur, la vraie vie planterait en vous son germe indestructible, et la grâce deviendrait dans votre cœur cette source d'eau vive qui jaillit jusqu'à la vie éternelle.

Ce que nous voudrions crier aux autres, disons-le nous à nous même, car, hélas ! nous avons tous failli à la grâce, nous avons tous plus ou moins refusé le don divin. Qu'il n'en soit plus ainsi.

CHAPITRE VI

DES VERTUS THÉOLOGALES

Le bien et le mal se manifestent en l'homme par la vertu et le vice, et cette manifestation nous ramène aux nombres, car on compte sept vertus principales et sept péchés capitaux.

Pourquoi sept ? Sinon à cause des sept facultés de l'âme raisonnable. Je dis plus : les sept vertus et les sept vices ne sont que ces facultés mêmes agissant soit dans le bien soit dans le mal.

Mais il faut poser avant tout un point sans lequel rien ne serait explicable : c'est que les vertus et les vices dépendent essentiellement de l'ordre surnaturel.

Nous avons déjà remarqué que dans l'état de pure nature, le mal n'aurait pas de raison d'être ; il n'y aurait que le bien mais ce bien ne serait pas vertu.

La vertu morale, telle que nous l'entendons tous et selon la force même du mot, renferme une idée d'effort vers le bien, par conséquent l'idée d'un obstacle, d'une difficulté intérieure vaincue. Un acte purement naturel tel que marcher ou manger n'est pas regardé comme vertueux. L'effort pour briser un obstacle extérieur non plus. En un mot, pour être vertueux, il faut remporter une victoire sur soi-même, s'élever au-dessus de soi-même. Or, dans l'état de pure nature, se vaincre soi-même n'est ni existant, ni concevable, ni possible il n'y a donc point de vertu purement naturelle.

Cependant, comme nous l'avons vu, le péché originel, non seulement nous a précipité de la hauteur où la grâce nous aurait élevés, mais nous a fait descendre au-dessous de la nature par la concupiscence, qui brise l'harmonie naturelle entre la raison et l'animalité. Nous avons donc à remonter deux degrés dans la vertu, premièrement soumettre la sensibilité à la raison, secondement la raison à Dieu. Mais rien n'est purement naturel en tout cela. Le premier degré nous ramène à la nature au-dessous de laquelle nous n'étions descendus que par une chute dans l'ordre surnaturel, le second degré nous élève au-dessus de la nature, dans l'état de grâce, que le péché nous avait ravi.

On peut donc admettre deux ordres de vertus : les vertus humaines et les vertus chrétiennes.

Les vertus humaines sont les seules dont il soit traité dans les moralistes payens et ils n'en comptent que quatre. Nous pouvons en chercher l'explication.

La vertu chrétienne consiste à transformer l'homme tout entier en l'élevant à Dieu. On conçoit alors que cette élévation, entraînant les sept facultés, produisent sept vertus.

La vertu humaine consiste à rétablir entre ces sept facultés l'harmonie qui a été troublée par la déchéance originelle ; ici le point suprême n'est point au-dessus de l'homme, c'est sa raison même ou sa conscience, à laquelle il faut rattacher et subordonner tout le reste en le relevant. Cette raison n'est donc pas sujet de vertu, puisqu'il ne s'agit point de l'élever, étant elle-même le somm et où l'on tend ; d'un autre côté, l'idée de l'être, qui est non seulement le point le plus élevé de la raison mais qui la dépasse et reste, comme nous l'avons vu, impersonnelle, ne peut être non plus sujet d'une vertu humaine. Enfin l'espérance, qui élève l'homme tout entier quand elle s'attache à Dieu, n'étant plus que la confiance instinctive que l'homme a dans sa propre activité n'est pas une vertu ou se confond avec la force. Voilà donc trois facultés exclues des vertus humaines, et, comme ces trois facultés ne peuvent s'élever qu'en montant vers Dieu, elles sont devenues les trois vertus théologales, c'est-à-dire celles qui ont Dieu pour objet et ne peuvent avoir que lui.

Les autres facultés ont toutes, par la déchéance originelle, fait plus ou moins divorce avec la raison et peuvent, en se rattachant à elle, former quatre vertus humaines. La distinction ou le discernement réglé par la raison devient justice, la mémoire cultivée et consultée par la raison devient prudence, l'activité raisonnable devient force, enfin l'amour de la jouissance, qui est déchu plus que les autres, réglé par la raison devient tempérance.

Nous verrons plus tard comment le christianisme élève ces quatre vertus presqu'à la dignité des théologales en les rapportant à Dieu.

Les anciens n'avaient que quatre notes à leur gamme et quatre vertus dans leur morale.

Nous chrétiens, nous avons l'échelle complète des sons et la lyre sublime des sept vertus.

1° DE LA FOI

Lorsque l'on considère les sept facultés en elles-mêmes, la vie se montre la première et la génératrice de toutes les autres ; c'est elle qui, combinant cette idée avec l'idée de l'unité ou de l'être à laquelle

elle participe, forme la conscience ou la raison ; c'est elle qui, faisant irruption au dehors sous la conduite de la raison, manifeste la volonté ou la liberté, c'est elle enfin qui, cherchant à se recueillir dans son unité, produit l'amour, conclusion de l'être.

Il en est autrement si l'on considère l'action de ces facultés qu'on appelle vertu.

Les vertus humaines sont produites par la raison, la raison se trouvant unie à une nature inférieure qui tend à lui échapper, cherche à la ressaisir et à la soumettre, et elle réalise, comme nous l'avons déjà entrevu, la justice dans l'intelligence, la prudence dans la mémoire, la force dans la liberté et la tempérance dans l'amour.

Mais si nous considérons les vertus au point de vue surnaturel, l'origine se déplace encore et la foi sera la première des vertus, celle qui engendre toutes les autres.

En effet, c'est par la foi que nous sortons de l'ordre naturel pour entrer dans l'ordre surnaturel, c'est elle par conséquent qui est la source de tout ce qu'il y a de surnaturel en nous, c'est pourquoi Saint-Paul dit : « Le juste vit de la foi. *Justus ex fide vivit.* »

Or voici ce que c'est que la foi.

Nous avons dit qu'en nous l'idée de l'être ou de l'unité était implicitement l'idée de l'infini ou de Dieu, c'est pourquoi nous l'avons appelée une porte ouverte sur l'infini. C'est par cette porte qu'entre dans notre âme la lumière de la raison que nous avons appelée l'écho de l'infini. Mais cette lumière, qui éclaire notre propre nature, nous ne pouvons la contempler elle-même, parce qu'étant sans forme finie elle est éblouissante. Dieu seul la peut contempler, parce que seul il embrasse sa forme infinie. La révélation dessine cette lumière à nos yeux ; d'implicite elle la rend explicite, et nous découvre des merveilles dans ce qui n'était pour nous qu'une idée confuse. Par là elle nous invite à sortir de nous-même et à nous élancer dans cette lumière merveilleuse ; c'est cet acte qui est l'acte de foi.

La vertu de foi ne consiste pas à croire tel ou tel nombre de vérités, mais à nous élancer hors de nous-même, c'est-à-dire à reconnaître que Dieu est la vérité et non pas nous-même. En reconnaissant Dieu pour vérité nous le prenons pour guide et nous suivons sa voix avec confiance, c'est pour cela qu'il est dit qu'il faut non seulement croire à Dieu mais croire en Dieu. *Credo in Deum.*

Il ne s'agit pas seulement de croire que Dieu existe, mais il faut croire qu'il est la vérité, que cette vérité nous est manifestée et qu'elle doit être notre guide. Cet acte est simple et unique de notre part et il a Dieu immédiatement pour objet. La perfection de cet élan hors de nous-même consiste toute dans sa complète spontanéité. C'est pourquoi qui ne sait que le nécessaire peut avoir autant de foi que le savant qui possède la doctrine dans tous ses détails.

Nous avons vu dans le chapitre précédent quelles sont les difficultés de cet acte décisif et l'impossibilité de l'accomplir sans la grâce. La nature ne peut le produire, mais elle peut y mettre obstacle. L'absence de cet obstacle est la part purement négative que la nature a dans cette œuvre merveilleuse de la foi. L'obstacle que peut mettre la nature est l'amour immodéré de soi-même, c'est-à-dire l'égoïsme et l'orgueil. L'absence de cet obstacle est une humilité négative qui n'est pas encore l'humilité chrétienne, mais qui le deviendra par la foi. Ce n'est qu'une absence de parti pris, une impartialité, un équilibre qui nous laisse libres de pencher du bon côté. C'est une terre vide dans laquelle Dieu peut planter le germe de la foi, ce germe produit ensuite une plante merveilleuse dont l'humilité chrétienne sera la racine, qui l' foncera dans la terre à mesure que croîtra la plante dont la tig era couronnée par la fleur brillante de la charité et le fruit divin   sainteté.

L'humilité chrétienne n'est pas seulement   absence d'orgueil, mais un sentiment profond de notre néant qui e corrélatif du sentiment que nous avons de la grandeur de Dieu. Cette humilité, comme nous le verrons, fait partie de la charité.

La foi, ainsi que l'humilité et les autres vertus, peut grandir comme sentiment, mais elle est absolue, c'est-à-dire infinie dans son objet. Par la foi, comme nous l'avons dit, l'homme croit non seulement tel ou tel dogme qui lui est expliqué, mais il croit en Dieu, c'est-à-dire qu'il s'unit par la volontaire adhésion à la pensée divine tout entière qui est infinie, et, par cette adhésion, il entre en participation de cette pensée infinie et il en acquiert une réelle possession. Je dis possession et non jouissance, ce qui est différent. On possède un trésor tout entier au moment où on nous le livre, on ne jouit de ce trésor que partiellement à mesure qu'on le dépense. Les méditations saintes, les contemplations, les extases du ravissement, ne sont que les jouissances partielles du trésor de la foi. Toutes les lumières du ciel, qui diffèrent selon la grandeur des saints et qui se développeront dans toute l'éternité, ne sont encore que la jouissance du trésor de la foi qui est dès maintenant infini, et qui restera toujours supérieur à toutes les lumières des saints, non seulement en grandeur, mais en excellence. En Dieu seul la jouissance est infinie comme le trésor; c'est pourquoi elle est aussi immuable qu'éternelle. Mais ieu est admirable dans ses dons, puisque l'enfant qui fait son premier acte de foi possède ce trésor infini aussi bien que le plus grand docteur parmi les saints et le plus élevé des chérubins dans le ciel. En résumé nous voyons que la foi, source de toutes les vertus surnaturelles, n'est que la réalisation, l'exaltation de l'entendement ou de l'idée de l'être, ce germe divin que Dieu a placé dans la nature humaine et que la révélation seule pouvait amener à son entier développement, l'idée de l'être, comme nous l'avons vu, ne devient claire et complète que par la distinction que lui ajoute l'idée du non être, son complément. Considérée isolément, elle est plutôt sentiment qu'idée, elle se goûte plus qu'elle ne se voit; c'est pourquoi on l'appelle en Dieu sagesse : *sapere*, goûter. Dieu, en savourant cette idée, se nourrit de lui-même; l'homme, en participant à cette idée infinie par la foi, participe à la nourriture de Dieu. C'est pourquoi il est dit : l'homme ne vit pas seulement de pain mais de la parole de Dieu. L'entendement naturel est si confus qu'il est sans saveur; mais, élevé par la foi, il goûte et savoure la connaissance de Dieu, il se divinise pour ainsi dire et se transforme en sagesse, qui est l'attribut divin.

2° DE L'ESPÉRANCE

La foi engendre l'espérance.

L'espérance naturelle n'est, au fond, que l'expansion même de la vie, ou plutôt le motif de cette expansion et le principe de toute activité. Toute action a un but qu'on espère atteindre. Qui a jamais fait un acte le sachant inutile sous tous les rapports? Le laboureur sèmerait-il s'il n'avait confiance dans le retour du printemps et la régularité des saisons? Mangerait-on si l'on n'espérait rassasier la faim? Le mal lui-même n'est commis que dans l'espérance d'un faux bien. Otez l'espérance, toute puissance est anéantie, toute action cesse, la vie est réduite à une inertie complète. Aussi le poète peint le désespoir assis et à jamais immobile : *Sedet æternumque sedebit*. Tout au contraire l'espérance a des ailes; dès qu'elle revient, l'action, manifestation de la vie, reparaît aussitôt. L'ouvrier travaille, le négociant s'agite, l'ambitieux intrigue, le conquérant poursuit la gloire, l'esclave ronge ses chaînes, l'amant ne connaît point de repos. L'amour dont on a tant chanté la puissance, n'a pas d'autres ailes que celles que l'espérance lui prête; dès qu'il les perd, il se replie sur lui-même et meurt.

Ecoutez l'espérance, vous aurez des actions gigantesques, vous aurez la puissance humaine portée à son plus haut point. Alexandre dit un mot sublime, lorsque, partant pour la conquête du monde, après avoir donné sans mesure, il répondit à ceux qui lui demandaient ce qu'il gardait pour lui : *Je garde l'espérance*. L'espérance seule pouvait conquérir le monde d'alors, l'espérance seule a pu plus tard découvrir un nouveau monde.

L'espérance naturelle est une confiance instinctive dans la puissance de la volonté. Portée à un certain degré, elle fait les grands hommes, mais nul homme ne peut s'en passer entièrement, quelque petit qu'il soit, parce qu'elle est la manifestation de la vie en nous et qu'elle ne s'éteint qu'avec elle.

« La nature, dit saint Thomas (2-2 Q. 22 A. IRI), nous porte suffisamment à espérer le bien qui est conforme à cette même nature ; mais il n'y avait que l'autorité de Dieu qui pût nous porter à espérer le bien surnaturel. »

Il n'est jamais venu à aucun homme l'idée de s'élancer pour monter dans une des étoiles qui brillent dans le ciel, et aucune voix humaine ne pourrait donner la confiance de l'essayer, encore moins la force de l'exécuter.

Il faudrait une voix du ciel.

« Et ils entendirent une grande voix du ciel leur disant : montez ici, et ils montèrent dans le ciel sur un nuage et leurs ennemis les virent monter. »

Cette scène de l'Apocalypse, toute gigantesque qu'elle est, n'est encore rien cependant auprès des miracles de la grâce ; lorsque Dieu appelle l'homme à la destinée surnaturelle, ce n'est point à un ciel matériel plus ou moins élevé qu'il l'appelle, mais à lui-même, l'infini, au-dessus de tous les cieux qui ne sont que les œuvres de sa puissance.

La sainte hardiesse d'une âme qui s'élance à cette parole suppose donc une foi sans limite dans la bonté qui l'appelle et dans la puissance qui doit la faire monter jusqu'à l'infini.

L'espérance chrétienne est donc une merveilleuse exaltation de la vie, et mérite de toute manière le nom de vertu.

Et nous voyons qu'elle est fondamentalement une foi vive en la bonté et la puissance de Dieu. La bonté qui offre le but, la puissance qui aide à l'atteindre.

Mon Dieu, j'espère que vous me donnerez votre grâce en ce monde et la vie éternelle dans l'autre ; (acte d'espérance).

On s'étonne de voir que l'espérance, exprimée par le mot latin *spes*, ne soit pas nommée une seule fois dans tout l'Evangile, mais si l'on y regarde plus attentivement, on verra que, dans la bouche de Jésus-Christ, le mot *fides*, que nous traduisons par foi, signifie le plus souvent ce que nous appelons ici espérance, c'est-à-dire confiance absolue en la puissance et la bonté de Dieu. Lorsque la Chananéenne repoussée par Jésus s'obstinait à croire qu'il pouvait et voulait l'exaucer, ce n'était point à une vérité, mais à une espérance qu'elle s'attachait ; ce n'était point en la parole de Jésus-Christ, mais en sa puissance et en sa bonté qu'elle croyait, et il lui dit : « O femme, votre foi est grande. »

Lorsque Jésus-Christ disait : « Si vous aviez de la foi gros comme un grain de sénevé, vous diriez à cette montagne : jette-toi dans la mer et elle s'y jetterait », il ne voulait pas parler de l'adhésion de l'intelligence à un dogme, mais de l'acte de la volonté qui compte sans hésitation sur la bonté toute puissante de Dieu, c'est-à-dire de l'espérance.

L'espérance, il est vrai, suppose la foi, mais la différence est si grande entre l'espérance purement humaine et l'espérance divinisée par la foi, qu'on a dû hésiter d'abord à lui donner le même nom. Selon la belle expression d'un écrivain moderne : « L'espérance est la fleur du désir, la foi est le fruit de la certitude » ; l'espérance humaine, cette fleur fragile du désir, flotte toujours plus ou moins sur l'océan du doute. L'espérance chrétienne a enfoncé son ancre dans le rocher de la certitude que la foi rend inébranlable. C'est peut-être pour cela qu'on l'a d'abord appelée *foi*, mais lorsque le sens chrétien a été assez formé pour ne plus craindre la confusion, saint Paul, et après lui toute la théologie, a rendu son nom distinctif à l'espérance : *Manent fides, spes, charitas, tria hæc*. La foi, l'espérance et la charité subsistent et elles sont trois.

Or c'est à l'espérance, sous le nom de foi, que Jésus-Christ attribue la puissance des miracles, et cela doit être.

Nous avons déjà dit que l'ordre surnaturel nous rendait, selon l'expression de saint Pierre, participant de la nature divine qui est l'infinité.

La foi proprement dite nous fait reconnaître Dieu comme vérité. Or c'est surtout en tant que Verbe que Dieu est vérité, et, en croyant Dieu vérité, nous ne nous renfermons pas dans un symbole, mais notre pensée s'attache à Dieu même connu comme vérité, c'est-à-dire à la vérité infinie. La foi admet donc d'abord le symbole, mais s'étendant infiniment au-delà, elle croit non seulement ce que Dieu a daigné révéler, mais encore tout ce qu'il révèlera dans cette vie et dans l'autre, tous les mystères même qui resteront éternellement les secrets de Dieu.

La foi nous fait participer au Verbe, c'est par là qu'il faut commencer, parce que le Verbe est nécessairement le médiateur entre Dieu et la création.

La foi au Verbe nous mène à la foi au Père, auquel on attribue spécialement la puissance; mais ici la foi passe dans une autre faculté : elle part de l'intelligence pour entrer dans la vie et, en entrant dans la vie, elle doit devenir sentiment et action. L'espérance ayant, comme la foi, Dieu infini pour objet, n'a, comme elle, point de limite assignable. Mais la perfection de la pensée est surtout l'étendue, et celle du sentiment surtout l'intensité, et notre espérance est généralement bien au-dessous de notre foi.

Lorsque l'espérance est parfaite, elle nous met en participation de la puissance du Père, c'est pourquoi elle fait des miracles.

La foi, après nous avoir fait connaître Dieu comme vérité dans le Verbe, comme puissance et bonté dans le Père, nous le révèle dans l'Esprit Saint comme harmonie, c'est-à-dire comme ordre, lumière, beauté, béatitude, perfection des perfections.

Ici, la notion ou plutôt la foi est complète, parce que l'harmonie suppose et renferme tout. Dieu alors, comme perfection, sollicite notre estime ; comme ordre, la conformité de notre volonté ; comme lumière, notre admiration ; comme beauté, notre amour ; comme béatitude, notre aspiration, et tout cela c'est la charité.

3° DE LA CHARITÉ

Nunc autem manent fides, spes, charitas, tria hæc, major autem horum charitas.

« Nous avons la foi, l'espérance, la charité, trois vertus, mais de celles-ci la charité est la plus grande. »

Il faudrait avoir la langue des anges pour parler dignement de la charité. L'Écriture ne tarit pas sur son éloge. La charité est la fin de la loi, dit saint Paul. Elle couvre la multitude des péchés, dit saint Pierre. Elle chasse toute crainte, dit saint Jean. Elle suffit à tout, mais sans elle tout est inutile. Si je n'ai pas la charité, dit saint Paul, quand je parlerais la langue des anges, quand je transporterais des montagnes par la foi, quand je donnerais tout mon bien aux pauvres, je ne suis rien, *nihil sum*. Elle est Dieu même, *Deus charitas est*. Dieu qui se donne tout à nous, Dieu qui nous fait participer à la divinité en nous donnant son Esprit Saint. *Charitas diffusa est in cordibus nostris per Spiritum Sanctum qui datus est nobis.*

La charité renferme tout, elle est le résumé des vertus qui précèdent, elle produit les vertus qui suivent ; la foi et l'espérance avortent si elles ne produisent pas la charité, les autres vertus ne sont que des apparences sans vie, si elles ne procèdent pas d'elle.

Il est donc souverainement important d'en avoir une juste idée.

La charité dans l'échelle des vertus est le troisième terme, elle correspond au troisième terme des autres séries qui est en Dieu l'harmonie ou l'Esprit Saint et, dans l'homme, la raison ou la science. La charité est la divinisation de la raison par son union à l'harmonie divine.

La raison ou la personnalité humaine n'a qu'un son.

En Dieu l'harmonie est complète, la personnalité a trois sons, elle est trinité.

Lorsque, dans un instrument on frappe une corde, la multitude qui écoute n'entend qu'un son, mais l'oreille exercée du musicien perçoit vaguement le reste de l'harmonie qui complète la note frappée. La raison, comme la corde frappée, ne donne ostensiblement qu'un son ou une personnalité, mais l'œil pénétrant du philosophe comprend que ce son en suppose d'autres, que le moi ne résonne que par le non moi, que le fini ne peut être sans l'infini, et que la raison, tout en ne donnant qu'un son fini, est un écho de l'infini.

Lorsque le Saint-Esprit, harmonie complète, descend dans nos âmes, les sons qui, dans notre raison, n'étaient qu'implicites, deviennent plus distincts. Quand la charité sera parfaite dans le ciel, l'harmonie de notre être vibrera à l'unisson de celle de Dieu, et, bien que n'ayant qu'une personne, nous prendrons part aux joies de la Trinité : *Similes ei erimus quoniam videbimus cum sicuti est* (J. I., 3-2).

La charité, comme tous les autres troisièmes termes, ne peut donc être un terme simple, elle est nécessairement une vertu complexe dont il faut analyser et étudier les faces.

La charité est le troisième attribut de Dieu qui est l'harmonie, et, en même temps, l'Esprit Saint se communiquant à la troisième faculté de l'âme humaine qui est raison, conscience et personnalité, et se l'assimilant autant que possible.

Le Saint-Esprit ou l'harmonie est à la fois lumière et amour.

Il est lumière parce qu'ayant une vue simultanée et comparée de l'être et du non être, il les voit parfaitement l'un et l'autre et l'un par l'autre.

En effet, l'infinie nullité du néant ne peut être comprise que par l'infinie réalité de l'être, et il faut avoir une i e bien arrêtée de cette infinie réalité de l'être pour comprendre qu'entre toute créature, quelle qu'elle soit, et l'être absolu, la distance reste infinie.

La raison, abandonnée à elle-même, n'a qu'une idée vague de l'infini, et ne voit pas clairement qu'elle n'est rien devant Dieu. Lorsque nous avons un vif sentiment de cette vérité, c'est que l'Esprit Saint est descendu en nous comme lumière.

Le St-Esprit n'est pas seulement lumière, mais amour, il est une lumière vivante qui veut, qui agit, qui se meut vers son but. La vérité ne reste pas spéculative dans l'harmonie, et, si le beau est la splendeur du vrai, la vertu est la vie du vrai. Toute vertu est une vérité vivante et tout vice un mensonge vivant.

La connaissance de l'infinité de Dieu et de notre néant doit se traduire en acte de la volonté, et cet acte est nécessairement double et corrélatif : estime de Dieu, mépris de nous-même.

Ces deux sentiments sont solidaires, ils diminuent et croissent ensemble, notre raison est comme une balance, dans un plateau se trouve l'estime de Dieu, dans l'autre le mépris de nous-même, et autant monte le plateau de l'amour de Dieu, autant descend celui de l'humilité.

Cet amour de Dieu est une adoration qui se traduit surtout par le respect et l'obéissance, selon cette parole de J.-C. : *Si diligitis me, mandata mea servate;* et celle-ci de St-Jean (J. 14. 15) : *Qui servat verbum ejus vere in hoc charitas Dei perfecta est* (J. 1. 2. 5). Si vous m'aimez, observez mes commandements; si quelqu'un observe la parole de Dieu, en lui la charité de Dieu est parfaite.

L'humilité n'est pas un mépris de haine, mais un profond sentiment de notre nullité. C'est dans la sainteté qu'avec la vue du bien et du mal nous verrons apparaître la haine de soi-même en tant que contenant le mal, et l'amour passionné de Dieu vu comme bien suprême et béatitude.

Du reste, comme nous l'avons vu, dans l'échelle de l'être, ces deux termes ne sont séparés que par un demi ton et tendent à se confondre. La charité produit la sainteté comme la fleur produit le fruit, elles ne peuvent se séparer l'une de l'autre ni dans la conception ni dans la pratique. L'une suit l'autre.

Quant à la charité et l'humilité, ce sont deux faces de la même vertu, deux termes corrélatifs, qui ne subsistent que l'un par l'autre, et toujours dans la même mesure.

I y avait déjà une ébauche d'humilité dans la foi. L'âme transportant sa confiance en Dieu semblait reconnaître la supériorité de Dieu et sa propre incapacité. Il y avait aussi un commencement d'amour dans l'espérance qui cherchait dans la puissance et la bonté de Dieu refuge, protection, comme en un sein paternel.

Mais tout cela était encore vague et indéfini. Au contraire, dans la comparaison de l'infinie perfection de Dieu et de l'absolue nullité du néant dont notre être est entaché, l'estime d'un côté et le mépris de l'autre, la charité et l'humilité se font valoir, comme un contraste, se dessinent comme la réalité et l'ombre, se multiplient et augmentent leur produit en grandissant, comme les puissances d'un nombre qui se multiplie sans cesse par lui-même et semble vouloir arriver à l'infini. Et en effet ces deux sentiments, pour être parfaits, devraient être infinis, comme leur objet.

En Dieu ces deux sentiments sont réellement infinis. L'estime de l'être est infinie autant que l'appréciation de la nullité absolue du néant et de la nullité relative de tous les êtres finis. Toutes les nations, dit Isaïe, sont devant ses yeux comme si elles n'étaient pas.

Aussi le Verbe, faisant entrer dans sa personnalité la nature humaine qui est finie, a pratiqué spécialement l'humilité. Apprenez de moi que je suis doux et humble de cœur : *discite a me quia mitis sum et humilis corde.* Et il a poussé l'adoration et l'obéissance à Dieu jusqu'à la mort, *obediens usque ad mortem ;* et comme, selon sa parole, il n'y a pas de plus grande marque d'amour que de donner sa vie pour ce qu'on aime, J.-C., mourant pour obéir à Dieu et sauver les hommes, a pratiqué au plus haut degré la charité envers Dieu et envers le prochain.

En lui donc l'humilité et la charité ont atteint toute leur perfection.

Pour nous ce qu'il importe surtout de ne pas oublier, c'est que, sans humilité il n'y a pas de charité, et que l'une de ces vertus n'est jamais plus grande que l'autre dans le même cœur, ce serait donc une grande illusion de se croire la charité si on n'a pas l'humilité. L'orgueil est exclusif de la charité comme les ténèbres de la lumière, sans la charité nous n'avons aucune vertu, et, comme le dit St-Paul : nous ne sommes qu'un bruit sonore et vide, car la charité est la grâce sanctifiante par laquelle l'Esprit-Saint habite en nous ; elle nous met au nombre des élus, elle nous rend membres de l'Église, épouse de J.-C., dont les noces doivent se célébrer pendant toute l'éternité, elle est la robe nuptiale et la lampe des vierges sages, qui nous font ouvrir la salle du festin, et sans lesquelles nous serions laissés dans les ténèbres extérieures.

Mais le précepte de la charité a deux parties, comme le dit Jésus-Christ : (Mat. 22 37) *Diliges dominum deum tuum ex toto corde tuo et in tota anima tua et in tota mente tua, hoc est maximum et primum mandatum, secundum autem simile est huic : diliges proximum tuum sicut te ipsum ; in his duobus mandatis universa lex pendet et prophetæ* Tu aimeras le Seigneur ton Dieu de tout ton cœur, de toute ton âme et de toute ton intelligence, voici le plus grand et le premier commandement ; le second lui est semblable : tu aimeras ton prochain comme toi-même, en ces deux commandements sont renfermées toute la loi et les prophètes. St-Jean dit aussi (4. 20) *Si quis dixerit quoniam diligo Deum, et fratrem suum odit, mendax est.* Si quelqu'un dit : j'aime Dieu, n'aimant pas son frère, il ment.

Voilà donc le précepte : aimer Dieu par dessus tout, et le prochain comme soi-même ; à cela l'Eglise ajoute cette parole dont nous verrons l'importance : *pour l'amour de Dieu.*

La seconde partie du précepte semble plus populaire et plus acceptée que l'autre. Au fond voici pourquoi ; chacun désire être aimé de tout le monde, et il applaudit quand on ordonne à tous les hommes de l'aimer. Quand donc il s'agit de proclamer ce précepte il n'y a qu'une voix. Lors même qu'on ne songe nullement à le pratiquer soi-même, on tient à ce qu'il fasse loi. Lorsqu'on a tout à fait oublié la loi de Dieu, lorsqu'on persécute l'Eglise, lorsque tous se massacrent les uns les autres comme des bêtes féroces, on écrit encore ce précepte sur les murs sous le nom de *Fraternité.*

Cependant ce second prétexte est bien plus difficile à comprendre que l'autre. Les raisons d'aimer Dieu sont claires et frappantes. Qu'aime naturellement le cœur de l'homme ? Il aime le bien, le bonheur, la beauté, la perfection. Or le bien n'est complet qu'en Dieu, en lui seul le bonheur est parfait, la beauté sans tache, et la perfection absolue. Donc toutes les raisons sont pour aimer Dieu par dessus tout. Même au point de vue personnel la logique ramène à la même conclusion. Nous nous aimons nous-même, mais qu'aimons-nous en nous sinon le bonheur ? Pourquoi le suicide ? Parce que, désespérant d'être heureux, on préfère ne pas être. On aime donc le bonheur plus que soi-même. Or si, comme il est vrai, notre bonheur est en Dieu, nous devons aimer Dieu plus que nous-même, et nous aimer nous-même en Dieu et à cause de Dieu qui est notre bonheur.

Mais pourquoi aimer le prochain ? Il faut aimer Dieu parce qu'il est infiniment aimable, cela est clair ; mais le prochain est-il aimable ? Qu'on réponde franchement. Sur la multitude innombrable des hommes, un nombre imperceptible nous est sympathique ; presque tous nous paraissent fâcheux, importuns, exigeants, fats, déraisonnables, injustes et ridicules. Nous conservons la politesse les uns vis-à-vis des autres, mais, au fond, il est heureux que, dans une réunion quelconque, chacun ne voie pas ce que les autres pensent et sentent de lui. Chacun aime selon sa fantaisie un père, un frère, un ami, un bienfaiteur. Mais quelle raison peut-on trouver dans la nature d'aimer tous les hommes ? aucune. Il ne reste que le commandement de Dieu et cette parole de Jésus-Christ (Mat. 24.40) : « Tout ce que vous faites à l'un de ces plus petits, vous le faites à moi-même ». Voici le vrai et l'unique fondement de l'amour du prochain. Seul l'amour de Dieu a plaidé dans le cœur des hommes la cause des petits, des faibles et des malheureux, et c'est l'amour de Dieu qui a eu l'initiative de toutes les œuvres charitables.

La philanthropie a voulu revendiquer le second précepte, elle semble même l'exalter en le proclamant à l'exclusion de l'autre. Mais en ôtant à l'amour du prochain son fondement, sa racine et sa raison d'être, elle lui a ôté la vie et la réalité. Au fruit on reconnait l'arbre, au dévouement la charité. En quoi la philanthropie se dévoue-t-elle ? Elle prend sur l'argent des contribuables de quoi payer des mercenaires, et bâtir de grandes prisons de belle apparence, bien propres et bien tenues ; elle défend la mendicité et se charge des pauvres. Mais au fond de tous ses efforts on voit percer le besoin de se débarrasser, au prix de quelques sacrifices, des pauvres qui déparent le luxe des villes et troublent la joie des festins. Elle écrit des noms d'amour partout : dans les lois, dans les règlements, sur les portes, sur les murs, mais Dieu seul a le secret de les écrire dans les cœurs.

C'est l'amour de Dieu qui engendre tous les dévouements au prochain. C'est la parole de Jésus-Christ qui a fait les missionnaires, les pasteurs des peuples, les sœurs de charité, les hospitaliers, les rédemptoristes, les petites sœurs des pauvres, etc.

La philanthropie avec de l'argent a pu remuer des pierres et les entasser, mais voilà tout, et elle s'est trouvé heureuse de pouvoir se faire aider par les religieux et les religieuses qui introduisent un peu d'amour dans ses monuments froids et secs.

Ce n'est pas que l'amour du prochain ne soit pas fondé en raisons, mais les raisons qui l'appuient ne se trouvent point dans la nature pure, et doivent se chercher dans des données surnaturelles que la foi seule fait connaître. Essayons d'en expliquer quelques-unes.

Le type de chacun de nous, comme nous le savons déjà, est de toute éternité dans la pensée de Dieu, ce type, sur le modèle duquel nous avons été formés par la création, représente notre nature dans toute sa perfection, sans aucun défaut : nous sommes donc, dans ce type, beaux, parfaits, dignes d'amour ; tous les types forment dans la pensée divine une harmonie admirable, et Dieu nous aime ainsi en toute justice, en aimant sa propre pensée.

Mais Dieu, dans sa miséricorde, nous aime aussi tels que nous sommes, ayant pitié de voir combien nous sommes déchus de notre perfection typique. Toute l'action de la providence dans le gouvernement de ce monde a pour but de nous faire remonter à cette perfection primitive, et tout l'effort divin en ce sens se résume dans l'œuvre de la rédemption.

Mais c'est en vue de ce retour à ce type que Dieu aime de toute éternité, qu'il nous aime malgré notre misère, et le retour à ce type c'est l'élection et la sanctification, c'est pourquoi Saint Paul dit : « Tout pour les élus. *Omnia propter electos* ».

La vie entière, loin d'être trop longue pour atteindre ce but, ne suffit ordinairement pas et le purgatoire est chargé d'achever cette grande purification qui nous permettra de rentrer dans l'harmonie éternelle.

Si les cordes d'un piano avaient la liberté et le sentiment, naturellement elles aimeraient toutes celles qui sont en harmonie avec elles et auraient en horreur celles qui sont en désaccord.

Lorsqu'on vient de placer les cordes à un piano neuf, presque toutes sont discordantes, et dans ce cas chaque corde aurait peine à trouver, dans tout le clavier, une corde sympathique et n'aurait que de l'aversion pour toutes les autres.

Mais le musicien qui doit accorder le piano a, dans la pensée, le modèle de l'harmonie qu'il doit mettre entre tous ces éléments discordants, et c'est parce qu'il espère les amener à cette harmonie qu'au lieu de les haïr, il les aime d'avance.

Il pourrait donc dire à ces cordes : prenez patience, maintenant toutes vos voix jurent entre elles, mais tout à l'heure chacune de vous sonnera en harmonie avec toutes les autres. Loin de vous nuire entre vous, vous vous ferez valoir par la richesse des accords, et vous contribuerez toutes ainsi au bonheur les unes des autres. Celles qui refuseront de se soumettre à la tension nécessaire et se briseront seront jetées dehors et ne pourront plus vous troubler. Vivez donc en paix dès maintenant, en vue de l'harmonie future.

Le musicien prendrait alors sa clef, il accorderait d'abord douze notes qui doivent servir de modèle à toutes les autres, puis bientôt, son œuvre terminée, il ferait sortir avec délice de son instrument des flots d'harmonie.

J.-C. nous adresse un langage semblable.

Ne considérez pas, nous dit-il, vos antipathies présentes, elles ne sont que passagères. Tous maintenant vous êtes imparfaits, tous vous avez à vous pardonner mutuellement. Dieu, qui désire que tous les hommes soient sauvés (I. Tim. 2-4), m'a envoyé pour vous ramener à la perfection, c'est pourquoi je vous éprouve, et bienheureux celui qui supporte l'épreuve, parce qu'il recevra la couronne de vie. (Jac. 1-12).

Je vous vois tous dans ma pensée, dans une harmonie ineffable qui ne sera parfaite qu'au ciel. Si vous pouviez vous voir dès maintenant tels que vous serez dans l'éternité, vous seriez tous pris d'un amour incroyable les uns pour les autres, mais ce que vous ne voyez pas, croyez-le sur ma parole infaillible.

Aimez ces pauvres créatures disgraciées, à cause de la foi que vous avez en moi, tout ce que vous faites pour l'une d'elles correspond, par une sympathie mystérieuse, avec le type de cette créature qui est dans ma pensée, qui est moi-même, c'est pourquoi je le regarde comme fait à moi-même. Et cette divine harmonie du ciel qui sera la réalisation de celle qui est dans ma pensée, n'est que l'harmonie de l'Esprit-Saint, l'amour éternel du Père et du Fils, tous les accords seront des accords d'amour, c'est pourquoi je vous dis d'aimer dès à présent, d'aimer malgré tout. Il faut déjà être amour pour entrer au ciel et prendre part à la grande harmonie, et c'est en aimant héroïquement sur la terre que vous serez dignes d'aimer béatifiquement dans le ciel.

Ce point de vue est beau et fondé en raison, mais peu accessible à la multitude des intelligences terrestres.

Mais Jésus-Christ a dit : Tout ce que vous ferez à un de mes frères, je le regarde comme fait à moi-même. Cela est compris de tous, et cela suffit à celui qui croit, et voilà pourquoi il y a de la charité sur la terre.

La charité est un amour surnaturel et, puisque notre fin dernière est surnaturelle, la charité doit dominer et régler toutes les autres affections, sans les détruire pour cela.

L'ordre naturel, l'ordre sensible lui-même a des besoins qu'il est légitime et bien de satisfaire dans une mesure convenable.

La sensibilité tient une grande place dans l'amour d'une mère pour son nouveau-né, et cet amour, loin d'être mauvais, est admirable. Le livre de l'Ecclésiastique fait le plus grand éloge de l'amitié: « Un ami fidèle, dit-il, est un remède de vie et d'immortalité, celui qui craint Dieu le trouvera ».

Jésus-Christ, qui est mort pour tous les hommes, avait aussi des sympathies spéciales, il avait un disciple bien-aimé et il est dit qu'il aimait Lazare, Marthe et Marie.

La charité ne détruit pas l'amitié, loin de là. On peut dire heureuse l'amitié qui s'appuie sur la charité qui est éternelle, c'est pour elle la plus grande chance d'être immortelle aussi.

La charité, comme nous le voyons, est l'harmonie des amours, et dans elle les amours sont en harmonie parce qu'ils sont dans l'ordre, selon cette parole de saint Augustin (Demoi. Ecl. 2-11). « La charité est une vertu qui, faisant régner un ordre parfait dans nos affections, nous unit à Dieu et nous le fait aimer. »

Nous avons défini le beau, l'unité dans la variété, cette définition convient à toutes les harmonies, qui sont d'autant plus belles que l'unité est plus parfaite et la variété plus grande. Le beau fini pèche toujours dans l'une au moins de ces deux conditions; la lumière de l'Esprit-Saint est la beauté infinie, parce qu'elle est l'unité parfaite d'une variété infinie. La charité, qui est le Saint-Esprit vivant dans nos âmes autant qu'elles sont capables de le recevoir, tend à réaliser cette beauté infinie.

D'abord dans la charité la variété n'a point de limites. Elle dilate le cœur sans mesure, nous devons aimer même nos ennemis. L'ennemi est la dernière chose à aimer, cette condition de la charité retranche d'un seul coup toutes les exclusions. Le chrétien a donc un amour infini dans son objet, il aime non seulement Dieu, mais en Dieu toutes les créatures passées, présentes et futures. Mais tous ces amours infinis ne sont en harmonie que parce qu'ils sont ramenés à une unité parfaite par l'amour de Dieu qui les contient tous et les domine.

Ce n'est qu'en Dieu que Saint François d'Assise pouvait appeler le soleil son frère, l'eau et les hirondelles ses sœurs. Et cette harmonie des amours est la paix. Cette paix que donne Jésus-Christ et que le monde ne peut donner.

Oh! si l'on pouvait comprendre le bonheur de cette paix! le monde ne la connaît pas et ne peut la donner.

Les amours du monde, produits de l'illusion et du caprice, sont exclusifs, ils combattent les uns contre les autres pour régner et tyranniser chacun à leur tour; et ils ravagent le cœur comme la guerre dévaste les moissons; par leur lutte même ils sont mélangés de haine qui les empoisonne. Point de chef à ces combattants sans discipline. Le seul point central dans le cœur profane est l'égoïsme, mais ce point est stérile, il donne le besoin de l'unité sans le satisfaire; l'homme ne peut pas se nourrir de lui-même et se béatifier par sa propre contemplation. L'égoïsme le porte à chercher la jouissance dans les objets extérieurs; alors reparaît la division, l'embarras du choix, l'illusion, la déception, et la mobilité incessante; non seulement le cœur humain est en lutte avec lui-même, mais ses amours le mettent en guerre avec les autres hommes qui poursuivent les mêmes objets et les lui disputent avec acharnement, de sorte que le cœur qui n'a pas la charité est comme un océan bouleversé par tous les vents contraires, et qui, dans son agitation, vient briser ses vagues contre tous les rochers qui l'environnent.

Dans cette tourmente le cœur s'use et vieillit vite, il se ride et se flétrit, et lorsqu'arrive la mort, il est depuis longtemps glacé dans la nuit et la tristesse.

Quel contraste avec l'âme où règne parfaitement la charité!

Dans cette âme les amours ne sont point ballotés par les caprices de l'illusion, mais ils sont ordonnés par la vérité qui est éternelle; c'est pourquoi ils sont en paix et gardent éternellement leurs hiérarchies. Quelque variés qu'ils soient, ils sont ramenés à l'unité par l'amour de Dieu qui les domine et les renferme, c'est pourquoi leurs évolutions ne troublent jamais l'ordre et ne sortent jamais de l'harmonie. Ils sont comme une armée rangée en bataille qui n'a qu'un seul chef et dont tous les mouvements sont harmonieux. Ils sont beaux comme les tentes d'Israël qui ravissaient d'admiration Balaam; ils sont forts aussi par leur unité et font toutes les grandes choses qui nous étonnent dans la vie des saints, c'est pourquoi il est dit de l'épouse des cantiques qu'elle est terrible comme une armée rangée en bataille. Rien ne peut troubler ni entamer cette armée en paix. On ne peut ôter son bien à l'âme qui possède Dieu. On ne peut contrarier et entraver le cœur qui ne veut que la volonté de Dieu; les tribulations viennent échouer devant sa patience, *charitas patiens est;* le torrent des offenses est impuissant contre son pardon et ne peut éteindre son amour, *aquæ multæ non potuerunt extinguere charitatem.*

Le vent glacial de la haine ne pénètre jamais dans son atmosphère, la mort elle-même ne peut la vaincre, *quia fortis est ut mors dilectio.*

Rien ne l'étonne, rien ne lui paraît impossible. *Charitas omnia credit, omnia sperat.* Rien donc ne peut troubler cette paix que donne Jésus-Christ et qui surpasse tout sentiment, *Pax Dei quæ exsuperat omnem sensum,* c'est pourquoi le cœur où règne la charité ne vieillit pas, ne se flétrit pas, il est éternellement jeune. Toujours aimant, toujours aimable, la sérénité lui donne une auréole et un rayonnement virginal, toujours il déborde de poésie, et cette poésie est toujours l'amour, mais l'amour céleste.

C'est avec ces traits que, reflétant la tradition dans ses beaux vers, le poète chrétien a dépeint saint Jean l'apôtre de la charité.

> *Hinc tu semper amans, semper amabilis :*
> *Hinc et frontis honos, virgineus pudor ;*
> *Hinc cæleste jubar, quod superos decet,*
>   *toto vertice funditur.*
> *Hinc creber repetis, creber idem sonus ;*
> *Quidquid faris, amor, sic amor imperat.*

Nous venons de voir des types absolus. Malheureusement la charité est rarement maîtresse absolue du cœur; avant d'en arriver là, elle a souvent longtemps à lutter contre les passions humaines. Néanmoins si l'on compare un cœur chrétien, même imparfait, avec un cœur mondain, il y aura toujours une différence immense, que la paix de la résignation chrétienne suffit à établir.

Les trois vertus théologales nous apparaissent, sinon comme une triple foi, du moins comme le résultat d'une triple foi.

La foi en Dieu comme vérité est la foi proprement dite ; la foi en Dieu comme puissance et bonté engendre l'espérance; la foi en Dieu comme beauté et perfection nous le fait aimer par dessus tout, ce qui est la charité.

C'est comme Verbe spécialement que Dieu est appelé vérité, c'est au Père qu'on attribue la puissance et c'est le Saint-Esprit qui est en Dieu beauté, harmonie et perfection. Les vertus théologales sont donc ou du moins supposent la foi dans la Trinité tout entière et, comme la connaissance même de la Trinité est surnaturelle, ces trois vertus sont essentiellement et uniquement surnaturelles.

Ces trois vertus sont l'âme et la vie du christianisme, ce sont elles, qui élèvent la morale chrétienne mille fois au-dessus de la morale païenne, ce sont elles, comme nous le verrons, qui surnaturalisent les autres vertus et leur donnent des ailes, qui les empêchent de toucher la terre, ce sont elles qui exaltent et divinisent pour ainsi dire les facultés fondamentales de l'âme humaine, la vie qui engendre toutes les autres, l'entendement qui est le sommet de la pensée et la raison qui, par la conscience, constitue la personnalité.

T. II  7

Elles sont le triangle lumineux aux sept rayons qui brille dans le ciel et en ouvre l'entrée.

Mais précisément, parce qu'elles sont toutes surnaturelles, le monde qui ne poursuit que la fin naturelle n'en veut point. Il a, lui, son triangle de ténèbres que saint Jean appelle l'orgueil de la vie, la concupiscence de la chair et la concupiscence des yeux. En effet, dès que l'on ne veut pas placer son bonheur en Dieu, il faut le chercher ou dans la vaine gloire ou dans la honteuse volupté, ou dans la richesse toujours insuffisante; mais l'âme ballotée entre le vide et la honte ne trouve jamais ce bonheur qu'elle cherche. O foi triple et une, porte resplendissante de la béatitude céleste, comment se trouve-t-il des cœurs qui repoussent l'immortel héritage que tu leur offres? qui préfèrent se construire eux-mêmes une demeure de pierre et de fange plutôt que de consentir à habiter ton palais de lumière? Oh puisses-tu briller d'un nouvel éclat et apparaître à tous, telle que tu es, pleine de grâce et de grandeur ! Montre aux cœurs la voie cachée de la sagesse, donne-leur les ailes toutes puissantes de l'espérance, fais leur sentir comme un avant-goût de la suprême béatitude, afin qu'enlevés par leurs désirs ils s'élancent à la conquête de cette béatitude divine, et viennent enfin s'y reposer à jamais, *in pace in idipsum dormiam et requiescam.*

CHAPITRE VII

DES VERTUS CARDINALES

Les anciens avaient quatre vertus seulement, que nous appelons cardinales ; nous en avons déjà vu la raison. La vertu étant une victoire qui suppose une lutte, ils établissaient la lutte entre la raison et l'animalité ; ils ne songeaient nullement à élever les facultés supérieures. Pour eux la trinité humaine qui se résume dans la raison était le sommet auquel il suffisait de ramener tout le reste ; mais cette lutte n'était bien reconnaissable qu'en quatre points ; il fallait d'abord écarter l'idée de l'être qui n'a point de terme correspondant dans la série des facultés animales, puis la vie, point de départ où toutes les séries coïncident. La lutte de la raison et de la sensibilité leur paraissaient se subdiviser dans les quatre dernières facultés, et alors la domination de l'intelligence sur les sens devenait la justice, la domination de la mémoire sur l'imagination, la prudence ; la domination de la volonté sur la spontanéité, la force ; et la domination de la raison même, ou de l'amour spirituel, sur la sensualité et l'amour charnel était la tempérance. Le chrétien guidé par la foi a un but plus élevé. Ce sont les sept facultés supérieures elles-mêmes qu'il veut élever en les introduisant dans l'ordre surnaturel et voilà pourquoi il a sept vertus. Non seulement il veut élever l'animalité jusqu'à la raison, mais encore la raison jusqu'à Dieu.

Le païen se contente d'humaniser l'animal, le chrétien divinise l'homme.

Les quatre vertus cardinales ont été définies par de grandes intelligences : chez les païens par Cicéron qui résume toute la sagesse antique, chez les chrétiens par Saint Augustin qui, avec son regard d'aigle, pénètre plus avant que tous les autres dans le sens chrétien. La comparaison des définitions de ces deux génies nous feront toucher du doigt la différence qu'il y a entre la morale païenne et la morale chrétienne.

§ 1. — LA JUSTICE

La justice correspond à la faculté que nous avons appelé intelligence, distinction, idée du non-être. Saint Thomas dit : « Si l'on considère la justice comme la loi qui règle les actes, elle réside dans l'intelligence ; mais si on l'envisage comme la vertu qui rend les actes conformes à la loi, elle a son siège dans la volonté ».

Il est évident qu'ici le rôle le plus important et le plus difficile appartient à l'intelligence, car d'elle dépend la possibilité même. Que peut en effet la meilleure volonté si la loi n'existe pas ? que faire si l'on ne sait que faire ?

Saint Thomas définit la vertu de la justice : une volonté perpétuelle et constante de rendre à chacun son droit.

Mais si on ne connaît pas ce droit, la volonté n'a aucun objet déterminé : à cet état vague elle est plutôt une autre vertu, mais elle ne devient justice que lorsque la connaissance du droit lui donne une forme, un objet, un but, et par là le mouvement et la vie.

Prise au point de vue de l'intelligence, la justice est à la fois la faiblesse et la grandeur de l'homme. Sa faiblesse, parce que l'intelligence, étant le côté négatif et fini de l'homme, elle est aussi sa limite. Sa grandeur parce que ce côté négatif, étant l'élément de sa personnalité, il est la mesure de sa grandeur personnelle, et, par conséquent, de la supériorité de chaque individu sur les autres de son espèce ou des espèces inférieures, il résulte que l'être le plus intelligent est par lui-même capable d'une plus haute justice.

On a appelé la justice la reine des vertus. Ce qui est certain, c'est qu'elle devrait être la vertu spéciale des rois. Les rois ont été avant tout des juges, on s'en rapportait à eux dans les différends, parce qu'on les regardait comme des êtres supérieurs, c'est-à-dire plus intelligents, et, dans la perfection idéale de la Société, ce serait au plus intelligent qu'appartiendrait le droit de guider les autres, de faire connaître, et d'exercer la justice, en un mot d'être roi.

Cet ordre est rigoureusement observé dans la Société parfaite des anges, où la hiérarchie est sans défaut.

On ne peut considérer sans effroi l'impuissance radicale de la justice humaine.

Cicéron dit très-bien que la justice consiste à attribuer à chacun ce qui est à lui : *tribuendo cuique suum*.

Donner à chacun ce qui lui est propre, cela est bientôt dit ; mais avant de donner, il faut savoir ce qui est dû, et là est la difficulté. Pour savoir ce qui convient à chaque être, il faudrait connaître tous les êtres de la création, quel rang chacun occupe, dans quel rapport il se trouve avec tous les autres et qu'elle part doit lui revenir de bien matériel, d'honneur, de gloire, d'estime, de jouissance. Or, pour savoir cela exactement, il faudrait une science infinie que Dieu seul possède.

L'homme est donc par lui-même radicalement incapable de justice parfaite. Depuis le commencement du monde, les sages usent leur vie à rechercher les principes de la justice et à en dérouler les infinies conséquences, et, comme leurs principes sont incomplets, leurs conséquences divaguent à droite et à gauche, les avocats trouvent des autorités pour plaider le pour et le contre.

Les juges hésitants dans leur conscience sont obligés de se cramponner à la loi, telle quelle, et, quand la loi leur fait peur, ils s'échappent par la tangente des circonstances. Malgré l'énormité des volumes des légistes, mille cas imprévus viennent encore les surprendre. Et tout le travail de la justice humaine aboutit à ce formidable proverbe cité par Cicéron. *Summum jus, summa injuria.*

La justice poussée à la rigueur peut devenir une souveraine injustice.

Aussi ce même Cicéron, après avoir accumulé autant qu'il le pouvait les principes et les règles de la justice, sent combien il est difficile d'arriver à une conclusion exacte et pratique et il invite son fils, après avoir multiplié les additions et les soustractions, à calculer avec soin la somme de toutes ces différences afin de saisir la part qui reste à la justice, ce qui est dû à chacun, (Lib. I. cap. 8) *et addendo deducendoque videre, quæ reliqui summa fiat; ex quo, quantum cuique debeatur intelligas.*

Malgré tous les calculs, l'intelligence humaine n'arrivera jamais qu'à une justice approximative qui péchera toujours par le trop ou le trop peu. Dieu seul est juste et lui seul le peut être, parce qu'ayant une intelligence infinie, il connaît tous les rapports des êtres entre eux; aussi tous les jugements humains auront besoin d'être révisés par lui et le jugement dernier sera le seul définitif.

Dieu seul étant juste et pouvant l'être, il nous faudrait désespérer d'atteindre la justice si nous étions abandonnés à nous-mêmes. Mais si Dieu daignait nous indiquer la voie de la justice que lui seul connaît, s'il nous donnait la force de la suivre, notre justice deviendrait véritable en participant à la justice divine, c'est là l'espérance que nous donne Jésus-Christ par ces paroles. *Beati qui esuriunt et sitiunt justitiam quoniam ipsi satiabuntur.*

Bienheureux ceux qui ont faim et soif de la justice parce qu'ils seront rassasiés.

La première condition de la justice est donc de prendre Dieu pour guide par une obéissance exclusive, et c'est par là que Saint Augustin,

s'élevant bien au dessus de l'antiquité, commence sa belle définition :
« Cet ordre parfait, dit-il, que l'âme observe, par lequel elle ne sert
« d'autre maître que Dieu, elle ne cherche à imiter que les esprits
« les plus purs, ne désire dominer personne, mais seulement la nature
« animale et corporelle. Quelle vertu sera-ce ? qui ne comprend de
« suite que c'est la justice ? »

Que de richesses dans ce peu de paroles ! et comme les règles de la justice sont tracées à grands traits !

La justice consiste à se tenir dans un rapport convenable avec tous les êtres ; nous avons vu que la possibilité de l'être s'épuisait en quatre séries fondamentales infiniment distantes l'une de l'autre : 1° Dieu l'être infini, 2° l'être raisonnable qui comprend l'ange et l'homme, 3° l'être vivant, 4° la matière.

Or, c'est justement le rapport que nous devons avoir avec ces quatre sortes d'être que Saint Augustin nous montre à la lumière de la foi.

Avec Dieu d'abord : « Elle ne sert d'autre maître que Dieu », nous voyons ici la justice humaine transformée par la foi, car comment obéir à Dieu s'il n'a pas commandé ? et comment suivre son commandement, si on ne croit pas à sa parole et si on ne s'appuie sur la grâce ? Il faut donc supposer la révélation et tout l'ordre surnaturel pour dire avec Saint Augustin : obéissance parfaite à Dieu, mais à Dieu seul.

Obéir à Dieu seul, c'est d'abord justice. L'intelligence ne doit se soumettre qu'à la vérité, la vérité n'a de droit absolu que lorsqu'elle est certaine, et Dieu seul est infaillible par lui-même, Dieu seul a donc droit à notre foi. Quand il daigne nous parler, il faut l'écouter avant tous les autres ; quand il veut bien être notre guide, il est juste de le suivre en tout.

Obéir à Dieu seul c'est aussi la grandeur, *servire Deo regnare est*. Notre intelligence étant le côté fini de nous-même, si nous en faisons le centre de notre être, si nous la prenons pour unique règle, elle devient notre mesure en tout, et nous rapetisse tout entier selon ses mesquines proportions, elle devient pour les autres facultés comme une prison, un lit de Procuste qu'elles ne peuvent dépasser, nous rendons notre être esclave de notre personnalité, nous sommes le tyran de nous-même. Mais si, rejetant au second plan cette intelligence finie, nous nous assimilons par la foi l'intelligence infinie de Dieu, alors à travers les ténèbres et les abîmes insondables de l'espace sans limite, nous suivons la voie droite de la justice infinie que Dieu seul connaît, et qu'il pouvait seul nous tracer, alors nous agissons en Dieu, et, par l'esprit de Dieu, notre sagesse n'a plus de mesure, nous brisons la prison de notre personnalité et nous découvrons des horizons sans fin.

L'homme enfermé par l'orgueil dans sa personnalité semble se révolter contre tout, mais il trouve partout son maître et obéit en réalité à mille choses. Le chrétien semble obéir à tous, mais au fond c'est à Dieu seul qu'il obéit : il paraît l'esclave de tous; mais quand les hommes se mettent en opposition avec Dieu, l'indépendance réelle du chrétien reparaît tout entière, les martyrs l'ont prouvé.

Parmi les créatures raisonnables qui forment la seconde série, aucune n'a droit par elle-même à notre obéissance, aucune n'est notre but; mais comme l'eau d'une source redescend de cascade en cascade depuis le haut de la montagne jusque dans la plaine, l'autorité de Dieu se répand de hiérarchie en hiérarchie soit dans le ciel parmi les anges, soit sur la terre parmi les hommes; en se soumettant aux hiérarchies c'est à Dieu qu'on obéit. *Omnis potestas a Deo*, mais parmi ces créatures raisonnables, les unes sont plus près de Dieu et reflètent davantage sa perfection, elles sont comme des jalons plantés tout le long de la voie de la justice, et souvent nous comprenons mieux la loi dans le reflet qu'elles font briller près de nous que dans la lumière infinie qui est au bout de la route; en cherchant à nous rapprocher de celles qui sont plus près du but, nous nous rapprochons du but lui-même, il est donc juste que nous les imitions sans en prendre aucune pour règle définitive, nous en servant pour monter à Dieu comme des échelons auxquels on ne s'attache jamais, mais qu'on quitte dès qu'on a pu y poser le pied. C'est ce qu'exprime Saint Augustin par ces paroles: « Elle ne cherche à imiter que les esprits les plus purs. »

Si, parmi les créatures raisonnables, aucune n'est notre but, nous ne sommes le but d'aucune d'elles, nous n'avons le droit de confisquer à notre profit aucune de ces vies intelligentes, et si nous exerçons sur quelques unes la portion d'autorité que Dieu nous a déléguée, ce doit être toujours en vue de la vérité, de l'ordre et de la justice, et jamais en vue d'un intérêt personnel, telle est l'admirable leçon de respect pour la liberté et la dignité humaine que nous donne Saint Augustin par ces paroles : « elle ne désire dominer personne. »

Il reste à exprimer nos rapports avec les deux séries inférieures l'animal et la matière. Saint Augustin le fait par ces paroles : « Elle désire dominer seulement la nature animale et corporelle. »

Ici, non seulement nous pouvons mais nous devons dominer, non pour tyranniser et détruire mais pour guider, purifier et élever. L'homme a été établi par Dieu maître et prêtre de la nature, c'est par l'homme qui connaît Dieu que la création qui ne le connaît pas doit se rattacher à lui, et, comme par le péché toute créature a été pervertie, l'homme a le devoir de réparer partout le mal et de développer le bien, nous devons donc dominer la nature animale, d'abord en nous-même, en domptant nos passions ; puis dans ceux dont nous sommes chargés, formant l'enfance par un mélange de douceur et de sévérité, punissant les malfaiteurs, lorsque le glaive de la justice a été remis entre nos mains : nous protégeant nous-mêmes et les autres contre les injustes passions, par notre fermeté et notre courage. Nous devons encore dompter la nature animale dans les bêtes, les formant à notre service, les rendant utiles à la société, combattant et détruisant celles qui lui nuisent. Enfin nous devons dominer la matière pure par le travail commandé à l'homme dès le premier jour, et par l'industrie dans le but de soulager l'homme de son rude labeur, de le rendre moins esclave des besoins matériels, et de lui laisser plus de temps pour cultiver son intelligence.

La justice infinie, comme nous l'avons vu, est tout entière et essentiellement dans le Verbe divin, dans cette distinction infinie qui forme avec l'unité ou l'idée de l'être l'harmonie éternelle, c'est donc par le Verbe seul de Dieu révélé à l'homme que la justice a pu descendre sur la terre. Par moi, dit la sagesse éternelle, règnent les rois et les législateurs font des lois justes *Per me reges regnant et legum conditores justa decernunt.* (Prov. 8. 15).

Néanmoins, à cause de la faiblesse humaine, Dieu n'a pu dès le commencement faire connaître toute la perfection de sa justice ; dans la loi même de Moïse il a laissé des préceptes imparfaits proportionnés à la dureté du cœur, comme dit Jésus-Christ, *ad duritiam cordis*, aussi on attendait toujours ; Joël promettait aux juifs de la part de Dieu le docteur de la justice, *doctorem justitiæ* (2. 23), l'ange Gabriel, en révélant à Daniel le mystère des septante semaines, donne pour caractère au Messie la justice éternelle, *ut adducatur justitia sempiterna*.

Jésus-Christ est donc venu enseigner la justice tout entière, c'est pourquoi il disait aux apôtres: « Si votre justice n'est pas plus abondante que celle des pharisiens et des sadducéens, vous n'entrerez pas dans le royaume du ciel. » Et voici comme il réformait l'imperfection de l'ancienne justice :

« Vous savez qu'il a été dit aux anciens : vous ne tuerez point et moi je vous dis : quiconque s'irrite contre son frère sera condamné par le jugement ; si donc vous présentez votre offrande à l'autel et que vous vous souveniez que votre frère a quelque chose contre vous, laissez-là votre offrande devant l'autel et aller d'abord vous réconcilier avec votre frère et alors vous viendrez présenter votre offrande.

« Vous savez qu'il a été dit : œil pour œil dent pour dent et moi je vous dis de ne point résister au mauvais traitement mais si quelqu'un vous frappe sur la joue droite présentez-lui encore l'autre ; à celui qui veut vous enlever votre tunique donnez aussi votre manteau.

« Vous savez qu'il a été dit : tu aimeras ton prochain et tu haïras ton ennemi; et moi je vous dis : aimez vos ennemis, faites du bien à ceux qui vous haïssent, et priez pour ceux qui vous persécutent, afin que vous soyez les enfants de votre père qui est dans les cieux, qui fait lever le soleil sur les bons et les méchants, et pleuvoir sur les justes et les injustes.. soyez donc parfaits comme votre père céleste est parfait. »

Le voilà donc dévoilé ce grand mystère de la justice infinie, ce mystère qui est peut-être de tous celui que le cœur humain comprend le plus difficilement, ce mystère que la foi la plus vive peut seule atteindre, et voici ce qu'il nous apprend sans que nous puissions le comprendre : c'est que la justice parfaite n'est autre chose que l'amour sans bornes, universel.

§ 2. — LA PRUDENCE.

Selon Cicéron, la prudence consiste avant tout dans la recherche et la découverte du vrai : *indagatio atque inventio veri; ejus virtutis, hoc munus est proprium* (De Officiis, lib. I. c. 4).

« Mais, ajoute-t-il, l'homme, étant raisonnable, voit les causes des choses et leurs conséquences ; et comme il n'ignore pas celles qui ont précédé, et qu'il saisit les ressemblances, il ajoute aux choses présentes les futures, et, voyant ainsi facilement *tout le cours de la vie*, il prépare ce qu'il lui est nécessaire. »

Conformément à cette doctrine, Saint Thomas dit : « Trois choses rentrent nécessairement dans la prudence : la mémoire du passé, l'intelligence du présent et la prévoyance de l'avenir. » Il dit ailleurs: « La providence est la partie principale de la prudence qui, à l'aide de la mémoire du passé et de la connaissance du présent, pourvoit à l'avenir.

C'est dans la mémoire, comme nous l'avons vu, que l'homme puise la prévoyance de l'avenir. Quant au présent, si c'est l'intelligence qui lui en donne la vue directe, c'est la mémoire qui lui en donne la reconnaissance, la familiarité si je puis m'exprimer ainsi : sans la mémoire, le présent serait une suite de surprises et d'étonnements qui mettrait souvent en défaut l'intelligence même du présent.

La prudence avec ses trois parties est donc spécialement la perfection de la mémoire et, de même que la mémoire est une nouvelle dimension ajoutée à la vie, c'est-à-dire la permanence de la conscience intelligente dans la durée, la prudence est la permanence de la justice.

Les animaux privés d'intelligence n'ont point de justice, parce qu'ils ne sont guidés que par l'impression des sens qui concentrent toute l'attention de la sensibilité sur l'avantage de l'individu et n'ont aucun soin de ce qui est dû aux autres.

Ils n'ont point non plus de prudence proprement dite. Leur mémoire, qui n'est qu'imagination, reproduisant l'impression égoïste des sens leur fait pourvoir à leur sûreté matérielle, et, si la justice humaine consiste à faire prévaloir l'intelligence qui embrasse l'universel sur l'impression exclusive et égoïste des sens, la prudence humaine consiste à faire prévaloir la mémoire des décisions de la justice sur le souvenir de l'égoïsme, que les sens avaient voulu inspirer.

Mais la prudence humaine se ressent des faiblesses et des incertitudes de la justice naturelle. Sa plus grande puissance est dans le passé; car de ce côté, dépassant les bornes de la vie, elle peut plonger des racines bien avant dans l'histoire et y puiser de précieuses leçons, mais l'avenir est toujours pour elle plein d'incertitudes et d'obscurités, elle n'y marche qu'à tâtons, comme à travers un épais brouillard.

L'homme le plus prudent, bien qu'il puisse espérer de prolonger son action sur les autres, sait, quant à ce qui le regarde, que toute sa prévoyance viendra se briser contre une barrière fatale qui est la mort; et cette barrière fatale, il ne peut la voir d'avance, il marche donc non seulement avec l'anxiété que donne toutes les incertitudes des événements, mais encore avec l'appréhension continuelle de ce choc terrible et final qui doit tout briser.

La prudence chrétienne ou surnaturelle consiste à faire prévaloir dans la mémoire, l'intelligence et la prévoyance, les lumières de la foi sur celle de la raison, et la transformation qu'elle opère dans l'âme est vraiment merveilleuse.

Ici, toutes les limites disparaissent bien au-delà de toute histoire humaine. Pour la mémoire chrétienne, l'histoire n'est qu'une étape, elle sait que Dieu est éternel, c'est-à-dire que, de toute éternité, subsistent la puissance, la vérité, la justice, la lumière et la béatitude. Pour elle, l'avenir n'a pas plus de limite que le passé, car ce qui est éternel n'ayant point de fin, toujours subsisteront la puissance, la lumière et la béatitude. Alors, elle s'élève au-dessus de toutes les obscurités de la vie, et, au lieu d'absorber sa prévoyance à combiner les événements terrestres, elle la dirige par dessus la lumière de la mort sur cette béatitude éternelle qui lui a été révélée. Et cette prudence divine qui n'est que le prolongement et la permanence de la justice infaillible, n'a point les hésitations de l'autre, elle sait avec certitude le moyen d'atteindre son but, et y marche d'un pas ferme et assuré. Aussi, du haut de sa sécurité, elle contemple avec calme les orages de la vie et, quoiqu'elle ne les craigne plus, elle dirige d'une main plus sûre la barque humaine qui doit les traverser. Elle comprend ces paroles de l'éternelle vérité : *Nolite soliciti esse in crastinum : scit enim pater vester quia his omnibus indigetis.* Ne soyez point inquiets du lendemain... votre père céleste connait tous vos besoins. Et celles-ci : *Fiat voluntas tua sicut in cælo et in terra*, que votre volonté soit faite sur la terre comme au ciel. Elle s'avance donc sans crainte, l'œil fixé sur le but éternel qu'elle est sûre d'atteindre, la mort même ne saurait la troubler car elle ne l'attend pas comme un naufrage inévitable, mais comme l'entrée au port désiré.

La prudence surnaturelle que Salomon (Prov. 9-10) appelle avec raison la Science des Saints : *Scientia Sanctorum prudentia*, est donc la divinisation de la mémoire par l'idée de l'éternité, et c'est précisément par ce trait caractéristique que saint Augustin définit la prudence : « Donc, dit-il, cette affection ou ce mouvement de l'âme par lequel elle comprend les choses éternelles, et connait que les choses temporelles leur sont inférieures en elles-mêmes, et qu'il faut désirer les choses supérieures plutôt que celles qui sont inférieures, n'est-elle pas la prudence? » (*De Musica*, lib. VI).

Par cette contemplation de l'éternité, l'âme échappe pour ainsi dire à la division dévorante du temps. Comme le dit encore saint Augustin : « L'âme reconnaît qu'elle change elle-même, par cela que, portant son attention tantôt à une chose, tantôt à une autre, et de cette manière suivant tantôt l'une, tantôt l'autre, elle réalise la variété du temps qui n'est pas dans les choses éternelles et immuables » (*De musica*). Mais, par l'idée de l'éternité, l'âme jette l'ancre dans la paix de la vie éternelle, rassurée par l'infini du passé, elle devient immuable dans son espérance de l'avenir infini, selon la belle expression de saint Paul : *Immobiles a spe* (Coloss. 1-23).

L'éternité de Dieu, c'est l'éternité de l'amour, car Dieu est amour : *Deus charitas est* (saint Jean). La prudence qui identifie l'âme à cette éternité exclut tout le trouble qui peut venir de la haine ou de la colère, car la haine ne peut être que pour celui qui ravit votre trésor.

Mais celui qui, selon le conseil de Jésus-Christ, a mis son cœur avec son trésor dans le ciel, où ni la rouille ne ronge, ni les voleurs ne dérobent (Math. 6-20), ne peut haïr personne; et, comme son trésor est l'amour éternel qu'on ne peut posséder que par l'amour, elle reste en paix dans l'amour, éternisant en elle la justice, car si, comme nous l'avons vu, la vraie justice est l'amour sans borne, la vraie prudence, qui n'est que la permanence de la justice, est l'amour sans fin.

Scientia sanctorum prudentia (Prov. 9).

§ 3. — La force.

Cicéron appelle cette vertu : *force et grandeur d'un esprit élevé et invincible : in animi excelsi atque invicti magnitudine ac robore* (*De Offic*). Le développement qu'il donne à sa pensée est admirable de justesse et de profondeur : « Deux choses, dit-il, caractérisent cette grandeur et cette force d'esprit : l'une, c'est le mépris des biens qui sont hors de nous ; l'autre, la disposition à faire de grandes et utiles choses, malgré les difficultés, les travaux et les dangers mêmes de la vie. C'est dans la dernière de ces deux choses que se trouve tout le brillant et toute l'utilité de cette vertu ; mais c'est dans la première que sont *le principe et la cause* qui rend les hommes grands. »

Pour bien comprendre ceci, il faut ne pas confondre la force proprement dite avec la vertu de force. La force est un don de la nature ou de la grâce, elle est la puissance radicale de la vie ou du mobile. Elle est dans une montre le grand ressort, dans le corps vivant l'appareil musculaire, dans l'âme la volonté. La vertu de force consiste à exalter cet élément primitif, quel qu'il soit, en lui faisant produire le plus grand effet possible. Le lion est par lui-même plus fort que l'agneau, mais un agneau courageux aurait la vertu de force plus qu'un lion peureux.

Un mobile étant donné, le problème à résoudre, quant à la force, est de faire arriver la puissance du mobile jusqu'à l'objet qui doit être mû avec le moins de perte possible.

Ce que le frottement et l'emploi inutile font perdre de force aux machines est incroyable.

Or, l'attachement est à l'âme ce que le frottement est aux machines. L'absence du frottement concentre toute la force du moteur sur l'objet qui doit être mû et lui fait produire le plus grand effet possible. L'absence d'attachement concentre toute la force de l'âme sur le but qu'elle doit atteindre et lui donne un élan irrésistible, tandis que la multitude des attachements disperse les forces de l'âme et lui ôte toute portée. C'est donc le détachement qui réalise toute la force, car la vie agit d'elle-même, comme le ressort tendu qui se déroule dès qu'on enlève l'obstacle qui le retient.

Cependant, cette concentration de l'âme n'est une vertu qu'autant qu'elle se détache des choses inférieures pour s'attacher aux supérieures. Car les basses passions accumulent aussi les forces de l'âme sur un point et lui font produire des effets terribles, mais alors la concentration est un vice au lieu d'être une vertu.

La force, vertu humaine, telle que la définit Cicéron, consiste donc à concentrer toute la puissance de l'âme sur le but indiqué par la raison, par le détachement de tous les objets extérieurs qui sollicitent nos passions, ou, selon ses propres paroles, par le mépris des biens qui sont hors de nous.

Mais cette force humaine se trouve entachée de deux grands défauts.

D'abord l'âme qui se concentre purement en elle-même comme le veut Cicéron, produit une grandeur qui ressemble beaucoup à l'orgueil, si ce n'est pas l'orgueil lui-même.

Ensuite, la raison de l'homme, manquant elle-même d'unité, ne peut donner à l'âme l'unité qui porterait sa force au sommet. La raison est multiple dans ses pensées et dans ses vues. Si à un moment donné elle parvient à se résumer et à concentrer l'effort de l'âme sur un point, cette tension ne peut être permanente ; la pensée humaine marche et change toujours, et la force, brisée et dispersée par la mobilité de la raison, commence beaucoup de choses et en finit peu. Que dire de la multitude qui ne suit pas même la raison humaine ? aussi se sent-elle si incapable en fait de force qu'elle n'admire rien tant que l'homme qui a réalisé une grande chose en sa vie.

Cette perfection que nous avons vainement cherchée dans la force, vertu naturelle, nous apparaît aussitôt dans cette même vertu sitôt que la foi l'a surnaturalisée.

Ici toutes les conditions changent.

Non seulement le but que propose la foi à la liberté est plus élevé que ceux que propose la raison, mais il est le plus élevé possible puisqu'il est le ciel ou la possession de l'infini.

L'âme, au lieu de se concentrer dans sa nature finie et changeante, concentre son élan dans la nature immuable de Dieu et échappe ainsi au danger de l'orgueil. Aussi son détachement est bien plus complet. Non seulement elle méprise tout ce qui est hors d'elle, mais elle dédaigne en elle-même le côté fini de la personnalité, selon le précepte : *abnega semet-ipsum* : renonce-toi toi-même. Quand le lien de la personnalité est rompu, il n'en reste plus d'autre, tous les autres se rattachant à celui-là, l'âme est donc libre, d'une liberté absolue et, s'envolant sans obstacle vers la fin, elle peut chanter avec le psalmiste : « Notre âme, comme le passereau, a été arrachée au lacet des chasseurs : le lacet a été brisé et nous avons été délivrés. » (Psalm. 123).

Le but que l'âme poursuit n'est point un projet qu'ont inspiré les circonstances, que les circonstances peuvent déconseiller, et que la volonté peut à tout instant modifier et détruire ; ce but est montré par l'immuable lumière de la foi, il existe de toute éternité et il subsistera éternellement. L'action de la force ne peut donc se perdre ni se disperser en aucun sens, puisque l'objet de cette action est absolu et dans son unité et dans sa durée.

Enfin la force radicale que la vertu surnaturelle met en œuvre n'est plus la même. Ce n'est plus simplement la vie naturelle que circonscrit la personnalité humaine, mais la vie surnaturelle ajoutée par la grâce, le principe de vie exalté par l'espérance est devenu participant de la vie divine et capable d'une expansion indéfinie. Aussi l'œuvre qu'accomplit la force chrétienne est si gigantesque que notre intelligence ne peut la comprendre. Toute âme qui mérite le ciel, ose s'élancer vers l'infini et parvient à l'atteindre. S'élever jusqu'à Dieu est mille fois plus grand que d'arrêter le soleil, de commander aux éléments et ressusciter les morts ; le pouvoir des miracles n'est qu'un minime accessoire radicalement contenu dans la force chrétienne et, si Dieu en suspend l'exécution pendant cette vie, c'est parce que le miracle a besoin d'être rare pour remplir les vues de la providence dans le gouvernement du monde.

Cet accessoire nous sera rendu après la science du monde, en attendant la force chrétienne poursuit et atteint l'*unum necessarium* enseigné par Jésus-Christ et en cela elle fait infiniment plus qu'un miracle matériel et réalise complètement la magnifique définition que saint Thomas a donné de la liberté : le pouvoir de tendre fortement à sa fin. Cicéron avait défini la vertu naturelle de force, c'est la vertu surnaturelle que décrit saint Augustin par ces paroles : « Lorsque l'âme s'avance dans cette voie (de la sainteté) pressentant déjà les joies éternelles et les atteignant presque, est-ce que la perte des choses temporelles, ou la mort même, quelle qu'elle soit, pourra détourner de sa route celui qui peut dire à ses compagnons de voyage moins avancés que lui : *il m'est bon de mourir et d'être avec le Christ ; mais il est nécessaire que je demeure dans la chair à cause de vous?* (Philip. I.) Non certes, mais l'affection de cette âme qui ne craint aucune adversité, pas même la mort, quel autre nom peut-on lui donner si ce n'est celui de force ? »

Voyez cette âme qui s'avance radieuse avec toute la force de l'espérance, qui pourra l'arrêter? Elle peut répéter le défi de saint Paul : *Qui nos separabit a charitate Christi ?* Qui pourra nous séparer de l'amour du Christ? Elle peut continuer comme lui avec la même assurance : je suis assuré que ni la mort, ni la vie, ni les anges, ni les principautés, ni les puissances, ni les choses présentes, ni les futures, ni la violence, ni tout ce qu'il y a de plus haut ou de plus profond, ni aucune créature ne pourra jamais nous séparer de l'amour de Dieu en Jésus-Christ notre Seigneur.

Quel détachement dans ces mots de saint Paul : Il m'est bon de mourir et d'être avec le Christ mais il est nécessaire que je demeure dans la chair à cause de vous ; ici l'âme sacrifie non seulement sa vie, mais même ce qu'il y a de personnel dans les joies célestes, en consentant à demeurer dans la chair parce que Dieu le veut, elle donne mille fois plus que la vie, le détachement atteint le sublime et la liberté devient sans limite, car la volonté humaine qui est la liberté, en s'identifiant ainsi avec la volonté de Dieu qui est infinie, devient infinie aussi.

§ 4. — LA TEMPÉRANCE.

La faculté dont la tempérance doit être la perfection est la dernière, celle qui ferme le cercle de l'être, celle qui couronne l'édifice par la béatitude, celle par laquelle l'homme après avoir épuisé les évolutions de l'intelligence d'un côté, de l'activité de l'autre, rentre dans l'unité de son être, et se repose dans son principe.

C'est cette faculté que nous avons appelée dans l'ordre surnaturel sainteté, dans l'ordre raisonnable amour d'identité, qui a pour correspondance dans l'ordre animal, l'amour sensuel.

C'est à cette faculté qu'appartiennent les questions de perfection, de fin dernière, de beauté et de béatitude. La fin et la règle de la tempérance, dit saint Thomas, est la béatitude. Mais c'est dans cette faculté, que les trois modes d'être de l'homme, surnaturel, raisonnable et animal, entrent plus ouvertement en lutte ; car, si toutes les natures remontent au même principe, elles se divisent irrévocablement dans leur fin.

Dans l'ordre primitif qui redeviendra l'ordre définitif après la résurrection, les trois fins se subordonnaient de telle manière que la fin supérieure restât la seule fin dernière, et les autres ne fussent qu'un moyen d'arriver à celle-là. Mais depuis le péché, ces trois fins écartèlent l'âme humaine, la tirant en sens opposé, et chacune voulant dominer les autres. C'est cette lutte des fins inférieures que le christianisme appelle la concupiscence : *caro concupiscit adversus spiritum*, (saint Paul.) La chair convoite contre l'esprit.

Même au point de vue purement naturel, cette lutte de la chair contre l'esprit apparaît comme le plus grand danger de l'humanité ; c'est dans cette lutte trop souvent inégale que l'âme montre toute sa faiblesse, et se couvre de honte, et la fortifier dans ce combat a toujours paru l'œuvre principale de la vertu.

Néanmoins les anciens ne paraissent pas avoir cherché à ramener à l'unité les fins de l'homme ; et leur vertu, par le nom même de tempérance qu'ils lui ont donné, semble plutôt viser à un équilibre qu'à une victoire complète. Il suffit de ne pas faire d'excès. « C'est dans l'ordre et la mesure de toutes nos actions et nos paroles, dit Cicéron, que consistent la modestie et la tempérance, *in omnium quæ fiunt quæque dicuntur, ordine et modo, in quo inest modestia et temperantia.* »

Cicéron avait senti que c'est surtout dans cette vertu que se trouve la beauté morale de l'âme.

« Il nous reste à parler, dit-il, de la dernière partie de l'honnêteté, qui renferme le sentiment des bienséances, la dignité et la grâce, la modestie, la retenue, le calme des passions, et une sage mesure de toute chose. C'est en elle que se trouve ce que les latins appellent, *decorum* et les grecs πρέπον. Ce *decorum* dont il s'agit se trouve avec tout ce qui est honnête, et y appartient de telle sorte qu'on l'aperçoit sans effort d'esprit et au premier aspect ; car il est cette décence qui est le lustre de toute vertu, qu'on peut en séparer par abstraction, mais non dans la réalité ; comme la beauté et les grâces sont inséparables de la santé, de même ce *decorum* se confond avec la vertu et n'en est distingué que par l'esprit et la pensée. »

L'idéal du christianisme s'élève bien plus haut, écoutons la définition de saint Augustin : « Cette action, dit-il, par laquelle l'âme, son Dieu et son Seigneur aidant, s'arrache elle-même à l'amour de la beauté inférieure, combattant et détruisant l'habitude qui combat contre elle, et s'envole ainsi vers Dieu, son terme et son soutien, n'est-ce pas la vertu qu'on appelle tempérance ? » (de Mus. § L. VI-CIS). Ici la victoire est complète, l'âme ne se partage pas, elle s'arrache, elle détruit l'habitude, elle s'envole, ayant brisé tous les liens de la terre qu'elle ne touche même plus, elle n'a plus qu'un but unique qui est Dieu. Aussi un élan si merveilleux ne peut être l'œuvre de la nature, il n'a pu se réaliser que par la grâce et l'âme ne s'est envolée que *son Dieu aidant*.

Saint Augustin conserve ici le nom de tempérance, mais les vrais noms de cette vertu sont : intégrité, chasteté, pureté.

Intégrité : « La tempérance, dit ailleurs saint Augustin (de Mor. Ecl. 15), conserve l'homme intègre et sans corruption pour Dieu. »

La faculté qu'élève cette vertu est la conclusion de l'être et la perfection même de la nature élevée à l'ordre surnaturel, elle est la perfection de la grâce ou la sainteté même. Or, quelle peut-être la perfection de la perfection, sinon sa propre intégrité.

Chasteté, c'est-à-dire retranchement de tout ce qui pourrait empêcher, retarder ou dévier le moins du monde la marche vers le but suprême, c'est le détachement de la force ; à un autre point de vue, ce que la force écarte par l'effort de la volonté, la chasteté l'exclut par l'intensité et l'intégrité de l'amour.

Pureté, c'est-à-dire unité sans mélange, direction droite sans déviation, mouvement sans arrêt.

Or en toute chose, c'est la pureté qui élève la beauté ou l'excellence dont une chose est capable; pureté de la lumière, pureté de la forme, pureté d'un miroir, pureté d'une liqueur, pureté d'un vase, et c'est aussi la pureté qui élève l'âme à toute sa beauté possible, elle est le sommet de la vertu.

Ceci ne détruit point la prééminence de la charité, car si la pureté est le sommet de la vertu, c'est qu'elle fait partie de la charité dont elle émane, elle est le cœur même de la charité, elle est sa fleur et son fruit, elle est son chef-d'œuvre et son dernier résultat.

En effet, rappelons ce que nous avons dit précédemment. La charité renferme implicitement tous les amours, elle est la somme des vertus, mais elle est spécialement l'amour d'amitié.

Mais la dernière évolution de l'âme n'est pas l'amour d'amitié, mais l'amour d'identité. Lors donc qu'elle est sur le point de l'accomplir, la révélation lui montre Dieu, non plus comme créateur, mais comme époux, l'âme est alors invitée par la grâce à transporter son amour d'identité en Dieu même, qui lui apparaît comme sa propre unité, comme terme de sa béatitude et son repos éternel.

Si elle répond à son invitation, l'amour d'identité, septième faculté de l'âme, se transforme en sainteté, participation de la sainteté divine. C'est cette sainteté que nous avons appelée l'amour de l'infini et l'infini de l'amour qui est la pureté, c'est le choix que l'âme fait de l'amour de Dieu par dessus tous les amours, c'est le voile que l'épouse abaisse devant tous ceux qui ne sont pas son époux, c'est la charité non plus dans son ensemble, mais dans le point sublime par où elle pénètre jusqu'au cœur de Dieu, c'est l'unité dans la fin dernière, dans l'élan éternel de l'âme.

Pureté et sainteté sont donc synonymes, et en effet la pureté est le sceau des saints, et leur auréole terrestre; c'est à la pureté que les peuples reconnaissent les vrais envoyés de Dieu, et qu'on distingue les vrais et les faux prophètes, c'est la pureté qui creuse un abîme infranchissable entre Jésus-Christ et Mahomet, entre les apôtres et Luther, etc.

La pureté, à cause de la concupiscence, suite du péché, a sur la terre un caractère exclusif qui n'est point dans sa nature. Sans la division que le mal a mis dans l'homme, les trois amours se coordonneraient naturellement et les deux inférieurs ne seraient que des moyens qui, au lieu de détourner du but, aideraient à l'atteindre; la sensualité n'aurait aucun de ses vertiges, et l'homme et sa compagne ne s'uniraient que comme deux voyageurs tendant au même but et mettant en commun leurs efforts pour mieux l'atteindre.

Mais il en est autrement, tout amour sur la terre tend à absorber l'homme, à le retenir dans un piège, et à l'empêcher de continuer sa route ; au lieu d'être un aide, il est un danger. C'est pourquoi craignant que le piège ne les détourne du but, et confiant dans celui qui a promis de rendre au centuple tout ce qu'on perdrait pour lui, plusieurs ajournent à une autre vie tout amour fini, et voilà le secret de la virginité chrétienne.

La pureté n'est donc pas la destruction de l'amour, mais au contraire l'exaltation de l'amour par sa concentration actuelle dans l'infini. Il y a plus d'amour dans le cœur d'une vierge sainte que dans toute une Babylone corrompue.

Mais cette pureté qui fait la beauté des âmes a de nombreuses dimensions et des degrés infinis, c'est pourquoi toutes les âmes sont inégales en beauté, et elles s'échelonnent sur ces degrés infinis selon la faiblesse humaine.

Jésus-Christ connaissait bien cette faiblesse, aussi en indiquant la perfection de la pureté, il dit à ses disciples. « Tous ne peuvent comprendre cette parole, mais ceux à qui cela a été donné (Math. 19-11). »

Saint Paul n'ose hasarder que des conseils sur le même sujet. Aussi la virginité, cette fleur de l'église, est restée une exception que tous admirent, sans oser l'imiter, et les vierges apparaissent au poète comme des anges au dessus de la nature humaine.

Vestris illa fuit debita cælibus,
quæ mortalis adhuc, nobilis æmula,
ut vos exprimeret dedidicit genus,
virgo corporis immemor. (Santeuil).

Elle devait retourner dans vos rangs, cette vierge qui pleine d'une noble émulation, quoique mortelle, s'élevait au-dessus de son espèce pour vous imiter, oubliant qu'elle avait un corps.

Dieu est infiniment beau parce qu'il est infiniment pur. Au-dessous de lui la beauté décroît avec le degré de pureté. Si les saints arrivent au ciel à une pureté actuelle irréprochable, ils ont tous dans leur passé des lacunes plus ou moins nombreuses, selon cet oracle du Christ : le juste pèche sept fois par jour. Une seule créature a couronné la perfection de toutes les vertus par la perfection en tous sens de la pureté, aussi elle est la plus belle de tous ; l'église a proclamée reine des anges et des saints la vierge immaculée jusque dans sa conception ; et c'est à elle seule que l'esprit Saint adresse cette parole : « Vous êtes toute belle, mon amie, et nulle tache n'est en vous. » *Tota pulchra est amica mea et macula non est in te.*

« Les vertus, dit Saint Thomas, (t. 2. Q 65. a 1.) sont nécessairement unies de telle sorte que celui qui en a une les possède toutes, c'est que les sept vertus devraient plutôt se dire les sept aspects de la vertu. »

Lorsqu'on a admiré les sept couleurs du spectre solaire étalées sur un écran, on peut, avec une lentille, ramener ces sept couleurs à l'unité de la lumière blanche dont on les avait fait sortir.

Nous pouvons faire ici quelque chose de semblable, parce que les sept vertus ne sont que la lumière de l'amour qui rayonne de l'Esprit saint, et qui se brise dans le prisme de l'âme aux sept facultés.

Cette lumière divine se transforme en foi dans l'entendement, en espérance dans la vie, en charité dans l'harmonie ou amour d'amitié, en justice dans l'intelligence, en prudence dans la mémoire, en force dans la liberté, en tempérance ou pureté dans l'amour d'identité.

Et si nous considérons ces vertus à part, nous verrons que chacune est toutes les vertus en un certain sens; de là, le nom de mères ou de reines qu'on a donné à plusieurs d'entre elles.

Comme surnaturelles, toutes les vertus appartiennent à la foi qui les élève toutes à cette hauteur divine. Mais la foi seule ne serait qu'une spéculation et non une vertu qui renferme l'idée d'activité et c'est l'espérance qui donne la vie et le moteur à cette spéculation. C'est la justice qui dessine et donne la forme à toutes les vertus, c'est la force qui les réalise; mais la vertu est une habitude, sans la prudence il n'y aurait que des actes de vertus, les vertus comme habitude sont donc toutes dans la prudence.

Enfin toutes ont dans l'humilité une racine qui plonge jusque dans la nature, dans la charité une somme qui les réunit toutes, et toutes trouvent dans la tempérance leur intégrité et leur perfection.

Nous pourrons donc dire qu'il n'y a qu'une vertu comme nous disons qu'il n'y a qu'un Dieu; mais que cette vertu, comme Dieu dont elle émane, se manifeste en sept termes; qu'elle trouve dans l'humilité sa condition indispensable, dans la foi son principe surnaturel, dans l'espérance sa vie, dans la justice sa forme, dans la force sa réalisation, dans la prudence sa perpétuité, dans la charité sa somme et son harmonie, dans la tempérance son intégrité, son sommet, sa perfection.

Et, en contemplant cette divine harmonie des vertus, il nous semblera entendre au-dedans de nous quelque chose d'une harmonie plus haute, dont celle-ci n'est que le retentissement dans nos cœurs, l'harmonie éternelle des attributs divins; nous comprendrons mieux que jamais les liens qui les unissent, et l'indivisible unité qui les enferme tous. Nous verrons que le Père c'est Dieu tout entier comme vie, le Fils Dieu tout entier comme forme et distinction, le Saint-Esprit, Dieu tout entier comme conscience ou lumière, la liberté, Dieu tout entier comme permanence, la sainteté, Dieu tout entier comme intégrité et béatitude. Et toute cette harmonie se résume dans l'Esprit saint qui est l'harmonie des harmonies, sans lequel il ne peut y avoir que discorde et malheur, et vers lequel doivent converger comme vers leur source, toute grâce, toute beauté, tout calme, toute paix, toute perfection, toute joie, toute béatitude.

CHAPITRE VIII

DES PÉCHÉS CAPITAUX

§ 1. — L'orgueil

La vertu, nous le répétons encore, n'est que l'expression vivante et sentie du rapport vrai et constant qui existe entre l'être et le non être, rapport qui renferme celui qui existe entre l'être et le moindre être, c'est-à-dire entre l'infini et le fini. Ce rapport peut s'exprimer ainsi : en présence l'un de l'autre, le fini n'est rien, l'infini est tout.

Le fini n'est rien, c'est là l'humilité ; l'infini est tout, c'est la charité ; ce rapport, c'est la lumière ; l'humilité et la charité sont l'expression de ce rapport en tant que surnaturel, c'est-à-dire tel qu'il est dans la pensée divine, tel que la foi seule peut nous le faire connaître ; et ce rapport, qui est foi dans la pensée, devient charité et humilité alors que cette pensée retentit dans la volonté.

Le péché ne peut être autre chose que le contraire de la vertu, c'est-à-dire l'expression sentie et voulue d'un rapport faux. Intervertissons donc les termes du rapport exprimé par la vertu, nous aurons cette proposition : en présence l'un de l'autre, l'infini n'est rien, et le fini est tout. Cette absurde proposition est la formule du péché ; l'infini n'est rien, cette erreur peut se trouver dans la pensée et le cœur de l'homme de deux manières, implicitement par l'ignorance, formellement par la négation. Dans les deux cas, j'oublie tout le reste, et l'homme se concentre en lui-même, c'est là l'égoïsme. Le fini est tout : pour réaliser cette parole en lui, l'homme veut faire dominer ce fini sur tout le reste ; c'est là l'orgueil.

Ainsi, l'infini est tout ; l'infini n'est rien, voilà les deux opposés qui sont la charité et l'égoïsme.

Le fini n'est rien, le fini est tout ; voilà les deux autres opposés qui sont l'humilité et l'orgueil.

Nous avons vu que l'humilité et son corrélatif la charité renfermaient toute la vertu. L'humilité se trouve en l'homme à deux états : à l'éta implicite qui n'est que la droiture, l'impartialité, l'absence de parti pris, elle est la racine naturelle de toutes les vertus, lorsque la foi a fait pousser de cette racine l'arbre merveilleux des vertus que résume la charité, l'humilité transformée devient un mépris formel et infini du fini en tant que fini, corrélatif de la charité qui est l'estime infinie de l'infini.

Le vice nous présente une formule semblable mais renversée, car, comme le remarque saint Thomas (2.-2 Q. 34-a-S), la première chose dans l'ordre de la construction est la dernière dans l'ordre de la destruction. Quand on construit une maison, on pose d'abord les fondements et on achève en construisant le faîte, mais lorsqu'on la démolit, on enlève d'abord le faîte et l'on achève en arrachant les fondements. Le vice qui est la destruction de la vertu commence par détruire la charité qui en est le sommet, en posant son contraire, l'égoïsme, et le sommet du vice, qui n'est que le fond d'un abîme, se réalise lorsque le fondement de la vertu, qui est l'humilité, est arraché et mis à nu par son contraire, qui est l'orgueil.

Or, de même que la racine de la vertu, qui est l'humilité, se trouve à deux états, implicite au commencement, formelle à la fin ; de même l'égoïsme se trouve à ces deux états : implicite au commencement, il est dans l'homme la volonté préalable de rester en soi, le parti pris de n'en point sortir, mais lorsque l'idée de l'infini, qui était d'abord inconnue ou oubliée, s'est manifestée et a été repoussée par l'orgueil, l'égoïsme transformé devient le mépris formel de Dieu, corrélatif inévitable de l'orgueil qui est l'adoration de soi-même.

Ainsi l'opposé de la charité, qui est le sommet de la vertu, est la racine du vice ; et l'opposé de l'humilité, qui est la racine de la vertu, est le sommet ou plutôt le fond du vice.

L'humilité et la charité qui contiennent toutes les vertus, l'orgueil et l'égoïsme qui renferment tous les vices sont la perfection ou la perversion de la faculté que nous avons appelé conscience, lumière, harmonie et amour ; mais la vérité est lumière, la fausseté est ténèbre, car elle est inintelligible en soi ; lors donc que nous intervertissons dans notre conscience les rapports de l'être et du non être, notre conscience devient ténèbre, et elle répand ses ténèbres, ou sa fausseté, ou sa discordance sur toutes les autres facultés, selon cette parole de Jésus-Christ : « Votre œil est la lumière de votre corps ; si votre œil est dans l'unité, tout votre corps sera lumineux, mais si votre œil est mauvais, tout votre corps sera dans les ténèbres. » *Si oculus tuus fuerit simplex totum corpus tuum lucidum erit; si autem oculus tuus fuerit nequam, totum corpus tuum tenebrarum erit* (Math. 6-22).

De même donc que les sept vertus ne sont autre chose que la lumière, dont la charité trouve le premier élément dans la foi se reflétout dans toutes les facultés, les sept péchés capitaux ne sont que les ténèbres de l'orgueil incrédule prenant une forme spéciale dans chacune de nos facultés.

Pour l'âme éclairée, ces ténèbres sont un objet de détournement et d'horreur, et l'on se demande comment une absurdité aussi monstrueuse que celle-ci : « l'infini n'est rien, le fini est tout », peut pénétrer dans l'âme humaine. L'intelligence en effet ne peut la concevoir, ni former de ces termes contradictoires une idée claire. Aussi l'intelligence de l'incrédule ne peut jamais arriver à une conviction arrêtée ; tout ce qu'elle peut faire, c'est de s'envelopper dans un doute qui voile la vérité sans pouvoir l'éteindre, ce n'est point dans la pensée, mais dans le cœur que les ténèbres sont complètes, le cœur peut arriver à désirer, à vouloir absolument que l'infini ne soit rien et que lui-même, qui est fini, soit tout, c'est pourquoi le psalmiste place l'athéisme dans le cœur : *Dixit insipiens in corde suo : non est Deus.* L'insensé a dit dans son cœur : Dieu n'est pas.

Mais cela même, comment peut-il se faire? nous l'avons déjà vu. L'égoïsme à l'état implicite et l'ignorance sont une fatalité pour toute créature à son point de départ. Toute créature a nécessairement pour première perception et pour premier sentiment la conscience de sa propre existence. A ce premier moment ne connaissant que soi, elle ne peut faire autrement que de se croire seule, de se croire tout, et de s'aimer seule ou absolument. A cet état implicite, cet égoïsme et cette ignorance ne sont encore qu'une imperfection et non une faute. Mais lorsque l'idée de l'infini se manifeste à l'âme, l'intelligence est mise en demeure d'y croire, la raison de l'adorer et le cœur de l'aimer, il faut donc que l'homme se renonce soi-même ; l'autel de l'holocauste est sur le seuil du temple, on ne peut y entrer qu'en s'immolant.

C'est là que la liberté fait pencher la destinée humaine à droite ou à gauche, c'est là que les âmes se partagent, les unes s'ouvrent à cette lumière nouvelle, s'en pénètrent, s'en nourrissent, s'identifient avec elle ; les autres, décidées à ne pas sortir d'elles-mêmes, tourmentées de la crainte de se perdre, refusent cette lumière, et pour l'éviter, s'enveloppent volontairement de ténèbres qu'elles épaississent de plus en plus, parce que la lumière les traverse toujours un peu. La foi et la droiture des premières enfantent les sept vertus, l'égoïsme des secondes, à cet état explicite et volontaire, prend la forme de tous les vices.

Le premier commandement renferme la loi et les prophètes, parce qu'il établit la charité et l'humilité. Tu aimeras ton Dieu, voilà la charité. Tu l'adoreras, voilà l'humilité. Par l'égoïsme opposé à la charité, l'homme s'aime exclusivement. Par l'orgueil opposé à l'humilité, l'homme s'adore lui-même.

Ainsi, de même que la charité et l'humilité, en pratiquant le premier commandement, accomplissent toute la loi, l'égoïsme et l'orgueil, en le transgressant, détruisent toute la loi.

C'est une joie pour l'âme qui est dans la lumière de voir la matière, tout imparfaite qu'elle est, traduire à sa manière les lois éternelles des esprits.

Nous avons vu que la définition du beau était l'harmonie ou l'unité. Ce qui nous charme à notre insu dans le parallélisme, c'est l'idée de l'unité qui se trouve réveillée par ces deux formes créées par la même pensée : en toute figure régulière, il y a un point ou une ligne centrale ; dans toute peinture, il doit y avoir un centre lumineux qui domine l'attention. Or le centre est l'idée de l'unité autant que la matière peut la traduire.

Dans une figure, le centre domine et les autres parties semblent adorer le centre, s'effacer devant lui, se sacrifier à lui, ce sacrifice est l'humilité de la matière, cette adoration est sa charité et tout cela est le beau. Des points saillants jetés çà et là sans ordre et sans proportions fatiguent la vue en divisant l'attention, c'est le contraire de l'unité, c'est la division et le laid, c'est l'orgueil de la matière.

La matière ne nous devient utile qu'en s'organisant, c'est-à-dire en faisant partie d'un tout ; l'utilité est la béatitude de la matière : la matière inutile est celle qui est incapable de sortir de son isolement, cet isolement est l'égoïsme de la matière.

La matière n'est qu'une image, c'est dans l'esprit qu'est la réalité.

La charité, estimant au-dessus de tout l'infini, en fait le centre de tout et l'adore, par là elle ramène toute la création à l'unité et réalise l'universelle beauté et l'universelle béatitude.

Par l'orgueil, chaque individu veut placer le centre en lui-même, il en résulte qu'il n'y a point de centre dans la création, mais une division effroyable qui réalise partout la laideur, la lutte et la souffrance.

Il y a un orgueil absolu et complet, c'est celui de Satan qui voulait se faire le centre de toute la création. Toute créature qui désobéit formellement à Dieu, participe plus ou moins à cet orgueil satanique. Mais entre ce centre universel qui est le trône de Dieu, il y a dans la création une foule de centres partiels qui peuvent tenter la petitesse humaine. Il y a la royauté qui est le centre d'une nation, on peut être au centre d'un auditoire, d'une administration, d'un salon, d'un jeu d'enfant. Nulle créature n'a, par sa propre personnalité, le droit d'occuper un centre quelconque. Tout pouvoir est de Dieu, dit saint Paul. Celui qui se trouve à un centre, quelque petit qu'il soit doit se considérer comme une image, un rayon de la grande unité centrale, au lieu de concentrer et d'arrêter en lui le cercle qui l'entoure, il ne doit songer qu'à l'entraîner avec lui vers l'unité première. Loin de là, la plupart des hommes se disputent avec acharnement ces centres partiels et ils se les disputent pour les renfermer en eux mêmes. Ce sont là les vanités humaines, vanité de roi, vanité de général, vanité d'orateur, vanité de coquette dans un salon, vanité de caporal, vanité d'enfant dans ses jeux. Toutes ces vanités ne sont que les miettes du grand orgueil de Satan, tout cela n'est que division, laideur, dispute et petit chagrin.

§ 2. — LA GOURMANDISE

La nourriture a son principe et son type dans l'essence même de l'être. L'être, comme nous l'avons vu, a nécessairement même en Dieu le côté actif et le côté passif, l'être et l'idée. L'être est en Dieu une plénitude, une abondance infinie. L'idée est une capacité infinie qui se nourrit éternellement de cette abondance ; c'est pourquoi les sections coniques symbolisent l'être en Dieu par une figure pleine et fermée, qui est le cercle, et l'intelligence par des figures qui semblent une bouche ouverte, la parabole et l'hyperbole.

Dans l'Infini, il ne peut y avoir d'accroissement, la nourriture est une plénitude éternelle, éternellement satisfaite, mais tout être fini s'accroît en se nourrissant.

L'homme, à la fois esprit et matière, a une double nourriture spirituelle et matérielle ; il s'assimile les aliments par son estomac pour agrandir son corps ; il s'assimile les idées par la réflexion pour agrandir son intelligence. Mais entre ces deux modes de nutrition il y a des différences radicales, parce que la matière qui n'est que l'ombre de l'esprit projette presque toujours son action en sens inverse.

Ainsi le corps puise son aliment dans les êtres inférieurs qu'il élève jusqu'à lui en se les assimilant, l'esprit au contraire se nourrit en participant à la pensée des êtres supérieurs vers lesquels il s'élève par cette participation.

Tout dans la matière est division, mutation et limite. Aussi le corps ne grandit que jusqu'à l'accomplissement de sa forme ; passé cela, le travail de l'homme qui se nourrit n'est que la réparation de ce qui se perd, et ressemble assez au supplice des Danaïdes. L'esprit, au contraire, peut ne rien perdre et grandir indéfiniment.

L'intelligence se nourrit d'abord de sensations, et, par la sensation, l'homme ne fait autre chose qu'épeler la création qui est l'alphabet de Dieu ; mais lorsque Dieu se communique lui-même à l'homme par la révélation, il donne à son âme une nourriture surnaturelle qui, dépassant l'intelligence, ne peut être que reçue dans l'entendement et acceptée par la foi. Celui qui a goûté cette manne céleste la met bien au-dessus de toute autre nourriture. Mais comme la foi est un acte qui dépend de la liberté, l'homme peut fermer la bouche de son entendement, refuser la nourriture surnaturelle et lui préférer la nourriture naturelle, soit intellectuelle, soit matérielle, et c'est en cela précisément que consiste le péché de la gourmandise.

La gourmandise est donc avant tout incrédulité, le rationalisme est la gourmandise de l'esprit; mais l'esprit qui n'a d'autre nourriture que lui-même trouve le plus souvent que la manducation corporelle lui donne plus de satisfaction que ses pensées pleines de doutes, alors manger devient la plus importante occupation, et, comme il transporte dans cette occupation l'idée de l'infini qu'il ne veut pas suivre mais qu'il ne peut éteindre, il tombe dans des excès monstrueux dont Vitellius est le plus célèbre exemple.

La gourmandise n'est donc pas d'apprécier la saveur des fruits et des mets, mais de préférer la nourriture naturelle à la nourriture surnaturelle et de se préoccuper exclusivement de la vie mortelle. Cette préoccupation exclusive est l'état nécessaire des animaux qui sont incapables d'une vie plus élevée. Nous naissons dans cet état de gourmandise animale; l'enfant ne songe qu'à manger, et, comme les bêtes, on l'apprivoise avec des friandises.

Cependant la gourmandise dans l'enfant n'est pas un vice, parce que la nourriture surnaturelle ne lui est pas encore connue et qu'il n'a pas eu la liberté de choisir; mais lorsque la foi lui a révélé la vie éternelle, il doit donner la préférence à la vie supérieure, et, s'il ne le fait pas faute de foi, il commet le péché d'incrédulité qui est aussi celui de gourmandise.

Cette doctrine est renfermée tout entière dans la première réponse de J.-C. au tentateur. Il est écrit: l'homme ne vit pas seulement de pain mais de toute parole qui sort de la bouche de Dieu. *Non in solo pane vivit homo sed in omni verbo quod procedit de ore Dei* (Math. 4.4.).

Elle se retrouve dans saint Paul, lorsqu'il dit: le juste vit de la foi: *justus ex fide vivit.* Et encore: Défiez-vous de ces hommes qui n'ont que la sagesse terrestre et font un Dieu de leur ventre; pour nous, notre conversation est dans les cieux: *Qui terrena sapiunt, quorum Deus venter est, nostra autem conversatio in cœlis est.* (Philipp. 3, 19 et 20).

Aussi ces hommes: *Qui terrena sapiunt,* ne comprennent rien aux sublimes beautés de la religion, et ils ne voient que ridicule là où se trouvent une logique parfaite et un sens profond. Ils ne comprennent pas qu'au Paradis terrestre la gourmandise a dû suivre l'incrédulité; ce n'est en effet qu'après avoir douté de la parole de Dieu et écouté le mensonge de Satan qu'Eve voit que le fruit est séduisant par sa saveur et sa beauté.

Ils ne comprennent pas que le jeûne, qui écarte volontairement la préoccupation de la vie matérielle, exprime avec énergie la préférence de l'homme pour la vie supérieure, et devient ainsi un acte admirable de foi.

Enfin ils comprennent moins encore que Dieu, appelant l'homme tout entier à la vie surnaturelle et voulant conduire au ciel non seulement son âme mais son corps ressuscité, a été conduit par une divine logique à devenir à la fois la nourriture de son âme par sa parole, et de son corps par le sacrement de l'Eucharistie dont il a fait le gage de la résurrection. Celui qui mange ma chair et boit mon sang a la vie éternelle et je le ressusciterai au dernier jour. *Qui manducat meam carnem et bibit meum sanguinem habet vitam œternam: et ego ressuscitabo eum in novissimo die.* (Joan. s. ss.)

§ 3. — L'envie

Ce qui caractérise spécialement l'envie, c'est l'injustice. La justice est, selon saint Thomas, la volonté constante de rendre à chacun son droit, ce qui lui appartient, et l'envie est la volonté constante d'ôter à chacun ce qui lui appartient et de l'accaparer pour soi. La justice, par un sentiment parfait des différences, met chaque être à sa place, Dieu au centre et chaque créature autour de lui, selon sa hiérarchie. L'envieux met tout hors de sa place, soi au centre et le reste autour, selon ses caprices.

L'envie, comme l'orgueil, peut avoir pour objet, non seulement le centre universel, mais tous les centres partiels qui sont la proie des vanités humaines. Les petites jalousies fourmillent dans le monde, elles s'agrandissent dans les hautes régions de la puissance et de la gloire, mais l'envie atteint son plus haut degré dans Satan qui a été jaloux de Dieu même et aurait voulu pouvoir lui dérober la divinité.

La volonté de l'envieux est horrible, heureusement que sa puissance n'est pas égale à son désir: ce n'est pas lui, mais Dieu qui distribue les biens, et l'envieux, ne pouvant changer cet ordre, est torturé par son impuissance, et l'envie devient alors, selon la définition de saint Jean Damascène adoptée par toute la théologie : la tristesse que l'on ressent du bien du prochain.

Cette tristesse est la source de la haine, et cette haine, dernier fruit de l'orgueil, est le mal arrivé à sa plus haute intensité, comme l'a très bien senti saint Grégoire (Moral. 31), lorsqu'il dit : « Quoique par chaque péché que l'on commet, le cœur humain reçoive le venin de son ancien ennemi, c'est dans le crime d'envie que le serpent, du fond de ses entrailles, vomit sur ce cœur le poison de sa malice ».

L'envie est le plus mortel venin de l'orgueil, et ce venin tue celui qui le porte. C'est par l'envie plus que par toute autre chose que le mal produit le malheur. L'envieux a trouvé l'horrible secret de se faire un supplice de tous les biens des autres créatures, un supplice d'autant plus grand que ces biens eux-mêmes sont plus grands, et lorsque l'envie, comme dans Satan, s'attaque à Dieu dont le bien est infini, la haine, la douleur, la rage deviennent incommensurables et n'ont d'autre limite que la capacité de souffrir de l'être malheureux qui porte ce poison. L'envie contient le secret de l'enfer.

Parmi les crimes qui sont restés dans la mémoire des hommes les plus odieux ont été l'œuvre de l'envie : c'est par envie que le serpent a fait tomber Eve, par envie que Caïn a tué Abel, que les fils de Jacob ont vendu leur frère, et que Jésus-Christ a été livré au supplice de la croix. *Sciebat enim quod per invidiam tradidissent illum.*

L'envie, sommet du mal, étant l'opposé de la justice, correspond à la seconde faculté de l'âme que nous avons appelée distinction. Pourquoi le sommet du mal prend-il sa forme dans cette faculté, il est facile de le comprendre.

Nous avons vu, en traitant des vertus, que le sommet du bien se trouvait dans la sainteté, cela devait être parce que le bien, étant l'harmonie ou l'unité finale, doit prendre sa dernière forme dans la faculté où l'unité arrive à sa plus haute perfection. Mais au contraire, le mal, étant la division, doit prendre sa dernière forme dans la faculté qui est le principe de la division, c'est-à-dire la distinction.

Ainsi, la plante des vertus, qui a l'humilité pour racine, devient féconde dans sa fleur, qui est la charité, et arrive à son dernier résultat dans la sainteté, qui est son fruit.

L'arbre maudit du vice ne produit ni fleur ni fruit, mais seulement des épines. Sa racine est l'égoïsme, sa puissance l'orgueil, mais c'est par l'envie que l'orgueil produit sa dernière et plus venimeuse épine.

Nous avons vu que la connaissance du bien et du mal, que nous donnait la révélation, produisait comme un redoublement dans toutes les facultés, et cela est vrai soit en bien soit en mal ; il est facile de le remarquer dans tous les degrés que parcourt l'envie. Dans son germe, elle n'est encore qu'une injustice involontaire, parce que l'intelligence trop faible ne sait pas distinguer et mettre chaque chose à sa place. C'est à ce premier degré que presque tous les enfants sont envieux et veulent tout pour eux. La raison, en se développant, a beaucoup à lutter contre l'injustice native du cœur humain.

Mais lorsque la parole de Dieu nous a révélé la hiérarchie universelle, ce vice, si l'orgueil le maintient, prend d'horribles proportions ; il nie d'abord cette hiérarchie, malgré la parole de Dieu, et il devient le mensonge, puis il repousse de toute sa volonté cet ordre éternel et il devient la haine. Enfin, ne pouvant détruire cet ordre, il devient rage et grincement de dents.

L'enfer est là tout entier, c'est là, dit Jésus-Christ, qu'il y aura des pleurs et des grincements de dents.

§ 4. — La luxure.

L'orgueil et la luxure occupent les deux pôles du mal et résument toute l'opposition de la créature à Dieu. Par l'orgueil, la créature repousse Dieu comme principe ; par la luxure, elle le repousse comme fin. Par l'orgueil, l'homme refuse de reconnaître la supériorité de Dieu, conséquemment de lui obéir et de l'adorer. Par la luxure, l'homme refuse de reconnaître Dieu comme beauté infinie et source de béatitude, et par conséquent de l'aimer par-dessus tout.

L'orgueil est le mal radical et complet ; en traduisant cette absurde proposition : l'infini n'est rien, le fini est tout, il exprime l'erreur absolue et détruit toute lumière, il ne laisse subsister aucune vérité, ni celles de l'ordre naturel ni celles de l'ordre surnaturel, ni celles qui ressortent de la création même, ni celles que manifeste l'ordre de la grâce.

La luxure combat et détruit directement l'ordre surnaturel. Pour bien saisir en quoi consiste le désordre de la luxure, il suffit de se rappeler ce que nous avons dit plusieurs fois.

La fin de l'être, c'est le bonheur, et, pour tout être, le bonheur consiste à entrer en possession et en jouissance de lui-même, autant qu'il est capable.

Dieu seul est parfaitement et infiniment heureux, parce que l'être étant sa propriété, il le possède, le connaît et en jouit infiniment par l'harmonie.

Les créatures vivantes n'ont point l'être par elles-mêmes, elles participent à l'être, mais elles ne peuvent par elles-mêmes ni soupçonner, ni sonder la profondeur de cet être auquel elles participent. Leur individualité et, lorsqu'elles sont raisonnables, leur personnalité étant finie et négative, elles ne peuvent naturellement entrer en jouissance que de cette personnalité négative qui n'est que l'ombre de l'être. Et encore, elles ne peuvent même jouir franchement de cette ombre tant qu'elles restent isolées et, de même que l'homme ne peut contempler sa propre figure s'il ne rencontre un miroir qui la lui retrace, ainsi la personnalité finie ne peut jouir d'elle-même que lorsqu'elle peut se mirer pour ainsi dire dans une autre personnalité complémentaire qui est comme son miroir. Alors on aime cette autre personnalité comme soi-même, plus sensiblement que soi-même, parce que c'est elle qui en réalisant l'harmonie, est l'instrument du bonheur dont nous sommes naturellement capables.

L'animal, dépourvu de pensées et réduit aux sensations, trouve dans l'amour sensuel le bonheur dont il est susceptible.

L'homme animal, quoique raisonnable, connaît aussi l'amour sensuel. Mais l'âme humaine a des joies plus hautes, elle a pour interprète, le regard, le sourire, la pensée qui, étincelle dans la parole ; et les deux âmes qui s'aiment sont l'une à l'autre un fleuve de poésie dans lequel elles se mirent, et ces deux âmes ne font qu'un être.

Mais l'âme ne peut trouver dans aucune personnalité finie un miroir qui lui retrace le fond insondable de son être, car la personnalité divine seule embrasse cet être infini auquel nous ne faisons que participer.

Toutefois toute âme dans la pensée divine a un nombre, et ce nombre, type éternel de la créature, fait partie de l'harmonie divine qui résulte de l'idée de l'être et de celle du non-être dans laquelle l'idée de tous les moindres êtres se trouve renfermée. Si donc l'âme pouvait s'accoler pour ainsi dire à son type, elle entrerait autant que possible en participation de l'harmonie infinie qui fait jouir de l'être infini.

Voici donc le mystère de l'amour divin et de l'ordre surnaturel. Dieu a dit à l'être raisonnable : je vous invite à une destinée plus haute et au bonheur seul parfait. Aucun miroir fini ne peut vous faire jouir de tout l'être auquel vous participez, venez donc regarder cet être dans le miroir de mon infini, alors votre œil ébloui verra la lumière sans mesure, et votre bonheur sera sans mesure aussi. Mais votre œil n'est point fait pour cette splendeur, il faut qu'il soit transformé par la foi, et ce n'est qu'après l'épreuve de cette transformation que vous pourrez me voir face à face et trouver votre bonheur en moi.

Cette fin surnaturelle à laquelle Dieu nous invite, ce mariage céleste que le roi du ciel offre à la créature, la luxure le refuse, c'est là son crime et en même temps sa folie.

Ce crime et cette folie ont plusieurs degrés.

Préférer le fini à l'infini est évidemment une folie, mépriser l'offre et l'invitation de Dieu est une insulte et un crime, mettre toute l'espérance de son bonheur dans une créature, c'est-à-dire mettre en elle sa fin dernière, c'est exclure la fin supérieure offerte par Dieu, et établir entre le bien et le bien une division, une lutte, une divergence qui est la formule du mal. Comme nous l'avons dit précédemment, il faut distinguer ici entre l'absolu et le relatif.

Saint Thomas, expliquant la différence qu'il y a entre le péché mortel et le péché véniel, dit ceci (I. 2. Q. 72. a 5) : « Quand le désordre du péché détourne l'âme de sa fin dernière, (c'est-à-dire, Dieu à qui elle est unie par la charité) le péché est mortel ; mais, quand la perversion ne va pas jusqu'à détourner l'âme de Dieu, le péché est véniel. »

Ainsi, dans le sujet qui nous occupe, mettre franchement sa fin dernière dans le bonheur naturel, c'est le mal absolu, c'est aussi l'erreur ou la folie absolue, car c'est comme si l'on disait, le fini est plus grand que l'infini. Pour avoir la vérité complète, il ne suffit pas encore de dire vaguement, l'infini est plus grand que le fini, ce qui est vrai, mais il faut comprendre qu'entre eux, il n'y a nulle proportion, et que, devant l'infini, le fini est comme néant.

De même, il ne suffit pas, pour la perfection, de préférer la fin surnaturelle à la fin naturelle, mais il faut que la préférence soit sans limite. Jusque là il reste mille degrés d'imperfection.

Non seulement il faut que l'amour humain soit subordonné à l'amour divin, mais il faut encore que l'amour animal soit subordonné à l'amour humain. Cette subordination était naturelle dans Adam, avant son péché, c'est pourquoi il ne pensait pas qu'il était nu. Mais dès que Satan fut, par sa victoire, maître d'Adam, il détruisit l'harmonie qui existait entre la raison et la sensibilité, et Adam, accoutumé à l'harmonie précédente, sentant qu'il n'était plus maître chez lui, fut couvert de honte et se cacha.

Cette révolte de la chair, dont Adam nous a fait héritiers, tend sans cesse à faire prévaloir chez l'homme la sensualité et à lui faire briser le frein de la raison ; en cela elle nous abaisse au-dessous des animaux, chez qui la sensualité a une règle qui est l'instinct.

Cette révolte de la chair, cette divergence entre la sensualité et la raison, est un mal naturel qui a été compris plus ou moins par tous les hommes, même païens, même sauvages. La répression de cette révolte forme le fond d'une morale naturelle dont on trouve les règles et les motifs dans les philosophes stoïciens. L'expérience a montré le peu d'efficacité de ces règles naturelles. En effet, chez l'homme naturel, la raison obscurcie par le péché originel, la raison pliable en tous sens, comme dit Pascal, forme dans la plupart des têtes une ligne assez confuse, et la divergence de la sensualité avec cette ligne confuse est parfois difficilement appréciable. Mais cette divergence prend d'immenses proportions dans le chrétien qui connaît la loi de Dieu et a reçu l'appel de la grâce.

La loi de Dieu n'est pas confuse comme la raison, elle est absolue, claire, lumineuse et infinie dans sa rectitude.

Devant la fin surnaturelle infinie dans sa beauté, ce serait déjà un grand mal et une grande folie de se laisser séduire par l'amour humain, l'amour de l'âme et du cœur. Toutefois la tentation serait ici bien éblouissante si cet amour se réalisait selon l'idéal; peut-être serait-elle au-dessus des forces de l'homme, et c'est sans doute pour cela que la Providence fait qu'elle ne se réalise jamais parfaitement.

Mais l'homme qui, refusant la béatitude divine que Dieu lui promet, passe par dessus la raison pour mettre son bonheur dans la sensualité, l'homme qui préfère à Dieu, non la lumière de l'amour, mais la fange de la luxure, forme une divergence incommensurable, réalise le mal dans toute sa grandeur, s'avilit outre mesure, d'autant plus que l'idée de l'infini, ôtant toute limite à ses convoitises, les rend insatiables, dévoré par une faim infernale, il fouille, mais inutilement, pour se satisfaire jusqu'au fond de la turpitude, et descend bien au-dessous de la bête.

C'était par la pureté, cette fleur de la vertu, que l'âme arrivait au plus haut degré de beauté, c'est par l'impureté de la luxure que l'âme réalise, dans toute sa profondeur, la laideur et la honte.

L'orgueil qui nie Dieu comme principe est le grand mal, mais la luxure qui nie Dieu comme fin est le mal universel. Car peu d'êtres ont la pensée assez forte pour se retourner vers leur principe et la volonté assez dure pour entreprendre de lui résister, mais tous les êtres sans exception tendent au bonheur qui est leur fin; la tendance au bonheur ou à l'amour, soit supérieur, soit inférieur, est à l'âme ce que la pesanteur est au corps.

Tous les corps, à moins d'obstacles, descendent les pentes par leur propre poids. C'est ainsi que toutes les eaux de la terre, à travers les rochers, les sables, les forêts et les digues impuissantes, finissent par arriver à l'océan; ce n'est que par l'attraction merveilleuse du soleil qu'elles remontent en partie jusque dans les nuages.

Il en est de même des âmes : la pente naturelle et universelle qui les attire à la jouissance les entraîne, malgré toutes les raisons des philosophes, jusqu'à l'océan fétide de la luxure, et ce n'est que par l'attraction divine de la grâce que les âmes d'élite qui y correspondent peuvent se tenir comme les nuages suspendues dans le ciel de la pureté.

Et scivi quoniam aliter non possem esse continens nisi Deus det, et hoc ipsum erat sapientiæ scire cujus esset hoc donum (sap. 8. 21); et j'ai compris que je ne pouvais être chaste que par la grâce de Dieu et c'était déjà de la sagesse de savoir de qui venait ce don.

Il faut donc la grâce, mais comme dit Jésus-Christ à Saint Paul, elle suffit si on y correspond. *Sufficit tibi gratia mea* (2. cor. 12. 9.).

L'imminence et l'universalité de ce danger a beaucoup préoccupé les moralistes, et c'est le continuel souci des pères et des mères, de tous ceux qui ont des enfants à élever.

Je ne parle pas de ceux qui, manquant à la haute mission que la Providence leur a confiée, entraînent au mal, soit par leur exemple, soit autrement, ceux qu'ils doivent préserver. Ils sont sous l'anathème de Jésus-Christ. *Qui autem scandalisaverit unum de pusillis istis, qui in me credunt ; expedit ei ut suspendatur mola asinaria in collo ejus et demergatur in profundum maris.* (Math. 18. G).

Malheur à celui qui scandalise un de ces petits qui croient en moi, il vaudrait mieux pour lui qu'on lui attachât au cou une meule de moulin et qu'on le précipitât au fond de la mer.

Mais parmi ceux qui ont à cœur de remplir leur mission il y a souvent plus de bonne volonté que d'intelligence.

Chez l'enfant tout est en germe, mais rien n'est développé, et la lutte n'existe pas encore. La raison qui doit choisir et vaincre n'est pas formée, l'idée de bonheur proprement dit n'est pas éveillée, et ne lui fait pas songer à déterminer sa fin dernière, il n'a pas l'ambition d'être heureux il ne songe encore qu'à s'amuser.

Il y a donc dans l'enfant deux lutteurs qui se préparent, l'un grandit, l'autre dort. Que faire ?

Beaucoup n'ont qu'une seule préoccupation : ne pas réveiller le monstre qui dort. Afin d'éviter le bruit, ils enveloppent l'enfant d'ignorance et de niaiserie et croient avoir tout fait. Mais à quoi sert de prolonger le sommeil de l'un des lutteurs si l'on ne travaille pendant ce temps-là à rendre l'autre capable de vaincre ?

Le retard ne fait qu'ajourner la question sans la résoudre. La question du bonheur, qui est aussi celle de l'amour et de la jouissance, se posera un peu plus tôt, un peu plus tard, peu importe ; elle se posera d'autant plus terrible que l'ignorance aura été plus grande et que rien ne sera prêt pour la lutte. L'amour, comme nous l'avons dit, est la pesanteur ou autrement l'attraction de l'âme ; cette attraction, quand elle est unique, est d'une violence indicible, le doute peut donner un moment d'hésitation, mais lorsqu'un être croit, sans hésiter, avoir trouvé sa fin, il s'élance vers elle de tout lui-même, et dans cet élan nous voyons les êtres mêmes qui paraissent les plus faibles, développer une puissance qui nous étonne.

Il est donc inutile de laisser ignorer jusqu'au nom de l'amour et puéril de le proscrire. L'être ne peut pas plus se passer d'amour que la pierre de pesanteur. On ne détruit pas l'amour, on ne peut que le diviser ou le diriger. Pour lutter contre un amour qui est soutenu par sa poésie, son enthousiasme, son illusion éblouissante, son entraînement, il faut un autre amour avec une poésie supérieure, un enthousiasme plus grand, une lumière plus vraie. Si donc vous voulez prévenir le danger que vous redoutez pour l'enfant, vous n'avez qu'un moyen. Ce n'est pas d'aveugler et d'endormir son cœur, mais de le développer dans la vraie lumière, de prévenir l'amour terrestre par l'amour divin, d'opposer l'enthousiasme religieux à l'enthousiasme des passions. Il faut mettre dans ce cœur la religion à haute et large dose ; non la religion froide et officielle qu'on ne pratique pas soi-même ; non la religion sèche toute de préceptes, de menaces, de prohibitions ; non la religion puérile de petites pratiques sans âme, mais la religion avec toute sa poésie qui est le mysticisme ; le mysticisme que le monde appelle une folie, mais que saint Paul déclare la folie de la croix, folie qui confond la sagesse du monde. Le mysticisme, qui est l'amour de la vraie lumière, l'amour de l'infini et l'infini de l'amour. Le mysticisme qui fut l'auréole de saint Jean, de saint Paul, de saint François d'Assise, de sainte Thérèse. Le mysticisme, qui est le nectar de tous les saints et auquel on peut appliquer cette parole : *Vinum germinans virgines*, vin qui fait germer les vierges (1).

Oui, il faut toute l'ivresse de ce vin généreux, pour nous faire échapper à deux adversaires aussi dangereux que l'amour et la sensualité, l'un qui nous enchante et nous éblouit par sa lumière, l'autre qui nous lasse par son importunité, et nous donne le vertige par ses vapeurs asphyxiantes.

Et ils sont d'autant plus difficiles à vaincre qu'ils ont en eux une étincelle de la vérité, ils sont légitimes quand ils restent à leur place ; nous n'avons pas le commandement de les fuir absolument, ce qui serait moins difficile, mais de les coordonner, de soumettre les sens à la raison, et de subordonner tout amour humain à l'amour de Dieu.

Le contre-poids que forme l'amour divin exalté par le mysticisme, n'est donc jamais trop fort et c'est à lui qu'on doit tout ce qu'il y a de pureté sur la terre.

---

(1) Mysticisme. Ce mot est généralement peu compris et peut se prendre en mauvaise part. Les gens du monde appellent quelquefois mysticisme les pratiques minutieuses et les manières de certains dévots, qui sont tout autre chose. Mysticisme vient du mot mystère, il exprime la concentration de la vie, de la pensée et surtout du sentiment dans les choses mystérieuses, c'est-à-dire surnaturelles. C'est l'exaltation, l'enthousiasme, ajoutés à la foi et à la charité. Celui qui sent, par une foi vive, que Dieu est sa fin dernière et la source de sa béatitude, est emporté vers lui par un élan qui ressemble à la passion. C'est le vrai mysticisme, qui n'est dans la religion que le côté de l'amour développé et exalté, et par conséquent, la poésie.

Il y a aussi un mysticisme diabolique qui exalte et passionne et qui a son type dans la sybille échevelée, dans les derviches tourneurs, dans les trembleurs protestants, dans les convulsionnaires jansénistes, dans les spirites modernes, en un mot dans la magie.

Lorsque le démon cherche à juger les œuvres de Dieu, lorsqu'il souffle aux hommes un enthousiasme qu'il n'a pas lui-même, il connaît bien la puissance du moyen qu'il emploie.

Le monde ne comprend pas cela ; dans son hygiène morale, la religion est presque un hors-d'œuvre, et il veut qu'on lui serve ce hors-d'œuvre le plus froid possible ; ainsi privé de ce contre-poids nécessaire, il reste tout entier plongé dans la fange.

Du reste, comme nous l'avons vu : pour le monde, la vertu n'a plus le même sens que pour nous ; il ne s'élève pas plus haut que la dignité humaine, c'est-à-dire l'orgueil, et sa seule prétention est d'empêcher la sensualité de transgresser les lois de la raison.

Et encore son interprétation de la loi est si élastique, il admet tant de circonstances atténuantes que le vice n'a guère à se gêner ; d'ailleurs cette prétendue loi, elle est totalement impuissante et nul n'en tient compte. Que peut, en effet, la froide raison ? Que peut la lumière fugitive de l'amour des âmes contre la sollicitation constante et importune de la nature inférieure ?

Celui-là seul qui a les puissantes ailes de la foi vive et de la charité ardente, peut traverser cette mer corrompue et vertigineuse du sensualisme ; celui qui, privé de ces ailes, a la prétention de la traverser à la nage, ne tient pas longtemps la tête haute, et lui et la pauvre vertu naturelle font vite naufrage.

Ceci nous montre ce que vaut la prétention qu'ont certains poètes et certains romanciers d'épurer la morale publique, d'élever les hommes au-dessus de la sensualité en exaltant la passion qu'ils appellent le pur sentiment. Leur impuissance ressort de ce qui précède, mais en outre, le sentiment qu'ils exaltent n'est que le même péché illuminé d'orgueil, leurs amours ne sont jamais dans l'ordre, c'est-à-dire subordonnés à l'amour divin ; outre que la plupart du temps ils sont illégitimes, ils peuvent presque toujours se caractériser par cette phrase blasphématoire qu'ils ont répétée à satiété : *plutôt l'enfer avec toi que le ciel sans toi.*

La préférence de la créature à Dieu est formelle ici ; or cette préférence est, comme nous l'avons vu, le venin du vice dont nous parlons, et ce venin, pour être déguisé et embelli, n'en est pas moins mortel.

Ne nous faisons donc pas d'illusion, la sainteté seule non mitigée et modérée, mais franche entière, exaltée même, peut nous délivrer de la luxure, son contraire.

Et la sainteté, comme nous l'avons vu, est la perfection, la divinisation de la dernière et suprême faculté de l'âme humaine qui, par l'amour de l'infini et l'infini de l'amour, entre en participation de la sainteté de Dieu.

Ce haut enseignement est de tous le plus nécessaire à l'humanité, car il s'agit ici de résister à un entraînement universel, de préserver d'un danger commun à tous les hommes, de contrebalancer une tentation qui n'épargne personne. Il faut donc que cet enseignement puisse être connu et compris de tous jusqu'au dernier de la multitude. Remplirait-il cette condition s'il n'était qu'une théorie que les simples ont peine à saisir, ou un livre que la multitude n'a pas le temps de lire ? Aussi Dieu, dans sa providence, l'a formulée dans un fait permament que tous connaissent et que tous peuvent comprendre, c'est le célibat religieux. Or voici l'enseignement que donne ce fait.

Chacun a en soi le sentiment profond de cette vérité si bien exprimée par Pascal : l'homme est fait pour le bonheur, sa volonté ne fait jamais la moindre démarche que vers cet objet ; c'est le motif de toutes les actions de tous les hommes.

Lors donc qu'on voit des hommes renoncer librement à ce qui paraît à tous devoir être le comble du bonheur, il est impossible de ne pas être frappé et de ne pas se demander la raison de ce mystère.

Si un groupe de fanatiques avait parmi eux un homme frais et bien portant qu'on ne vit jamais manger, ils se diraient entre eux : quel est cet homme ? Il est bien portant et nous sommes maigres, il a l'air satisfait et nous sommes affamés, il faut donc qu'il ait trouvé le secret d'une nourriture meilleure que la nôtre. Demandons-lui son secret.

La paix de J.-C., que le monde ne peut donner, brille sur le front de ceux qui se sont donnés à Dieu (1). A cette vue, les hommes étonnés demandent la cause de cette paix, on leur répond : Nous sommes les fiancés de Dieu et les épouses du Seigneur, et ces paroles sont la plus efficace révélation de la vie éternelle.

La sérénité virginale est le phare lumineux qui indique le port et éclaire le monde ; elle est le désespoir de Satan dont elle empêche le règne. Le monde la hait parce qu'elle l'accuse et le convainc d'erreur; aussi il voudrait la détruire, et, pour en venir à bout, il a recours à tous les moyens même à l'hypocrisie de la compassion. Mais le célibat religieux restera toujours comme la plus puissante protestation de 'ordre surnaturel, comme l'étendard visible à tous de la Sainteté; comme la merveille de la foi et la fleur de l'église.

§ 5. — LA COLÈRE.

Le mot colère se prend quelquefois en un bon sens, on dit la colère divine et une sainte colère; il faut écarter ce bon sens puisqu'il

---

(1) Je sais qu'il y a des exceptions fâcheuses, mais les exceptions ne prouvent rien ; n'y eut-il qu'un seul homme qui eût trouvé la paix hors de la nature que l'étonnement serait motivé, le problème résolu, la nouvelle voie ouverte, à plus forte raison si tout un peuple a passé par là.

s'agit ici d'un vice. Mais même à ce point de vue on se fait souvent une fausse idée de la colère et on la confond avec d'autres vices qui l'accompagnent ordinairement mais qui ne sont pas elle.

Ce qui frappe les regards dans la colère c'est l'impétuosité de l'action animale qui semble arrivée à son plus haut point d'exaltation. Cette impétuosité animale n'est par elle-même ni bonne ni mauvaise; elle est bonne si elle est inspirée par un bon sentiment, par l'indignation par exemple, qui procède de la justice, et si elle est réglée et conduite par la raison; elle est mauvaise, si elle est inspirée par un mauvais sentiment, par la haine par exemple qui appartient à l'envie, et, si elle n'est pas réglée par la raison, c'est dans ce dernier point que consiste précisément le vice de la colère.

La colère est ce qu'on appelle l'emportement, elle est admirablement définie par l'expression latine qui l'appelle : *impotentia animi*, impuissance de l'esprit, elle est exactement caractérisée lorsque l'on dit d'un homme en colère, il n'a plus son sang-froid, il a tout-à-fait perdu la tête.

La colère peut se considérer au point de vue naturel et au point de vue surnaturel.

La nature animale avec sa vie, sa spontanéité, son irritabilité, est aux mains de l'âme, comme une force à diriger et à utiliser, comme un cheval plus ou moins fougueux entre les mains du cavalier. Il est de la dignité de l'âme comme de celle du cavalier de ne pas se laisser démonter, et de conserver l'empire. Si, dans le danger, le cavalier lâche la bride, le cheval l'emporte, la faute n'est pas alors dans le galop effréné du cheval mais dans l'imprudente faiblesse du cavalier; si, dans un moment d'excitation, l'âme cesse d'être maîtresse, l'homme se met en colère et la faute est toute dans la lâche abdication de l'âme.

Dans l'ordre surnaturel c'est la foi qui doit tenir les rênes et tout diriger.

Or, que dit la raison?

Elle dit que, quand un malheur est arrivé, les cris, les injures et les violences n'y apportent aucun remède, mais qu'il est prudent de rechercher de sang-froid par quel moyen on peut, ou réparer le malheur, ou du moins en atténuer les effets.

Que dit l'expérience?

Elle dit que les hommes, et même les enfants, comprennent instinctivement qu'une volonté toujours maîtresse d'elle-même est infiniment plus forte que celle qui se manifeste par la colère, qu'ils obéissent à la première, qu'ils se moquent de la seconde, et y échappent en laissant, comme ils disent, passer le bruit.

Que dit la prudence? Elle dit que, si on a un ennemi à combattre, il est nécessaire de conserver tout son sang-froid pour éviter les coups qu'il donne et lui en porter de sûrs.

Que dit maintenant la foi? Elle dit qu'il y a une providence infinie qui surveille toute chose, que notre Père qui est dans les cieux connaît tous nos besoins, qu'il ne tombe pas un seul cheveu de notre tête sans sa permission, que toutes les tribulations et toutes les épreuves de cette vie, loin de nous empêcher d'arriver à notre fin, sont un moyen de nous y conduire plus sûrement, si nous conformons notre volonté à celle de Dieu, que la prière est le seul moyen de diminuer nos maux, la patience le seul moyen de les adoucir, que par conséquent notre âme ne doit jamais laisser troubler sa paix, que, l'œil fixé sur les vérités éternelles, elle doit être immuable comme Dieu, *immobiles à spe* (Saint Paul).

Si l'homme, si le chrétien avait toujours ces vérités présentes à l'esprit, il ne se mettrait pas en colère; il les oublie, voilà pourquoi il s'impatiente; la colère est donc fondamentalement la défaillance de la mémoire, et, comme la prudence était la vertu de la mémoire, la colère est avant tout imprudence. Par la colère, le trésor de la vie intellectuelle accumulé dans la mémoire, le trésor plus grand encore de la foi qui est un reflet de la vie divine semble se perdre; il les oublie momentanément, il agit comme s'il n'avait plus ni foi, ni raison, et en apparence il ne reste plus en lui que l'animal. La colère est donc un vice de faiblesse, de lâcheté, de dégradation qui fait descendre l'homme au dessous de sa nature et l'assimile aux bêtes.

Les Spartiates donnaient en spectacle à leurs enfants un Ilote ivre afin de leur faire mépriser les Ilotes; rien de plus capable de faire mépriser l'homme que le spectacle d'un homme en colère.

L'emportement n'est que le dernier degré de la colère, mais toute imprudence contient plus ou moins du venin de ce vice; ainsi l'absence de motifs religieux dans la conduite, l'habitude d'agir par fantaisie et caprice, les inconstances, les irrésolutions, les dépits, les étourderies, les coups de têtes, toutes ces choses sont des ramifications du péché capital qu'on appelle colère et qui a sa source dans la défaillance de la mémoire, de l'attention; en un mot dans l'oubli. L'homme en colère est l'homme qui s'oublie.

§ 6. — L'AVARICE.

Rappelons-nous la belle définition de la force que nous a donnée Cicéron. Deux choses caractérisent cette grandeur et cette force d'esprit: l'une c'est le mépris des biens qui sont hors de nous; l'autre la disposition à faire de grandes et utiles choses... C'est dans la dernière de ces deux choses que se trouve tout le brillant et toute l'utilité de cette vertu; *mais c'est dans la première qu'est le principe et la cause qui rend les hommes grands.*

Si le détachement est le principe et l'essence de la force, vertu de la liberté, l'avarice, contraire du détachement, sera nécessairement le vice mortel de la liberté.

Le détachement c'est l'indépendance, mais l'indépendance a des degrés, dans une armée l'indépendance n'est absolue que dans le général en chef, les autres généraux, qui commandent à tous, dépendent de lui, puis au dessous d'eux la dépendance s'accroît de degrés en degrés; en passant par le colonel, le commandant, le capitaine, l'officier, le sous-officier, le caporal et le soldat qui dépend de tous.

Mais le général en chef lui-même dépend du roi, le roi même le plus absolu dépend de la mort et la mort obéit à Dieu.

Dieu seul est et peut être absolument indépendant parce que seul il trouve en son propre être un point d'appui, mais tout être fini est obligé forcément de s'appuyer sur quelque chose, et l'indépendance d'une créature ne peut consister que dans l'élévation plus ou moins grande du point d'appui qu'elle a choisi !

La grandeur du détachement ne consiste aussi que dans l'élévation du bien auquel l'âme s'attache, il suffit donc de considérer la hiérarchie des biens pour calculer à quel degré l'indépendance, le détachement et la liberté sont exaltés ou dégradés, et ces trois rayons de la dignité humaine seront entièrement éteints dans le cœur de celui qui s'est attaché au plus bas de tous les biens.

Au dessus de tous les biens se trouve Dieu, le bien infini qui surpasse et contient tout.

Puis au-dessous de Dieu se trouvent immédiatement trois reflets de Dieu dans le fini, le bon, le vrai et le beau, la vertu, la science et l'art. Au-dessous de ces biens purs, parce qu'ils se rattachent immédiatement à Dieu, viennent la gloire humaine et le plaisir. Enfin au-dessous de tous ces biens vivants est un bien mort, un signe conventionnel que les hommes ont adopté pour signifier les choses utiles qu'ils échangent entre eux, ce bien n'est rien par lui-même; mais à cause de l'usage qu'en font les hommes, il est le symbole et comme l'ombre de tous les autres biens.

Or, pareil au chien qui lâche sa proie pour l'ombre, c'est à cette ombre des biens que s'attache directement l'avare, et cela est tellement vrai qu'il va jusqu'à se priver de tous les autres biens qu'il pourrait se procurer avec cette ombre plutôt que de se déposséder de cette ombre qu'il adore.

Il est difficile de se rendre compte d'une telle folie.

La liberté, nous le savons, procède de la vie et de la lumière, elle est le mouvement de la vie dirigé par la volonté vers le but que montre clairement la lumière. La charité, lumière du chrétien, lui montre Dieu le but suprême dans une telle clarté que, foulant aux pieds tous les biens inférieurs, il s'élance vers le bien suprême avec la force merveilleuse de l'espérance. Mais supposez le but incertain, tout l'élan de la vie est paralysé, le doute tue la liberté ou l'action.

L'avare n'a ni la lumière de la charité, ni celle de la raison, il doute.

Il tient à tout, à la bonne chère, au plaisir, à la gloire, à la science; mais plus il tient à ces choses, plus il a peur qu'elles lui manquent un jour; et, afin de se délivrer de cette peur, comme l'argent lui paraît le seul moyen sûr de se procurer tout ce qu'il désire, il entreprend d'accumuler une quantité d'argent assez grande pour le rassurer contre la crainte qui le tourmente. Pendant ce travail, une hallucination prodigieuse s'empare de lui, il se passionne peu à peu pour le moyen jusqu'au point d'oublier le but. Cependant il profite encore de la bonne chère chez les autres, saisit au vol les plaisirs qui ne coûtent rien, accepte la gloire qui vient par hasard, mais il se prive rigoureusement de tout et risquerait sa vie plutôt que d'entamer la forteresse d'or qu'il croit nécessaire à sa sûreté. Cependant le doute et la crainte grandissent avec la forteresse qui ne lui paraît jamais assez grande; alors la folie atteint son comble, l'avare n'ose plus rien, ni manger, ni sortir, ni dormir, ni parler de son or, ni presque vivre, la liberté est tout à fait morte.

Le poète philosophe des latins a saisi avec sagacité cette filiation de l'avarice.

Qui cupiet metuet quoque; porro
Qui metuens vivit, liber mihi non erit unquam (Horace).

« L'homme cupide craindra aussi; or, celui qui vit dans la crainte ne sera jamais libre à mon avis ».

L'avarice détruit avec la liberté toute espèce de grandeur, un avare est petit et méprisable qu'il soit un homme ou qu'il soit un siècle.

L'avarice et la colère offrent de curieux contrastes.

La colère est une action sans frein, l'avarice une action enchaînée.

La colère est opposée à la vertu de prudence, qui est la perfection de la mémoire, l'avarice à la vertu de force qui est la perfection de la liberté, mais la colère est une fausse force et l'avarice une fausse prudence.

Le manque d'espérance introduit l'impatience dans la colère et la crainte dans l'avarice; la colère chasse la charité du cœur, l'avarice ne la laisse pas entrer.

§ 7. — LA PARESSE.

L'espérance était restée au fond de la boîte de Pandore, c'est pourquoi l'humanité n'était pas entièrement perdue. Avec l'espérance reste encore la vie. C'est un germe qui, bien cultivé, peut tout reproduire; mais le vice ne veut pas laisser à l'âme même ce dernier germe de la vertu. Il a commencé par arracher les fleurs de ce bel arbre de la vertu en détruisant la pureté et la charité; il l'a dépouillé de la verdure de la justice, il a brisé les porte-branches de la prudence et de la force, il a ôté le tronc de la foi, arraché jusqu'aux dernières racines de l'humilité, maintenant il étouffe tout reste de vie en ôtant l'espérance, il ne restera plus que le désespoir qui est la dernière mort de l'âme et le sceau éternel de l'enfer.

Or, le désespoir n'est autre chose que celui des sept péchés capitaux qu'on appelle paresse, péché dont le nom latin est *tristitia*, tristesse.

L'action est toujours en proportion de l'espérance, car le besoin et le désir du bonheur sont inextinguibles, mais selon que l'espérance d'atteindre ce bonheur est plus ou moins actuelle, l'action est plus ou moins puissante, plus ou moins vive.

Voyez l'entrain du chasseur en quête, l'activité de ceux qui se disputent un prix, l'élan d'une armée qui espère la victoire, la résolution d'un marchand qui va chercher fortune au-delà des mers Voyez surtout l'héroïsme et la constance des saints.

Rien de tout cela sans l'espérance. Dès que l'espérance s'éloigne, l'action se ralentit; si elle disparaît, l'action cesse entièrement.

Ces exemples nous font voir qu'il y a des espérances naturelles, et par conséquent, une paresse naturelle. C'est cette paresse naturelle qu'on reproche si souvent aux enfants qui, soit défiance de leurs forces, soit indifférence pour le but à atteindre, s'arrêtent au lieu de courir. Mais ce n'est pas là le péché surnaturel, le péché capital que nous avons appelé la dernière mort de l'âme.

Ce péché mortel consiste à perdre la vertu d'espérance, à renoncer à la possession éternelle de Dieu, parce qu'on ne croit ni à la vérité, ni à la possibilité, ni à la beauté de cette possession. C'est le désespoir éternel, c'est le péché de Caïn qui finit loin de Dieu, et de Judas qui se pend.

La paresse naturelle et la paresse surnaturelle peuvent subsister indépendamment l'une de l'autre. Mais ce n'est pas une faute de retirer son activité d'un ordre inférieur pour la transporter dans un ordre supérieur. Le monde a donc tort d'appeler paresseux les religieux contemplatifs, de même que les paysans et les ouvriers ont tort d'appeler fainéant un savant qui travaille quatorze heures par jour dans son cabinet. *Maria optimam partem elegit*. Mais les gens du monde, quelque soit leur activité inférieure, sont coupables du péché mortel de paresse, s'ils désespèrent de leur salut et négligent entièrement leur sanctification.

Tant que reste l'espérance, et par l'espérance, la vie et l'activité, l'homme peut, aidé de la grâce, remonter à la lumière. Mais par le désespoir, l'âme se condamne à jamais. *Sedet æternum que sedebit infelix Theseus* (Virg., lib. 6, v. 617). Le désespoir est la vraie porte qui clôt l'enfer. *Lasciate ogni speranza voi che intrate*.

Le vice, traduction de l'erreur, n'est que mensonge lui-même, et la paresse comme les autres, après avoir réduit l'homme par une vaine promesse, le conduit à un but tout opposé.

Pourquoi la paresse? L'homme craint ou que la peine soit inutile et sans résultat, ou que le résultat ne paye pas la peine, il préfère donc, non pas le bonheur, puisqu'il n'y croit plus, mais du moins la paix dans le repos. Mais il se plonge dans un supplice pire peut-être que les autres. Ce supplice, c'est l'ennui qui est le sentiment du vide.

Le paresseux naturel s'ennuie sur la terre. Pour lui, le temps est vide et il le sent. Il est plongé dans cet inexorable ennui qui, selon l'expression de Bossuet, fait le fond de la vie humaine, et, tandis que les autres y naviguent tant bien que mal, il s'y noie.

Mais le vide du temps n'est rien auprès du vide de l'éternité. Le paresseux spirituel, celui qui n'a aucune espérance d'une autre vie, quoiqu'il fasse, sent au-dessous de lui un gouffre froid et noir qui n'a point de limite, et ce sentiment le glace d'effroi; c'est pour éviter ce sentiment qu'il s'agite et se jette dans ce tourbillon d'affaires que Pascal décrit si bien et qu'il attribue au besoin que l'homme a de s'éviter lui-même. Mais ce vide n'existe pas pour ceux qui ont l'espérance du ciel, et cette espérance est la paix que le monde ne peut donner, aussi les saints ne se jettent point dans le tourbillon du monde, ils se retirent en eux-mêmes, ils affrontent la solitude du désert et ils y passent un siècle, comme saint Paul le premier ermite, sans s'ennuyer. Pour eux, l'éternité n'est pas un gouffre vide, mais un océan de paix et de bonheur, et le temps un fleuve qui s'y jette, et au courant duquel ils s'abandonnent en paix.

Mais il n'y a pas de paix pour l'impie qui, privé de l'espérance, ne voit dans l'éternité qu'un gouffre vide, et il a beau s'étourdir, le tableau du monde qui tourne sous ses yeux pour l'amuser n'est pas si complet qu'il n'y ait de temps en temps des déchirures, et à chacune de ces déchirures le gouffre lui apparaît et il frissonne; à mesure qu'il vieillit, ces déchirures se multiplient. La figure de ce monde passe, dit saint Paul, le moment approche où, tout disparaissant, il tombera dans ce gouffre de l'éternel ennui.

Voilà donc l'œuvre du mal complète, destruction sur destruction, la mort après les blessures. N'est-ce pas un spectacle digne d'horreur et de pitié que cette âme défigurée, ruinée de fond en comble?

Le mal a commencé par éteindre la lumière de la foi; puis il lui a ôté sa fleur et sa beauté par la luxure et l'a laissée couverte de plaies infectes. Il a mis dans son cœur, avec l'orgueil et l'envie, le venin mortel de la haine. Il lui a soufflé le doute et la crainte de l'avarice, l'impatience de la colère et l'a jetée toute meurtrie dans l'océan noir froid et sans rivage de l'ennui.

Ne semble-t-il pas la voir seule, assise, repliée sur elle-même, la tête baissée, les mains tombantes, froide comme le tombeau, muette d'un silence éternel? le cœur ne se serre-t-il pas à cette pensée? le froid ne pénètre-t-il pas jusqu'à la moëlle des os?

Lorsque Marius était sur les ruines de Carthage, il lui sembla que son infortune s'était agrandie de l'immense infortune qui était devant ses yeux. A la vue de tant de gloire éteinte, de tant de grandeur perdue il sentit son impuissance; le désespoir lui toucha le cœur et le cri qui en ressortit a retenti dans tous les siècles. Qui a pensé à Marius sur les ruines de Carthage sans un serrement de cœur? Mais ni un corps, ni une ville, ni la terre, ni l'univers entier, ne peut entrer en comparaison avec une âme intelligente qui a possédé avec ses sept facultés toutes les richesses de l'être et qui a reflété dans ses sept facultés toutes les splendeurs de la lumière divine; et toutes les ruines ne sont rien au prix du spectacle désolant, de la ruine d'une âme. Oh! si vous vous êtes encore dans la lumière, ayez pitié des âmes perdues et tendez leur la main pour les relever, heureux toutes les fois que vous pourrez obtenir ce triomphe le plus glorieux de tous, ce triomphe qui met en fête tout le ciel.

Mais le mal, notre ennemi, est vivant, il nous environne sous toutes les formes, il nous excite par ses attaques, et Dieu nous impose le devoir que trop peu remplissent de le combattre vaillamment et sans relâche.

Nous devons combattre avant tout le mal suprême, le péché, en nous d'abord par la bonne conduite, chez les autres ensuite par le bon exemple, l'exhortation, la correction et la punition quand nous avons le pouvoir et la responsabilité.

Nous devons nous opposer à l'injustice, protéger les faibles et les opprimés contre les forts et les oppresseurs, défendre la bonne cause quand elle est attaquée. Il ne suffit pas de s'enfermer égoïstement chez soi et de proclamer la paix à tout prix. Dieu, dont il est dit:

il ordonna à chacun de veiller sur son prochain, *mandavit unicuique de proximo suo*, n'admet pas le principe de non intervention et il renvoie aux ténèbres extérieures le serviteur inutile.

Nous devons poursuivre le mal sous toutes ses formes, le mal physique lui-même n'est pas l'œuvre de Dieu et nous avons le devoir de le combattre chez nos frères, en nourrissant et vêtissant les pauvres, en visitant et soulageant les infirmes, en consolant les affligés. Jésus-Christ nous en a donné l'exemple en multipliant les pains et en guérissant les lépreux.

Mais alors, dira-t-on, s'il faut combattre le mal physique, pourquoi l'admettre en soi-même par la pénitence et la mortification ?

Voici : le mal physique est mauvais en lui-même, mais il est fini ; le mal moral ou le péché est infini en un sens, et est par conséquent infiniment plus détestable que le mal physique.

Avoir une vue claire de cette proportion est le plus haut degré de la conception, agir en conséquence le plus haut degré de la vertu. Si donc nous nous trouvons dans l'alternative inévitable de choisir entre le mal moral et le mal physique, nous devons accepter avec courage le mal physique, quel qu'il soit, plutôt que le mal moral. Or cette terrible alternative est l'œuvre de Satan et la conséquence du péché. Non seulement hors de nous le péché ne peut être combattu sans lutte, sans peine et sans souffrance, mais nous sentons que notre nature est portée au mal, que nos inclinations dévient de la voie droite, que l'amour qui nous est inné de la jouissance, tend constamment à nous éloigner de Dieu. Alors si nous avons réellement la sainte haine du mal, nous arrêtons l'élan de notre nature, nous comprimons nos inclinations pour les redresser, et nous mettons un frein douloureux à notre amour de la jouissance, et c'est là le grand triomphe de la sainteté. Cet amour de la jouissance qui est en nous ce qu'il y a de plus intime et de plus fort, ce feu qui alimente notre vie, ce fils qui s'échappe de tout notre être avec une spontanéité irrésistible, cet élan si légitime en lui-même, puisque nous sommes faits pour le bonheur, si, lorsque nous voyons le mal déguisé sous ses traits, nous avons le courage de l'immoler au bien, nous avons accompli le chef-d'œuvre de la sainteté, et Dieu nous dit comme à Abraham : « Je sais maintenant que tu aimes Dieu, puisque tu n'as pas épargné ton fils unique à cause de moi. »

Abraham, dit saint Paul, pensait que Dieu pouvait ressusciter Isaac. Nous avons la même foi et nous croyons que ce désir de la jouissance que nous immolons maintenant revivra sans obstacle dans la vraie vie et recevra une satisfaction plus multipliée que la postérité d'Isaac. Selon cette promesse, celui qui perd son âme la retrouvera, il retrouvera le centuple et aura la vie éternelle.

Et en effet l'amour de la jouissance, tel qu'il sort de notre nature, est grossier, s'attachant aux choses basses et matérielles, qui ne peuvent donner qu'un bonheur très-imparfait ; mais, détaché de la matière par la sainteté, et porté vers Dieu, il s'élève, s'épure, s'agrandit sans mesure, s'attachant au bien infini et il devient capable d'un bonheur immensément plus parfait, il recevra le centuple et aura la vie éternelle.

C'est parce que Dieu hait le mal plus que le néant, qu'il faut accepter le néant relatif, c'est-à-dire la privation de tout, même de la vie, plutôt que le mal ; le sacrifice est la preuve de l'amour du bien, de la haine du mal ; c'est là son unique beauté, mais cette beauté est incomparable, car elle est la beauté de l'amour portée à sa plus haute expression. Personne, dit Jésus-Christ, n'a un plus grand amour que de donner sa vie pour ce qu'il aime. Saint-Paul, pour dire aux Hébreux qu'ils n'étaient pas encore au but, leur dit : Vous n'avez as encore résisté jusqu'au sang en repoussant le péché, et l'Eglise ne canonise qu'après la constatation de vertus héroïques. Mais se sacrifier intérieurement dans sa soif de jouissance est le sacrifice le plus difficile et la source de tous les autres aussi.

Aussi ceux qui ont vaincu le mal en eux-mêmes sont forts et invincibles, et lorsque se présentent les tyrans, les bourreaux et les instruments de supplice, fortifiés par la grâce, ils méprisent tout et remportent la palme du martyre qui est la sainteté arrivée à son degré le plus sublime.

J.-C. n'avait pas le mal dans sa nature, il n'en avait que l'ombre, c'est-à-dire la solidarité qui l'unissait à la race d'Adam ; cependant il l'a combattu en lui-même sans relâche, par le jeûne, la prière, et un travail incessant.

Il était venu, selon sa parole, détruire l'œuvre de Satan, c'est-à-dire le péché ou le mal par excellence, et pour arriver à ce but il a surmonté toutes les souffrances, et sa passion a été le plus sublime degré de l'amour du bien et de la haine du mal, la merveille des merveilles de la sainteté, que l'admiration éternelle des élus n'égalera pas.

Ainsi ce n'est pas Dieu qui a fait le mal, mais la mauvaise volonté de la créature, de l'ange d'abord, de l'homme ensuite. La sagesse divine, au lieu de le couper dans sa racine, a fait du poison un remède. Sans la liberté laissée au mal par la providence, la société des élus risquait de rester sans amour ni haine, comme cet ange ni chaud ni froid qui, dans l'Apocalypse, soulève le cœur de Dieu.

Mais le courant du mal, comme le vent glacial qui pénètre dans le foyer, a ranimé le feu de la sainteté dans le monde, il l'a rendu incandescent dans les martyrs éblouissants de lumière, dans les vierges, et ce feu et cette lumière brûleront et éclaireront pendant toute l'éternité et feront la joie et la splendeur du ciel.

CHAPITRE IX

DES SACREMENTS

On définit les sacrements : des signes sensibles institués par Jésus-Christ, pour produire la grâce.

Ils atteignent à la fois l'âme et le corps.

C'est l'homme tout entier que Dieu appela dès le commencement à a destinée surnaturelle ; c'est l'homme tout entier qui est déchu par e péché de cette haute et merveilleuse destinée ; c'est aussi l'homme tout entier que le Sauveur a dû racheter. La rédemption de nos âmes est donc aussi celle de notre corps, telle est l'espérance des chrétiens exprimée par cette parole de saint Paul (2. Cor. § 23). *Adoptionem filiorum Dei expectantes redemptionem corporis nostri.* Nous attendons l'adoption des enfants de Dieu, la rédemption de notre corps.

La résurrection glorieuse des élus nous a toujours été donnée comme le couronnement de l'œuvre rédemptrice, c'est vrai qu'une loi fatale ajourne la jouissance du vêtement glorieux jusqu'à la fin des temps, malgré notre désir si bien exprimé par saint Paul : *Eo quod nolumus expoliari sed supervestiri, ut abs orbeatur quod mortale est a vita* (2 Cor. 3-4). Nous voudrions ne pas être dépouillés (par la mort), mais être revêtus (par la gloire), de manière que ce qui est mortel soit absorbé et transformé par la vie. Néanmoins, il faut que, dès cette vie, la grâce qui sauve nos âmes dépose dans notre corps le germe de la résurrection future. C'est pourquoi la grâce nous est communiquée non seulement par l'action invisible de Dieu, mais aussi par des signes sensibles institués par Jésus-Christ lui-même.

Jésus-Christ l'a voulu ainsi pour nous faire comprendre que la matière n'est point l'œuvre maudite du mal comme le prétendent les Manichéens, et que, si elle a été pervertie par Satan, elle peut être purifiée par le rédempteur et prendre part au royaume de Dieu.

Les Sacrements, outre qu'ils répandent la grâce dans nos âmes, sont donc l'instrument de la rédemption de nos corps ; c'est-à-dire, qu'ils sont le principe et la cause de la résurrection glorieuse ; Jésus-

Christ l'a formellement affirmé de l'un d'eux lorsqu'il a dit : « Celui qui mange mon corps et boit mon sang a la vie en lui, et je le ressusciterai au dernier jour ».

J'ai dit, résurrection glorieuse, car il y en a une autre, comme dit saint Paul : nous ressusciterons tous, mais nous ne serons pas tous transfigurés ; et encore : la chair et le sang ne peuvent posséder le royaume de Dieu (I. Cor. 15-50).

Le corps, pour participer au royaume de Dieu, doit être, comme l'âme, élevé à l'ordre surnaturel par la grâce. Ceux donc qui ont refusé la grâce reprendront aussi leur corps, mais leur corps resté à l'état de nature, et incapable par conséquent du royaume de Dieu, dont ils seront exclus, et ceux qui dorment dans la poussière, dit Daniel, s'éveilleront, les uns pour la vie éternelle, les autres pour l'opprobre. *Qui dormiunt in terrae pulvere, evigilabunt alii in vitam aeternam et alii in opprobrium* (Dan. 12-2).

Les Sacrements, à la fois principe et symboles, sont toujours composés de deux choses que les théologiens appellent : la matière et la forme. La matière représente la nature, elle consiste dans une action qui produit d'elle-même un effet naturel, mais à cette action s'ajoute une parole prononcée en premier lieu par Jésus-Christ, qui est aussi le verbe éternel de Dieu ; et cette parole que l'Eglise répète par son ordre, conserve sur les lèvres humaines la puissance créatrice du Verbe qui a tiré le monde du néant. Elle élève l'acte humain auquel elle s'applique à un ordre supérieur, elle lui donne une puissance surnaturelle, elle le transforme, le spiritualise, le divinise même, puisqu'elle le rend producteur de la grâce qui est une participation de la nature divine : *Divinae consortes naturae* (Petr.).

Par les Sacrements nous sont rendus les fruits de l'arbre de vie qui était dans le paradis terrestre ; et ces fruits qui, sous une forme sensible, conservaient l'immortalité avant la chûte, nous la rendent après le péché par la résurrection glorieuse.

Les Sacrements nous ramènent au nombre sept. Pourquoi sont-ils sept ? sinon parce qu'ils sont destinés à guérir et à sanctifier notre âme qui a sept facultés. Il est donc facile de prévoir que de nouvelles harmonies vont se dévoiler à nous ; nous verrons chaque sacrement agir spécialement sur une des sept facultés, produire dans cette faculté une des sept vertus et l'éloigner par là d'un des sept péchés capitaux, ces fruits monstrueux qui pendaient déjà sur l'arbre de la science du bien et du mal, en face de l'arbre de vie.

§ 1ᵉʳ. — LE BAPTÊME

Le baptême est la porte qui ouvre l'entrée des autres sacrements. C'est lui qui nous sort de l'état non seulement naturel, mais vicié, où nous étions tombés par le péché d'Adam, et nous fait enfants de Dieu.

Nous avons vu ailleurs que la foi était la première grâce, le commencement des vertus, et que c'était elle qui nous faisait entrer dans l'ordre surnaturel. D'un autre côté nous avons dit que l'entendement était dans notre âme une porte ouverte sur l'infini et le siège de la foi. Toutes ces choses se tiennent et s'harmonisent.

Chez les adultes, la foi est la condition pour recevoir le baptême. Voici de l'eau, disait au diacre Philippe l'eunuque de la reine de Candie, qui empêche que je sois baptisé ? Si vous croyez de tout votre cœur, répond Philippe, vous pouvez être baptisé.

Chez les enfants le baptême prédispose l'âme à la foi et donne ce qu'on appelle la foi infuse.

La vie de la grâce que donne le baptême est, comme nous l'avons vu, une vie toute différente de la vie naturelle et qui doit s'ajouter à celle-ci, c'est pourquoi Jésus-Christ dit : En vérité je vous le dis, si quelqu'un ne renait une seconde fois, il ne peut voir le royaume de Dieu. *Amen dico tibi nisi quis renatus fuerit denuo non potest videre regnum Dei* (Joan. 3. 3.).

Le baptême qui donne cette vie surnaturelle, est à la fois une naissance et une résurrection. Par le péché originel notre âme était morte à la vie surnaturelle, le baptême, en redonnant cette vie à l'âme la ressuscite. Il lui donne une vie à la fois ancienne et nouvelle; ancienne, parce qu'elle l'avait perdue en Adam; nouvelle, parce qu'elle ne l'avait pas encore possédée par elle-même.

Toutes ces vérités sont résumées dans ces paroles de Saint Paul : *Et vos cum mortui essetis indelictis... (Deus) convivificavit cum illo (Christo) consepulti et in baptismo in quo resurrexistis per fidem*, (2. Cor.). Lorsque vous étiez morts par le péché, Dieu vous a vivifié avec Jésus-Christ; ensevelis avec lui dans le baptême, vous êtes ressuscités par la foi.

Ainsi, selon Saint Paul, nous étions morts par le péché, morts doublement, car la mort spirituelle de l'âme était en nous le principe de la mort corporelle. Jésus-Christ est venu partager avec nous l'une de ces deux morts, la seule qui fut possible pour lui, mais en triomphant de cette mort par sa résurrection, il nous a fait triompher avec lui de la mort corporelle par la résurrection future dont la foi est le principe.

Mais toute déchéance est une souillure, car la loi de l'être est le progrès. Quiconque recule et descend se déshonore. Celui, dit Jésus-Christ, qui, ayant mis la main à la charrue, regarde en arrière n'est pas digne du royaume du ciel. Celui qui n'a jamais eu la vie peut être pur encore, mais celui qui, ayant eu la vie, l'a perdue est souillé.

La déchéance originelle est donc une tache que le baptême doit enlever.

Mais cette souillure n'est pas la seule. Satan, vainqueur d'Adam, non seulement l'a fait déchoir de l'état surnaturel, mais, autant qu'il l'a pu, il a perverti la nature elle-même, de sorte qu'il est tombé, et nous avec lui, bien au-dessous de l'état de nature dans lequel, selon l'enseignement de l'église, Dieu aurait pu nous créer et nous laisser.

Or le baptême ne peut nous réintégrer dans l'ordre surnaturel en nous laissant les infirmités naturelles, et, s'il ne les guérit pas immédiatement, il faut au moins qu'il dépose en nous le remède qui doit agir plus tard lors de la résurrection.

Le baptême a donc avant tout des souillures à purifier.

Jésus-Christ, voulant renfermer la grâce dans un signe sensible, devait en choisir un qui répondit à toutes les exigences du baptême, et nous pouvons voir combien ce signe est admirablement choisi.

L'eau est la matière du baptême. Or l'eau est naturellement l'instrument universel de la purification, elle est employée sans relâche à enlever les souillures matérielles. Elle est donc le symbole le plus convenable pour exprimer la purification spirituelle; aussi, de tout temps et dans toutes les religions, on retrouve l'eau employée dans ce sens aux cérémonies.

L'eau est encore le symbole de la vie. Tout ce qui vit dans la nature, vit par la circulation d'un liquide; de la sève dans les plantes, du sang dans les animaux. L'immobilité du solide exclut la vie, la pierre ne vit pas et le bois lui-même est mort dès que la sève ne circule plus dans ses fibres.

L'eau exprime donc parfaitement les deux fonctions du baptême qui doit purifier et vivifier.

Mais ce que l'eau fait naturellement, la forme ou la parole lui donne la vertu de le faire surnaturellement. La grâce change le symbole en réalité.

Je te baptise au nom du Père, du Fils et du Saint-Esprit, c'est-à-dire: élève-toi par la foi au-dessus des pensées terrestres, car je t'annonce le grand mystère qui les contient tous. Je te fais connaître le secret de Dieu. Comme Père, il est infiniment bon et puissant, c'est en lui que tu dois mettre ton espérance; comme Fils, il est la vérité même, c'est lui que tu dois croire; comme Esprit-Saint il est l'amour et la beauté parfaite, c'est lui que tu dois aimer par-dessus tout. Dieu est à la fois ton principe et ta fin; tu lui dois tout et tu ne peut être heureux que par lui; et, puisqu'il se dévoile à toi, tu deviens son fils et tu commence une nouvelle vie.

La plus grande partie de l'eau qui est sur la terre est mêlée de sel. L'Eglise mêle aussi le sel à l'eau qu'elle bénit, et avec laquelle elle baptise, elle met du sel sur la bouche de l'enfant en lui disant : *accipe sal sapientiæ*. Reçois le sel de la sagesse.

Nous avons déjà vu l'analogie de la foi et de la sagesse. La foi, en surnaturalisant l'entendement de l'homme, le rend participant de la sagesse divine.

Le mot de sagesse, *sapientia*, vient de *sapere*, goûter, savourer ; il exprime assez bien l'idée positive de l'unité et de l'être, idée vivante qui, chez nous, est presque un sentiment, un goût, un flair. Cette idée ne peut devenir parfaitement claire et distincte que par la correspondance de l'idée du non être qui, chez les êtres finis, fait toujours plus ou moins défaut. En Dieu, l'idée de l'être, qui est sagesse, tient aussi du sentiment, mais par son union avec l'idée parfaite du non être, elle devient lumière dans le Saint-Esprit, chez nous, elle reste toujours plus ou moins au premier état.

Le sel, qui est le type des assaisonnements, le sel qui rend tout aliment sapide, c'est-à-dire agréable au goût, est un vrai symbole de la sagesse ou de la foi, qui goûte et aime les mystères.

L'eau aussi est prise dans l'écriture comme symbole de la sagesse : *Et aqua sapientiæ potabit illum* (Ecli. 15-3), il l'abreuvera de l'eau de la sagesse.

C'est encore pourquoi Jésus-Christ a choisi l'eau pour matière du sacrement qui donne la foi, participation de la sagesse divine.

La foi, nous l'avons vu, est le contraire de la gourmandise.

Le baptême, qui élève vers l'une, éloigne de l'autre.

La gourmandise, c'est-à-dire la préoccupation exclusive de la nourriture terrestre, était l'état naturel. La foi que donne le baptême arrache à cette préoccupation, en faisant entrevoir une nouvelle vie et une nouvelle nourriture.

Le baptisé comprend la parole de Jésus-Christ : l'homme ne vit pas seulement de pain, mais de toute parole qui sort de la bouche de Dieu. Et celle de saint Paul : le juste vit de la foi. Et cette autre : nous qui sommes enfants de lumière, soyons sobres, ayant pour cuirasse la foi et la charité, et pour casque l'espérance du salut. *Nos autem qui diei sumus sobrii simus, induti loricam fidei et charitatis et galeam spei salutis* (1 Thess. 5-8).

En résumé le baptême s'adresse spécialement à l'entendement, que nous avons appelé une porte ouverte sur l'infini ; il s'élève à l'ordre surnaturel, en lui infusant la foi, première vertu théologale. Il transforme cet entendement en sagesse, qui est une participation du Verbe divin ; et, en faisant sentir à l'âme qu'elle doit vivre de la parole qui sort de la bouche de Dieu, elle l'arrache à la gourmandise qui est la préoccupation exclusive de la nature pour le pain qui doit la nourrir.

§ 2. — LA PÉNITENCE

Veritas liberavit vos (Joann. 3-32), la vérité vous délivrera.

Le mal, comme nous l'avons dit, n'est que la traduction en acte de l'erreur et du mensonge. Lucifer, le premier auteur du mal, est appelé par Jésus-Christ : le père du mensonge (8. 44).

Or pour détruire le mal, il faut avant tout anéantir sa cause, qui est le mensonge, et la seule chose qui puisse faire disparaître le mensonge, c'est la confession de la vérité, la vérité est donc essentiellement la guérison, la délivrance et le salut.

Voilà pourquoi, c'est la seconde personne, c'est-à-dire Dieu spécialement considéré comme vérité, qui est venu délivrer les hommes, et a pris le nom de Jésus, ou Sauveur.

Mais la vérité se saisit de deux manières : par la contemplation dans l'idée de l'être, par distinction dans l'idée du non être. L'idée de l'être en Dieu est sagesse, c'est elle qui a relevé l'homme dans le baptême ; l'idée du non être en Dieu est justice, c'est elle qui le relèvera dans le sacrement de pénitence.

Le sacrement de pénitence a pour but de remettre l'homme en participation de la justice divine dont le péché l'avait exclu ; c'est pourquoi Jésus-Christ a choisi, dans le mécanisme de la justice humaine, la matière qu'il devait élever à l'ordre surnaturel par une parole sainte.

« Qu'est-ce que la pénitence ? se demande saint Augustin, (Hom. 5o), c'est un jugement, mais un jugement dont la forme a quelque chose de bien particulier. L'homme s'érige un tribunal dans son propre cœur, il se cite devant lui-même, il se fait l'accusateur de lui-même, il rend témoignage contre lui-même, et enfin, animé d'un zèle de justice, il prononce lui-même son arrêt ».

Tout l'attirail de la justice humaine a pour premier but de découvrir la vérité sur la culpabilité d'un homme, et on sait que de difficultés on rencontre pour atteindre ce but. Mais s'il est difficile de connaître la vérité sur les défauts d'autrui, il l'est bien plus encore de la reconnaître sur ses propres défauts ; de là l'apologue si connu qui nous met sur le dos, une besace à deux poches.

> Pour nos défauts la poche de derrière,
> Et celle de devant pour les défauts d'autrui.

La dernière chose que l'on voit, la dernière chose que l'on consent à condamner, la dernière chose que l'on avoue du fond du cœur, ce sont ses propres fautes et ses propres sottises. Voir ses propres défauts est donc le plus haut degré du discernement, les condamner du fond du cœur est l'acte le plus héroïque de la justice et les avouer sans détour, le sublime de la sincérité et le plus grand hommage que la créature puisse rendre à la vérité. C'est pourquoi il est dit : *Justus prior est accusator sui* (Prov. 18-17), le juste est le premier accusateur de lui-même.

La miséricorde de Dieu est éternelle et infinie, elle tend toujours les bras à l'homme ; mais Dieu est la vérité même, tout en lui, même sa miséricorde, est dans une lumière incompatible avec les ténèbres du mensonge. Le mensonge met donc entre l'homme et Dieu une barrière infranchissable ; mais dès que l'homme chasse le mensonge de son cœur, dès que la vérité y brille, la miséricorde descend vers lui. Alors se réalisent ces admirables paroles du psaume.

Misericordia et veritas obviaverunt sibi. Justitia et pax osculatæ sunt.
Veritas de terra orta est et justitia de cœlo prospexit.

La miséricorde et la vérité sont venues au devant l'une de l'autre ; la justice et la paix se sont embrassées, la vérité s'est élevée de la terre et la justice a regardé du haut des cieux.

Lorsque la vérité est dans le cœur de l'homme, la justice divine regarde du haut du ciel, comme un homme dans une source vive où il voit son image, la justice divine se reconnait elle-même dans cette vérité ; elle imprime plus profondément sa propre image dans ce cœur sincère, et le rend participant d'elle-même. La miséricorde accourt au devant de la vérité qui s'élève de ce cœur juste ; alors ce cœur, qui avait été troublé et déchiré par le mal, rentre dans la paix. La justice et la paix se donnent un ineffable baiser. *Justitia et pax osculatæ sunt. Amen*, mille fois *amen*.

La responsabilité est attachée à la personnalité, et la personnalité humaine, comme nous l'avons vu, est limitée et circonscrite par l'idée du non-être ou l'intelligence, la plus défectueuse, et la plus faillible des facultés de l'homme. C'est au secours de cette faculté que vient surtout le sacrement de pénitence ; à la lumière de la foi, il élève son intelligence et lui fait reconnaître ses propres fautes ; par cette grâce il lui communique la vertu de justice, qui est une participation de la justice divine, il efface par là, même les dernières traces du venin de l'envie dont l'essence est l'injustice, et en replaçant l'âme dans la vérité, il lui rend la paix.

§ 3. — L'EXTRÊME-ONCTION.

« De même, dit saint Thomas (Supl. Q. 3 a. 1.), que le baptême est une régénération spirituelle, et la pénitence une résurrection spirituelle, l'extrême-onction est un traitement et un remède spirituel. »

Ainsi d'après cela : le baptême donne la vie, la pénitence la rend à ceux qui l'ont perdue, et l'extrême-onction a pour effet spécial de remédier à l'infirmité qu'a laissée le péché. Le baptême donne à l'âme la vie par la foi, cette vie est une vie nouvelle et surnaturelle: nouvelle, parce qu'elle donne un nouveau but à l'existence de l'homme hors de la terre; surnaturelle, parce que ce but est la vision intuitive, qui n'est proprement que la béatitude de Dieu.

Lorsque l'âme, par le péché mortel, se détourne complètement de ce but surnaturel en mettant sa fin dernière dans la créature, elle est en état de mort. Lorsque, sans renoncer au but surnaturel comme fin dernière, elle dévie de la ligne droite qui y mène, et se laisse attirer à droite et à gauche par les créatures, elle est malade. Le sacrement de pénitence, qui a pour but principal de lui rendre la vie qu'elle a perdue, doit aussi guérir les maladies que représente le péché véniel.

Mais, quand l'âme, délivrée de la mort et de la maladie proprement dite, est en convalescence, guérie mais débilitée, c'est le sacrement de l'extrême-onction qui est chargé de remédier à cette faiblesse.

Bien que le baptême et la pénitence aient seuls pour effet spécial d'effacer le péché, nous remarquerons ici que tous les autres sacrements ont plus ou moins cet effet, secondairement et accidentellement. Car, comme le dit saint Thomas, au sujet même de l'extrême-onction :

« L'augmentation de force que donne ce sacrement est l'effet de la grâce, laquelle est incompatible avec le péché. Il suit de là que, si l'extrême-onction trouve le malade en état de péché, soit mortel, soit véniel, elle commence par l'en retirer, pourvu qu'il n'y mette pas lui-même obstacle par sa mauvaise disposition, comme nous disons que peuvent le faire l'Eucharistie et la confirmation. C'est pour cela que saint Jacques ne mentionne que conditionnellement la rémission des péchés : s'il a des péchés, ils lui seront remis. *Si in peccatis sit remittentur ei* ». (Supl. Q. 30. a. 1).

Mais notre but étant de déterminer ce qui caractérise chaque sacrement, nous avons à rechercher en quoi consiste précisément cette infirmité spirituelle que doit guérir l'extrême-onction.

Nous l'avons souvent répété : la vie a pour principe l'unité, et la mort, la division. La vérité est une, c'est pourquoi elle est le principe de la vie intellectuelle; le mensonge est double. L'erreur est la division et la discorde de la pensée, c'est pourquoi l'erreur est la mort ou au moins la maladie intellectuelle. La vérité donne la vie selon sa nature. Naturelle, elle donne la vie naturelle, à l'intelligence surnaturelle elle donne la vie surnaturelle par la foi. De même, l'erreur naturelle obscurcit la raison; surnaturelle, elle exclut du royaume de Dieu.

Mais entre la vérité et l'erreur, entre la vie et la mort se trouve une infirmité intellectuelle qui est l'oubli. Je dis oubli et non ignorance ; l'ignorance est la faiblesse native qui précède la lumière et la force ; mais l'oubli est l'infirmité qui fait déchoir et perdre la force acquise. Dans quel état de faiblesse maladive l'oubli ne maintient-il pas l'humanité entière ? Quels avortements il multiplie dans nos œuvres ! Ceux qui gouvernent les hommes font des fautes, les combinaisons des généraux d'armée échouent, les savants se trompent dans leurs calculs, les orateurs manquent leur effet, les élèves sont refusés au concours, les artistes ne peuvent atteindre leur idéal, les ouvriers font des maladresses, et tous en contemplant le résultat disent : j'ai oublié ; si j'avais pensé à telle ou telle chose, cela ne serait pas arrivé. Aussi le prophète (Jérém.), s'écrie : *desolatione desolata est terra quia nullus est qui recogitet corde*. La terre est remplie de désolation parce que nul ne repasse ce qu'il sait en son cœur.

C'est surtout dans la vie surnaturelle que l'oubli nuit à l'homme. Si chacun avait continuellement présent à la pensée toutes les vérités religieuses qu'il connaît, ces vérités qui l'ont instruit, qui l'ont converti, qui l'ont touché, qui lui ont arraché des larmes, qui lui ont inspiré de si belles résolutions, quelle vigueur spirituelle n'aurait-il pas pour marcher dans la voie du salut ! Mais hélas ! quelle tiédeur nous donne l'oubli ? Aussi Dieu, après avoir donné la loi à son peuple, en recommande le souvenir avec des termes qui indiquent toute l'importance qu'il y attache : « Ces paroles que je vous ai dites aujourd'hui, vous les mettrez dans votre cœur, vous les répéterez à vos fils, vous les méditerez lorsque vous serez assis dans votre maison, lorsque vous serez en voyage, et pendant votre sommeil et à votre réveil, et vous les attacherez comme un sceau dans votre main, vous les mettrez entre vos deux yeux, et vous les écrirez sur le seuil et sur la porte de votre maison. » (*Deut.* 6. 6.).

Dieu dit aussi à Abraham : « Marche en ma présence (c'est-à-dire sans m'oublier) et tu seras parfait. »

Mais à cause de l'infirmité de notre mémoire, une idée efface l'autre, et les sensations qui nous assiègent continuellement font une telle poussière, que toute vérité disparaît au milieu du tourbillon.

Dans la vie humaine, il est un moment surtout où l'homme entre en lutte suprême contre cette infirmité de l'oubli ; ce moment est le dernier. Lorsqu'il se voit en face de la mort, il se recueille ; rappelle tous ses souvenirs, et, dans le silence des passions qui se taisent devant le tombeau, il fait son testament qui est le chef-d'œuvre de la prudence humaine.

Mais en même temps, l'homme doit régler des affaires d'une bien plus haute importance que les affaires humaines ; il faut aussi faire son testament spirituel. Le pas décisif approche, il faut couper court à toutes les indécisions, fixer irrévocablement sa volonté pour répondre au jugement de Dieu. C'est donc le moment d'écarter toutes les illusions de l'imagination et des sens, de recueillir tous ses souvenirs, de faire appel à toute sa prudence.

C'est ce moment que l'Église choisit pour présenter au fidèle le sacrement de l'extrême-onction, comme un remède à l'infirmité de l'oubli, et comme ce sont surtout les impressions des sens qui ont fait oublier la vérité divine, elle prie Dieu, en oignant les cinq sens, de pardonner et d'effacer tous les fantômes que les sens et la colère ont fait tourbillonner dans l'imagination des malades ; ainsi elle le laisse seul devant la grande pensée de l'éternité, qui est la mémoire et la prudence de Dieu, afin que la prudence du malade, participant à la prudence divine, devienne immuable comme l'éternité.

La matière de ce sacrement est admirablement choisie ; c'est l'huile. L'huile a été le plus ancien médicament employé par les hommes ; elle est le type primitif du remède, on la retrouve avec ce caractère dans toute la tradition.

« La plaie d'Israël, dit Isaïe, n'est pas bandée, ni ointe d'huile. » (ib. I. 6). Le Samaritain de la parabole verse l'huile et le vin sur les plaies du blessé. Il est dit des apôtres envoyés par Jésus-Christ : ils oignaient d'huile beaucoup de malades et les guérissaient (Marc VI 13). L'huile convient donc à un sacrement qui a pour but principal de remédier à une infirmité spirituelle.

Mais il y a plus, l'huile a pour but secondaire de guérir même la maladie naturelle.

« De même, dit saint Thomas, que le baptême, en même temps qu'il purifie l'âme de ses taches, a pour effet de nettoyer le corps ; ainsi cet autre sacrement procure à l'âme sa guérison en appliquant au corps le remède extérieur qui en est le signe ; et de même que le contact de l'eau du baptême procure la netteté du corps parce que l'élément qu'on y emploie y conserve comme ailleurs sa vertu, ainsi le contact de l'huile des infirmes a l'effet d'un remède appliqué au corps, c'est-à-dire la guérison du corps lui-même. Toutefois, il y a cette différence que l'action de l'eau sur le corps, dans le baptême, a pour effet de le nettoyer en vertu des propriétés naturelles de cet élément et par conséquent a toujours cet effet, au lieu que l'huile des infirmes n'opère pas la guérison du corps en vertu de ses propriétés, mais en vertu d'une volonté de Dieu toujours conforme aux lois de la sagesse. Donc, puisque la sagesse ne permet de vouloir un effet secondaire qu'autant que cet effet peut concourir à l'effet principal, il faut admettre que la guérison du corps ne doit être l'effet de l'extrême-onction, qu'autant qu'elle peut contribuer au bien de l'âme, mais qu'une fois cette condition posée, l'extrême-onction produit toujours cet effet, à moins qu'il n'y ait obstacle dans les dispositions personnelles de celui qui la reçoit (Sup. Q. 3o a. 2). »

En résumé : entre la vérité qui est la vie de l'âme et l'erreur qui est sa mort, il y a l'oubli qui est l'infirmité de la mémoire. C'est donc spécialement au secours de la mémoire que vient le sacrement de l'extrême-onction. Au moment où il faut faire avec prudence le testament spirituel, ce sacrement, en apaisant les impressions des sens qui agitent l'imagination, délivre l'âme de tout trouble et de toute colère; il la revêt de la vertu de prudence qui est une participation à l'immuable éternité; et, par ce calme de l'âme auquel s'ajoute au besoin une grâce secondaire spéciale, elle guérit même le corps, lorsque cela est utile au mourant et conforme à la volonté divine.

§ 4. — Le mariage.

Dans les trois sacrements dont nous venons de parler, Jésus-Christ a pris trois actes humains, le bain, le jugement, la médication; et, les élevant par la puissance de son verbe, il leur a fait produire un fruit surnaturel, la grâce qui, sous trois formes différentes, relève trois de nos facultés, l'entendement, l'intelligence et la mémoire et leur inspire trois vertus, la foi, la justice et la prudence.

Dans le mariage, c'est sur la vie même, principe générateur de toutes les autres facultés, que la grâce vient se répandre. Elle trouve comme matière, et comme préface une œuvre déjà organisée, comme un sacrement naturel qu'il suffira de surnaturaliser.

Le mariage a pris naissance dans les splendeurs du paradis terrestre, avant la déchéance originelle. Dieu lui donna sa bénédiction et Adam alors le seul roi et le seul pontife en proclama les lois. C'était déjà comme un sacrement de la vie qui en réglait la transmission, et réalisait alors en même temps la béatitude naturelle.

Il a conservé, malgré la déchéance originelle, une partie de la vertu primitive, en perpétuant dignement la vie sur la terre. Comme le dit l'Eglise dans la bénédiction des époux : ô Dieu qui avez donné à l'union de l'homme et de la femme une bénédiction, la seule que n'ait point effacée la punition du péché originel ni le décret du déluge.

Aussi le mariage, même naturel, avait pour influence de détourner du vice et d'attirer à la vertu qui correspondent à la vie et que nous savons être la paresse et l'espérance.

Dieu avait dit : il n'est pas bon que l'homme reste seul. Supposons en effet, l'homme condamné à rester seul sur la terre; quelle monotonie ! quel ennui ! quel découragement ! en un mot, quelle paresse ! Mais voici le mariage, avec les enfants apparaissent les espérances et les projets. Cette famille est la racine d'un peuple ; ces enfants grandiront, se multiplieront, formeront une cour et un royaume au père de famille. Il faut songer à leur avenir, les nourrir, les élever, les établir, les gouverner. Quel inépuisable aliment, quel puissant aiguillon pour l'activité ! Aussi la paresse s'enfuit, et le père plein de ses projets travaille sans relâche.

Mais dans le mariage chrétien, il faut un secours supérieur qui est la grâce, parce que ce n'est plus des espérances humaines mais l'espérance divine qu'il s'agit de concevoir et de réaliser.

Ce n'est pas seulement sur la terre, mais surtout dans le ciel que les pères doivent préparer un établissement à leurs enfants.

La tâche est difficile et entravée de mille obstacles ; les besoins de la terre sont pressants ; la faim crie plus haut que tout le reste et ne laisse point de répit ; les enfants sont peu dociles, et inclinés vers la terre par tous leurs penchants et tous leurs instincts ; quelle foi, quelle espérance inébranlable ne faut-il pas pour suivre, sans se décourager, le grand but de la destinée surnaturelle, malgré les obstacles que l'on rencontre et en soi et en ses enfants. Ah ! certes, il faut une grâce bien spéciale et bien puissante pour remplir les obligations du mariage chrétien et le sacrement n'est pas de trop.

Le mariage, dit saint Paul, est un grand sacrement en Jésus-Christ et son Eglise. Jésus-Christ est venu sur la terre pour élever les hommes à l'ordre surnaturel, et c'est par l'Eglise qu'il enfante à cette nouvelle vie les générations qui se succèdent jusqu'à la fin des temps.

Le mariage chrétien doit tendre au même but et participer à la même œuvre ; c'est en cela qu'on peut l'appeler un grand sacrement en Jésus-Christ et son Eglise. C'est pourquoi, Jésus-Christ et son Eglise sont proposés pour modèle aux époux chrétiens. « Hommes, dit saint Paul, aimez vos épouses comme Jésus-Christ aime son Eglise, » et comme il n'y a qu'un seul Christ et qu'une seule Eglise qui resteront unis toute l'éternité, le sacrement n'admet qu'un seul époux et une seule épouse unis par un mariage indissoluble.

Nous sommes les enfants des Saints, disait le jeune Tobie, et nous ne pouvons nous unir comme les nations qui ne connaissent pas Dieu.

De tout temps, Dieu a donné des grâces à ceux qui se sont mariés dans de saintes dispositions ; mais, ces grâces, qui n'étaient accordées qu'à des privilégiés, le sacrement les donne plus spéciales et plus abondantes aux vrais chrétiens pourvu qu'ils aient des dispositions ordinaires.

Nous sommes les enfants des Saints ; voilà la vraie noblesse.

Ce sont toujours des hommes vertueux qui ont fondé les grandes races, l'honneur et le salut de l'humanité.

Dans ta race, dit Dieu à Abraham, seront bénies toutes les nations de la terre. Les arbres généalogiques fleurissent tant que la vertu s'y maintient ; mais le vice les flétrit et quelquefois les fait entièrement périr.

Malheureusement, un grand nombre ne voient, dans le sacrement du mariage, qu'une formalité ; ils n'ont, en le recevant, aucune des dispositions nécessaires pour recevoir la grâce qui lui est propre, et qu'ils rendent ainsi inutile. Aussi, un grand nombre de familles toutes matérielles ne produisent aucun fruit de sainteté. Elles sont semblables à des sauvageons et à des buissons qui encombrent la terre ; quelques-unes mêmes semblent maudites et souillent la société comme une plante vénéneuse de parc ou jardin. Enfin, au milieu de cette confusion, quelques familles saintes font briller leurs fleurs et répandent leurs parfums, comme le lys parmi les épines, *sicut lilium inter spinas*.

La matière de ce sacrement est le contrat verbal par lequel les époux s'acceptent mutuellement, la parole qui confère le sacrement est la réponse affirmative que les époux font à l'Eglise, et le témoignage de l'Eglise donne à cette parole la vertu surnaturelle qui produit la grâce, quand elle n'est pas d'ailleurs empêchée, mais toujours le lien est noué indissolublement.

En résumé, le mariage est le sacrement de la vie. Le mariage ancien était déjà comme un sacrement naturel qui réglait la transmission de la vie, qui stimulait la paresse native, et par la prévision de la race ouvrait un vaste horizon à l'espérance humaine. Le sacrement institué par Jésus-Christ a pour but de surnaturaliser tout cela, il prend pour matière le contrat ancien qu'il sanctifie par la signature de l'Eglise. Alors il ne s'agit plus seulement de transmettre la vie naturelle, mais encore la vie surnaturelle de la foi. La grâce du sacrement doit guérir le désespoir où l'oubli du ciel, en mettant dans le cœur des parents chrétiens, pour eux et pour leurs enfants, l'espérance surnaturelle qui est la seconde des vertus théologales.

§ 5. — La confirmation

La confirmation, comme son nom même l'indique, a pour but d'affermir, de confirmer l'œuvre du baptême. Le baptême, disent toutes les théologies, nous fait enfants de Dieu, et la confirmation nous fait parfaits chrétiens c'est-à-dire hommes de Dieu. Le baptême donne la naissance, la confirmation, l'accroissement et la force.

La confirmation correspond donc à la vertu de force et par conséquent à la faculté que nous avons appelée liberté et volonté.

Comme nous l'avons déjà dit la vie est une expansion toujours immanente, un ressort toujours tendu, qui agit dès qu'il n'est pas empêché de le faire, autrement dès qu'il est libre. Mais une vie intelligente est invinciblement liée par l'ignorance ; pour qu'elle puisse agir, il faut lui faire connaître un but, c'est pourquoi la lumière délie la vie et produit la liberté ou la volonté, et elle la délie d'autant plus qu'elle est plus complète et plus claire.

Mais il s'agit de délier la vie surnaturelle qu'a donnée le baptême, il faut donc que le but surnaturel de l'activité soit montré par une lumière surnaturelle aussi. Or, la lumière surnaturelle c'est-à-dire divine étant le Saint-Esprit, il faut que le Saint-Esprit se donne dans la confirmation, et c'est ce qu'enseigne l'Eglise.

La foi infuse que donne le baptême est bien une lumière, mais infinie dans son essence et confuse encore comme l'idée de l'être à laquelle elle correspond ; sous son influence, la liberté du chrétien n'est pas encore complète. Mais lorsque l'Esprit Saint, qui est la lumière dans sa perfection infinie, éclaire l'âme, toute entrave est ôtée et la vie chrétienne, débarrassée de toute incertitude, de toute hésitation, se développe avec la puissance irrésistible qui a rendu les martyrs vainqueurs du monde.

Les effets de la grâce dans le sacrement de confirmation dépendent des dispositions de ceux qui le reçoivent, et malheureusement elles sont souvent très-imparfaites.

Mais le changement qui se fit dans les apôtres à la réception de l'Esprit Saint montre quelle est sa vertu.

L'huile encore a été admirablement choisie pour la matière de ce sacrement, puisqu'elle symbolise triplement la grâce que reçoit le confirmé.

L'huile est un symbole de force, les athlètes s'en frottaient les membres pour leur donner plus de vigueur. Elle est avant tout symbole de joie et de lumière ; elle est le type traditionnel du luminaire, c'est elle qui entretient les lampes des vierges sages, dans la parabole. Enfin, elle est aussi symbole du détachement, que nous savons être la principale partie de la vertu de force. Dans toutes les machines du monde, c'est l'huile qui évite le frottement et donne la liberté à tous les rouages de traduire la puissance du moteur.

Cette huile, consacrée par l'évêque, est mise en forme de croix sur le front au nom du Père, du Fils et du Saint-Esprit, et, acquérant par cette parole sainte une vertu surnaturelle, elle donne au confirmé la lumière de l'Esprit Saint qui lui montre le but de son action, la force d'atteindre ce but, et le détache de tout ce qui est fini, qui laisse une liberté entière au mouvement de l'âme, dans son élan vers l'Infini.

Le chemin que le confirmé doit parcourir pour arriver au but, l'œuvre qu'il doit réaliser par la force, qu'il a reçue, ce sont les sept vertus.

C'est au moment d'agir surtout qu'il est nécessaire de voir clairement tous les détails de l'œuvre, et c'est alors qu'il est bon d'être aidé ; c'est pour cela que l'Eglise demande au Saint-Esprit de descendre sur celui qui doit être confirmé avec ses sept dons.

Seigneur, dit-elle, faites descendre du ciel sur eux votre Esprit aux sept dons.

L'esprit de sagesse et d'intelligence
L'esprit de conseil et de force
L'esprit de science et de piété
Remplissez-les de l'esprit de votre crainte.

Voici encore une lyre à sept cordes, écoutons-en l'harmonie :

Pourquoi ces sept dons, sinon pour enrichir les sept facultés de notre âme, et lui aider à réaliser les sept vertus ? Comme nous l'avons déjà remarqué, le don de force et la vertu de force, malgré la ressemblance du nom, n'ont pas le même sens.

Le don est ajouté au principe et à la nature, la vertu est la perfection même de cette nature, la réalisation du principe par l'action.

Le don d'une pièce de monnaie est cette pièce de monnaie ajoutée au trésor, et sa vertu est l'acquisition d'une chose utile qui résulte de l'emploi qu'on en fait.

Le don de force convient au grand ressort qui meut tout à la vie ; et la vertu que ce don exalte est l'espérance qui est le moteur de toutes les vertus.

« La force, dit Saint-Thomas, en tant que vertu, porte bien l'âme à supporter tous les périls, mais elle ne saurait lui donner la confiance d'y échapper ; ceci n'appartient qu'à la force qui est un don du Saint-Esprit (a¹ 2ᵐ Q 139. A. I). »

Le don qui convient à la liberté dont la vertu est la force, c'est le conseil qui dirige cette force, qui indique nettement la route et prévient les hésitations et les retards.

Le don de sagesse est une communication de cette sagesse divine que nous savons être l'idée de l'être. Dieu en a une conscience infiniment parfaite, et nous n'en n'avons qu'un sentiment confus, parce que chez nous l'idée du non être n'y correspond pas. Lors même que Dieu nous révèle par sa parole ce qu'il est, cette parole, loin d'entrer dans notre conscience, ne fait que l'effleurer. Mais lorsque l'Esprit-Saint se communique à notre entendement par le don de sagesse, il y répand un sentiment intime ineffable qui nous fait goûter ces vérités révélées et nous rend heureux de les posséder. C'est alors que la foi est vivante en nous, et qu'elle produit tous les fruits admirables de l'ordre surnaturel dont elle est la première source.

Le don d'intelligence rapproche l'intelligence de l'homme de cette justice divine, à qui rien n'échappe. Il l'aide à distinguer le bien du mal, le vrai du faux, le juste de l'injuste, et surtout les choses saintes de celles qui ne le sont pas; il lui fait ainsi éviter les milles pièges qui sont sous les pas de l'homme, dans ce monde déchu où l'esprit du mal a semé partout le mensonge.

Le don de science vient au secours de la mémoire, il lui donne la force de conserver tout ce qu'elle a jamais appris de ces belles choses de la grâce, tout ce que l'esprit a pu concevoir ou pressentir des mystères divins. Il fait prédominer la science divine et surnaturelle sur la science naturelle et matérielle qui ne doit tenir que le second rang dans l'âme régénérée : et, en donnant à la mémoire cette puissance de conservation et d'unité qui est la perfection de la science, il la rapproche de plus en plus de cette magnifique éternité par laquelle Dieu possède son existence tout entière dans l'unité d'un seul regard.

On donne le nom de piété à l'affection dévouée que nous avons, soit pour nos parents, soit pour notre patrie, soit pour Dieu. Ces trois affections renferment presque tous les rapports que nous avons avec les autres êtres, la piété est donc le sentiment même de l'harmonie universelle et par conséquent le sens social par excellence. « La piété, dit saint Thomas, n'est autre chose que l'amitié (2^a 2^{ae} Q 121 a. 1), elle convient donc à la troisième de nos facultés que nous avons appelée : raison, amitié, harmonie. »

Mais il ne s'agit plus ici de la société naturelle; la foi nous donnant une nouvelle vie intellectuelle, une nouvelle lumière, nous indique de nouveaux rapports entre nous et Dieu d'abord, puis entre nous et ceux qui, à divers degrés, représentent Dieu, nos parents, notre patrie, nos supérieurs, nos frères en Jésus-Christ. Ces nouveaux rapports constituent une société spirituelle, qui comprend dans ses frontières immenses, non seulement toute la terre mais encore le purgatoire et le ciel; et le lien de cette société divine est la charité.

C'est donc pour réaliser la charité, troisième vertu théologale, que l'âme reçoit le don de piété.

On distingue deux craintes : la crainte servile et la crainte filiale. Celle de l'esclave qui travaille pour éviter le châtiment, et celle du fils qui travaille de crainte que la satisfaction de son père ne soit complète. « La crainte servile, dit saint Thomas, redoute la peine du péché, la crainte filiale redoute le péché lui-même (2^a 2^{ae} Q 19. a. 5). »

La crainte servile est quelquefois le premier mouvement de l'homme qui s'arrête dans le mal pour retourner à Dieu, elle est alors, selon la parole du psaume, le commencement de la sagesse : *Initium sapientiæ timor Domini*. Mais la crainte filiale est le sommet de la sainteté. Aussi saint Augustin (liv 3, Q 36) dit : « La crainte de Dieu n'est pas seulement le commencement mais aussi le perfectionnement de la sagesse. »

C'est ce perfectionnement qui est le don du Saint-Esprit. La crainte filiale est la délicatesse, l'extrême sensibilité de l'amour, c'est elle qui fait éviter non seulement les fautes graves, mais encore les plus légères, l'ombre même du péché.

> Une ombre, un rien, tout lui fait peur
> Quand il s'agit de ce qu'il aime. (*La Fontaine*)

« C'est pourquoi, comme le dit saint Thomas (2ª 2ª Q 141 a. 1), le don de crainte correspond à la tempérance, qui est, comme nous l'avons vu, la vertu de la sainteté et le sommet de la perfection naturelle. »

« Il est nécessaire, dit encore saint Thomas (2ª 2ª Q 19 ; a. 10), que la crainte filiale augmente à mesure que la charité augmente elle-même, car plus on aime quelqu'un plus on craint de l'offenser et d'en être séparé. »

Cette fleur de la sainteté sera encore le plus bel ornement du ciel. « Quand la charité sera parfaite dans le ciel, la crainte filiale deviendra parfaite elle-même, comme le dit le psaume, *timor Domini permanet in seculum*, la crainte du Seigneur demeure éternellement (2ª 2ªᵉ Q 19. a. 11). »

Enfin, la crainte est spécialement la haine du mal qui est un caractère essentiel de la sainteté.

Ainsi le Sacrement de confirmation est celui qui, dans la carrière surnaturelle, délie la liberté de l'âme, c'est par la lumière ou l'Esprit-Saint qu'il donne la vertu de force, qui est le mouvement sans obstacle de la vie, vers le but proposé. Ces obstacles sont surtout le frottement, c'est-à-dire tous les attachements naturels, étrangers au but surnaturel. Le don de conseil, qui est le premier effet de la lumière, fait distinguer le vrai but de tous les faux attraits, et empêche d'être arrêté par eux.

Par les sept dons du Saint-Esprit, ce sacrement donne un secours à toutes les facultés de l'âme, et vient par là même en aide à tous les autres sacrements; il complète le fruit de ceux qui sont déjà reçus, et pose dans l'âme une pierre pour ceux qui ne seront reçus que plus tard.

§ 6. — L'ordre

C'est la faculté que nous avons appelée raison, amour d'amitié, sens de l'harmonie, qui comprend les rapports possibles entre les hommes, les organise et réalise ainsi la société naturelle.

C'est aussi à cette faculté que doit s'adresser spécialement la grâce pour lui donner la puissance de réaliser la société surnaturelle ; et pour cela elle doit faire épanouir dans l'âme la vertu de charité et le don de piété, qui sont une émanation de la lumière de l'Esprit Saint.

La société humaine, chef-d'œuvre harmonique de la raison, consiste à ramener une masse confuse d'hommes à l'unité, en la rattachant à un pouvoir central qui règle, dirige et harmonise la multitude. Le pouvoir agit sur la masse au moyen d'une hiérarchie à laquelle il communique son autorité ; cette hiérarchie qui descend de lui en se ramifiant jusqu'aux extrémités de la société, est comme un vaste filet, qui environne, contient et porte la masse entière. L'évangile, dans les deux pêches miraculeuses, nous représente deux sociétés : la société imparfaite, non définie par le nombre, dont les filets se rompaient ; et la société parfaite des cinquante trois poissons dont les filets ne se rompaient pas.

Dans la société surnaturelle, œuvre harmonique de l'Esprit-Saint, c'est Dieu qui est le pouvoir central auquel tout doit se rattacher ; l'unité de ce pouvoir est représentée sur la terre par le souverain pontife au-dessous duquel se ramifie toute la hiérarchie sacerdotale, dont la fonction est d'éclairer, de guider, d'entraîner, de porter pour ainsi dire la multitude des fidèles jusqu'au but qu'elle doit atteindre et dans lequel elle aura son repos.

Toute l'organisation et l'harmonie de la société, résultat de l'action du pouvoir par la hiérarchie, se résument en un mot : l'ordre ; c'est pourquoi le sacrement qui doit donner aux membres de la hiérarchie sainte la grâce nécessaire pour accomplir leur mission, s'appelle le sacrement de *l'ordre*.

La plus importante fonction du pouvoir dirigeant, du moins dans une société spirituelle, est d'être lumière. Aussi Jésus-Christ disait à ses apôtres sur la montagne : « Vous êtes la lumière du monde. » (Mat. 5. 14).

Dans la trinité, c'est le Saint Esprit qui est le lien social entre le Père et le Fils, c'est lui aussi qui est spécialement la lumière. La société surnaturelle est composée de ceux qui ont la vie surnaturelle, et cette vie est l'état de grâce, c'est-à-dire l'habitation du Saint Esprit dans nos âmes.

Le lien de cette société est la charité, c'est-à-dire cette même habitation du Saint-Esprit; selon le texte déjà souvent cité : « La charité a été répandue dans nos âmes par l'Esprit Saint qui nous a été donné. Les ministres qui sont chargés de diriger cette société sont donc sur la terre les représentants spéciaux de l'Esprit Saint, c'est pourquoi ils sont avant tout lumière.

Le prêtre est lumière, d'abord de la société surnaturelle, parce qu'il annonce la parole de Dieu qui éclaire tout homme venant en ce monde ; parce qu'il garde le dépôt de la révélation qui contient tous les secrets de la vie surnaturelle, et tous les moyens de la réaliser, secrets et moyens que l'homme abandonné à lui-même n'aurait pas même soupçonnés.

Le prêtre est encore la lumière du monde dans un autre sens, car il l'est même du monde naturel, parce que nul n'est mieux que lui en position de tirer de la raison tout le parti possible.

L'Esprit Saint est la lumière parfaite parce qu'il est l'harmonie des deux idées de l'être et du non-être qui, toutes deux parfaites et infinies, sont en lui ramenées à l'unité. Dans l'homme naturel l'idée de l'être est confuse, celle du non-être incomplète et défectueuse, et souvent elles semblent se contredire.

La révélation et la foi donnent à l'idée de l'être une grande augmentation de clarté. Ce développement de l'idée positive provoque la réponse et le développement parallèle de l'idée négative du non-être, qui constitue la science proprement dite, et la plus grande lumière de la raison a lieu lorsque la science arrive à s'unifier à la foi et produit ainsi la parfaite harmonie de la pensée.

Mais c'est surtout dans l'âme du prêtre que cette union peut se produire. Chez l'homme du monde l'équilibre des deux éléments est rare, et la balance tend à pencher du côté de la science. La foi est de sa nature certaine et immuable, la science mobile est sujette à l'erreur. Lorsque la science, entraînée par le courant des systèmes s'égare et s'éloigne de la foi, le savant dépense inutilement l'activité de son intelligence, il perd un temps précieux et, loin de faire avancer la science, il la fait reculer quelquefois jusqu'aux abîmes de l'absurde. Le prêtre comme homme participe à la science de son temps, mais chez lui la foi qui domine est comme un phare brillant qui montre les écueils et empêche d'y tomber. Sa marche est donc sûre; il n'a pas sans cesse à revenir sur ses pas; il ne perd point de temps, ne fait pas de travail inutile, et tout ce qu'il fait pour la science lui est profitable.

Aussi dans l'antiquité, malgré l'imperfection de la foi, c'est encore dans les sanctuaires où se conservaient les débris de la tradition que se conservaient aussi les sciences.

Et si l'on pouvait supprimer d'un coup tout ce qui, depuis Jésus-Christ, a été écrit par un prêtre, le monde serait épouvanté de la nuit qui se ferait dans le ciel de la pensée.

De toute manière, le prêtre reste donc la lumière du monde, et, plus que tout autre, il est placé au point de vue le plus favorable pour voir les choses sous leur vrai jour, et contempler la vérité aussi complète et aussi pure qu'il est possible de le faire en ce monde.

Le second caractère imprimé au sacerdoce par l'Esprit Saint, qui est à la fois lumière et amour, c'est le dévouement. Ce caractère à peu près inconnu dans l'antiquité païenne et rare encore dans la société moderne, malgré l'influence du christianisme, est spécialement recommandé aux ministres de la société surnaturelle. Jésus, dit saint Mathieu, (cap. 20) appela ses apôtres autour de lui, et leur dit : « Vous savez que les princes des nations les dominent et que ceux qui sont les plus grands exercent la puissance sur elles. Il n'en sera pas ainsi parmi vous; mais que celui qui voudra être le plus grand entre vous soit à votre service; et celui qui voudra être le premier d'entre vous, sera votre serviteur, comme le fils de l'homme qui n'est point venu pour être servi, mais pour servir et donner sa vie pour la rédemption de plusieurs. »

Ces admirables paroles de Jésus-Christ ont rempli le monde des merveilles de la charité, le pouvoir religieux, au lieu d'être une domination égoïste, est devenu un service social, et le chef suprême de l'Eglise prend le nom de serviteur des serviteurs de Dieu : *Servus servorum Dei*.

Néanmoins avec la liberté il est impossible que, sur le grand nombre des ministres de Dieu, quelques-uns ne faillissent pas à leur mission. Parmi même les douze apôtres, il s'est trouvé un traître, mais l'exception ne détruit pas la règle, et, malgré tout, le contraste indiqué par Jésus-Christ entre le monde et l'Eglise subsiste et frappe les regards de tous ceux que n'aveuglent pas la haine ou la passion.

C'est pourquoi toutes les grâces que donne l'ordre sont moins pour celui qui reçoit le sacrement que pour la société chrétienne, et le premier devoir de l'ordonné est de communiquer à tous la grâce qu'il a reçue.

Ce n'est que dans l'Evêque que le sacerdoce est complet, et que toutes les grâces du Sacrement se trouvent réunies; mais toutes ont pour but la société chrétienne tout entière.

L'Evêque, dit le consécrateur, doit juger, interpréter, consacrer, ordonner, offrir le sacrifice, baptiser et confirmer.

Juger, c'est tout le gouvernement de l'Eglise, c'est le réseau qui maintient tout dans l'unité, car le jugement de l'évêque qui maintient le diocèse est soumis au jugement du pape, centre qui ramène à l'unité toute l'église, et cette unité a sa plus éclatante manifestation dans l'unanimité des grands conciles, où tous les jugements résonnent à l'unisson.

Interpréter, c'est l'enseignement religieux qui a été le grand précepte de Jésus-Christ aux Apôtres : allez, enseignez toutes les nations ; *ite docete omnes gentes*, c'est-à-dire, répandez dans tout l'univers la lumière qui est en vous, car on ne vous l'a point donnée pour la mettre sous le boisseau de votre contemplation solitaire, mais pour la distribuer à tous. C'est pourquoi saint Paul disait : *Vœ mihi si non evangelisa vero*, malheur à moi, si je ne répands pas la bonne nouvelle.

Cet enseignement est appelé interpréter, parce qu'il n'est pas le simple énoncé de la foi, mais l'appropriation des vérités de la foi aux intelligences, par leurs combinaisons avec la science telle qu'elle existe au moment de l'enseignement, soit dans l'ensemble de la société, soit dans l'intelligence particulière qu'on veut éclairer.

Si la science était parfaite, elle serait toujours en harmonie avec la foi, car la vérité est une et ne peut combattre contre elle-même. Mais la science est toujours incomplète en ce monde et sujette à l'erreur, selon cette parole de Pascal : « L'omission d'un principe mène à l'erreur ».

C'est pourquoi elle change sans cesse et, dans sa marche irrégulière, elle vient se heurter contre la foi. Plutôt que de rentrer elle-même dans le droit chemin, elle est souvent tentée d'écarter la foi qui la gêne. Mais l'Eglise est là pour interpréter, pour juger jusqu'où on peut aller, et où il faut s'arrêter. Elle est cette barrière de sable que Dieu a mise au bord de la mer orageuse de la science, en lui disant : tu iras jusque là mais tu ne passeras pas plus loin. *Huc usque venies et non procedes amplius*.

Cette interprétation est l'œuvre de tous les instants, car à tout instant la surface de la science se modifie, soit dans la société, soit dans chaque tête, il faut donc continuellement interpréter, pour conserver intact le dépôt de la foi ; et l'expérience a montré contre les protestants que la Bible ne suffit pas.

C'est encore pour les autres que l'évêque reçoit le pouvoir de consacrer d'autres évêques, d'ordonner des prêtres, de confirmer les fidèles et de baptiser ; et si, dans le saint sacrifice qu'il offre ainsi que le prêtre, il peut puiser pour lui-même à la source des grâces, ce n'est qu'après avoir prélevé la meilleure part pour l'Eglise et le peuple, car il dit au commencement du Canon : Père clément, bénissez ce sacrifice que nous vous offrons avant tout pour notre sainte Eglise : *In primis quæ tibi offerimus pro Ecclesia tua sancta*. C'est pourquoi salut. Paul dit que le pontife est établi d'abord pour le peuple, *omnis pontifex ex hominibus assumptus pro hominibus constituitur ut offerat.*

Enfin le célibat chez le prêtre a un caractère différent que chez les religieux. Les vierges qui se renferment dans le cloître font volontairement vœu de chasteté, pour conserver sans tache la fleur de leur sainteté. Mais on impose ce vœu au prêtre, afin que, libre de tout lien terrestre, il puisse consacrer au salut des autres sa personne tout entière et sa vie même au besoin, selon cette parole de Jésus-Christ : Le bon pasteur donne sa vie pour ses brebis, *Bonus pastor animam suam dat pro ovibus suis.*

« Celui qui a une épouse, dit saint Paul, est inquiet des choses de ce monde, et préoccupé de plaire à son épouse et il est divisé dans son amour ; mais celui qui n'a pas d'épouse, délivré d'inquiétude terrestre, est tout entier à Dieu. » *Volo autem vos sine sollicitudine esse ; qui sine uxore est sollicitus est quæ Domini sunt quo modo placeat Deo. Qui autem cum uxore est sollicitus est quæ sunt mundi, quomodo placeat uxori et divisus est.*

L'huile reparaît encore dans le sacrement de l'ordre.

On en fait une onction sur la main tout entière de l'évêque, à qui est donnée la plénitude du sacerdoce, et sur deux doigts seulement du prêtre chez lequel une partie du pouvoir que donne l'ordre reste lié.

Remarquons encore ici que la main est par excellence l'instrument par lequel l'homme agit sur tout ce qui lui est extérieur. Ainsi cette onction que le confirmé reçoit sur le front pour sa sanctification propre, l'ordonné la reçoit sur les mains pour agir au dehors, et communiquer la sanctification aux autres.

L'huile renferme encore en elle un autre symbole, non moins admirable que les précédents. Elle est le type de tous les parfums qui ont la forme d'onguent. Le parfum répand autour du corps une atmosphère embaumée, qui semble revêtir le corps d'une nature supérieure, et en cela il est le symbole de l'ordre surnaturel qui nous rend selon l'expresssion de saint Pierre participants de la nature divine. *Divinæ consortes naturæ.*

De tout temps, aussi bien sous l'ancienne loi que sous la nouvelle, l'onction par l'huile embaumée a été le mode de consécration de tous ceux qui, à divers points de vue, devaient représenter Dieu dans la société, soit les rois, soit les pontifes.

Ces onctions ne sont par elles-mêmes que des figures de la véritable onction de la grâce par laquelle nous sommes revêtus d'un reflet de la nature divine. C'est pourquoi l'huile est dans l'écriture signe de la joie. Vous avez donné l'huile, dit le psaume, afin que l'homme réjouisse sa face : *ut exhilaret faciem in oleo* (ps. 103). Dieu, dit Isaïe, nous rendra l'huile de la joie à la place du deuil. *Oleum gaudii pro luctu* (Is. 61. 3).

Mais l'adoption des enfants de Dieu par la grâce n'est qu'un reflet et une participation de l'onction parfaite par laquelle l'humanité de Jésus-Christ est revêtue personnellement de la divinité du verbe. C'est pourquoi Jésus est appelé le Christ, c'est-à-dire l'oint par excellence, et David voyant le Christ en esprit prophétique, lui adresse ces paroles : O Dieu, votre Dieu vous a oint d'une huile de joie, d'une manière bien plus excellente que ceux qui partagent votre sort. *Unxit te Deus, Deus tuus oleo letitiæ præ consortibus tuis.*

Par cette onction, l'humanité du Christ est constituée roi et prêtre de toute la création ; roi des rois comme il est appelé dans l'Apocalipse, prêtre pour l'éternité, selon l'ordre de Melchisédech, comme le dit le psaume. Par sa royauté, le Christ commande à toute la création, et a la mission de juger ; par son sacerdoce il est le possesseur de la vie surnaturelle, le médiateur unique entre Dieu et l'homme, et lui seul peut communiquer aux créatures qu'il choisit cette vie qu'il possède en propre. Enfin par son sacerdoce, lui seul peut être sauveur, offrir un sacrifice acceptable et efficace, et réparer le mal.

Il a pris l'huile comme signe de la transmission de l'onction par laquelle il est Christ, en la mettant sur le front du confirmé, il rend parfaite l'adoption des enfants de Dieu qui avait été accordée dans le baptême ; en la mettant sur les mains de l'ordonné, il le rend participant de son sacerdoce et lui donne le pouvoir de transmettre avec ces mains consacrées l'adoption sainte au reste du peuple.

Le sacerdoce résume tout. C'est lui qui est chargé d'administrer les sept sacrements et c'est par eux qu'il communique la grâce.

C'est par le secours des sept dons du Saint-Esprit, qui ont été appelés sur lui pendant l'ordination qu'il remplit ses nombreuses fonctions ; et le résultat qu'il doit obtenir, c'est de faire pratiquer à tous les sept vertus.

Les fonctions du sacerdoce, qui renferme tous les rouages d'une administration complète, sont donc très-nombreuses. Aussi, dès le temps des Apôtres on sentit le besoin de dédoubler ces fonctions qui les accablaient, et de les classer. On commença par l'institution des sept diacres qui est racontée dans les actes des Apôtres ; à mesure que l'Eglise grandissait, il fallut dédoubler encore. Enfin le sacerdoce, après avoir épuisé ses replis, s'est trouvé au milieu de l'Eglise composé de sept termes comme le chandelier à sept branches qui le préfigurait dans le temple de Salomon.

Il y a en effet sept ordres et il faut sept ordinations pour faire un prêtre ; ces ordres sont ceux de portier, de lecteur, d'exorciste, d'acolyte, de sous-diacre, de diacre et de prêtre.

Si nous examinons les fonctions de ces sept ordres, nous y verrons facilement les traces des sept vertus que les ordonnés doivent pratiquer et faire pratiquer aux autres, et par là ce septenaire entre en harmonie avec les autres.

La fonction de portier qui est la première que donne l'Eglise, paraît une émanation de la justice divine; car c'est le portier qui, dans le temps où les pécheurs et les catéchumènes étaient exclus de l'assistance aux mystères, devait au commencement du sacrifice faire à la porte de l'église la séparation des dignes et des indignes, c'est lui qui devait faire régner l'ordre parmi les fidèles, lui qui devait faire le discernement du temps et appeler à l'office aux heures marquées, à lui en un mot appartiennent les œuvres extérieures de distinction.

Le lecteur est la mémoire de l'église, car à lui sont confiés les livres saints, et, en l'ordonnant, l'évêque lui impose l'obligation de veiller à la pureté du texte, afin que la parole de Dieu, qui est la vie de l'église, ne soit pas falsifiée, et qu'elle conserve, et par elle à la foi de l'église, sa parfaite identité. L'œuvre du lecteur maintient donc dans l'église la prudence qui est la vertu de la mémoire.

La force est la vertu de la liberté, c'est l'exorciste qui exerce cette vertu au nom de l'église, mais toujours en faveur des autres; car c'est lui qui est chargé de chasser le démon du corps des possédés, et de rendre la liberté aux brebis que la gueule du loup a déjà saisies.

L'acolyte est chargé d'allumer et de porter la lumière dans l'Eglise. De tout temps, dans tous les rites religieux, même chez les juifs et les païens, la tradition a voulu des lumières. Cette lumière matérielle était un symbole, elle rappelait aux hommes que le monde est naturellement dans les ténèbres et qu'il n'en peut sortir que par une lumière divine descendue du ciel; car à travers toutes les fables des religions antiques, on retrouve l'attente d'un envoyé de Dieu, qui devait rendre aux hommes la vérité perdue, il était appelé par les Juifs le Messie, et il a été le Verbe incarné qui a dévoilé les mystères de la foi.

L'acolyte porteur de la lumière symbolique rappelle donc incessamment aux hommes leur insuffisance naturelle et la nécessité de la foi.

C'est au sous-diacre que l'on demande le vœu de chasteté et le renoncement définitif au monde, il devient par là le type de la tempérance, et arbore aux yeux des fidèles l'étendard de la sainteté.

Les diacres sont les ministres des tables, soit de la table sainte en assistant le prêtre pendant le sacrifice de l'autel, soit de la table des pauvres qu'ils servaient dans la primitive église.

« Or, en ces jours-là, dit saint Luc, le nombre des disciples croissant, les douze apôtres, convoquant la multitude des disciples, dirent : il n'est pas juste que nous abandonnions la parole de Dieu pour le service des tables. Choisissez donc, mes frères, sept hommes d'entre vous d'une probité reconnue, pleins de l'esprit-saint et de sagesse, auxquels nous confierons ce ministère (Act. 6). »

Les diacres qui servaient aux tables, distribuaient aussi l'Eucharistie ; ainsi dispensateurs en même temps de la nourriture naturelle et surnaturelle, ils représentaient soit dans l'ordre de la nature, soit dans celui de la grâce, la providence divine qui est le fondement et le soutien de toute l'espérance chrétienne.

Enfin le prêtre qui est le pasteur des âmes reste, comme nous l'avons dit, le ministre et l'exemplaire de la charité et du dévoûment. *Bonus pastor animam suam dat pro ovibus.*

En résumé, le sacrement de l'ordre est le sens social qui émane de la raison, conscience humaine, surnaturalisé par la charité, sens social surnaturel qui émane de l'Esprit-Saint, conscience divine.

La charité, vertu de l'harmonie surnaturelle, exclut l'égoïsme et l'orgueil et suppose l'humilité ; elle est le principe du dévouement, caractère du bon pasteur et fruit du don de piété.

Ce sacrement est l'organisateur de toute la société chrétienne. C'est par lui qu'elle est liée entre elle et rattachée à l'unité. C'est par lui que sont distribuées à tous les grâces sacramentelles, les vérités à croire, les préceptes à accomplir, les rites à suivre. En un mot, dans la société surnaturelle, il est l'ORDRE.

§ 7. — L'Eucharistie

L'Eucharistie est la nutrition élevée à l'état de Sacrement.

Quelle chose étonnante que la nutrition ? mais l'habitude nous empêche d'admirer tous les mystères qu'elle renferme.

Pourquoi cette nécessité de la nutrition ?

Dieu est par lui-même, il est la vie, et cette vie, qui se suffit à elle-même, n'a pas besoin d'aller chercher ailleurs un aliment.

Il n'en est pas de même de l'homme. Sa vie ne se suffit pas à elle-même ; elle pâlit et vacille entre ses mains, comme une lampe toujours prête à s'éteindre, si à tout moment on ne renouvelle l'huile. La flamme, symbole de notre vie, se consume elle-même et ne peut subsister sans un continuel aliment. Aussi, quand Moïse vit le buisson qui brûlait sans se consumer, il dit : « Allons voir cette merveille et pourquoi ce buisson ne se consume pas ». Mais une voix sortie de la flamme lui dit : « Je suis celui qui est ». C'est-à-dire, je suis la vie qui se suffit à elle-même, et qui s'appartient.

L'homme sent donc qu'il n'est pas le maître de la vie, que sa propre vie ne lui appartient pas et peut lui échapper d'un moment à l'autre ; c'est pourquoi il l'alimente avec un soin vigilant.

Pourtant ce soin vigilant est une peine, et l'homme a en lui un idéal bien au-dessus de la réalité ; aussi lorsque Jésus-Christ dit à la Samaritaine : « Celui qui boira de l'eau que je lui donne n'aura jamais soif mais aura en lui-même une source d'eau vive. » Cet idéal se réveilla en elle, et elle se hâta de demander cette eau afin de n'avoir plus la peine de venir tous les jours au puits. Mais quel mystère que cette transformation des vies, les unes dans les autres ? Ce grain et ce fruit que l'homme mange avaient une vie propre, cette chair dont il s'engraisse s'était sentie vivre hors de l'homme, et voilà qu'ils cessent d'être eux-mêmes ; ils deviennent l'homme, et c'est l'homme maintenant qui les sent vivre et palpiter en lui.

Mais il est écrit : « L'homme ne vit pas seulement de pain mais de toute parole qui sort de la bouche de Dieu. »

L'homme est corps et âme. Il ne s'agit point ici de son corps, mais son âme aussi a besoin d'aliment.

Qu'est-ce que l'âme, sinon pensée et amour ; mais pensée précédant l'amour car on n'aime que ce qu'on connaît.

Qu'étaient votre pensée et votre amour au premier moment, et combien votre âme était petite, lorsqu'elle n'avait qu'une pensée et un amour : le moi et la vie élémentaire.

Mais la parole a peu à peu agrandi notre âme en y faisant entrer la vérité. Cependant toute vérité ne nourrit pas également ; les vérités négatives servent à la digestion mais ne nourrissent pas, les vérités positives presque toutes ne nous seraient jamais parvenues sans la parole de Dieu qui les a révélées, c'est donc de la parole sortie de la bouche de Dieu que votre âme a vécu tandis que votre corps vivait de pain.

Il faut ici rappeler une grande différence, entre l'alimentation du corps et celle de l'âme.

Les fruits dont le corps se nourrit sont des êtres inférieurs à l'homme ; en se les assimilant, il les élève jusqu'à lui, et augmente leur dignité. Mais il n'en est pas de même de la vérité qui nourrit l'âme. La vérité est éternelle et, bien que renfermée dans les formules du langage, elle est un rayon de la pensée divine et surpasse immensément l'homme en dignité. L'homme en se l'assimilant ne peut donc l'élever mais c'est lui qui s'élève jusqu'à elle. Ou plutôt ce n'est pas la vérité qui est assimilée à l'homme, mais l'âme qui s'assimile elle-même à la vérité. En effet la vérité qui est éternelle est immuable. Change-t-elle de nature en entrant dans la pensée de l'homme ? Nullement. Qui change donc sinon la pensée humaine qui d'ignorante devient connaissante, de ténébreuse devient lumineuse.

Ainsi donc quand nous absorbons les aliments inférieurs nous nous les assimilons, c'est-à-dire que nous les transformons en nous-mêmes. Mais quand nous nous unissons aux aliments supérieurs c'est nous qui nous assimilons à eux, et nous nous transformons, pour ainsi dire, en eux-mêmes.

Le pain et la vérité nourrissent donc d'une manière différente, mais dans l'état actuel cette différence devient un contraste frappant.

Le pain s'acquiert avec labeur, s'assimile imparfaitement, ne procure qu'une joie grossière et passagère ; lorsque le corps est arrivé à un certain point, le pain ne peut plus ajouter à sa stature, et se contente d'entretenir une vie chancelante.

La vérité s'entend dans le calme du recueillement, elle entre et reste tout entière dans notre âme ; la joie qu'elle procure est noble, pure et durable, elle agrandit notre âme et peut toujours l'agrandir sans rencontrer une limite infranchissable.

De plus, l'aliment corporel ne soutient que pour un instant et laisse reparaître la menace de la mort, l'aliment spirituel demeure, la vérité une fois acquise reste dans notre âme avec sa lumière, et la lampe inextinguible de la mémoire assure pour toujours la vie intellectuelle. Signalons enfin une différence importante. L'aliment inférieur et matériel perd par l'assimilation sa vie propre et son identité ; mais la nature spirituelle et incorruptible de l'âme, en s'assimilant soit à la vérité, soit à une vie supérieure, conserve intacte son identité et sa personnalité.

Quelqu'un dira peut-être que le corps ne périt pas, parce qu'à sa dissolution les éléments qui le composent retournent à la nature qui les avait fournis ? Mais si le corps reste dans ses éléments il cesse d'être comme vie, car la vie c'est l'unité. Sa gloire était de participer à la vie de l'âme et de tressaillir de ses émotions, cette gloire est perdue, il n'est point anéanti, mais il est mort.

Du reste, l'âme aussi peut en un sens mourir sans cesser d'exister. De même que le poison tue le corps, l'erreur tue l'âme, sinon dans son être du moins dans son intelligence.

L'erreur toujours contradictoire avec elle-même divise la pensée.

Or, la vie comme le bien est l'unité, la mort comme le mal est la division. L'âme dans l'erreur reste une et vivante dans son être, mais son intelligence divisée est morte, elle lui reste attachée comme un cadavre à un corps vivant et lui fait éprouver toutes les tortures de la mort.

L'âme ne peut donc vivre d'erreur, non plus que le corps de poisons.

Nous commençons à entrevoir la pensée du Dieu créateur.

La nécessité quotidienne de la nourriture avertit l'homme que la vie ne lui appartient pas, et qu'il ne peut se suffire à lui-même.

Le mystère d'assimilation lui apprend qu'une vie peut, à un certain degré, se transformer en une autre vie, et cette vérité ouvre un champ sans limite au désir et à l'idéal.

Mais où en voulait venir Dieu? Quel était le but final de la création? C'était d'inviter la créature raisonnable à s'élever toujours plus haut. C'était d'insinuer à l'homme que, s'il transformait la vie des êtres inférieurs en la sienne, il ne devait pas désespérer de transformer sa propre vie en une vie supérieure; c'était, en un mot, d'amener l'homme à se nourrir de Dieu même.

C'est pourquoi il a dit : l'homme ne vit pas seulement de pain mais de la parole qui sort de la bouche de Dieu.

La parole de Dieu, c'est le Verbe, et le Verbe est Dieu, *et Deus erat Verbum*. Ce Verbe est la vérité infinie, qui a transformé et divinisé la vie des anges fidèles dès le commencement. Cette même parole a été donnée à l'homme dans le paradis terrestre, afin qu'il en nourrît son âme autant que sa nature inférieure en était capable. Par là, son idéal était exalté et porté à l'infini ; son âme était appelée à vivre de la vie surnaturelle dont vivent les anges.

Mais après que le péché eût rendu son corps mortel, la destinée de l'homme était brisée. L'homme sans son corps n'est plus l'homme, il ne peut plus remplir le rôle qui lui est assigné dans la création. Son âme peut aspirer à l'idéal divin, mais son corps qu'en fera-t-il ?

Pour résoudre ce terrible problème, Dieu promit un rédempteur, et la rédemption de l'homme devait être une œuvre plus haute pour Dieu et plus importante pour l'homme que la création même, comme le chante l'Eglise : naître n'était pas un avantage pour nous sans le bonheur d'être racheté, *nihil enim nobis nasci profuit, nisi redimi profuisset* (*Exultet*).

La rédemption, pour être complète, devait racheter l'homme tout entier, le corps aussi bien que l'âme. Pour racheter le corps de l'homme devenu mortel, le Verbe a pris un corps mortel aussi, *et Verbum caro factum est*. Pour rendre la vie à ce corps mortel, il fallait que ce corps, lui aussi, pût comme l'âme se nourrir de Dieu qui est vie. Mais comment cela pourra-t-il se faire ? Ici, nous touchons au sommet. Jésus-Christ, en qui, comme dit saint Paul, la plénitude de la divinité habite corporellement, devient pain pour nourrir le corps lui-même, afin que l'homme tout entier puisse se transformer en Dieu.

Celui, dit Jésus-Christ, qui mange ma chair et boit mon sang a la vie éternelle et je le ressusciterai au dernier jour. Voilà le dernier problème résolu, c'est le corps même élevé jusqu'à Dieu par la résurrection glorieuse qui est la vraie résurrection dont parle Jésus-Christ. Car il y aura bien un rapprochement du corps et de l'âme pour les méchants, mais quel rapprochement ? Je vous annonce un mystère, dit saint Paul, nous ressusciterons tous, mais nous ne serons pas tous transfigurés. *Ecce mysterium vobis dico : omnes quidem resurgemus, sed non omnes immutabimur* (Cor.).

L'âme du méchant morte, par l'erreur, reprendra le fardeau d'un corps souillé par le vice, noirci par la laideur, torturé par la souffrance, ce n'est point cette alliance monstrueuse que Jésus-Christ promet comme résurrection, mais l'union ineffable de l'âme resplendissante de vérité et d'amour avec un corps divinisé par la chair du Christ.

Ainsi, par l'incarnation et l'Eucharistie se réalise cette belle parole du poète chrétien :

> *Nobis per hæc mortalibus*
> *Lactescit esca cælitum,*
> *Nos pascit infantes homo,*
> *Qui pascit angelos Deus.*

Par elle (l'Eucharistie), la nourriture des esprits célestes se change en lait pour les mortels. Homme, il alimente notre enfance lui qui, Dieu, nourrit les anges.

Lorsqu'aux noces de Cana, Marie dit à son fils : Il n'ont pas de vin ; cette parole retentit au fond du cœur de Jésus avec une force inexprimable. Il pensait alors au vin par excellence qu'il devait donner au monde; à ce vin qui devait faire germer les vierges, qui devait enivrer les élus de sainteté, et leur donner, par l'enthousiasme, les ailes qui montent jusqu'au ciel. En ce moment la terre lui paraissait comme languissante et mourante d'inanition. La demande de Marie réveilla dans son cœur le désir ardent de donner aux hommes le vin sacré de son sang, ce désir qu'il exprima plus tard à ses apôtres : *Desiderio desideravi hoc pascha manducare vobiscum.* Mais le plan de la providence s'y opposait pour le moment présent, il fut obligé de refouler ce désir dans son cœur et il fit à Marie la célèbre réponse : *Quid mihi et tibi mulier, nondum venit hora mea.* Comme s'il disait : pourquoi me tentez-vous par votre demande que je ne puis accomplir comme je le voudrais, mais mon heure n'est pas encore venue.

De quelle heure voulait-il parler ? De l'heure par excellence. L'heure d'un homme, c'est l'apogée de la vie, c'est le moment où le chef-d'œuvre couronne toutes les œuvres, où l'on arrive à toute sa grandeur, où l'on atteint le but suprême d'une vie.

Or Jésus-Christ n'a dit qu'une fois que son heure était venue. Ce n'est point lorsqu'il a guéri les maladies, chassé les démons, multiplié les pains et ressuscité les morts, mais c'est à la dernière Cène, lorsqu'il a institué l'Eucharistie. Jésus-Christ, dit saint Jean, sachant que son heure était venue, commença par laver les pieds à ses apôtres, et après la Cène levant les yeux au ciel il dit : Mon père, mon heure est venue. *Pater venit hora mea.* L'Eucharistie peut donc se dire le couronnement des œuvres de Jésus-Christ, le résumé de toutes ses merveilles. *Memoriam fecit mirabilium suorum escam dedit timentibus se.* Il a résumé ses merveilles en donnant la nourriture à ses fidèles. L'Eucharistie se présente donc comme couronnement et comme fin.

En tout et partout deux choses dominent : le principe et la fin.

Le principe est le premier ; tout vient de lui, il a la vie et la puissance, il règne par lui-même.

C'est la fin qui manifeste et réalise le principe, elle est sa gloire, sa couronne, sa perfection.

La fin est le but où tend toute chose, l'objet de tous les désirs, le résultat de tous les efforts, la béatitude dans laquelle tout vient se reposer.

Plus saisissable que le principe, elle est vue de tous, et c'est par elle le plus souvent que le principe est reconnu, selon cette parole de l'évangile : vous reconnaîtrez l'arbre à ses fruits.

L'Eucharistie est la fin dans toute la force du mot, dans toute l'universalité du sens, dans toute la splendeur de la beauté.

Et d'abord l'Eucharistie est la fin des autres sacrements, je dis plus ; l'Eucharistie est à la fois le principe et la fin des sacrements ; les autres ne sont que des canaux par lesquels coule la grâce, l'Eucharistie est la source même puisqu'elle contient l'auteur même de la grâce. Elle seule est la réalité, les autres ne sont que le reflet.

L'Eucharistie, dit saint Thomas, a par elle-même la vertu de conférer la grâce, et personne n'a la grâce avant la réception de ce sacrement, que par le vœu de le recevoir ; vœu formé par les fidèles dans les adultes, et par l'église dans les enfants. C'est donc par l'efficacité de ce divin mystère que le désir même de le recevoir obtient la grâce qui vivifie les âmes (3. Q. 79. a. I.). Ainsi tous les autres sacrements tirent leur vertu de celui-là et sont faits pour lui, le baptême, la pénitence, la confirmation, préparent à bien recevoir l'Eucharistie ; l'extrême-onction en fixe les fruits et en précède la dernière réception. La grâce du mariage fait que les époux, au lieu de ne produire que des hommes, songent à produire des chrétiens, c'est-à-dire des enfants qui puissent participer à l'Eucharistie ; enfin l'ordre a pour but principal de produire l'Eucharistie et d'en faire jouir les hommes.

« Le sacrement de l'ordre, dit saint Thomas, a pour fin directe le sacrement de l'Eucharistie, qui est le sacrement des sacrements comme l'appelle saint Denis (Hier. ch. 3) et la distinction des ordres doit se régler sur le rapport qu'ils ont à l'Eucharistie, le pouvoir d'ordre ayant pour objet, ou la consécration de l'Eucharistie elle-même, ou quelque fonction subalterne relative à ce sacrement (Sup. Q. 37. a. 2.).

Le sacrement de l'Eucharistie s'adresse spécialement à la septième et dernière de nos facultés. Nous avons vu que cette faculté, couronnement de toutes les autres, achève le cycle, met l'homme en possession de tout son être, lui donne le sentiment de son unité et par là réalise sa béatitude.

Mais ce n'est que dans l'ordre naturel qu'elle peut par elle-même opérer tout cela, il s'agit de lui donner la puissance d'accomplir ces mêmes opérations dans un ordre supérieur; il faut en un mot la surnaturaliser. Elle est amour, il faut la rendre sainteté.

Pour cela il faut lui infuser la septième vertu que nous avons appelée tempérance, chasteté, pureté. Cette vertu consiste à changer la béatitude, ou la fin dernière de l'homme, à transporter l'amour d'identité du fini à l'infini, à transformer l'amour humain en amour divin. Et pour élever cette vertu à sa plus haute perfection il faut lui ajouter le don de crainte filiale qui veille à son intégrité.

Qui pourra opérer cette transformation merveilleuse ?

Le cœur de l'homme ne peut subsister sans un amour, noble ou bas, pur ou impur. L'activité de la vie ne peut se soutenir sans un but, il faut absolument qu'il y ait un point vers lequel se dirige l'irrésistible désir du bonheur.

Instinctivement, l'homme cherche ce point d'attraction dans la nature, mais au-dessus de la nature, l'Eucharistie seule offre un autre point d'attraction plus puissant. Cet amour mystique, dont l'Eucharistie est le symbole et la réalité, peut seul arracher le cœur à tous les amours terrestres, et le maintenir par ses charmes secrets dans la sublime région de la pureté. L'Eucharistie est la seule raison de cette merveille qu'on appelle la sainte virginité, ainsi que l'annonçait cette parole du prophète Zacharie : Quelle est la meilleure et la plus belle œuvre du Seigneur, sinon le froment des élus, et le vin qui fait germer les vierges. *Quid enim bonum ejus, quid pulchrum ejus nisi frumentum electorum et vinum germinans virgines.*

Aussi l'Eucharistie est toute la poésie du christianisme ; c'est elle qui est la raison et le centre du culte, et le motif des fêtes de la terre ; c'est pour elle que se sont élevés ces admirables monuments qui semblent faire vivre la pierre ; c'est autour d'elle qu'étincellent les mille lumières, que s'étalent les riches tentures ; c'est elle que chantent les voix de la multitude ; c'est pour elle que des mélodies sans égales sont sorties du cœur de l'homme, et que l'orgue, ce roi des instruments, remplit les voûtes des flots de son harmonie ; c'est devant elle que brûle l'encens, que tous les genoux fléchissent et que les enfants se revêtent de blanc et jettent des fleurs.

L'Eucharistie se retrouve au sommet et à la fin de tout, et partout elle est la réalité. On peut dire tout ce qu'on a dit de Jésus-Christ qu'elle contient tout entier. C'est elle qu'attendait le monde, qu'annonçaient les prophètes, que figuraient tous les symboles et tous les prodiges, depuis la manne et l'agneau pascal, jusqu'à la pierre blanche qui descend de la montagne. En un mot, elle est la fin de tout le christianisme. Pourquoi l'Église, où tendent toute la vie et tous les travaux des saints, sinon à parvenir à la possession de Dieu, but suprême de la destinée surnaturelle.

Or cette possession de Dieu est une réalité dans l'Eucharistie, laquelle le chrétien se nourrit du corps de Jésus-Christ dans lequel, comme dit saint Paul, la plénitude de la divinité habite corporellement. Et si nous n'en jouissons pas comme au ciel, c'est que le péché a mis sur nos yeux un épais bandeau de chair. Nous avons entre nos mains cette beauté divine, elle est à nous, mais nous ne la voyons pas encore. Nous possédons le trésor désiré, nous n'avons plus rien à acquérir, il ne reste plus qu'à faire tomber le bandeau que la mort détachera de nos yeux.

Si l'Eucharistie se présente de toute manière comme fin pour l'homme, à un autre point de vue nous la retrouverons comme fin des œuvres de Dieu, comme dernière et merveilleuse expression de son amour pour les hommes.

Quel a été le motif et le but de la création ? Qui a pu faire sortir Dieu de son repos éternel ? nous l'avons déjà dit : c'est la merveille de l'ordre surnaturel, dont Jésus-Christ est la pierre angulaire. Tout le reste n'est qu'un accessoire.

Quand Dieu s'est mis à l'œuvre, il la fallait digne de lui ; c'est pourquoi il a voulu faire pour ainsi dire d'autres dieux, c'est-à-dire des créatures auxquelles il pût se donner, et qu'il pût rendre capables de participer à sa nature et à son bonheur : *divinæ consortes naturæ*.

Mais, disent quelques uns, si tel est le but de Dieu, pourquoi tous ces voiles et ces retards ? Que ne va-t-il droit au but en nous donnant de suite cette gloire du ciel qu'il nous promet. Hélas ! faut-il que l'ingratitude humaine reproche la plus grande et la plus belle preuve de son amour : écoutez donc et comprenez. L'état de vision intuitive, qui fait la déification de la créature et l'éternelle joie du ciel, ne peut être l'œuvre de la création, car elle est surnaturelle, c'est-à-dire au-dessus de toute nature créée. Il faut que la créature que Dieu destine à ce sublime état, soit d'abord créée libre dans sa nature, puis il faut que la grâce acceptée par la liberté s'ajoute à la vertu créatrice, élève cette nature finie jusqu'à l'infini, et nous avons vu comment cette ascension merveilleuse commençait par la foi et s'achevait sur l'échelle des sept vertus. Tant que notre éducation n'est pas terminée, nous sommes incapables et Dieu ne pourrait se donner à nous dans sa gloire.

Moïse supplia Dieu de lui faire voir sa gloire. Que lui répondit Dieu ? tu ne pourras voir ma face, car l'homme ne me verrait pas sans mourir (Exod. 33. 20).

Je vois, dit Sainte Catherine de Gênes, que la divine essence est de telle pureté, et beaucoup plus qu'il ne se peut imaginer, que l'âme qui a en soi tant soit peu d'imperfection, se jetterait plutôt en mille enfers que se trouver avec cette tache en la présence de la majesté divine (Trait. du Purg.) Dieu ne pouvait donc se donner à nous dans sa gloire pendant cette vie, mais voici la merveille de son amour, il n'a pu attendre la fin de notre épreuve, et il a inventé le voile de l'Eucharistie afin de se donner à nous sans nous faire mourir ; par ce moyen, il peut dans sa bonté se donner à tous, à l'aveugle qui ne voit pas, au sourd qui n'entend point sa voix, au muet qui ne sait pas lui répondre. Il ne peut encore nous emmener au ciel, mais il met dans notre cœur un ciel caché, car le ciel c'est lui. Ce ciel caché maintenant, qui rarement chez les âmes les plus saintes laisse briller un de ses rayons, se découvrira un jour, lorsque la mort aura brisé notre enveloppe grossière, lorsque le purgatoire aura effacée jusqu'à la dernière tache. Alors le cœur se verra subitement illuminé par la lumière infinie qui était en lui presqu'à son insu et il s'abreuvera éternellement de cette lumière qui est la béatitude infinie dans son essence.

Ainsi la fin de toute l'action de Dieu hors de lui était d'élever des créatures jusqu'à lui en se donnant à elles. L'Eucharistie est la réalité de ce but de l'amour infini ; réalité cachée sur la terre parce qu'elle n'y peut être autrement, mais réalité qui deviendra le ciel même lorsque les voiles seront levés.

La matière de ce sacrement mérite une attention particulière. Dans les autres sacrements la matière tout en conservant sa nature, acquiert par la vertu des paroles la puissance de communiquer la grâce. Dans l'Eucharistie le symbole devient la réalité ; la matière change de nature et selon l'expression consacrée, se transubstancie ; de sorte qu'après la consécration, le corps et le sang de Jésus-Christ sont réellement sur l'autel, et il ne reste du pain et du vin que les apparences.

Toutefois ces apparences sont un admirable symbole de la grâce contenue dans la réalité.

Le pain est le type de la nourriture naturelle de l'homme. Dieu, voulant faire de l'Eucharistie une nourriture surnaturelle, ne pouvait trouver un symbole plus convenable que le pain.

Mais il est écrit : « L'homme ne vit pas seulement de pain, mais de la parole de Dieu ». A vrai dire, la nourriture par excellence est Dieu même qui nourrit l'âme de vérité par son verbe ; mais, par la merveille de l'Eucharistie, le pain devient identique avec la vérité de la parole divine, car le pain eucharistique est la chair de Jésus-Christ que s'est identifiée le verbe, *et verbum caro factum est*. L'âme qui s'est nourrie du verbe par la parole divine, se nourrit encore du même verbe, mais sous un autre mode, en participant en même temps que le corps au sacrement de l'Eucharistie ; comme le chante Saint-Thomas : « le pain des anges est devenu le pain des hommes, *Panis angelicus fit panis hominum*. »

Cette similitude de l'Eucharistie et de la parole révélée a été de tout temps reconnue par l'Eglise.

Tertullien dit que la parole divine est comme la chair du fils de Dieu ; et Origène que la parole qui nourrit les âmes est une espèce de second corps dont le fils de Dieu s'est revêtu.

Aussi Saint Césaire d'Arles disait à ses auditeurs : « Je vous demande, mes frères, laquelle de ces deux choses vous semble de plus grande dignité, la parole de Dieu ou le corps de Jésus-Christ ? Si vous voulez dire la vérité, vous répondrez que la parole de Jésus-Christ ne nous semble pas moins estimable que son corps. Ainsi donc autant nous apportons de précautions pour ne pas laisser tomber à terre le corps de Jésus-Christ qu'on nous présente, autant en devons-nous apporter pour ne pas laisser tomber de notre cœur la parole de Jésus-Christ qu'on nous annonce ». C'est pourquoi Jésus-Christ dit également : « Je suis le pain de vie, et mes paroles sont esprit et vie ». Le pain signifie encore un autre mystère : un mystère d'unité. De tout temps la participation aux mêmes mets autour de la même table a été regardée par les hommes comme un signe d'union fraternelle, la table est le ciment de la société. Mais ce qui n'est qu'un signe dans les tables des hommes, devient une réalité admirable dans la table divine où la nourriture est un Dieu vivant, le même indivisiblement en tous. Aussi Saint-Paul dit-il avec une affirmation absolue : nous sommes tous un même corps, nous qui participons au au même pain. *Unum corpus multi sumus qui de uno pane participamus*.

Cette unité est encore pour nous un mystère, mais ce mystère nous fait pressentir de merveilleuses harmonies pour la vie future.

Le vin symbolise la joie et l'ivresse, c'est-à-dire la béatitude, l'huile selon l'expression du prophète, (P 8. 103) est la joie amicale de la charité qui rayonne au dehors sur la face : *ut exhilaret faciem in oleo*.

Mais le pain et le vin, c'est la joie intime de l'amour d'identité qui est dans le cœur même ; *et panis cor hominis confirmet, et vinum lætificet cor hominis.* Le pain fortifie et le vin réjouit le cœur de l'homme. L'ivresse exprime le plus haut degré de toutes les jouissances, depuis les basses jusqu'aux plus élevées. Outre l'ivresse du vin on dit : L'ivresse de la joie, l'ivresse de l'amour, l'ivresse du bonheur, l'ivresse de l'extase.

La plus grande de toutes les ivresses est celle de l'amour et, lorsque cet amour est celui de la créature pour Dieu, ou mieux encore, celui qui réunit les trois personnes divines dans la sainteté, elle est l'ivresse du bonheur au plus sublime degré.

L'union de Dieu et de l'homme dans l'Eucharistie, qui, éclairée par la lumière céleste, sera pour tous les élus l'ivresse éternelle du bonheur, ne pouvait donc trouver un plus parfait symbole que le vin, cause typique de l'ivresse.

Comme le pain, le vin est symbole d'unité puisqu'il est avec lui le fondement essentiel du festin. Boire à la même coupe semble même un signe plus intime d'union que de manger du même pain.

Ainsi nous tous qui participons au même pain, nous avons la même vie et nous sommes un seul corps ; et nous tous qui participons au même calice, nous avons le même amour, et nous partageons la même ivresse, et cette ivresse du vin qui fait germer les vierges est l'exaltation de la pureté et de la sainteté ; l'objet de notre amour est le même Jésus-Christ dont nous nous nourrissons, et tous, devenus par cette nourriture merveilleuse les membres d'un même corps, nous ne sommes pour Jésus-Christ qu'une seule fiancée qui soupire après les noces éternelles. Je vous ai fiancé, dit Saint-Paul, à un seul époux, pour offrir à Jésus-Christ une vierge chaste : *Despondi enim vos uni viro, virginem chastam exhibere Christo.*

Répétons en finissant notre première parole : *Memoriam fecit mirabilium suarum.* Il a résumé ses merveilles. C'est dans l'Eucharistie que Dieu les a toutes résumées. Car l'Eucharistie, c'est le terme et la fin de toutes les œuvres, soit de Dieu, soit de l'homme. C'est pour l'homme-Dieu qu'elle contient tout entier que le Tout-Puissant est sorti de son repos éternel pour créer le monde, et la création devait aboutir au chef-d'œuvre de l'Eucharistie.

La gloire du ciel est le dernier but de la destinée surnaturelle de l'homme, et c'est dans l'Eucharistie qu'est le germe de cette gloire et la source de la grâce qui y conduit.

C'est pour l'Eucharistie que sont combinées toutes les dispositions de la providence ; elle est l'accomplissement de toutes les promesses, la vérité de tous les symboles, la réalité de toutes les figures, l'acte suprême de l'amour divin.

C'est elle que le monde a attendue quatre mille ans, et dont la venue a renouvelé les siècles; c'est pour elle qu'est organisée toute l'Eglise ; elle est l'âme de toutes les splendeurs du culte ; elle est le lien du christianisme, la source de la sainteté, la force des martyrs, la pureté des vierges, la lumière des docteurs, la patience des saints. C'est à elle que tout se rapporte.

Placée au centre de tout comme dans l'admirable tableau de Raphaël, c'est vers elle que convergent toutes les aspirations de la terre et tous les regards du ciel.

Et je vis un agneau qui semblait immolé... et j'entendis la voix des anges ; ils étaient des millions de millions, qui disaient à haute voix : l'agneau qui a été immolé est digne de recevoir la vertu, la divinité, la sagesse, la force, l'honneur, la gloire et la bénédiction. Et j'entendis toutes les créatures qui sont dans le ciel, sur la terre, sous la terre, et celles qui sont dans la mer disant : Bénédiction, honneur, gloire et puissance soient à celui qui est sur le trône et à l'agneau dans les siècles des siècles. *Amen.*

Et vidi... agnum stantem tanquam occisum... et audivi vocem angelorum multorum... et erat numerus eorum millia millium, dicentium voce magna : dignus est agnus qui occisus est accipere virtutem, et divinitatem, et sapientiam, et fortitudinem, et honorem et gloriam et benedictionem.

Et omnem creaturam quæ in cœlo est, et super terram et sub terra, et quæ sunt in mari, et quæ in eo, omnes audivi dicentes : sedenti in throno et agno : benedictio et honor, et gloria, et potestas in sæcula sæculorum... Amen.

LES SEPT DEMANDES DU PATER

ENTENDEMENT	FOI	BAPTÊME	NOM SANCTIFIÉ	1
VIE	ESPÉRANCE	MARIAGE	QUE VOTRE RÈGNE ARRIVE	2
LUMIÈRE RAISON	CHARITÉ	ORDRE	VOTRE VOLONTÉ SOIT FAITE	3
AMOUR SAINTETÉ	TEMPÉRANCE	EUCHARISTIE	DONNEZ LE PAIN QUOTIDIEN	4
INTELLIGENCE	JUSTICE	PÉNITENCE	PARDONNEZ NOS OFFENSES	5
MÉMOIRE	PRUDENCE	EXTRÊME-ONCTION	ÉPARGNEZ-NOUS LA TENTATION	6
LIBERTÉ	FORCE	CONFIRMATION	DÉLIVREZ-NOUS DU MAL	7

La sagesse incarnée nous a elle-même dicté une prière qui renferme tout ce que nous devons demander, car elle est précédée de formule impérative : *Sic ergo orabitis*. Vous prierez ainsi : Notre Père qui êtes aux cieux ;

1° Que votre nom soit sanctifié ;
2° Que votre règne arrive ;
3° Que votre volonté soit faite sur la terre comme au ciel ;
4° Donnez-nous aujourd'hui notre pain surnaturel (supersubstantiel) ;
5° Remettez-nous nos dettes comme nous les remettons à ceux qui nous doivent ;
6° Et ne nous induisez pas en tentation ;
7° Mais délivrez-nous du mal (ou du malin). Amen. (Math. 6.)

Pourquoi sept demandes, sinon parce que nous avons besoin de sept grâces ? Et pourquoi avons-nous besoin de sept grâces, sinon parce que nous avons sept facultés ?

Mais de quelle nature sont ces grâces ?

Jésus-Christ vous dit formellement, dans le sermon sur la montagne, que nous ne devons rien demander de matériel. « Ne soyez pas inquiets, disant : Que mangerons-nous ou que boirons-nous, ou de quoi nous vêtirons-nous ? Le monde recherche tout cela, mais notre Père céleste sait que nous avons besoin de ces choses. Cherchez donc d'abord le royaume de Dieu et sa justice et toutes ces choses vous seront ajoutées. » (Math. 6.)

Ainsi, ce que nous devons rechercher avant tout, c'est le royaume de Dieu, ce que nous devons demander, ce sont les grâces qui s'y rapportent, ou plus simplement la grâce proprement dite. Quant aux biens naturels, nous ne devons pas les demander parce que, dit Jésus-Christ, notre Père céleste sait que nous en avons besoin.

Mais le Père céleste ne sait-il pas que nous avons surtout besoin de la grâce ? Pourquoi faut-il donc la lui demander ?

La raison en est plus facile à saisir. L'ordre surnaturel dépend négativement de notre liberté, c'est-à-dire que nous pouvons absolument lui refuser l'entrée. Dieu ne peut donc nous donner la grâce, si nous la refusons ; il faut donc que nous la désirions et la demandions par la prière, car la prière est la manifestation naturelle du désir.

Quant aux choses matérielles, Dieu n'a pas besoin de notre consentement pour nous les donner ; et d'ailleurs, le désir de ces choses est si naturel, que loin de faire défaut, il surabonde.

Nous devons donc, tout en travaillant, nous abandonner à la providence au sujet de nos besoins matériels et transporter toute notre attention et tout notre désir vers les biens surnaturels, qui ne nous viendront qu'autant que nous les désirerons et les demanderons.

Or, les biens surnaturels ne sont autre chose que la grâce, et nous avons vu que la grâce nous arrive surtout par sept canaux qui sont les sacrements ; les sept demandes du Pater ne devront-elles pas se rapporter aux sept grâces que donnent les sacrements ? Examinons.

1° Que votre nom soit sanctifié :

C'est la révélation qui nous fait connaître le nom de Dieu, et nous apprend à l'honorer convenablement par l'adoration et l'amour. Or, c'est la foi qui accepte la révélation et la foi est, comme nous l'avons vu, la grâce que donne le baptême. Demander à Dieu que son nom soit sanctifié, c'est donc demander que la grâce de foi qui coule du baptême soit donnée à ceux qui ne l'ont pas encore, et conservée à ceux qui l'ont reçue.

Dans cette belle prière tout est au pluriel, à commencer par le premier mot : *Notre Père*. Jésus-Christ a voulu apprendre que nous ne devons jamais nous considérer seuls, que toute prière doit se faire au nom de l'Église et par l'Église, parce qu'en elle nous ne sommes qu'un seul corps et ne devons avoir qu'une âme.

2° *Adveniat regnum tuum*, que votre règne arrive.

Ce vœu est aussi ancien que le monde.

Le paradis terrestre était le règne de Dieu. Le péché originel a fait de la terre le royaume de Satan, que Jésus-Christ appelle le prince de ce monde. Or Dieu promit à Adam un messie rédempteur qui, né de la femme, viendrait détruire le règne de Satan et rétablir le règne de Dieu.

L'humanité a vécu quatre mille ans dans l'espérance de ce Messie et de son règne, dont l'attente était souvent ravivée par les prophètes, les sybilles et les poètes.

Toutes les femmes des familles patriarcales, surtout depuis la vocation d'Abraham, désiraient et espéraient avoir dans leur postérité le Messie, ou au moins les sujets qui devaient peupler son royaume

C'est pourquoi elles regardaient la fécondité comme la plus grande bénédiction, et la stérilité comme le plus grand opprobre.

Lorsqu'enfin le Messie apparut sur la terre, il annonça pendant toute sa mission l'approche du royaume de Dieu.

Le jour de l'Ascension, ses disciples lui demandèrent s'il allait bientôt rétablir son royaume ; Jésus montant au ciel leur laissa entendre qu'il le ferait à son retour. Depuis ce moment, tout le peuple chrétien vit dans l'espérance de ce retour qu'il attend à la fin des temps. Le prophète saint Jean, après la ruine de Babylone, dit ceci : J'entendis encore comme la voix d'une grande multitude, et comme la voix des grandes eaux qui disaient : *Alleluia*, il règne le Seigneur notre Dieu, le Tout-puissant.

Mais, lorsqu'à l'ouverture du cinquième sceau, les âmes qui sont sous l'autel disent : Jusques à quand tardez-vous ? il leur fut dit qu'elles attendissent en repos encore un peu de temps jusqu'à ce que fût accompli le nombre de ceux qui servaient Dieu comme elles.

Voici donc : le moyen de hâter le règne de Dieu est d'accomplir le nombre des élus, en multipliant les races saintes. Les races impies et maudites qui encombrent la terre se multiplient et se succèdent inutilement ; loin de hâter le royaume de Dieu, elles le retardent en empêchant le développement de la sainteté. Mais ce n'est pas sans la grâce que l'homme peut fonder des races saintes qui hâtent par leur développement le règne de Dieu, et la grâce spéciale dont il a besoin pour cela est celle que donne le sacrement de mariage, c'est donc demander pour tout le peuple chrétien cette grâce précieuse que de faire la prière, dictée par Jésus-Christ, *adveniat regnum tuum*.

3° *Fiat voluntas tua sicut in cœlo et in terra*. Que votre volonté soit faite sur la terre comme au ciel.

Ce sont les ministres du Roi qui promulguent ses décrets et en surveillent l'exécution.

L'accomplissement de la volonté souveraine exprimée par la loi est l'œuvre de l'administration.

Au ciel, les ministres de la providence sont les anges. La moindre volonté de Dieu, transmise en un clin d'œil de hiérarchie en hiérarchie, va régler toutes choses jusqu'aux derniers confins de la création, et l'ange ne manque à sa mission et ne faiblit dans son accomplissement.

Dans l'Eglise, les ministres sont les évêques et les prêtres ; ce sont eux qui ont le dépôt de la loi, qui la font connaître à tous et en pressent sans cesse l'exécution. Et si la volonté de Dieu n'est pas faite sur la terre, c'est qu'ils ont faibli dans leur mission, ou que tous leurs efforts ont été inefficaces et sont venus se briser contre la mauvaise volonté de ceux qu'ils sont chargés de conduire.

Demander à Dieu que sa volonté soit faite sur la terre comme au ciel, c'est demander que les ministres de l'Eglise remplissent aussi bien leur mission que les anges dans le ciel, et que la grâce du sacrement de l'ordre soit si abondante en eux qu'ils triomphent de toutes les résistances.

4° Donnez-nous aujourd'hui notre pain surnaturel. Saint Mathieu dit au-dessus de toute substance, *super substantialem*. Saint Luc dit notre pain quotidien. *Panem nostrum quotidianum*.

Il saute aux yeux que ce pain merveilleux est le pain eucharistique.

Saint Luc dit notre pain quotidien, parce que, selon l'intention de Jésus-Christ et le désir de l'Eglise, la réception de l'Eucharistie était quotidienne chez les premiers chrétiens.

L'expression de saint Luc a prévalu dans l'usage, parce que le mot quotidien est plus facile à comprendre que le mot de saint Mathieu, qui n'a point dans nos langues de mot pour le traduire. Mais ces deux mots s'expliquent l'un par l'autre, et c'est s'écarter de la pensée de Jésus-Christ d'entendre matériellement, comme plusieurs le font, le pain quotidien.

Jésus-Christ a clairement manifesté sa pensée lorsqu'après la multiplication des cinq pains, il disait aux juifs: Vous me cherchez, parce que vous avez mangé du pain et que vous avez été rassasié, mais ne cherchez pas la nourriture qui périt, mais celle qui reste dans la vie éternelle et que le Fils de l'Homme vous donnera.

Et lorsque les juifs lui disent: Donnez-nous ce pain descendu du ciel. Il répond: C'est moi qui suis le pain de vie. Vos pères ont mangé la manne dans le désert et ils sont morts, celui qui mange de ce pain ne meurt pas. C'est donc ce pain du ciel qu'il veut que nous demandions dans le *Pater*, et nous devons désirer ardemment que ce pain devienne pour nous quotidien, afin qu'il fortifie notre cœur *et panis cor hominis confirmet* (ps. 103) et que nous puissions comme Élie achever notre voyage jusqu'à la montagne de Dieu par la force de cette divine nourriture. *In fortitudine cibi illius.*

5° Remettez-nous nos dettes comme nous les remettons à ceux qui nous doivent.

Cette admirable demande, qui répond au sacrement de pénitence, renferme toute la science de la justice.

Remettez-nous nos dettes, c'est-à-dire nos péchés; *peccata*, mot dont se sert saint Luc. Par cette parole, nous nous reconnaissons coupables. « Si nous disons que nous sommes sans péché (dit saint Jean), nous nous séduisons nous-mêmes et la vérité n'est pas en nous. » Si donc nous nous reconnaissons coupables, nous chassons l'illusion et le mensonge de notre cœur et nous y faisons rentrer la vérité. D'injustes que nous étions, nous commençons à redevenir justes, selon cette parole des proverbes (18-17). *Justus prior est accusator sui.* Le juste est le premier accusateur de lui-même.

Comme nous les remettons à ceux qui nous doivent.

Lorsque beaucoup d'hommes marchent dans les ténèbres, qu'ils le veuillent ou non, ils se heurtent les uns contre les autres à tout moment. Dans ce monde de ténèbres, nous nous blessons tous mutuellement, quelquefois avec malice, souvent sans intention.

Au point de vue de la justice humaine, il serait inégal de rendre volontairement un coup involontaire; mais si le coup est volontaire, la loi de l'égalité est celle du talion : œil pour œil, dent pour dent.

Mais la prière qui a pour but d'obtenir la grâce nous place exclusivement au point de vue surnaturel ; aussi Jésus-Christ, avant de dicter le *Pater*, avait averti ses disciples qu'il se plaçait à un nouveau point de vue : « Vous savez qu'il a été dit aux anciens : œil pour œil, dent pour dent ; mais moi, je vous dis : Aimez vos ennemis, faites du bien à ceux qui vous haïssent et priez pour ceux qui vous persécutent ».

En effet, si nous nous plaçons au point de vue surnaturel, nous verrons la raison et la justice de tout cela.

Au point de vue surnaturel, le mal qu'on nous fait, n'est mal que par notre faute, car si on ne nous enlève pas la seule chose nécessaire, l'*unum necessarium*, qui est la grâce, tout le reste peut à notre volonté se changer en bien, et en mérite pour le ciel. C'est pourquoi saint Paul dit : Nous savons que tout se change en bien pour ceux qui aiment Dieu. *Scimus autem quoniam diligentibus Deum omnia cooperantur in bonum.* (Nom. 8-28).

Si donc nous aimons Dieu, personne ne peut nous faire un mal réel et nous n'avons pas à nous venger.

Or, ceux qui cherchent à nous nuire sont de deux sortes : ou ils seront damnés, ou ils iront au ciel.

Si nos ennemis, par leur malice, doivent tomber dans le malheur éternel, au lieu de nous nuire, ils se font à eux-mêmes un mal immense et irréparable ; au lieu de nous venger, nous ne devons avoir pour eux qu'une profonde pitié.

Si ceux qui s'efforcent de nous nuire doivent aller au ciel, pas plus que les autres ils ne nous font un mal réel et nous n'avons pas lieu de nous venger ; mais nous avons une raison spéciale de les aimer, car dans le ciel ils ne doivent avoir avec nous qu'un cœur et qu'une âme ; leur société fera une partie de notre joie, il est donc juste que nous les aimions comme nous aimons notre propre bonheur, puisque éternellement ils en feront partie.

Actuellement, nous ne devons pas plus nous irriter contre eux que le médecin contre le malade en délire qui cherche à le frapper. S'ils vont au ciel ils se repentiront certainement de leur folle méchanceté avant d'y arriver, et nous aimeront d'autant plus qu'ils nous auront voulu plus de mal. Si donc nous avons foi en l'éternité, nous devons prier Dieu que leur égarement cesse au plutôt, et dire, avec Jésus-Christ : « Père, pardonnez-leur car ils ne savent ce qu'ils font. »

Lorsque nous conservons de la haine, c'est nous qui sommes injustes, c'est nous qui nous faisons un mal réel, nous qui nous fermons à nous-même la porte du ciel, car le ciel est tout amour et nulle haine ne peut y entrer. Mais si nous pardonnons du fond du cœur, nous sommes arrivés à la vraie justice, nos fautes seront effacées aux yeux de Dieu, c'est Jésus-Christ qui nous en donne l'assurance : *Si enim dimiseritis hominibus peccata eorum dimittet et vobis pater vester cælestis delicta vestra.* Car, si vous pardonnez aux hommes leurs offenses, notre Père céleste vous pardonnera vos propres fautes.

Jésus-Christ nous a donc appris dans cette courte demande, que nous devons réciter tous les jours, et la grâce que nous devons demander dans le sacrement de pénitence, et les dispositions que nous devons avoir pour l'obtenir, et les règles de la justice divine qui surpasse infiniment la justice humaine.

Est-ce à dire qu'il faut laisser toute licence au mal et ne rien faire pour l'arrêter. Loin de là, s'il nous est défendu de haïr les hommes, il nous est commandé de haïr le mal. Nous devons tout faire pour l'empêcher, et lui résister jusqu'au sang s'il le faut. Nous devons protéger le faible contre le fort, punir même si le glaive de la loi est entre nos mains ; mais en tout cela nulle vue personnelle, nulle pensée de vengeance, nul sentiment de haine ne doit avoir accès dans notre cœur, et plus notre sentiment sera pur, plus notre action sera efficace.

6° *Et ne nos inducas in tentationem.*

Cette prière est un acte d'humilité qui devrait être en permanence dans notre esprit et notre cœur, car il devrait accompagner toutes nos actions.

La tentation ou l'épreuve est la compagne inséparable de toute activité volontaire car toute œuvre est une épreuve. Mais, n'oublions pas qu'il s'agit ici de l'ordre surnaturel où, comme nous l'avons vu, tout est l'œuvre de la grâce, et la nature ne peut rien ici. La part toute négative de l'homme est de coopérer à la grâce en ne mettant point sa part d'obstacle à son action, et pour cela il faut 1° qu'il conforme sa volonté à celle de Dieu ; 2° qu'il attribue tout à Dieu et rien à lui-même. L'épreuve est faite à la mesure de l'homme, il la subit victorieusement s'il coopère parfaitement à la grâce, mais s'il s'attribue la moindre chose ou s'il détourne tant soit peu sa volonté de celle de Dieu, il déchoit, c'est pourquoi, comme dit Jésus-Christ, le juste pèche sept fois par jour : Une seule créature humaine, n'a jamais failli, c'est celle qui, arrivée au sommet de la grandeur créée, attribuait tout à Dieu et rien à elle-même, *quia fecit mihi magna qui potens est.*

La vie des Saints nous étonne par la grandeur et la durée de leurs œuvres, mais s'ils ont fait de grandes choses ; c'est qu'ils ont agi selon la volonté de Dieu, qu'ils n'ont compté que sur la grâce et ne se sont rien attribué à eux-mêmes.

C'est pourquoi, l'homme prudent qui connaît sa faiblesse et se défie de lui-même, prie Dieu de lui épargner des tentations auxquelles il craint de succomber par la fragilité de sa nature, et c'est précisément par cet acte d'humilité qu'il se rend capable de les surmonter.

Mais c'est surtout lorsque l'homme se prépare à franchir le seuil de cette vie pour passer dans l'autre que, car c'est alors que cette prière devient nécessaire, la tentation est le plus à craindre.

Celui qui tombe pendant la vie peut se relever, mais en ce dernier moment tout est décisif, le choix sans retour, la chute irrévocable, heureusement aussi la victoire définitive.

C'est alors ordinairement que les tentations redoublent, le démon fait les derniers efforts pour saisir ou retenir sa proie. Ces deux grands dangers sont alors l'orgueil et le désespoir. Les uns sont tentés de dire comme le pharisien : j'ai jeûné, j'ai payé la dîme, je n'ai rien à me reprocher, et les autres comme Caïn : mon iniquité est trop grande pour que je puisse mériter le pardon. Le démon étend ses voiles les plus épais sur l'âme des premiers pour leur cacher leur état et les endormir dans une fausse sécurité ; et après avoir poussé au mal les autres pendant la vie, il leur montre tout à coup ce mal dans toute sa laideur pour les pousser au désespoir.

Quelle prudence ne faut-il pas à l'homme dans ce dernier et dangereux passage pour ne pas faire un faux pas, pour faire la juste part entre la crainte et la confiance, pour marcher sans pencher d'un côté ou de l'autre entre les deux abîmes béants de l'orgueil et du désespoir ?

Celui qui compte sur ses propres forces succombera certainement. Celui-là seul triomphera de l'épreuve qui, sentant sa fragilité et se défiant de lui-même, aura prié Dieu d'épargner la tentation à sa faiblesse, et lui aura adressé du fond du cœur l'humble prière dictée par Jésus-Christ : « *Et ne nos inducas in tentationem*, ne nous induisez pas en tentation ». Dieu lui donnera alors la grâce de la victoire, et cette grâce est la grâce spéciale du sacrement de l'Extrême-Onction.

7° Délivrez-nous du mal. *Libera nos a malo*. Ce dernier mot peut se traduire de deux manières, il signifie également le mal et le malin. Le mal et le malin, voilà en effet nos deux ennemis. Le mal est en nous par la triple concupiscence dont parle Saint-Jean et qui règne dans notre nature déchue. Le malin c'est le démon ou plutôt la multitude innombrable de démons qui nous environnent et cherchent à nous vendre, car, comme dit Saint-Paul, c'est moins contre la chair et le sang que nous avons à lutter, que contre les puissances, les principautés, les dominateurs des ténèbres de ce monde et les esprits de matières répandus dans l'air. Il faut un grand courage pour nous vaincre nous-mêmes et dominer la triple concupiscence qui est en nous, et il faut une grande force pour lutter contre les démons qui nous attaquent sans cesse. Ce courage et cette force sont la grâce spéciale que doit nous donner le sacrement de confirmation. Le Baptême vivifie notre âme et nous rend enfants de Dieu ; mais c'est la confirmation qui fait de nous des hommes et des soldats de Jésus-Christ. Aussi Saint-Paul nous invite, pour pouvoir lutter contre les démons, à revêtir les armes de Dieu, la ceinture de la vérité, la cuirasse de la justice, le bouclier de la foi, le glaive de l'esprit qui est la parole de Dieu.

Avant la Pentecôte, les apôtres étaient enfants de Dieu, mais faibles, timides et enfermés dans le cénacle ; le Saint-Esprit, en descendant sur eux, leur donna le courage de braver les persécutions, le martyre, et la force de chasser les démons partout devant eux et de porter l'évangile jusqu'aux extrémités de la terre.

C'est donc la grâce spéciale du sacrement de confirmation et la force du Saint-Esprit que nous demandons pour toute l'Eglise quand nous disons à Dieu avec un désir ardent : « Délivrez-nous du mal, *sed libera nos a malo. Amen.*

C'est dans cette dernière demande du *Pater* que se trouvent enfermées implicitement tous les biens matériels que nous pouvons demander à Dieu.

Le mal, au physique comme au moral, nous l'avons vu, n'est que la privation du bien, la destruction de l'harmonie.

Otez la discordance, aussitôt reparait l'harmonie qui est le bien. Mais le mal physique est une conséquence du mal moral, et le mal soit moral, soit physique, a pour premier auteur Satan, l'adversaire, ou le méchant

La demande que fait le *Pater* d'être délivré soit de Satan, soit du mal moral, est fondamentale, et conclut logiquement à la délivrance de tous les maux physiques. En effet si on est exaucé, la suppression de la cause entraine la suppression de tous les effets.

En demandant collectivement cette délivrance pour toute l'Eglise et pour tous les hommes, on prend le seul moyen de réussir, car la solidarité qui lie l'humanité fait qu'on ne peut arriver au but que tous ensemble. Satan, l'auteur et l'exécuteur des maux physiques, ne sera point chassé de la terre tant qu'il y restera des pécheurs dont la complicité lui assure un droit de rester. Et tant que Satan pourra produire des maux physiques, ils atteindront les innocents avec les coupables.

Demander à Dieu pour soit seul le bonheur matériel, et le demandant sans songer à détruire avant tout le mal moral, c'est une double absurdité, c'est demander des effets sans cause.

La demande du *Pater*, au contraire, remonte au principe et, en attaquant la cause, elle tend à détruire aussi tous les effets, qui en font la conséquence.

Jésus-Christ avait dit : Cherchez d'abord le royaume de Dieu et sa justice et tout le reste vous sera donné par surcroit. La demande du

Pater est, sous forme négative, la contre épreuve de cette parole, car elle peut se traduire ainsi : que nous soyons d'abord délivrés de Satan et du mal et toutes les autres délivrances arriveront par surcroît.

Amen. Oui, ainsi soit-il, cet amen résume tout et redemande dans une seule et immense aspiration toutes les grâces que nous avons énumérées dans la prière, et il nous les faut toutes, car toutes réunies ne font qu'une seule grâce, la grace infinie donnée par le verbe, le rayon resplendissant de l'Esprit-Saint qui s'était divisé en sept dans le prisme de notre âme.

Ainsi les sept demandes du *Pater* viennent compléter nos harmonies septenaires.

Le Baptême ouvre la porte du ciel en donnant à l'entendement la foi qui sanctifie le nom de Dieu, la grâce du mariage donne l'espérance surnaturelle à la vie et la rend capable de préparer le règne de Dieu. Le Sacrement de l'Ordre fait produire à la raison les œuvres de la charité et l'accomplissement de la volonté de Dieu. L'Eucharistie demandée comme pain quotidien met le sceau de la tempérance à la sainteté dont elle est la source. La pénitence, qui fait que l'homme pardonne et est pardonné, ramène l'intelligence humaine à la justice. L'Extrême-Onction donne à la mémoire la prudence nécessaire pour éviter ou vaincre la dernière tentation, et la Confirmation donne à la liberté la force nécessaire pour nous délivrer du double mal intérieur et extérieur, la chair et le démon.

CHAPITRE XI

L'ART

L'art est pour ainsi dire l'incarnation et le sacrement du beau.

De même que, dans le sacrement, il y a deux choses, la matière et la forme, le signe sensible et la grâce qui est symbolisée par le signe sensible, de même dans l'art, il y a la matière et le beau immatériel, qui doit être exprimé par la matière.

Mais dans le sacrement, le signe sensible est seul visible, du moins dans cette vie, et la grâce reste invisible et n'est admise que par la foi, l'art au contraire ne mérite son nom qu'autant qu'il rend le beau visible. L'art est la création de l'homme, de même que la création est l'art de Dieu. Il est étonnant que la matière dépourvue par elle-même de toute vie et de toute beauté puisse exprimer la vie et le beau qui sont esprit, et cependant sa capacité à cet égard n'a pas de limites connues, et aucune parole ne saurait dire ce que peut renfermer de beauté un regard ou un sourire.

En toute chose, le beau ou l'harmonie est la perfection ; l'art est ce qu'il y a de plus haut dans la nature, il semble presque plus haut que la nature, et comme une trouée dans un monde supérieur. L'homme par lui-même ne le voit pas, il faut qu'il s'élève pour le voir, il faut qu'il s'élève beaucoup pour le bien voir.

La grandeur et le nombre frappent tous les regards et les frappent de même et chacun peut les mesurer, le beau est sans mesure, devant lui beaucoup d'hommes ont des yeux et ne voient pas, des oreilles et n'entendent pas, et parmi ceux qui voient il n'en est pas deux qui voient au même degré.

La science a ses règles et ses lois, elle s'accumule par le travail, elle se transmet de génération en génération et les nouveaux peuvent bâtir sur l'ouvrage des anciens ; ainsi l'édifice scientifique s'élève comme une tour qui monte toujours et dont on peut compter les assises. L'art échappe à toutes les règles, il nait de l'inspiration et tout d'un coup, au milieu quelquefois d'un siècle qui paraît inculte, le chef-d'œuvre surgit comme un météore et reste bravant les siècles qui passent nombreux devant lui sans pouvoir s'élever à sa hauteur. Si nous nous retournons nous voyons au fond des âges le vieil Homère comme un sommet isolé qui n'a peut-être pas été surpassé et l'Apollon justifié par sa beauté, son fier regard et son geste vainqueur.

Les hommes, quoiqu'ils ne voient le beau qu'imparfaitement, l'estiment au-dessus de tout, c'est que le beau tient à la troisième et à la septième facultés qui renferment les questions de perfection et de béatitude. Aussi le grand et l'utile ont un prix, le beau n'en a pas, c'est que si l'utile fait vivre, le beau donne la joie et le bonheur, rend heureux, et l'homme ne tient à vivre que pour être heureux, c'est pourquoi il marchande l'utile, mais quand il est séduit par le beau, il ne compte plus et donne tout pour posséder son idole.

L'art est la joie et la fleur du monde, il surnage comme le blanc nénuphar sur l'océan d'ennui qui inonde et couvre la terre.

L'art n'est pas le beau lui-même mais la traduction du beau, plus le beau est parfait, plus l'art peut s'élever, néanmoins la perfection propre de l'art consiste moins dans la beauté que dans la manière dont elle est traduite, et il y a plus d'art dans une beauté inférieure parfaitement traduite, que dans une grande beauté mal exprimée.

Comme nous l'avons dit, dans une multitude il n'y a pas deux hommes qui voient le beau au même degré, l'artiste le voit et le sent mieux que les autres, il exprime ce qu'il voit et ce qu'il sent, et par cette traduction il fait voir et sentir à d'autres, ce qu'ils ne voyaient pas et ne sentaient pas par eux-mêmes. C'est pourquoi l'art a été appelé une création, parce que l'artiste réalise matériellement, au dehors de lui, le sentiment qui était en lui, tel qu'il était en lui seul.

Le beau, comme nous l'avons vu, n'est autre chose que l'harmonie, et le laid, la disproportion ou la désharmonie. Le beau et le laid ont donc la même définition que le bien et le mal, et, par le fait, le beau est la splendeur du vrai et du bien et le laid l'ombre que projette le faux et le mal. La question de l'art se mêle donc intimement à celle du bien et du mal, elle en reproduit sous un autre mode toutes les péripéties et fait peser sur l'artiste une immense responsabilité.

Pour bien faire comprendre cela il nous faut remettre sous les yeux en peu de mots la théorie du bien et du mal.

Le mal, avons-nous dit d'après saint Thomas, ne peut être aimé en lui-même, mais seulement dans un bien accessoire qui peut l'accompagner, mais le bien que donne le mal prive d'un bien plus grand.

Cette privation constitue une séparation, une division, un antagonisme entre deux biens et est un mal par conséquent, puisque le mal c'est la division.

Ainsi le mal dans le cœur de l'homme est l'antagonisme de deux biens, la lutte du bien contre lui-même.

De même, le bien parfait, le vrai bien est l'unité par l'harmonie de tous les biens.

Mais quels sont ces biens, et à quelle condition peuvent-ils arriver à l'unité ?

Le bien est la fin d'une nature. L'homme, résumé de toute la création, peut renfermer en lui trois modes d'être, le mode sensible, le mode raisonnable, le mode surnaturel.

Chacun de ces trois modes a son unité qui est son bien. Ces trois unités sont l'amour sensible, l'amour animique, l'amour divin.

L'amour sensible est inférieur aux autres, l'amour de l'âme tient le milieu, l'amour divin est infiniment supérieur aux autres.

Il faut à l'homme ces trois biens, toute exclusion entame son bonheur, mais, comme il n'y a pas de bonheur sans unité, il faut que ces trois biens deviennent un seul bien, et que l'un d'eux absorbe les autres et se les assimile. Or, les biens inférieurs ne pouvant contenir les supérieurs qui sont plus grands qu'eux, le bien supérieur ou surnaturel peut seul absorber et contenir les autres, il faut donc que tout lui soit subordonné, qu'il reste seul le but suprême et que l'homme tende à lui tout entier.

Lorsque l'homme prend pour but suprême un bien inférieur, il exclut les supérieurs, et produit la division qui est le mal.

Le bien inférieur n'est donc pas le mal en lui-même, mais il le devient lorsqu'il n'est pas coordonné au bien supérieur.

Enfin dans l'unité du bien, le mal lui-même joue un rôle négatif, il est vrai, mais très-important. Car, comme nous l'avons vu, la connaissance du bien et du mal est le dernier développement de l'intelligence, et la haine du mal est le dernier complément et la perfection de l'amour du bien ou de la sainteté.

En changeant les termes, cette théorie devient la vraie théorie de l'art, mais avant de l'exposer, il faut résoudre une question préalable.

Il ne faut pas confondre l'art et le métier, l'artiste et le faiseur, le talent et le génie, la science et l'inspiration.

L'art consiste à exprimer le beau par la matière. Le métier est la puissance et l'habitude d'assouplir la matière en tous sens. L'art est l'âme, le métier le corps ; l'art, sans le métier, est une âme invisible ; le métier, sans l'art, n'est qu'un cadavre.

Le métier est visible par lui-même, c'est lui qui fait voir l'art. Toutefois, pour voir l'art derrière le métier, il faut déjà une certaine élévation, plusieurs n'apprécient que le métier, mais l'homme ou le siècle qui mettent le métier au-dessus de tout, témoignent de leur bassesse ou de leur dégradation.

L'art, sans le métier, est un œuf qui ne peut éclore, une lumière qui reste invisible sous un boisseau, un trésor dans un coffre scellé. Le métier, sans l'art, est une coquille vide, une lanterne bien transparente, mais sans la lumière, un coffre qui s'ouvre à volonté, mais qui ne renferme rien.

On peut, en peinture, faire des trompe-l'œil qui ne sont nullement de l'art ; on peut, en musique, faire des fugues pleines de science, mais privées de toute inspiration.

Au contraire, des ébauches maladroites laissent quelquefois entrevoir un art divin, et des chants primitifs ou incultes sont souvent pleins d'âme et d'inspiration, c'est la perfection du métier qui met le beau à la portée de la multitude.

Ceci posé, revenons à notre théorie de l'art, parallèle à celle du bien.

Les trois biens dont nous avons parlé, sont trois foyers qui rayonnent le beau, et peuvent inspirer un artiste. Mais le beau que rayonne le bien inférieur est le plus près de nous, le plus compréhensible, celui que la matière exprime le plus facilement. La beauté de l'âme et de ses mouvements échappe à bien des regards, mais il faut le secours divin pour s'élever jusqu'au beau surnaturel comme pour pratiquer le bien surnaturel. De même, le laid purement physique choque tous les regards, une expression commune ne choque que les âmes délicates, et il faut la grâce pour sentir toute la laideur du mal surnaturel.

Il y a donc comme trois étages dans l'art. L'artiste qui parvient à exprimer le beau surnaturel est sans comparaison au-dessus des autres, cependant ceux qui ont exprimé les beautés inférieures, ont pu faire des œuvres d'art belles en elle-mêmes et qui paraissent d'autant plus belles qu'à mesure que l'on descend, la matière se prête plus facilement à l'expression.

Nous avons vu que, lorsque le bien inférieur, absorbant l'âme et le cœur de l'homme, lui faisait oublier le bien supérieur, il le constituait dans le mal. La reproduction du beau qui rayonne du bien inférieur peut produire le même effet. Ainsi, l'art qui avait pour mission de ranimer le cœur de l'homme en l'élevant vers l'idéal, peut devenir le corrupteur de l'humanité, et entraîner l'homme sur la pente où il a déjà tant de peine à se tenir.

Le danger du beau, exprimé par l'art, n'est pas pas seulement un danger négatif comme le beau qui rayonne de la nature même. Mais comme nous l'avons vu, l'artiste ne reproduit pas le beau lui-même, mais le sentiment qu'il en a. Or, ce sentiment peut être plus ou moins bon ou mauvais en lui-même ; l'artiste, dont le cœur est corrompu, traduit cette corruption inévitablement dans son œuvre, et le beau qu'il expose aux sens du public exhale et communique la corruption qui était dans le cœur de l'artiste.

Voilà pourquoi il y a des nudités chastes et des nudités obscènes. Le sentiment religieux chez les païens, quoique mêlé d'erreur, imprimait cependant à plusieurs de leurs œuvres une grande dignité qui fait honte aux œuvres d'artistes qui se disent chrétiens, c'est que les païens, même quand ils faisaient une Vénus, voulaient faire une déesse, et les sculpteurs modernes, même en faisant une Diane, ne songent à faire qu'une femme.

L'artiste ne doit pas se regarder comme sans loi, libre de suivre tous ses caprices ; sa responsabilité est immense, il tient en ses mains une des plus puissantes clefs du bien et du mal, car le beau a sur le cœur de l'homme une influence beaucoup plus complète que le vrai, l'artiste peut donc beaucoup pour élever et abaisser l'homme, et s'il lui présente le fruit défendu revêtu de tout le prestige de l'art, il joue le rôle du serpent et mérite la même malédiction que lui.

Faut-il donc retrancher du domaine de l'art le beau inférieur. Non certes, mais il faut beaucoup de discernement dans l'emploi qu'on en fait. La nature étant déchue, on ne peut prendre au hasard, car les bonnes plantes sont à côté des poisons. Le problème est difficile, c'est au génie qu'il appartient de le résoudre ; il ne doit pas peindre Adam après sa chute, car alors il eut honte de lui-même et se cacha, mais il doit trouver le secret de peindre Adam dans le paradis lorsqu'il ne savait pas qu'il était nu. Tout peut entrer dans le domaine de l'art, lorsqu'il est placé à propos ; le laid même n'est pas exclu, et, de même que la haine du mal est la perfection du bien, l'horreur du laid peut servir à augmenter l'admiration du beau. Tout ceci est parfaitement résumé dans le beau tableau de Raphaël où l'on voit l'archange foulant aux pieds le dragon. La pensée du tableau est précisément le triomphe du bien sur le mal, et le bien est représenté par la beauté de l'archange et le mal par la laideur du dragon qui est terrassé.

Oh ! que la mission de l'art devient belle quand on comprend tout le bien qu'il peut faire.

La multitude est par elle-même dans les ténèbres et a besoin d'en être tirée. Le premier secours qui se présente est le vrai. Mais le vrai pur montre le but sans y attirer. Loin de là, il blesse souvent le cœur humain comme le miroir blesse l'homme laid qui s'y regarde ; mais lorsque le vrai se revêt de la splendeur du beau, le cœur de l'homme s'émeut, le beau est la forme du bonheur, voyant le beau identique avec le vrai, il est attiré vers lui par l'invincible désir du bonheur et il commence son ascension vers le but sublime.

Mais qui fera voir la beauté du vrai à la multitude ? Nous l'avons dit, l'homme par lui-même voit très imparfaitement le beau, surtout le beau supérieur ; pour le voir, il faut qu'il s'élève, et plus il s'élève, plus il le voit. Or, le génie de l'artiste voit le beau longtemps avant les autres et avec un éclat incomparable ; à cette vue, il est saisi d'enthousiasme, et s'il traduit son enthousiasme dans ses œuvres, il rend ce beau visible à la multitude qui ne le comprenait pas, et l'attire avec lui dans les voies de la béatitude.

Mais qu'on n'oublie pas que la béatitude de l'homme, appelé à l'ordre surnaturel, ne se trouve que dans le beau supérieur et divin, c'est là que doit toujours tendre l'art à travers tous les degrés qu'il parcourt, il ne lui est pas permis de l'arrêter en chemin ; le beau inférieur, s'il n'est coordonné au beau supérieur, s'il ne tend à remonter vers lui, devient une source du mal, et arrête au lieu de conduire au but. Pour être digne de sa mission, l'artiste doit faire dire de lui, comme on a dit de Phidias, qu'il avait ajouté à la religion des peuples.

Cette sublime mission de l'art a été admirablement remplie par saint François d'Assise et toute l'école de peinture qu'il a inspirée, par les mystiques de l'art qui sont les poètes de la grâce, par ceux qui ont construit nos belles cathédrales et nos splendides verrières, par les prophètes, les psalmistes de l'ancienne loi, les poètes et les orateurs chrétiens, et ceux qui ont fait sortir de leur cœur les célestes mélodies du plein chant et tant de riches musiques religieuses. Je ne puis tout dire.

Ces belles âmes ont plus fait que toutes les autres pour entraîner l'humanité au ciel, elles ont rempli un véritable sacerdoce, elles en auront la récompense.

Songez donc, artistes, à la grandeur de votre mission, c'est un sacerdoce très puissant sur le cœur de l'homme ; faillir à votre devoir n'est pas seulement une infamie, mais une profanation et un sacrilège, car le beau est saint, il est le reflet de l'esprit divin, source de toute sainteté.

N'oubliez pas que vous devez toujours monter sans jamais vous arrêter, car le but auquel vous devez tendre est à une hauteur sans mesure, c'est l'infini lui-même que vous devez chercher à exprimer dans la matière. Exprimer le beau infini dans la matière, voilà le chef-d'œuvre que l'art doit s'efforcer de produire. Ce chef-d'œuvre que l'homme doit tendre à produire, et qu'il ne réalisera jamais que de loin, Dieu l'a produit et l'a formulé, dans ces deux mots : *verbum caro factum*, le verbe fait chair, bien qu'on ait appelé Jésus-Christ le plus beau des enfants des hommes, la beauté du chef-d'œuvre divin nous a été cachée sur la terre, à peine un rayon de cette beauté merveilleuse s'est-il laissé voir sur le Thabor, et il a suffi pour mettre saint Pierre hors de lui-même.

Au ciel, elle sera vue sans voile, alors elle sera dans toute sa perfection, la splendeur du vrai et du bien, et ce qui achèvera toute la beauté possible, ce sont les traces de la passion qui resteront et que Dieu revêtira d'une beauté sans pareille, parce qu'elles exprimeront l'horreur et la haine du mal, dernier degré de l'intelligence et souveraine perfection du bien et de la sainteté; aussi l'éternité ne suffira pas à épuiser l'admiration et l'éblouissement des Élus.

CHAPITRE XII

DES BEAUX-ARTS

Nous avons donc à étudier la question, non du beau, en général, que nous avons déjà traitée, mais du beau à un point de vue particulier, à un degré spécial, celui de l'art. Mais pour nous faire une juste idée de ce degré, il faut au moins indiquer les autres degrés de cette échelle resplendissante et assigner sa place à celui qu'il nous faut étudier.

En tout et partout, comme nous l'avions déjà dit, après saint Augustin, l'essence du beau est l'unité, non l'unité première que nous avons appelé vie, mais l'unité de retour qui ramène le développement de l'être à l'unité en le complétant, et que nous avons appelée harmonie.

La première et la plus haute de ces harmonies est la lumière de l'Esprit-Saint, dernière effloraison de la nature divine, beauté des beautés, beauté infinie, qui est tout à la fois vie, vérité et amour, beauté qui contient tout dans sa suprême unité et dont toutes les autres beautés ne sont que la poussière.

Lorsque nous descendons de l'infini dans le fini, le beau se divise et peut se considérer sous divers aspects.

Nous avons en premier lieu la beauté morale qui est l'unité que produit l'amour. La beauté intellectuelle qui est l'unité qui relie un certain nombre de pensées; puis la beauté matérielle qui est l'unité qui résulte de l'harmonie des formes et des couleurs.

Le beau spécial de l'art n'est rien de tout cela et il n'est pas facile de le bien définir. Les uns l'ont appelé une vraie création. Le mot est trop ambitieux, Dieu seul crée véritablement ; les autres ont dit que le beau de l'art n'était autre que celui de la nature et que l'art n'était qu'une copie. L'artiste alors ne serait qu'une machine comme le daguéréotype. L'art, je crois, ne mérite ni cet excès d'honneur ni cette indignité. Cherchons donc quelque terme plus exact.

Comme nous l'avons dit, (Chap. de la Certitude), l'homme n'a point créé ni inventé l'idée de l'infini. Sa grandeur consiste à pouvoir être fécondé par cette idée, à être capable de refléter sa lumière, de vibrer à son contact et nous avons défini la raison : l'écho de l'infini.

Mais lorsque, cette idée de l'infini qui est aussi celle de l'unité a fait éclore et vibrer la raison, cette vibration se prolonge jusqu'aux extrémités de l'être humain, et la sensibilité vibre à son tour, et cet écho que la sensibilité renvoie à l'infini est précisément le beau de l'art.

Ce n'est pas comme idée pure que l'unité peut attaquer la sensibilité, mais indirectement par les sensations. Or, comme la sensibilité se compose de six facultés, il doit y avoir six échos, c'est-à-dire que chaque faculté de l'âme sensible doit manifester le beau par un art spécial. C'est ce que nous confirmera une étude détaillée.

Le premier des beaux arts qui se présente à la pensée est l'art plastique, qui comprend l'architecture, la sculpture et la peinture, les objets frappant l'œil par leur étendue, leur forme et leur couleur. L'architecture combine spécialement l'étendue, la sculpture la forme, et la peinture la couleur, ces trois choses ne font qu'un art, parce qu'il ne reproduisent entre eux tous que l'unique sensation du sens de la vue.

C'est surtout à l'occasion de cet art, que se sont formés les deux camps extrêmes, les réalistes et les idéalistes.

La peinture en effet, au premier abord, ne semble avoir d'autre but que l'imitation de la nature, où elle prend forcément ses modèles ; mais en voyant les tableaux des maîtres, en éprouvant devant ces chefs-d'œuvres une émotion que la nature elle-même ne donne pas, on sent qu'il y a autre chose, et l'on s'est demandé s'il n'y avait pas invention et création ?

Mais d'abord qu'est-ce que cette nature que le peintre imite ? c'est l'œuvre de Dieu, c'est son œuvre d'art à lui, puisque par elle il a fait descendre le beau dans l'ordre sensible.

Cette œuvre serait absolument parfaite, si elle était telle que Dieu l'a faite d'abord. Mais la nature, telle qu'elle est sous nos yeux, est déchue, et le mal y a introduit le laid, qui ne peut directement et par lui-même, être l'objet des beaux-arts.

Malgré le mélange du bien et du mal, la nature renferme encore assez de beautés pour occuper le génie et le talent des peintres, même les plus grands, car ces beautés, aucun homme ne les voit toutes ; Dieu seul les connaît parce qu'il voit toutes les unités dans l'unité première.

Ainsi Dieu, dans une fleur par exemple, voit d'abord l'harmonie qui coordonne toutes les formes de la plante et toutes ses couleurs, voilà une première unité, une première beauté ; mais il voit en même temps l'harmonie de cette plante avec celles qui l'entourent, avec toutes celles de son espèce, avec les êtres qui en jouissent, avec le temps où elle apparaît, avec la planète où elle croît, avec tout l'ensemble de la création, enfin avec la pensée éternelle, de sorte que, pour lui, elle n'est qu'une étincelle d'une lumière infinie à l'éclat de laquelle elle participe par l'harmonie qui unit toutes choses. A ce point de vue suprême, toute chose a une beauté incommensurable, et devant cette nature que nous comprenons si mal, les anges qui volent dans la lumière de Dieu doivent souvent être en contemplation, chantant le cantique des trois enfants dans la fournaise : Bénissez Dieu, montagnes et collines ; bénissez Dieu, plantes qui croissez sur la terre ; bénissez Dieu, fontaines, mers et fleuves.

A ce point de vue élevé, le mal lui-même se transforme, car Dieu, le considérant non en lui-même, mais dans le décret de sa providence qui l'a permis, et dans le bien qu'elle doit en tirer, y reconnaît une beauté relative, c'est pourquoi le cantique dit aussi : bénissez Dieu, lumière et ténèbres, feu et glace, foudres et nuages.

La nature et ses beautés sont donc un livre dont la langue est peu connue, et où la plupart ne savent rien lire ou presque rien. L'artiste qui a du génie lit plus que les autres et voit ce qu'ils ne voient pas. Alors son âme vibre d'enthousiasme et il voudrait communiquer son enthousiasme aux autres. C'est ici qu'apparaît la nécessité du métier. Pour exprimer ce qu'il voit et ce qu'il admire, il faut être exercé par une longue habitude à manier le pinceau et à broyer les couleurs.

Le métier s'apprend ; à force de travail, on arrive à l'habileté, mais le génie ne s'apprend pas, on naît avec lui. Le génie consiste à voir, l'habileté à rendre, l'un et l'autre sont nécessaires, car que sert de voir si l'on ne peut rendre, et que sert de pouvoir rendre si l'on ne voit rien ?

Le réaliste n'admet que l'habileté, l'habileté fait des copistes et non des artistes ; l'idéaliste méprise l'habileté et il a tort ; sans l'habileté, le génie est comme une flamme qui se consume solitaire sans pouvoir éclairer et se communiquer.

Le daguerréotype n'est pas précisément la nature, car la convexité des verres change les proportions de très-peu, il est vrai, mais en fait de beau, très peu est souvent beaucoup, mais quand même il reproduirait la nature parfaitement, il ne serait aucunement de l'art, car ce qu'il reproduirait serait en plus mal toujours cette même nature à laquelle les hommes ne comprennent rien.

Quel est donc le mérite d'une œuvre d'art ? Le voici.

Au moment où l'artiste contemple l'œuvre de Dieu, l'intuition lui fait découvrir une de ces mille harmonies que Dieu voit éternellement et que le reste des hommes ignore, c'est presque une vision, car, comme s'il s'établissait entre l'artiste et l'objet un échange fluidique et lumineux, le je ne sais quoi dans les délicatesses de la nuance et de la forme, qui exprime le point de vue actuel de l'artiste, s'illumine à ses yeux ; il voit cela par-dessus tout le reste ; il ne voit presque que cela.

Alors en peignant ce qu'il voit, il dégage de l'ensemble une harmonie cachée, des traits inaperçus, et, en les accentuant, il les rend visible à tous ceux qui n'avaient pas pu les voir dans la nature. Son œuvre est donc une révélation. Cependant il n'a rien créé, mais il a vu et découvert, il n'a pas copié servilement non plus, car il a élagué le feuillage inutile pour mettre à nu la fleur ou le fruit que son œil perçant avait aperçu.

C'est là ce que signifie cette parole si usitée parmi les peintres pour caractériser plusieurs tableaux représentant le même objet : celui-là est vu en beau, celui-ci est vu en laid, celui-là est vu sérieusement, celui-là est vu en charge, c'est-à-dire qu'il y a plusieurs manières de voir. C'est de la beauté de cette manière de voir que dépend la beauté artistique, mais le mérite artistique dépend de l'intensité de cette vue ou plutôt de la vibration plus ou moins grande de l'âme.

Cependant la beauté de l'œuvre ne consiste pas seulement dans le mérite purement artistique, car au-dessous il y a la perfection du métier, qui peut aller jusqu'au trompe-l'œil et qui est une harmonie aussi, quoiqu'inférieure. Au-dessus, il y a la beauté même du modèle, car, quelque perfection qu'on veuille lui supposer, la sculpture d'un crapaud ne sera pas une œuvre d'art comme la Vénus ou l'Apollon. Il y donc dans un chef-d'œuvre à considérer : 1° la beauté même du sujet ; 2° la manière plus ou moins élevée dont ce sujet a été compris ; 3° l'intensité avec laquelle le peintre a senti ; 4° enfin la perfection du métier.

Un jugement parfait doit tenir compte de tout, mais la plupart des hommes, selon leur inclination ou leur capacité, jugent surtout par un de ces points de vue, et lorsque le tableau est laid à ce point de vue, ils ne veulent plus voir les autres beautés, c'est pourquoi on s'entend si peu sur l'appréciation des tableaux.

Le laid n'est point l'objet de l'art et doit autant que possible en être exclu. Boileau a dit cependant :

> Il n'est point de serpent ni de monstre odieux
> Qui, par l'art imité, ne puisse plaire aux yeux.

Voici ce qu'il y a de vrai. Dans la peinture du laid, il peut toujours rester le quatrième mérite, la perfection du métier et beaucoup s'en contentent. Mais pour faire vraiment une beauté artistique avec du laid, il faut l'élever à ce haut point de vue où Dieu lui-même le voit, c'est-à-dire au point de vue du bien que la sagesse divine en sait tirer.

Une laideur physique cesse d'être repoussante quand elle devient la source d'une beauté morale. Ainsi les martyrs étaient sublimes au milieu de leurs supplices ; et le Christ sur la croix a été le thème d'une foule de chefs-d'œuvre. Si un peintre nous intéresse avec un paysage nu, une pauvre chaumière, un maigre cheval et un malheureux qui vient partager sa misère avec ce fidèle serviteur, c'est que, derrière ces pauvretés physiques, il y a des richesses morales ; la méditation des misères humaines, l'affection et la compassion pour les délaissés, peut-être aussi la joie de réparer l'injustice du fort en leur donnant l'immortalité par le pinceau, tout cela était dans l'âme du peintre, tout cela passe dans notre âme quand nous admirons son tableau. Voilà à quelles conditions l'art peut tirer le beau du laid comme Dieu tire le bien du mal. Mais qu'un esprit trivial nous étale systématiquement des turpitudes, sous prétexte de réalisme, le beau et l'art disparaissent, il ne peut rester que le métier, rien de plus.

Un tableau peut avoir un mérite rare, et un grand prix pour certains amateurs, s'il réalise à un haut degré l'une des quatre beautés que nous avons énumérées. Si cependant, non content de négliger les autres beautés, il met à leur place une laideur formelle, le même tableau peut, selon les dispositions, plaire ou inspirer de l'horreur.

Il en est à qui le défaut d'exécution ne laisse rien voir du sentiment qui est caché quelquefois sous la gaucherie du travail ; il en est à qui l'intensité du sentiment et de l'expression ne fera jamais pardonner la trivialité du type. L'homme privé de sens moral admirera sans restriction une peinture obscène, si le peintre a su rendre fortement la vibration de son âme vicieuse, mais l'âme pure et délicate, repoussée par la laideur morale, n'éprouvera pour cette œuvre, malgré son mérite inférieur, qu'une aversion sommaire et un dégoût insurmontable.

L'œuvre la plus belle est celle qui réunit à un haut degré tous les genres de beautés, quoiqu'en certains points spéciaux d'autres œuvres la surpassent.

Sous ce rapport, un des plus admirables chefs-d'œuvres est la dispute sur le Saint-Sacrement de Raphaël.

Il est impossible de trouver un sujet plus beau, une conception plus grande et plus complète, car c'est tout le christianisme résumé en une page.

En haut est le ciel avec tous ses mystères et toutes ses splendeurs ; en bas se déroule l'église avec toute sa hiérarchie, les papes, les évêques, les ordres religieux et toute sa gloire, la série de ses grands docteurs, au centre brille comme un point lumineux le Saint-Sacrement qui contient l'auteur de la grâce, le médiateur, l'organisateur de l'église, c'est ce point mystérieux qui sert de lien entre le ciel et la terre, c'est par lui que le ciel descend sur la terre et que la terre remonte au ciel.

Selon le terme technique, dans cette œuvre admirable, tout est vu en beau, toutes les têtes sont nobles, pures, lumineuses de beauté. L'enthousiasme du peintre anime toute la toile avec une intensité merveilleuse et l'âme du spectateur est saisie à sa vue comme devant une vision. Enfin l'exécution est aussi un chef d'œuvre. C'est l'œuvre qui restera toujours la première pour les âmes complètes.

L'art plastique répond à la faculté de l'âme sensible que nous avons appelée les sens, non pas que les sens soient étrangers aux autres arts, puisque ce n'est que par eux qu'ils parviennent à notre connaissance ; les sens nous sont indispensables même pour nos opérations intellectuelles, et c'est encore par leur intermédiaire que nous arrivons aux hauteurs de la foi : *Fides ex auditu*. Mais l'art plastique est le seul qui reproduise les impressions que nous recevons par les sens.

Les sens sont l'intelligence de la sensibilité, la faculté négative qui met en rapport direct avec le non moi ; l'art plastique est la réponse de la sensibilité au non moi, la reproduction par écho de ce non moi. C'est pourquoi, plus que les autres, cet art est lié à la nature qui nous environne, sa beauté est dépendante d'une beauté extérieure, celle de l'œuvre de Dieu ; il risque d'en être dominé et écrasé dans la lutte qu'il a à soutenir contre elle et, s'il manque de réaction, il dégénère en pure copie, copie qui est à l'art véritable ce que le corps pétri du limon était à Adam avant que Dieu ne lui eut soufflé une âme.

La peinture est donc l'art où l'imitation joue le plus grand rôle, et cependant elle ne doit pas s'y renfermer.

La nature que le peintre imite est l'hiéroglyphe de Dieu, il ne suffit pas de le copier, il faut le déchiffrer.

La nature, quoique la même pour tous, n'est pas vue par deux hommes de la même manière. L'animal n'y voit pas le beau, les hommes l'y voient plus ou moins.

La vue d'un grand peintre peut devenir l'intuition du génie, c'est cette intuition qu'il doit reproduire et c'est alors que l'art arrive à son sommet.

Cherchons maintenant quel est le fondement et la nature de la musique.

La peinture manifeste la forme, et la musique le son. Le son est produit par une vibration qui se propage dans l'air, et le son est plus ou moins élevé, selon que le nombre des vibrations est plus ou moins rapide.

Les formes que reproduit la peinture représentent aussi des nombres, car la géométrie soumet au calcul toutes les formes, de sorte qu'en un sens le beau dans la peinture est l'harmonie des nombres qui sont immobiles dans l'espace, et le beau dans la musique l'harmonie des nombres qui se meuvent dans le temps.

Le son peut se considérer sous deux aspects, le ton et le timbre. Le ton dépend du nombre des vibrations dans un temps donné, il est le côté négatif et intelligible du son, la science, la mesure et le calcul. Mais le timbre échappe à toute mesure scientifique, il est la manifestation de la constitution intime des corps. Deux vases paraissent semblables, mais au son, vous reconnaissez que l'un est de verre, l'autre de cristal. C'est pour cela qu'on dit : un son argentin, un son métallique, un son ligneux, etc.

Tous les sons que rend la matière sont passifs et sans vie, ils ne sont qu'une réponse à la force vivante qui la frappe ; mais lorsque le son s'échappe spontanément ou volontairement, il manifeste la vie, alors il est le cri ou la voix, et la voix est le retentissement du moi. Tout animal a son cri ou son chant, ce cri est sa signature, il n'en a point d'autre et elle suffit. Lorsque le roi fauve des animaux rugit dans le désert, tous les sujets le reconnaissent, tremblent et se taisent.

L'enfant, en venant au monde, s'affirme comme être vivant en poussant un cri, et pendant longtemps il n'aura que ce cri pour manifester sa volonté.

La voix, manifestation du moi, correspond à cette faculté centrale et harmonique, que nous avons appelée, lumière et conscience en Dieu, raison dans l'homme, sensibilité dans l'animal, harmonie partout, c'est pourquoi elle est un tout résultant de deux éléments, le timbre insondable et incalculable comme l'idée de l'être qu'il représente, et le ton qui parcourt la série des nombres et se prête, comme l'idée du non-être, à tous les calculs et à toutes les subdivisions.

Néanmoins ce que la voix manifeste, ce n'est rien du dehors, c'est au contraire ce qu'il y a de plus intime en nous, la personnalité. Les sens, facultés de la peinture, nous mettaient en rapport avec le non moi et nous transportaient en lui; la voix, principe de la musique, affirme le moi et le fait rayonner au dehors.

Ceci met une différence radicale entre la peinture et la musique, entre la situation du peintre et celle du musicien.

La création est l'œuvre artistique de Dieu, mais dans cette œuvre Dieu n'a réalisé qu'un seul des beaux arts, l'art plastique, qui s'exprime par la forme et la couleur ; mais par là il a pris les devants sur le peintre, et quoique nous ne connaissions qu'une pauvre petite partie de la création, qui est la terre, et quoique toute beauté sur la terre ait été plus ou moins amoindrie et effacée par la déchéance, le peintre trouve dans la nature une concurrence formidable qui l'exclut du premier rang. L'idée du non-être était le seul attribut divin qui pût se traduire directement par la matière.

Le moi divin ne peut s'exprimer par des sons matériels, la musique de Dieu ne peut retentir que dans les profondeurs de l'entendement.

Les sons qui s'échappent de la nature ne sont point un art divin, mais le retentissement des divers êtres que Dieu a créés, retentissement plus ou moins parfaits selon que l'être lui-même est plus parfait; aussi, malgré la déchéance, la voix humaine est encore le plus beau don de la nature, et c'est par l'homme seul que la musique est un art.

Cependant, la voix par elle-même n'est pas l'art de la musique, mais elle peut le devenir lorsqu'elle exprime l'unité qui a fécondé l'âme.

L'unité dans la musique est de deux ordres différents ou, si l'on veut, offre deux dimensions, qui sont l'harmonie et la mélodie. L'harmonie, comme on le sait, est l'unité de plusieurs tons dans un seul accord.

La science a posé son compas sur cette dimension de l'unité, elle a découvert que les tons qui s'accordaient entre eux avaient des rapports arithmétiques par le nombre de leurs vibrations, et que plus ce rapport était simple, plus l'accord se rapprochait de la consonnance, tellement que l'octave, le plus simple de ces rapports, puisqu'il est juste le double, pour bien des oreilles, se confond avec l'unisson.

Toutefois ce n'est pas la science qui analyse ces accords, qui les a découverts, mais l'oreille confidente de l'âme qui les a devinés, c'est l'oreille qui fait chanter juste des bergers ignorants, c'est l'oreille qui fait pressentir au grand musicien les trésors de l'harmonie.

La science ne suppléera jamais au génie, elle peut seulement rendre sa marche moins hésitante et plus droite, mais elle ne le fera pas plus marcher que la boussole ne fait marcher le vaisseau.

La seconde unité, celle de la mélodie, échappe entièrement à la science. Nous avons déjà vu cette belle définition du chant: une suite de notes qui s'appellent; mais par quel charme s'appellent-elles, par quel lien restent-elles attachées ensemble dans la mémoire et dans le cœur? Nul ne peut le dire. Les notes qui subsistent ensemble dans un accord ne s'appellent point dans l'ordre mélodique et ne peuvent former un chant, les notes qui, placées à la suite l'une de l'autre, forment un air, offrent des nombres de vibrations sans rapport ou, comme l'on dit, premiers entre eux, et pour trouver l'unité de ces nombres, il faudrait remonter à l'unité première et infinie où tous ces nombres sont un. C'est donc par une espèce d'intuition de l'infini que l'âme chante, c'est par cette intuition merveilleuse qu'elle découvre entre les tons ces sympathies plus ou moins profondes qui attachent chaque note à celle qui la suit, et forment de toutes réunies ces guirlandes ravissantes que rien ne peut rompre.

Sans doute on peut supposer avec fondement que ces notes qui s'appellent sont complémentaires l'une de l'autre, qu'il doit y avoir entre elles la différence et l'attraction du positif et du négatif, et qu'ainsi leur union est un symbole de l'amour ; mais il y a loin de là à reconnaître quelles sont les notes qui s'aiment, à mesurer à quel degré elles s'aiment, dans quelles circonstances elles s'aiment le plus, à saisir ainsi au vol tous les caprices de leurs amours. Ceci restera toujours le secret et la mesure du génie. Les mauvais musiciens font aussi des airs, mais quels airs ! une suite de notes sans liaison et toutes indifférentes les unes pour les autres ; le chant peut avoir une intensité dont nous ne connaissons pas la limite.

Les chants inspirés par le génie offrent une cohésion de notes qui fait penser à la cristallisation, il y a des airs qui sont transparents, brillants et compacts comme le diamant.

C'est surtout dans l'inspiration mélodique que consiste le génie musical, la puissance harmonique n'est qu'un complément qui vient en second ordre. Le musicien complet doit sentir les deux unités mélodiques et harmoniques. Cependant la mélodie sans harmonie peut encore être belle et sublime, mais l'harmonie sans mélodie n'est qu'un cahos sans lumière, qui ne peut être musique ni dans le passé, ni dans le présent, ni dans l'avenir.

Un troisième élément complète l'art musical par une nouvelle application du nombre, c'est le rythme. Mais ici le nombre est visible, c'est une division palpable du temps que l'intelligence et la volonté du musicien imposent à son œuvre.

Le rythme imprime d'abord à la musique les caractères différents du nombre pair et impair, selon que la musique est à deux ou trois temps, ensuite il lui ajoute toutes les nuances qui peuvent résulter de la lenteur ou de la rapidité du mouvement qui expriment le calme et l'agitation, de la régularité et de l'irrégularité qui expriment la certitude, la paix, l'assurance, l'inquiétude et le doute.

Sauf exception, l'âme est naturellement musicienne ; même chez les ignorants et les sauvages, la voix humaine, ce don spontané et volontaire qui trahit la vie, s'échappe avec rythme et mélodie et quelquefois avec harmonie, si plusieurs chantent ensemble.

Il n'en est pas de même des sons de la matière. Ces sons inertes qui ne sortent de leur tombeau que lorsqu'ils sont attaqués par la vie, s'échappent sans chant et sans rythme.

Mais l'homme, roi et prêtre de la création qui doit la gouverner et lui faire chanter les louanges de Dieu, a trouvé le moyen de discipliner tous ces sons et de les faire participer à sa vie et à son intelligence : par son souffle il anime les instruments à vent, par l'archet que conduit la main droite, ce fidèle serviteur de la pensée, il communique aux cordes, avec plus de finesse encore, toutes les palpitations de la vie, puis entraînant à la suite de sa voix qui les domine, dans le rythme qu'il leur a imposé, toute cette armée animale, végétale et minérale, disciplinée et chantante, il réalise l'hymne de la création.

Ce que l'homme exprime par cette magnifique réalisation, ce n'est rien de ce qu'il a vu ou entendu, mais l'état actuel de son âme, de son moi sensible au moment où il a composé l'œuvre musicale, soit que cet état lui ait été naturel, soit que, par l'imagination, il se soit identifié avec le personnage dramatique qu'il veut faire chanter; aussi dans aucun art l'artiste n'imprime plus fortement sa personnalité que dans la musique sans parole, où le musicien laissé à lui-même n'a que son âme à traduire. Dès les premières mesures, on reconnaît un des grands compositeurs, soit à la force calme et savante (1), soit à la sérénité mêlée de grandeur et de naïveté (2), soit à la sensibilité toujours élégante et gracieuse (3), à la puissance débordante tantôt sombre, tantôt céleste et sublime (4), à la verve intarissable et insouciante (5), à l'imagination féerique (6), à l'émotion fébrile et maladive (7), etc., etc.

Ce qui exprime l'état de l'âme, c'est le chant, le reste est accessoire et ne sert qu'à faire ressortir le principal, comme l'ombre rend le dessin plus visible. Et il est incroyable que la combinaison des sept notes puisse exprimer toutes les nuances de la joie, de la douleur, de l'amour et de la haine, du courage et de la peur, du triomphe et de l'abattement. Pourquoi cette suite de notes exprime-t-elle le sentiment, nul ne saurait le dire, c'est le secret de l'intuition et du génie.

Le but de la musique n'est pas d'imiter directement les bruits de la nature ; ce que l'on a appelé harmonie imitative est un parasite de la musique, elle est à la musique ce que le jeu de mot est à la littérature, on peut se le permettre en passant et à propos comme un hors d'œuvre. Mais cependant la musique peut, sans sortir de son rôle, imiter indirectement toute la nature, en exprimant le sentiment qu'éprouve l'âme à la vue de tout ce qui dans la nature est grand ou terrible, beau, gracieux ou ravissant.

Nous avons dit que c'est la rapidité plus ou moins grande des vibrations des corps sonores qui fait la différence des tons, et que c'est la proportion entre le nombre de vibrations dans le même temps qui fait que les deux corps sonores font un accord ou une discordance.

Ceci appelle notre attention sur le rôle que jouent les nombres, non seulement dans l'intelligence, mais encore dans l'âme et ses sensations.

Les nombres abstraits sont calculés et analysés par l'intelligence dans les mathématiques; mais ces nombres se matérialisent et se réalisent doublement dans la nature, par les formes dans l'espace et par les mouvements dans le temps. A cet état bien qu'ils soient encore calculés par l'intelligence, ils arrivent directement à l'âme par la sensation avec des délicatesses qui échappent à tous les calculs.

Lorsque les nombres exprimés par les formes arrivent à l'âme par le sens de la vue, l'harmonie de ces formes lui révèle le beau, l'illumine et la ravit d'admiration. De là l'art plastique.

C'est encore la contemplation de ces formes vivantes et fluctuantes qui fait le charme de la danse.

Mais quand les nombres vibratoires arrivent à l'âme par le sens de l'ouïe, ils la bercent et l'enivrent quelquefois jusqu'à l'extase, comme le font certains parfums, de sorte qu'on pourrait définir la musique, le parfum des nombres.

L'intelligence trouve son analogie dans la lumière, mais ce qui tient au cœur et au sentiment la trouve plutôt dans le parfum. Aussi saint Jean voit les prières qui s'élèvent du cœur des Saints comme un encens parfumé qui brûle devant le trône de Dieu. (Apoc. 5-8.)

L'éloquence et la poésie ont une beauté spéciale et plus spirituelle que le verbe, c'est-à-dire que la pensée même qu'exprime la parole, mais c'est encore le parfum musical qui fait leur charme matériel de la période et du rythme.

Les âmes humaines jouissent plus ou moins du beau dans la nature et dans les arts, mais elles ne se doutent pas que c'est l'harmonie des nombres qui fait leur jouissance.

Ce que la musique peut réaliser par ce moyen est incroyable. Ecoutez le chef d'œuvre en ce genre, la symphonie pastorale de Beethoven. Sauf le roulement du tonnerre et le sifflement du vent dans l'orage, rien n'est imité directement. Et en sortant de là, il vous semble que vous avez assisté à toutes les joyeuses fêtes d'un village, vous vous êtes promené dans un paradis terrestre, un pays comme vous n'en n'aviez jamais vu, pays plein de lumière et de parfums, où l'on croyait entendre dans le lointain des concerts des anges. Tout ce paradis était dans l'âme de Beethoven, méditant sur la nature, et c'est cette âme sublime qui l'a révélé à la vôtre par la musique, immédiate interprète de l'âme.

Entre la vie et la sensibilité, nous avons reconnu une faculté intermédiaire appelée spontanéité dont le produit naturel est le mouvement. Le mouvement spontané peut avoir une beauté naturelle, on peut la remarquer dans les bonds capricieux de certains animaux, dans le vol léger de l'hirondelle, dans l'immobilité de l'aigle au milieu des airs, dans les gestes des petits enfants, dans la démarche qui peut, selon Virgile, déceler une déesse. *Et vera incessu patuit Dea.*

Cependant tous ces mouvements ne sont pas encore de l'art, mais ils peuvent le devenir, si le sentiment de l'unité, ou l'idée de l'infini les pénètre, et si l'intelligence trouve des nombres et des formules, pour les discipliner.

Car le beau n'entre dans le domaine de l'art humain que lorsque l'homme s'en est rendu maître et peut le réaliser à volonté.

L'art qui a pour objet le mouvement s'appelle la danse, et il faut prendre ce mot dans son sens le plus large et lui faire comprendre tous les mouvements organisés.

La danse peut se diviser en trois : 1° la danse proprement dite, que tout le monde connaît sans ce nom ; 2° la danse religieuse qui comprend toutes les évolutions des cérémonies religieuses ; 4° la danse guerrière militaire qui comprend toutes les évolutions militaires.

La liberté à laquelle, dans l'homme, la spontanéité se mêle et s'identifie, n'agit jamais sous un but qu'elle poursuit, et ce qui distingue les trois danses que nous venons de nommer, c'est la fin vers laquelle elles tendent malgré les épisodes et les détours.

La danse militaire veut obtenir la force par l'unité, et elle l'obtient au plus haut degré, mille hommes disciplinés mettent facilement en fuite cent mille hommes sans chef.

La danse ordinaire n'exprime quelquefois que la joie, surtout dans les enfants ; mais le plus souvent elle tend à réaliser la fin naturelle de l'homme qui est l'amour ; c'est pour plaire et être aimé qu'on a relevé la beauté naturelle par toutes les grâces du mouvement et ce point qui résume la perspective de la danse explique en même temps son attrait et son danger.

La danse religieuse tend plus ou moins directement à la fin surnaturelle, telle que la religion en a imprimé l'image dans l'âme.

Nous avons dit, en parlant des facultés de l'âme, que c'était la lumière qui rendait possible l'activité de la vie, en lui montrant le but et le moyen, ou plus brièvement que la lumière déliait la liberté, et la sensibilité, la spontanéité. Nous retrouvons les mêmes rapports entre les arts, c'est aussi la musique qui règle la danse et la rend possible. Aussi point de danse sans musique. Cependant dans la musique il n'y a d'essentiel à la danse que le rythme ; les sauvages n'ont quelquefois pour accompagner leur danse que des coups frappés régulièrement sur des calebasses vides, et le tambour suffit pour faire marcher une armée. La belle musique n'est pour la danse qu'un rythme de luxe qui ajoute au plaisir qui lui est propre celui d'un autre art.

Quelque variété que présente le rythme, il se partage nettement en deux par les nombres pairs et impairs, deux et trois. La mesure à trois temps fait tourner la valse enivrante, la mesure à deux temps conduit les autres danses qui consistent généralement dans un mouvement de va et vient.

Les différentes formes de la danse méritent l'attention, car elles ont un sens. La danse primitive et enfantine c'est la ronde. La ronde est la danse de l'amitié ; symbole de la société, image de la marche apparente des étoiles, elle représente l'ordre naturel, mais cet ordre n'est pas encore parfait car ce cercle n'a point de centre, cette roue est sans pivot.

Le mouvement de va et vient qu'exécutent la plupart des danses représente toutes les vicissitudes et tous les caprices de la liberté humaine.

La valse, ce cercle incessant de ceux faisant partie du grand cercle de tous, représente l'amour au plus haut degré, et comme l'amour est le grand inspirateur de la musique, on trouve dans les valses des grands maîtres des chefs-d'œuvre de mélodie et de sentiment, ce qui est rare dans la musique de danse. La danse militaire ne connaît qu'un mouvement, la marche en avant pour renverser l'ennemi, et qu'un rythme, le rythme binaire fortement accentué.

La danse religieuse de la religion parfaite, qui est le catholicisme, offre deux figures significatives.

Lorsque le divin sacrifice s'accomplit, les officiants forment un cercle autour de l'autel et c'est dans ce cercle que s'accomplissent leurs évolutions, mais ce cercle a un centre et des rayons, ce centre est la Victime Sainte, vers laquelle se dirigent les yeux et les cœurs, les officiants à tous moments s'approchent de ce centre vénéré pour accomplir leur fonction et retournent se prosterner à la place qui leur est assignée dans la circonférence ; ceci est l'image de la société parfaite, de la cité future que nous attendons.

La seconde figure est la procession. La procession est une marche en avant sans retour, elle n'attaque pas, elle cherche. Par ces deux caractères elle exprime la certitude de la foi qui ne change point de route et que rien n'arrête, puis la conviction que nous sommes encore des voyageurs marchant à la poursuite d'une destinée future et surnaturelle, réalisant par cette marche le véritable progrès.

Ce qui détermine encore le sens de la danse religieuse, c'est la musique qui l'accompagne. Le rythme qui sert à mesurer le temps ne trouve plus ici de place, parce que l'âme, oubliant le temps, ne songe qu'à l'éternité, tous les nombres disparaissent, il ne reste que l'unité de la note du plain chant, toujours la même, conduisant la danse religieuse, qui doit moins ressembler à une marche qu'au mouvement d'un ange qui rase la surface du sol sans le toucher.

Les timbres aussi ont leur convenance pour ces trois danses. A la danse humaine convient l'archet passionné du violon, à la danse militaire les sons aigus de la trompette accompagnés du rythme incisif du tambour, à la danse religieuse il faut la voix humaine sans autre accompagnement que les sons voilés qu'un souffle imperceptible communique à l'orgue.

De tout temps on a mis la poésie à la tête des beaux-arts, mais il est besoin de s'expliquer sur ce mot dont le sens, selon le besoin, s'élargit ou se rétrécit outre mesure. Quelques-uns par poésie n'entendent autre chose que la versification ; d'autres comprennent dans la poésie non seulement tous les arts et toute la littérature, mais encore toutes les beautés de la nature, car on dit qu'il y a de la poésie dans une fleur, dans un paysage, dans un coucher de soleil, dans une belle nuit, etc.

Nous avons à déterminer ici ce qu'est la poésie en tant qu'un des beaux-arts, et pour cela nous n'avons de meilleur moyen que de considérer la faculté sensible dont elle est le produit, c'est-à-dire l'imagination.

L'imagination, nous l'avons dit, est la mémoire sensible, elle renferme d'abord comme souvenir toutes les formes et toutes les couleurs que reproduit la peinture, c'est pourquoi on a presque assimilé la poésie à la peinture, *ut pictura poesis*. Mais sa richesse ne se borne pas là, elle renferme encore le souvenir de tout ce qui s'est passé dans les autres facultés de l'âme ; et dans le souvenir, comme nous l'avons vu, l'homme voit comme dans un miroir l'avenir, et le trésor inépuisable de la possibilité.

Tout ce riche bazar de la pensée humaine n'est pas encore de l'art, mais lorsque l'âme a saisi l'unité ou l'harmonie qui ramène à un centre, ces souvenirs, ces prévisions et ces hypothèses, alors naît une œuvre et la poésie apparaît.

Ordinairement, l'émotion du poète se traduit en langage mesuré ; mais la mesure n'est pas plus essentielle à la poésie qu'à la musique qui s'en passe dans le plain chant, et de même qu'il y a des chefs-d'œuvre dans le plain chant, et que bien des suites de notes rythmées ne méritent pas le nom de musique, de même il y a des proses poétiques, et des vers sans poésie.

Ce qui caractérise spécialement la poésie, c'est l'image ou plutôt l'harmonie des images. Lorsque la pensée saisit cette harmonie, par une aimable confusion, elle donne à l'une le nom de l'autre, à l'être spirituel le nom de l'être matériel qui est son symbole, à l'être raisonnable le nom de l'animal qui lui ressemble; elle donne par là deux idées jumelles dans un seul mot; c'est là ce qu'on appelle le langage figuré, qui est celui de la poésie.

Dans ce vers si poétique de Lamartine,

<blockquote>Mon cœur me l'avait dit, toute âme est sœur d'une âme.</blockquote>

on voit d'abord l'inspiration intérieure comparée au langage d'un ami qui nous confie un secret; puis, ces deux âmes qui doivent s'unir apparaissent sous la gracieuse image de deux jeunes filles qui, sous l'œil de leur commune mère, enlacent leurs bras pour se donner le baiser de l'amitié. Otez ces figures et mettez à la place: *J'avais deviné que les âmes sont des couples*.

La vérité reste, mais la poésie disparaît.

Mais ce qui donne à la muse de la poésie un avantage immense, c'est qu'elle peut porter dans son sein une divinité qui lui est bien supérieure en grandeur et en beauté, avec laquelle elle semble se confondre, la vérité éternelle exprimée par la parole ou le verbe.

Chez l'animal, l'imagination est images pures, mais chez l'homme, derrière l'imagination est la mémoire, derrière l'image, l'idée, et ainsi toute image devient l'incarnation d'une idée, la poésie peut donc, avec le talisman du langage ou du verbe, s'élever jusqu'à la philosophie, elle peut revêtir de ses images la parole divine de la révélation, alors, comme le cristal qui contient une flamme, elle emprunte une splendeur qui ne lui appartient pas et qui lui est supérieure de beaucoup. Cette beauté supérieure de la vérité se manifeste quelquefois.

Indépendamment de toute poésie, il y a dans saint Thomas des pages resplendissantes comme la lumière, devant lesquelles l'on reste muet d'admiration, et pourtant elles ne contiennent ni image, ni figure, leur beauté est la splendeur de la vérité pure. Mais la vérité elle-même nous paraît plus belle, et nous émeut davantage lorsqu'elle est revêtue de poésie; c'est pourquoi on lira toujours avec plus de plaisir la philosophie de Platon, qui est poétique, que celle d'Aristote qui ne l'est pas.

Lorsqu'une vérité infinie, un sentiment absolu en un mot, une chose sans limite se trouve condensée dans un mot, on appelle ce mot sublime. Le sublime est un éclair de l'infini dans un mot; sa beauté tient à l'éternelle vérité, la poésie a la gloire de l'en chasser, mais elle ne le produit pas.

Les droits de la poésie sont tout autres sur les images, son domaine propre, et sur la vérité infinie, son domaine divin.

L'imagination n'est ni la sensation, ni la sensibilité, ni l'élan de la vie, mais la permanence de tout cela par le souvenir, et aussi l'espoir et la prévision qui sont le reflet du souvenir. Elle ne copie pas l'impression actuelle des sens comme la peinture, elle ne fait pas éclater au dehors l'émotion actuelle de la sensibilité comme la musique, mais elle reproduit les images qui en sont restées dans l'âme, et celles que forme le désir qui s'élance dans le possible. Or, il est rare que ces images demeurent parfaitement conformes à l'objet qui les a fait naître ; elles se transforment peu à peu, elles prennent des dimensions colossales ou imperceptibles, le guerrier dont on a eu peur devient un géant ; celle qu'on aime prend pendant l'absence les traits d'une divinité. Le bienfait et l'injure oubliée s'effacent dans le lointain.

Les objets surtout que nous ne connaissons que par ouï-dire et que nous habillons d'images, comme on dit, au juger, ceux que nous conjecturons dans l'avenir et qui n'ont d'autre mesure que nos fantaisies et nos passions, s'éloignent beaucoup de la réalité. C'est alors qu'on écrit la légende de saint Christophe, ou le poème de Roland, c'est alors que Virgile nous dépeint ce nouvel âge d'or où la ronce doit porter des raisins, toute terre produire tout fruit, et la toison de l'agneau s'embellir d'elle-même de la pourpre de Tyr.

Le poète n'est donc pas tenu à la même fidélité que le peintre. Aussi a-t-on pardonné de tous temps aux brillants mensonges des poètes : et, après tout, ces mensonges n'en sont pas, car ce n'est pas la réalité qui est l'objet direct du poète, mais l'impression qui lui en est restée ; et toutes les fois qu'il aura donné avec naïveté ce qui s'est passé dans son imagination, il aura dit toute la vérité qu'on peut attendre de lui. Il n'y a de faux que les poètes maniérés, qui suivent la mode plus que l'inspiration. Toutefois si l'imagination est le modèle que doit copier le poète, ce modèle lui-même peut être plus ou moins parfait, et sa perfection c'est la vérité. L'imagination qui, inondée de toutes les lumières d'une haute intelligence, d'une raison supérieure, d'une foi éclairée, et d'un amour sans bornes, est délivrée de tous les fantômes qui se jouent devant les autres, voit les beautés de la nature dans toute leur naïveté ; elle comprend dans ces beautés la vraie pensée du créateur ; en un mot, elle voit comme Dieu, et cette imagination est la plus belle. Voilà pourquoi tout disparaît devant la beauté des livres saints.

Le poète doit donc travailler toute sa vie à mettre son imagination dans le vrai et dans le beau ; mais au moment d'écrire, il doit s'abandonner à l'inspiration et reproduire telles que, les images qui sont en lui, la sincérité est sa manière d'être vrai.

Mais lorsque la poésie, sortant de son domaine, entre dans celui de l'histoire, de la philosophie, et surtout de la religion la naïveté ne lui suffit plus, elle doit s'approcher avec respect et précaution de l'arche sainte, car si elle peut s'élever à des hauteurs incommensurables en enchâssant dans ses images l'éternelle vérité, elle peut descendre jusqu'au fond de l'abîme en se prostituant au mensonge. En touchant ces hautes régions, le poète peut devenir ange ou démon, et il ne doit point assumer cette responsabilité sans être sûr de sa voie.

Si donc un poète chante dans ses vers l'athéisme ou le rationalisme, s'il traîne dans la boue la plus belle fleur de l'histoire nationale, s'il plaide la cause de l'immoralité, quels que soient ses vers, son œuvre est exécrable, la beauté finie de l'imagination est noyée dans la laideur infinie du mensonge; plus la richesse de l'imagination déguise le mensonge, plus l'œuvre est dangereuse et maudite, et on doit la fuir comme la vipère qui brille au soleil, comme la liqueur empoisonnée qui vous tue en vous enivrant.

L'éloquence est aussi comptée au nombre des beaux-arts et, en effet, l'éloquence poursuit un but différent que les arts dont nous avons parlé, et elle procède d'une faculté différente : cette faculté, c'est la vie.

Les attributs essentiels de la vie sont l'expansion, le mouvement, l'unité. L'expansion produit le mouvement, le mouvement la chaleur, la chaleur la fusion. Cette formule, qui a sa réalité même en physique, représente assez bien la marche et le but de l'éloquence.

Dans une vie raisonnable comme est celle de l'homme, l'expansion et le mouvement sont l'élan de la volonté. Or, la volonté qui s'élance, rencontrant autour d'elle des volontés inertes ou contraires, s'exalte par l'obstacle même, elle redouble son mouvement, elle s'échauffe, elle s'efforce de ramener toutes ces volontés à l'unité ou à la fusion, de les entraîner dans sa course et de les amener avec elle au but où elle tend.

L'âme ou la vie est le principe de toutes les facultés; toutes sont sorties d'elle et lui appartiennent, aussi l'art oratoire les met toutes à contribution. Voyez l'orateur, il emploie toutes les richesses de la poésie dans son style, les ressources de la danse dans son geste, le charme de la musique dans sa voix; son front et son regard animés sont comme un tableau vivant où ceux qui ne peuvent plus l'entendre lisent encore sa pensée. Cependant l'art oratoire n'est lui-même aucun de ces arts, parce que son but est différent. Ce qu'il veut, ce n'est pas de charmer les regards comme la peinture, ni de réaliser l'activité harmonieusement comme la danse, ni d'émouvoir délicieusement l'âme comme la musique, ni de reproduire comme la poésie toutes les richesses de la nature et de l'âme, et d'en étaler le magnifique spectacle pour charmer les loisirs de la vie; mais son but spécial est de faire passer sa volonté dans la volonté de ceux qui l'écoutent et de la transformer en la sienne. Ce qu'il manifeste, c'est la puissance de la vie.

Toute manière de faire passer sa volonté n'est pas de l'art oratoire. L'ordre bref du maître n'est pas de l'art, ni même la dissertation philosophique, quoiqu'elle agisse indirectement sur la volonté en changeant la conviction. L'orateur s'en sert quelquefois comme préparation, mais il ne devient lui-même que lorsque, s'animant et s'échauffant, il exhorte au lieu de disserter, et sa première qualité sera toujours l'âme, la chaleur ou l'action, comme disait Démosthène. Il faut qu'il enflamme son auditoire pour l'entraîner, il n'y a pas d'orateur froid. L'orateur a une manière de s'exprimer, un style à lui, il dit souvent les mêmes choses qu'un philosophe et qu'un poète, mais il ne les dit pas de même ; ses fréquentes exclamations, ses interrogations pressantes sont comme autant d'élans de son âme, comme autant de traits qui s'élancent sans cesse de sa vie sensible, et tombent à flot sur l'auditoire ébranlé.

Beaucoup de discours (je ne parle que des bons) appartiennent à la science, à la philosophie ou à la poésie beaucoup plus qu'à l'art oratoire. Il y a même des assemblées telle qu'une académie, où l'orateur n'a rien à faire, ce n'est pas à de froids savants qui ne l'écoutent qu'avec l'intelligence qu'il doit s'adresser, mais mettez-le en face du peuple chez qui la vie sensible est dominante, c'est alors qu'il fera des prodiges et obtiendra des vrais triomphes. Vous aurez alors Périclès tonnant à la tribune, Démosthène électrisant le peuple frivole d'Athènes, Cicéron foudroyant Catilina ; vous aurez le missionnaire rappelant les populations à leurs devoirs oubliés.

L'art oratoire est à la fois le plus puissant, parce qu'il émane directement de la vie, qu'il a pour but de soulever et d'entraîner les hommes.

Il est le plus utile et le plus dangereux, parce que, concluant directement à la pratique, selon qu'il pousse au bien ou au mal, il entraîne l'homme dans des destinées heureuses ou funestes.

L'éloquence de Luther a troublé toute l'église, l'éloquence des Apôtres a régénéré le monde.

C'est surtout par l'éloquence qu'a lieu la lutte du bien contre le mal ; et c'est une chose digne de toute admiration que cette action de l'église qui, depuis dix-huit siècles, par des milliers de prêtres, tous les jours sans se lasser, enseigne, prêche, exhorte, ramène et pousse le peuple dans la voie droite, lutte sans relâche contre la corruption qui menace d'inonder la terre et mérite l'éloge de Jésus-Christ : Vous êtes le sel de la terre. *Vos estis sal terræ.*

Voilà donc les cinq arts qui correspondent aux cinq facultés permanentes de l'être sensible ; mais comme nous l'avons déjà dit, si chacune de ces facultés enfante un des beaux-arts, elles ne sont pourtant point en cela isolées les unes des autres, elles se prêtent au contraire un mutuel appui; l'imagination, la sensibilité, la spontanéité aident aussi le peintre; on peut mettre de l'âme et de la couleur dans la poésie et la musique, et beaucoup de poésie dans l'éloquence; mais tous ces secours sont indirects; c'est toujours la faculté spéciale qui donne sa forme à l'art, quelles que soient d'ailleurs les facultés aidantes; le peintre rend toujours l'impression actuelle de ses sens, le danseur les élans de sa spontanéité, le poète les formes de son imagination, le musicien l'inspiration de sa sensibilité, et l'orateur l'expansion et le mouvement de sa vie.

Toutefois l'art oratoire qui contient, comme nous l'avons vu, tous les autres en germe, peut développer presque à l'égal de la sienne, la beauté des autres arts, et s'il y ajoute les beautés supérieures de la vérité éternelle et de la philosophie, il en résulte une merveille qu'on ne sait comment nommer et qu'il a été donné à notre époque de contempler avec une admiration toujours croissante.

Lorsque la foule d'élite qui attendait depuis le matin voyait paraître dans la chaire de Notre-Dame l'illustre restaurateur de l'ordre de Saint-Dominique, elle était ravie en entendant ces admirables conférences où les plus hautes vérités de la religion étaient déroulées avec une logique digne quelquefois de l'ange de l'école. Et chaque phrase de ces raisonnements étincelait de la poésie la plus pittoresque et la plus hardie, et la justesse du ton de la voix et la sobre beauté du geste n'étaient pas moins admirables que la poésie, et tout cela relevé à propos par ces traits de flammes avec lesquels un orateur enlève un auditoire formait un ensemble si merveilleux, que la foule ravie oubliait les heures qui passaient comme des minutes, et sortait de là comme éblouie d'avoir vu toutes les beautés et tous les arts réunis en un seul faisceau.

Ces facultés sensibles ne font que déterminer la forme de l'art, elle n'en sont point la vie; nous le répétons, pour que l'art soit à sa hauteur et mérite le nom de beau, il faut que la faculté ne soit que le voile transparent à travers lequel le beau absolu ou l'infini fasse pénétrer sa lumière. Cet infini qui brille derrière l'art doit être pour l'artiste l'idéal qu'il poursuit, qu'il aime, qu'il adore. Mais lorsque l'artiste, perdant de vue cet idéal, redescend et s'arrête dans la forme matérielle de son art, il rabaisse son adoration et commet un crime semblable à l'idolâtrie, qui est l'adoration du fini. Cette idolâtrie s'appelle l'art pour l'art.

L'art matérialisé trouve dans chaque classe d'artiste des faibles par où il les entraîne. Le peintre se laisse séduire par la forme et sa plus grande tentation est l'amour sensuel, le musicien cherche des émotions qui excitent sa sensibilité, et s'il est grossier, il les cherche quelquefois dans l'ivresse; la danseuse est tentée par la vanité, l'orateur par l'orgueil ou la colère.

L'imagination du poète enfante des passions où le sentiment joue le grand rôle; il est peu de poète qui n'ait un nom accolé au sien, et ceux qui n'en ont qu'un, sont les plus grands. Cette passion, qui est quelquefois un piège pour le poète, peut se changer en bien pour lui, surtout lorsque les circonstances, telles que la mort ou une impossibilité quelconque lui ôtent ses conditions matérielles, et réduisent l'idole du poète à ne plus vivre que dans son imagination; alors elle entraîne le poète avec elle hors de la réalité matérielle, sa beauté n'est plus que le reflet de l'infini, elle devient la source féconde de ses inspirations, et, comme la Béatrice du Dante, elle lui ouvre les portes du ciel.

Le danger de l'idolâtrie, qui accompagne les arts, avait engagé Platon à bannir les poètes de sa république modèle qui, après tout, n'était aussi qu'un poème. Gardons-nous bien d'en faire autant. Quelque funestes que soient ses écarts, la mission de l'art est si grande dans le monde, qu'il faut le conserver avec soin, et l'encourager autant que nous le pourrons, tout en nous efforçant de le purifier; ce serait une œuvre aussi grande devant Dieu qu'utile aux hommes de ramener l'art vers la source infinie dont il n'aurait jamais dû s'écarter.

L'art est le complément indispensable de tout ce qui a quelque relation avec l'homme; toute œuvre sans l'art est une œuvre incomplète. En effet, toute œuvre parfaite doit satisfaire l'homme tout entier; or, l'homme est composé de deux parties, l'une intelligente et l'autre sensible. L'art pour l'art ne s'adresse qu'aux sens; d'un autre côté, la vérité sans l'art, quelque belle et profonde qu'elle soit, laisse une partie de l'homme sans aliment, et se montre par là même insuffisante.

Le monde savant, qui goûte et comprend la science pure, n'est qu'un petit monde à part; mais le véritable monde, celui qui remplit la terre, est un monde qui vit surtout par la partie sensible; son intelligence, enfermée dans le milieu de son être comme dans une forteresse, est inaccessible à la science pure, on ne peut arriver à elle sans passer par une de ses facultés sensibles dont l'art seul a la clef. De là vient que bien des écrits profonds sont restés presque sans fruits. Mais regardez l'Évangile! Quel livre renferme plus d'idées, non de ces idées négatives et de pure distinction qui sont le domaine spécial de la science, mais de ces idées positives qui manifestent l'être, qui contiennent les secrets de la vie, de la morale, de la destinée humaine. Depuis dix-huit cents ans ou plutôt depuis le commencement, le monde vit sur le fond d'idées contenu dans l'Evangile. Cependant dans cet Evangile si profond et si riche en vérité, tout aussi est poésie, tout est image, tout est sentiment; aussi a-t-il été fait à la fois pour les grands et les petits, pour les sages et pour le peuple, et son influence sur la société est plus grande que celle de tous les autres livres ensemble. L'Evangile restera à jamais le chef-d'œuvre des chefs-d'œuvre et l'on y reconnaîtra toujours la main divine qui y a mis son sceau.

Tant que l'homme aura un corps, l'art lui sera nécessaire, et, puisque nous aurons au ciel notre corps ressuscité, nul doute que l'art n'y monte avec nous; mais il prendra alors des proportions et des beautés qui nous sont encore inconnues.

L'âme aura sous son pouvoir la lumière même et ses sept couleurs, et réalisera immédiatement et sans peine toutes ses conceptions du beau. Cette âme, arrivée à la jouissance de la félicité suprême, trouvera, pour exprimer cet état merveilleux, des chants dont nous ne pouvons maintenant avoir l'idée, et ces chants seront exécutés avec une harmonie indicible par les voix sublimes des séraphins, des archanges, des vierges, des martyrs, des patriarches et de toute l'armée du ciel. Et c'est au son de ces chants, revêtus d'une poésie ravissante, que les vierges couronnées et les martyrs, la palme à la main, les pontifes, et les enfants même, exécuteront leurs gigantesques évolutions d'étoiles en étoiles, embrassant la création et revenant avec joie au centre de la lumière, et les ordres plus élevés appelleront aussi par leurs exhortations les ordres inférieurs à monter plus haut et à contempler de plus près la beauté infinie que ne peut épuiser l'éternité de la contemplation.

CHAPITRE XIII
DE L'ART VIVANT

Nous avons vu les cinq premières facultés de l'âme sensible fournir chacune la matière d'un des beaux-arts. Il reste encore une sixième faculté que nous avons appelée l'amour sensible. Quel rôle jouera-t-elle dans les beaux-arts? En manifestera-t-elle un qui lui soit spécial? Voilà les questions qui se présentent.

Il est toujours difficile de s'entendre quand on parle de l'amour, à cause des différences qui séparent l'amour sensible de l'amour humain et de l'amour surnaturel, différences qui vont en bien des cas jusqu'à l'antagonisme.

Si nous prenons l'amour dans son sens universel et complet, il est impossible de l'écarter de la question des beaux-arts, car il est lui-même le beau, tout le beau, et rien n'est beau que par lui. Nous avions vu que le beau dans la matière était l'harmonie de la variété avec l'unité, mais toute harmonie est amour ou symbole d'amour. C'est l'amour qui fait toute la beauté de la famille sous le nom de fraternité, toute la beauté de la nation sous le nom de patriotisme, toute la beauté du christianisme sous le nom de charité, et c'est parce que le Saint-Esprit est amour qu'il est la beauté divine.

Mais le sublime de l'amour, c'est de triompher du mal, comme la pierre légendaire qui change en or pur les plus vils métaux. L'amour change en beauté la laideur même qui est l'œuvre de la division, c'est-à-dire du mal. Ni la peine du labeur, ni la privation de la pauvreté, ni l'effort de la lutte, ni la souffrance, ni la mort n'ont par eux-mêmes aucune beauté, mais l'amour les transforme, non seulement il leur communique sa beauté, mais il les force à manifester cette beauté jusqu'au degré le plus sublime.

Avec l'amour, le labeur peut mériter le ciel, la pauvreté devient la grandeur royale, la lutte est l'héroïsme, et le dévouement, la souffrance et le supplice deviennent le martyre, la mort sauve le monde, et le crucifié reste l'éternel étendard de la régénération humaine, le modèle de toutes les perfections, l'inspiration de toutes les vertus, la source de tous les dévouements, le principe de l'héroïsme, la force des martyrs, la lumière des docteurs, la pureté des vierges, la consolation de toutes les souffrances, le foyer de toutes les extases mystiques et le plus sublime spectacle qui ait été offert aux regards des anges et des hommes, et cela parce que le crucifié est la plus haute expression de l'amour, car il est dit : Il n'y a pas de plus grand amour que de donner sa vie pour ceux qu'on aime.

Otez l'amour, toute cette lumière disparaît, il ne reste plus que l'œuvre du mal.

L'amour humain, l'amour de l'âme presque toujours inséparable de l'amour sensible, est l'inspirateur, le foyer, la vie de tous les beaux-arts. N'est-ce pas le plus souvent l'amour qui pousse la main du peintre ? et lorsqu'il s'enthousiasme à la vue des beautés de la nature, n'est-ce pas souvent l'amour qui lui a fait comprendre ces beautés ?

Que chante le musicien, sinon l'amour ? Qui eût jamais dansé sans l'amour ? Et si l'orateur n'était pas passionné, serait-il orateur ? La poésie revient toujours à l'amour comme à son centre, le drame ne peut s'en passer, l'épopée l'emploie, le roman en vit, la bible elle-même en est pleine ; qu'on se rappelle Jacob et Rachel, Ruth et Booz, Esther et Assuérus, le Cantique des Cantiques.

Ses prophéties représentent Israël et Juda comme des épouses infidèles, et Dieu comme un époux jaloux et irrité, la grande poésie du mysticisme, c'est d'appeler Dieu l'époux des âmes et de considérer les mystères de la grâce comme un saint hymen (1).

L'amour reste donc la grande inspiration de l'art.

Il est vrai que l'amour sensible a été tellement endommagé par le péché originel, que bien des moralistes, désespérant d'en tirer utilité, ont pris le parti de le rejeter entièrement, mais l'art ne peut se passer ni de l'amour, ni de l'élément sensible ; l'amour sensible est un fruit gâté dont il faut toujours jeter une partie ; coupez, retranchez, émondez, si vous voulez, mais ne proscrivez pas, car enfin il faut vivre, et c'est le seul aliment qui reste.

L'amour sensible sera-t-il seulement l'inspirateur des arts ? Nous avons vu toutes les autres facultés donner naissance à un art spécial. L'amour sensible n'aura-t-il pas aussi le sien ? Que faut-il pour cela ? Deux conditions : il faut d'abord un produit naturel ; il faut ensuite que le beau puisse pénétrer dans ce produit et se manifester par lui-même. Voyons si l'amour aura ces deux conditions.

---

(1) L'hymen, deux termes qui se répondent et se complètent : tous les arts tirent de ce modèle quelque formule pour ajouter à leur beauté. Voyez les deux rimes qui se répondent, le parallélisme de la poésie hébraïque, la symétrie de l'architecture, la réponse de la phrase musicale, etc., etc., toujours un qui répond à un autre, deux qui sont un par l'harmonie.

L'art consiste à traduire par la matière ce qu'il y a de beau dans les pensées et les sentiments de l'âme humaine, c'est donc une espèce d'incarnation de l'âme ; l'homme qui fait une œuvre, fait passer quelque chose de lui dans la matière ; comme Pygmalion, il voudrait y faire passer toute son âme et la rendre vivante.

Efforts impuissants, il ne fait qu'une image, parfaite si l'on veut, mais image sans vie. Pourquoi cela ?

Parce que l'homme n'est qu'une moitié d'être qui n'est point encore arrivé à l'apogée de sa puissance. Mais qu'il reconstitue par l'amour l'unité brisée de son être, alors ce ne sera plus seulement une image morte qu'il produira, mais une réalité vivante ; dans la plénitude de son être il reproduira son être même, et il y aura un homme de plus dans le monde. Pouvoir admirable, résultat sublime, chef-d'œuvre de l'ordre naturel, qui n'est surpassé que par les merveilles de l'ordre surnaturel.

L'amour sensible a donc une des conditions nécessaires pour constituer un art ; il produit une œuvre matérielle, la plus parfaite de toutes puisqu'elle est vivante.

L'autre condition ne peut lui manquer, car pourquoi l'œuvre la plus parfaite en elle-même serait-elle moins propre que les autres à manifester le beau ?

Or la beauté de cette œuvre vivante peut être de trois sortes : premièrement, la beauté matérielle ou physique, secondement la beauté spirituelle qui peut être intellectuelle ou morale, troisièmement la beauté surnaturelle qui est la sainteté.

La question est donc celle-ci : Y a-t-il un art d'élever ces trois sortes de beautés à la plus haute perfection, et en quoi consiste cet art ?

Quelqu'un dira peut-être que je sors de mon sujet, c'est-à-dire du beau en tant qu'il est sensible, et que les beautés morales et surnaturelles sont hors de la question ? Je répond qu'ici plus que jamais, je suis dans mon droit. Nous avons vu en parlant des autres arts que la hauteur de l'inspiration n'était pas indifférente à la perfection, car même pour la beauté d'une traduction il n'est pas égal de traduire un beau texte ou un texte plat et vulgaire. Néanmoins il est vrai de dire que, dans les autres arts, la plus grande difficulté est de bien traduire. Les mêmes sujets ont été traités par Raphaël et des peintres médiocres et, bien que l'idée fut la même, la beauté de l'œuvre était très-différente. L'idée inspiratrice a été dans l'âme du peintre nous ne savons à quel degré, nous ne voyons que son œuvre dans laquelle il a fixé son sentiment ; cette œuvre morte reste immuable comme une cristallisation du génie, on peut la retrouver dans la terre après des millions d'années telle qu'elle est sortie des mains de l'artiste.

Il n'en est pas de même de l'art vivant. Là, la traduction est naturelle et la grande difficulté est de constituer le modèle à traduire, et la traduction suit toutes les phases du modèle, elle naît avec lui, grandit, s'embellit, se détériore et disparaît avec lui.

Du moins il en devrait être ainsi. C'est la loi, et si la loi ne s'accomplit pas parfaitement, c'est par des causes accidentelles qu'il faut indiquer.

Dans la pensée créatrice, le corps n'est que le vêtement de l'âme, et comme une étoffe souple qui se colle sur les membres et en accuse toutes les formes; le corps devrait pour ainsi dire se coller à l'âme et l'exprimer telle qu'elle est.

Il en est ainsi pour les corps des anges qui traduisent toute leur beauté et pour les corps des démons qui traduisent toute leur laideur; il en sera de même de nos corps ressuscités, et cela se réalise probablement dès maintenant dans nos corps fluides et subtils; mais le péché originel a matérialisé et pétrifié, pour ainsi dire, notre corps grossier et palpable, qui maintenant, au lieu de traduire notre âme, n'est souvent qu'un masque qui la cache et la déguise.

Malgré cela, il est encore vrai de dire que la beauté de l'âme ajoute par l'expression à la beauté des traits, qu'une longue habitude du bien corrige la laideur et ajoute à la beauté, que cette transformation peut surtout s'observer dans les races, que la corruption dégrade les peuples et que la vertu les relève, même dans leur beauté corporelle; il est vrai que notre corps endure et résiste longtemps à tous les efforts, et qu'une vie ne suffit pas à corriger l'héritage funeste de nos ancêtres. Mais l'œuvre de l'art vivant n'est pas une œuvre transitoire, l'homme est immortel, il doit subsister pendant toute l'éternité avec la beauté ou la laideur qu'il aura acquise pendant la vie; mais la beauté ou la laideur qui se manifestera pendant l'éternité sera la traduction fidèle de celle de l'âme; car le corps grossier sera détruit par la mort et, en sortant du creuset du tombeau, il sera reconstruit selon le modèle par la résurrection, c'est donc la beauté de l'âme qui est la cause primitive de la beauté du corps, et si l'effet de cette cause est entravé momentanément, nous ne devons pas nous décourager, car la cause agit toujours d'une manière invisible, elle prépare le résultat qui se manifestera après l'obstacle levé et qui durera éternellement.

Nous n'avons donc pas à nous restreindre dans le résultat matériel du moment, ici le grand art est de perfectionner la cause qui doit d'elle-même produire l'effet, c'est d'embellir le modèle qui aura plus tard une réalisation immortelle, c'est, en un mot, de mettre dans notre œuvre avant tout les beautés morales et surnaturelles.

Dans toute œuvre d'art, il y a une opération préparatoire importante, c'est de choisir le marbre que l'on veut tailler, le sujet que l'on veut traiter, l'idée ou le motif que l'on veut développer. Dans l'art vivant il n'y a pas de choix. L'homme se reproduit lui-même au degré de perfection où il a su monter ou au point de dégradation où il n'a pas craint de descendre. La force, la beauté, l'intelligence, la vertu même, dans toute prédisposition naturelle qui ne dépend pas de la liberté, sont plus ou moins héréditaires, ainsi que la faiblesse, la laideur et l'abrutissement. La race n'est pas un préjugé et la noblesse est une grande idée quand elle est fondée sur l'héritage des perfections paternelles.

C'est donc sur lui-même que l'homme doit commencer le travail de l'art vivant, c'est là la seule préparation efficace.

Les hommes guidés par l'intérêt ont parfaitement compris la beauté de la race dans les animaux et les plantes.

A force de combinaisons et de soins ils ont perfectionné les animaux utiles, ils ont fait des merveilles dans les fleurs. Mais tandis qu'ils redoublent de zèle pour embellir la nature autour d'eux, ils semblent prendre à tâche de faire dégénérer leur propre race, ils épuisent leurs forces par des excès, détruisent leur santé par l'intempérance, empoisonnent leur sang par la débauche, s'enlaidissent par l'habitude des mauvaises passions, puis ils s'étonnent de ne produire que de hideux avortons.

Tous nous tenons d'Adam la mort et la concupiscence, mais quelle différence entre race et race, entre individu et individu ! Que sommes-nous physiquement en comparaison de ces antiques qui ont peuplé le monde naissant ? Quelle différence entre les populations saines des contrées agricoles, et celles qui pullulent dans la corruption des villes !

Mais au milieu du mouvement général et régulier qui entraîne tout un peuple dans un sens ou dans l'autre, il y a de fréquentes alternatives dans les groupes particuliers et dans les individus, selon l'usage qu'ils font de leur liberté. On voit souvent naître l'un près de l'autre, quelquefois dans la même famille, deux enfants dont l'un semble dès sa naissance un ange descendu du ciel et l'autre une proie qu'attend le gibet. Il peut y avoir de cela beaucoup de causes, mais il en est une qu'on oublie trop. Que les parents se rappellent les sentiments purs ou honteux qui les ont préoccupés ; que la mère surtout relise dans sa mémoire toutes les pensées, toutes les émotions qui ont rempli les neuf mois pendant lesquels l'enfant était sous son influence exclusive, et elle sera moins étonnée du résultat.

Lorsque Dieu a voulu faire naître sur la terre les anges qui devaient préparer sa voie, *ecce mitto angelum meum qui praeparabit viam tuam ante te*, les prophètes et les saints, il a donné un grand soin à cette préparation de l'art vivant, il a éprouvé le plus souvent ses serviteurs par une longue stérilité. Par là il les purifiait dans les larmes, et les détachait de toute pensée charnelle, il les élevait jusqu'à lui par une ardente prière, il les maintenait par la privation même dans une humilité profonde, et, lorsque le modèle travaillé par la providence était arrivé au degré de perfection voulu, la grâce de Dieu levait l'obstacle, et alors naissaient : l'enfant de la promesse Isaac ; le sauveur de ses frères Joseph ; le libérateur du peuple Moïse ; le prophète Samuel ; le précurseur Jean-Baptiste.

Ces exemples ne sont pas les seuls, on en pourrait citer une multitude, si l'on connaissait les détails intimes qui ont accompagné la naissance des saints.

Tobie avait donc raison de dire, avec un haut sentiment de sa position ; nous sommes les enfants des saints et nous ne pouvons agir comme ceux qui ne connaissent pas Dieu. *Filii sanctorum sumus* et le Livre de la Sagesse : Oh ! qu'elle est belle la race pure, oh ! *quam pulchra casta generatio*. Mais il ajoute cette terrible sentence. *Ex iniquis somniis filii qui nascuntur testes sunt nequitiæ adversus parentes*, (Sap. 4), les enfants nés du sommeil coupable sont des témoins d'iniquité contre leurs parents.

Je sais que tout homme peut, avec le bon usage de sa liberté, arriver au salut ; mais quand il s'agit d'atteindre un but, le point de départ est-il indifférent? Quand ce but est la perfection, est-il égal de sentir en soi la prédisposition de toutes les vertus, ou la semence et le germe de tous les vices ?

Le but infini que nous avons à poursuivre est comme une lumière placée sur la cime d'une montagne. Les enfants des saints sont placés par leur naissance près du sommet, les enfants de l'iniquité au fond de la vallée. Les premiers ont plus de force, plus de lumière, plus d'espérance, ils peuvent arriver très-haut. Les autres ont toute la hauteur de la montagne à gravir, ils sont environnés de ténèbres et d'obstacles et assiégés par la tentation du désespoir.

Pères et mères, ne vous hâtez donc point de maudire vos enfants, regardez si vous ne devez pas d'abord frapper vos poitrines, et aidez-les de toutes vos forces à réparer le mal, qui est plus d'une fois votre propre faute.

A la naissance, l'œuvre n'est point finie, loin de là.

L'enfant, au moment de sa naissance, est comme l'ébauche pour le sculpteur, comme l'esquisse pour le peintre. Sans doute l'esquisse possède quelquefois d'inappréciables qualités, un simple trait de Michel-Ange ou de Raphaël trahit déjà le génie, mais il faut le même génie pour achever l'œuvre que pour la concevoir, et il arrive quelquefois que l'artiste manque de force, de puissance, pour arriver au terme, et gâte, en voulant la finir, une œuvre qu'il avait admirablement commencée.

Mais supposée même la puissance, que de soins, que d'efforts, que de péripéties avant d'arriver à la perfection. Il faut d'abord développer ce corps si petit encore, il faut ensuite y faire épanouir l'âme et orner cette âme de science et de vertu.

La mère commence, c'est elle qui doit nourrir ce petit corps de sa propre substance. Combien son influence est grande en ce moment ! Les médecins savent quelle différence il y a entre le lait sain et chaste, et le lait troublé par l'impureté du vice ; ils sentent toute la vérité de cette parole répétée si souvent dans les vies illustres : *il suça l'honneur et la vertu avec le lait.*

Il est encore entre la mère et l'enfant une autre influence à laquelle on ne fait pas assez attention ; c'est l'influence magnétique qui est le rapport qui s'établit entre les corps fluides. On ressent cette influence sans parole et sans action, par la simple cohabitation ; on la ressent d'autant plus qu'on est plus faible et plus impressionnable. L'atmosphère des gens vertueux purifie, celle des gens vicieux prédispose au vice. La mère a sous ce rapport une puissance immense sur son enfant, et sans s'en douter ses baisers et ses étreintes continuent de le façonner à son image.

Bientôt le moment arrive d'agir directement sur l'âme.

L'enfant parle et pense, c'est ici que commence le beau et le difficile de l'œuvre ; il ne s'agit plus directement de la beauté du corps, mais de la beauté supérieure de l'âme. Or, la difficulté est grande, car d'un côté l'élément qu'il faut dominer se cabre facilement et peut devenir indomptable si on l'effarouche : c'est la liberté ; d'autre part cette liberté est déjà inclinée au mal par le péché originel. L'artiste a donc entre les mains une matière rebelle et dégradée ; il ne s'agit pas seulement d'embellir ; il faut d'abord redresser, corriger, remédier à la défectuosité native, avant de songer à la perfection et il faut le faire avec beaucoup de sagesse et de prudence, car l'élément incompressible sur lequel il faut agir peut résister à toute force et ne cède qu'à la persuasion.

Il est vrai qu'à dater de ce moment, la responsabilité ne pèse plus uniquement sur les parents, la liberté de l'enfant peut aller dans la mauvaise voie malgré tous les efforts pour le retenir ; elle peut aussi monter dans la voie droite malgré toutes les séductions. Mais ces résistances outrées ou héroïques ne sont qu'une exception. Généralement la liberté ne refuse pas la bonne voie quand on sait lui faire comprendre qu'elle est bonne, et plus facilement encore elle se laisse entraîner au mal et séduire par l'erreur.

Les jeunes gens sont donc en grande partie ce que les fait l'éducation; et l'insuccès, qui est si fréquent, montre combien l'art est difficile.

Je ne puis entrer ici dans le détail de toutes les difficultés. Je me contenterai d'une observation fondamentale.

Dans l'art vivant comme dans les autres arts et plus encore que dans les autres, l'artiste se reproduit lui-même. Ce seul mot explique bien des choses.

Si des parents sont sans religion, égoïstes, paresseux, frivoles, amoureux de leurs aises et de leurs plaisirs, comment corrigeront-ils dans leurs enfants ce qu'ils n'ont pas su corriger en eux-mêmes ? Comment donneront-ils les vertus qu'ils n'ont pas ? Ils pourront, je le sais, donner de bons conseils, et prodiguer de belles paroles. Mais l'instinct de l'enfant ne s'y trompe pas. Lorsque les paroles ne sortent pas d'un cœur profondément convaincu, il n'en tient nul compte, il laisse couler les paroles, regarde le mauvais exemple et le suit. A chaque parole qui sort de votre bouche pour dire oui, il en sort une secrète de votre cœur qui dit non, c'est celle-là qui est toujours la mieux comprise, et la seule écoutée.

Il faut donc toujours commencer par réaliser en soi-même la perfection que l'on veut communiquer aux autres. L'œuvre n'est jamais plus parfaite que l'artiste, ou, si elle le devient, c'est qu'une autre main y a touché.

La dernière perfection de l'art vivant est la beauté surnaturelle, qui est de beaucoup la plus élevée, la plus importante et la plus difficile à réaliser.

Elle est la plus élevée, car, selon l'expression de Saint-Pierre, elle est une participation de la nature divine, *divinæ consortes naturæ*. Selon la parole de Saint-Paul, elle est l'habitation de l'Esprit-Saint en nous, elle est donc en nous un reflet de la beauté infinie, et, par conséquent, incomparablement supérieure à toutes les beautés naturelles qui sont moins, devant elle, que la lumière d'une veilleuse devant la splendeur du soleil.

Elle est la plus importante. En effet Dieu, ayant destiné l'homme à la fin surnaturelle, cette fin contient toute sa destinée, elle renferme pour lui la question du bonheur, question devant laquelle toutes les autres s'effacent, puisque toutes se rapportent à elle et n'ont de valeur que par elle. La beauté surnaturelle, qui seule rend l'homme capable d'atteindre sa fin et de réaliser sa destinée, est donc tout pour lui, selon cette parole de Jésus-Christ : *Porro unum est necessarium*, une seule chose est nécessaire, et cette autre : *Quid prodest homini si universum mundum lucretur animæ verso suæ detrimentum patiatur*. Que sert à l'homme de gagner tout l'univers s'il perd son âme.

Il suit de là que, dans l'art vivant, l'œuvre est manquée si elle n'arrive à cette beauté supérieure de la sainteté ; que toute éducation doit tendre avant tout à ce but ; que tout ce qui lui est indifférent n'est qu'accessoire, et ce qui lui est contraire radicalement mauvais.

Mais c'est dans la réalisation de cette beauté surnaturelle que s'accumulent toutes les difficultés.

A vrai dire, dans cet ordre de choses, l'homme ne peut rien par lui-même, c'est la grâce qui fait tout. L'œuvre humaine ne consiste qu'à préparer les voies et à lever les obstacles. Ainsi l'homme peut allumer une lampe pour s'éclairer pendant la nuit, mais il ne peut produire la lumière du jour, il ne peut que fermer et ouvrir la porte pour laisser entrer les rayons du soleil. Mais cette opération même est pleine de difficultés et de dangers, et ne peut être faite convenablement que par une sage hardiesse. Car, remarquons-le bien, le problème ne consiste pas seulement à conserver l'innocence de l'enfant ; à cela suffirait peut-être une vigilante précaution qui laisserait ignorer le mal. Mais il faut élever l'âme jusqu'à la sainteté ; or, comme nous l'avons vu, la sainteté est à la fois l'amour du bien et la haine du mal, et, pour aimer ou haïr, il faut connaître. La connaissance du bien et du mal entre donc dans le plan d'une éducation complète, et là est le danger.

Dans l'ordre physique, certaines maladies ne peuvent se guérir que par des poisons ; mais alors, outre la science des règles, il faut la sagacité d'un habile médecin pour déterminer la dose nécessaire et le moment convenable de l'administrer.

Dans l'œuvre de l'éducation, les poisons sont l'erreur et le mal, et rien n'est plus difficile que d'apprécier le moment convenable et la dose salutaire.

On se trouve entre deux dangers : si l'erreur est trop tôt offerte à l'intelligence, elle la séduit et la ferme à la vérité ; si le mal est trop tôt connu, il pervertit le cœur et le ferme au bien.

D'un autre côté si, par excès de précaution, on cache jusqu'au bout l'erreur et le mal, le vrai n'a point de racine dans l'intelligence, ni le bien dans le cœur ; on laisse l'âme dans l'enfance sans la conduire à la virilité. L'élève qui entre dans le monde n'est pas préparé à la lutte, sa bonté apparente n'est que niaiserie, et l'expérience montre qu'il succombe aux premières attaques du mal.

La grande difficulté est de préparer à cette lutte, il ne suffit pas de montrer la loi, il faut en faire sentir la beauté, il faut remplir l'âme d'enthousiasme pour le bien, le vrai et le beau. Mais encore une fois, pourra-t-on inspirer cet enthousiasme si on ne l'a soi-même au plus haut degré ? Pourra-t-on éclairer si on ne possède une grande lumière ? La vie seule peut communiquer la vie.

Mais lorsque l'âme est enflammée d'admiration pour le vrai et le bien qu'on lui montre peu à peu, l'ennemi et son horrible laideur, on peut abandonner l'élève à lui-même ; il est armé de toutes pièces.

L'éducation qui se contente de cacher le mal, s'appelle une éducation étroite ; celle qui laisse libre entrée au mal est une éducation relâchée et meurtrière des âmes ; celle qui sait passer entre ces deux abîmes sans tomber ni d'un côté ni de l'autre est une éducation large et sage, et la seule parfaite.

La science du bien et du mal devait être donnée à Adam au bout de son épreuve. S'il l'eût reçue en temps convenable de la bouche de la sagesse divine, il eut été préparé et aurait probablement vaincu le mal, mais il a reçu cette connaissance avant le temps de la bouche de Satan et il a misérablement succombé.

C'est donc avec raison qu'on a appelé l'éducation l'art des arts et le plus difficile de tous, *ars artium regimen animarum*.

Dans les premiers temps du monde, le père ou le patriarche était le seul dépositaire de ce flambeau traditionnel de la foi, et c'est lui qui devait le transmettre à ses descendants. Peu furent à la hauteur de leur mission, la connaissance de Dieu et de ses merveilleux desseins sur l'homme se perdit ou s'altéra presque partout. Dieu fut obligé de se choisir un peuple, de lui susciter des prophètes et de multiplier les prodiges pour conserver chez lui le buisson ardent de la lumière divine.

Mais dans la nouvelle loi, Dieu le grand artiste, Dieu qui aime infiniment le beau, prenant en pitié la faiblesse humaine, établit sur un fondement inébranlable une école du grand art, et cette école, c'est l'Eglise à qui il a donné pour mission l'éducation du genre humain : *ite et docete omnes gentes*, allez enseigner toutes les nations.

La mission de l'église ne dispense de leurs devoirs ni les parents, ni les instituteurs ; les parents en élevant leurs enfants, les maîtres en enseignant leurs élèves, doivent avoir pour but final la sainteté ; et leur devoir est de posséder la sainteté en eux-mêmes, afin de pouvoir rendre saints à leur ressemblance ceux qui leur sont confiés. Mais comme, par le fait, beaucoup manquent à ce devoir, Dieu a institué l'église qui, étant par essence sainte et source de chasteté, supplée à l'incapacité des uns et à la négligence des autres, et relève sans cesse le genre humain qui, sans elle, retomberait continuellement de déchéance en déchéance.

Elle élève non seulement les enfants, mais encore les pères et les maîtres, que seule elle peut rendre capables de remplir leur mission jusqu'au bout. C'est elle qui, par le baptême, donne la vie surnaturelle aux plus petits et les prédispose à la foi. C'est elle qui, par la pénitence, remet dans la voie ceux qui se sont égarés, qui fortifie les faibles par la confirmation, qui ouvre dans l'Eucharistie la source même des grâces. C'est elle qui sanctifie le mariage environné de tant de dangers, et, par l'extrême-onction, aide au fidèle à franchir le dernier pas, achevant quelquefois d'un seul coup l'éducation de ceux qui sont restés jusqu'à la onzième heure sans entendre sa voix.

Aussi l'Eglise seule peut faire l'éducation complète de l'homme, cette éducation qui lui fait réaliser toute sa destinée, et nul ne peut achever cette œuvre que sous sa direction.

Depuis le commencement, les peuples chrétiens l'ont reconnu, toutes les anciennes écoles et universités étaient entièrement sous la direction de l'église et avaient le plus souvent pour docteurs des prêtres et des moines, c'est pourquoi elles ont produit tant de saints et illustres élèves.

Mais au commencement de ce siècle, sur les ruines de l'ancienne société, une nouvelle université fut fondée, non à la vérité contre l'Eglise, mais indépendamment d'elle.

Contrairement à l'ordre ancien, la sainteté ne fut plus le but final de l'éducation, on y substitua la science du fini. La religion ne fut plus qu'un hors-d'œuvre, dont on s'occupait une fois par semaine, dans les moments perdus.

La plupart des maîtres, loin d'être saints, furent choisis parmi des incroyants; on appela cela pompeusement l'enseignement laïque. Qu'en est-il résulté? Un laborieux avortement. La science elle-même à laquelle on avait tout sacrifié a faibli, le sens social s'est perverti, et c'est de cette pépinière qu'est sortie la semence toujours renaissante des révolutions. Quant à la dernière beauté de l'âme, qui est la sainteté, elle n'a apparu que comme une exception, malgré les efforts du prêtre unique qui luttait vainement contre l'entraînement général.

« Un aumônier qui consacre huit années de sa vie à l'université,
« peut espérer tout au plus de faire dans ce laps de temps huit à dix
« chrétiens. Sur 400 chances, 390 d'être un homme sans religion, tel
« est le chiffre qui exprime dans l'université l'espérance, tel est le
« résultat de tous nos travaux » (Avenir, 16 nov.). Voilà l'accablant témoignage que Lacordaire, au nom des aumôniers de Paris, rendait contre l'université en 1830.

L'université a été longtemps une armée organisée contre l'église. Si l'influence religieuse a fait des progrès même dans son sein, c'est malgré elle, c'est qu'elle a été forcée de reculer dans sa lutte avec l'Eglise. On peut douter qu'elle puisse jamais remédier complètement au vice de sa naissance, et que, si elle devient moins hostile, elle cesse d'être un obstacle à la parfaite beauté dont l'Eglise a le sens.

L'Eglise et son célibat apostolique nous apparaissent maintenant sous un nouveau jour.

Plusieurs ont pensé que le prêtre sacrifiait la nature et qu'il renonçait à l'amour, du moins sensible ; et ils se sont pris d'étonnement et de pitié. D'autres l'ont accusé de manquer de cœur et l'ont taxé d'égoïsme.

Nous n'acceptons ni l'injure ni la pitié.

Je sais que, dans le monde, l'indifférence, l'avarice et la paresse peuvent retenir dans le célibat, mais le célibat apostolique, loin d'avoir pour cause l'absence de l'amour, est produit par l'exaltation de l'amour, c'est-à-dire le dévouement de la charité. L'amour a plusieurs parts, son objet et son but sont plus encore de perfectionner l'homme que de le perpétuer ; le prêtre choisit de ces deux parts la meilleure et la plus belle, et c'est pour pouvoir réaliser la beauté supérieure qu'il laisse à d'autres le soin d'ébaucher la beauté inférieure.

Dans les ateliers bien ordonnés, les ouvriers se partagent l'ouvrage. Les uns préparent la matière première, d'autres la prennent de leur main et lui donnent une première façon ; enfin ceux qui ont le feu sacré de l'art achèvent l'œuvre, y ajoutent la dernière perfection, et c'est en sortant de leurs mains qu'elle est livrée à l'admiration publique.

Quand il s'agit de l'art vivant, le plus difficile de tous, quand il faut couronner cette œuvre divine de la céleste beauté de la grâce, ce n'est pas trop de réserver toutes ses forces ; il faut un cœur entier. Le prêtre marié sortant de sa famille pour aller vers ses ouailles ne leur apporterait qu'un cœur entamé, sans enthousiasme, et semblable à une coupe qui n'est plus pleine et a perdu son ivresse.

« Mais ce qui distingue l'homme chaste, c'est l'enthousiasme...

« La virginité, c'est la virilité : la virginité remplit les artères de
« sang ; elle gonfle l'âme de puissance ; à la moindre pensée, au
« moindre acte, toute la vie se précipite vers le cœur ; du cœur elle
« s'élance au cerveau, et l'on sent dans tout son être un courage
« prodigieux qui vous dévore... Demandez-lui s'il connaît l'indépen-
« dance, à celui qui tient la nature sous ses pieds : mais surtout
« demandez-lui s'il connaît le bonheur, à celui dont le sein déborde
« d'un amour intact : les émotions sillonnent son âme, son sang cir-
« cule avec mille vies, et ses organes sans cesse abreuvés éprouvent
« plus de délire à la fois à chaque battement de son cœur, que le
« lâche n'en a jamais perdu dans toutes ses voluptés ; lui possède
« dans toute sa plénitude le don de son créateur. » (*De l'Unité*, Blanc Saint-Bonnet).

Telle est la vraie virginité, celle qui est produite par la prédominance de l'amour supérieur sur l'amour inférieur, celle qui a toujours produit des martyrs et des missionnaires.

L'Eglise, avec son armée de vierges, est donc la plus haute et la plus parfaite organisation de l'art vivant, elle est l'atelier des vrais artistes, c'est elle qui possède au plus haut degré l'inspiration et le génie de l'amour.

Le chef-d'œuvre de l'amour n'est pas encore de parfaire l'individu, mais de réunir par le même lien d'amour des multitudes entières. Ici la supériorité de l'Eglise devient sans pareille.

Nous voyons dans l'antiquité les nations se former par la conquête et se maintenir par le despotisme.

A l'apparition de l'Eglise commence une société toute fondée sur l'amour et la persuasion. Il est dit de cette société commençante : ils n'avaient qu'un cœur et qu'une âme. Les persécuteurs de cette société ne pouvaient s'empêcher de s'écrier : Voyez comme ils s'aiment. Cette société n'a point de bornes, elle traverse toutes les frontières, pénètre dans les déserts et jusque dans les îles sauvages ; la terre même ne peut la limiter, elle déborde et s'étend jusqu'aux régions inconnues des âmes souffrantes, et en partie déjà elle peuple le ciel.

A certains moments de l'histoire, elle était parvenue à rendre armées et solidaires les nations de l'Europe naturellement ennemies. A elle est dû tout ce qu'il y a eu de paix et de tranquillité, on appelait alors l'ensemble de ces peuples alliés : la république chrétienne ; à ce nom on a substitué maintenant celui d'équilibre Européen, tiré des saltimbanques qui marchent sur une corde tendue.

Nous admirons et nous aimons ces corporations artistiques du moyen-âge qui, s'étant voués à l'art de l'architecture sacrée, se transmettaient de génération en générations comme un saint héritage le soin d'achever ces splendides cathédrales que nous contemplons maintenant sans nous sentir la force d'enfanter de pareils chefs-d'œuvres. Et nous ne comprenons pas la belle mission de l'église qui a fait pour l'art vivant ce que ceux-ci faisaient pour l'art symbolique de l'architecture. Car ici il ne s'agit plus d'un temple de pierres habilement sculptées, mais de la cité céleste formée de pierres vivantes ; selon l'expression de Saint Pierre : « Et vous-mêmes sur la pierre vivante rectangulaire qui est Jésus-Christ, vous vous élevez comme des pierres vivantes pour former un temple spirituel. *Accedentes lapidem vivum... et ipsi tanquam lapides vivi super ædificamini domus spiritualis* (2-5). »

Néanmoins l'église ne peut réaliser tout son idéal sur la terre, trop encombrée des ruines que le mal y entasse incessamment. Son but et le couronnement de son œuvre sera la Jérusalem céleste : le ciment qui unira toutes les pierres de la cité sainte ne sera autre que la charité, c'est-à-dire l'amour parfait, cette construction céleste sera la merveille des merveilles de l'art devant laquelle tout pâlit.

C'est pour la réaliser que Dieu a créé le monde et fait toutes ses œuvres. *Omnia propter electos*.

C'est Jésus-Christ qui en est l'architecte et qui en a tracé le plan, mais c'est à l'Eglise qu'il a confié le secret de ce plan, elle seule est capable de travailler à le réaliser ; c'est elle qui sur la terre taille, façonne et polit chaque pierre selon la place qu'elle doit occuper dans le plan divin, c'est elle qui commence à les grouper autant qu'il est possible au milieu du désordre actuel, et qui ébauche dans ses institutions les admirables proportions de l'Edifice futur. Et c'est ainsi la grande armée du célibat religieux qui prépare le chef-d'œuvre de l'amour, dont elle-même sera la partie la plus brillante.

Je n'ai pas mentionné jusqu'ici ce qu'on appelle l'art dramatique, parce que ce n'est pas un art spécial, appartenant à une faculté autre que celles dont nous avons parlé.

Le théâtre est un lieu où tous les arts se donnent rendez-vous pour assiéger l'âme humaine. Ils ne s'identifient pas dans un seul art, mais ils se prêtent appui et se coudoient sans se confondre. Le lieu même est une œuvre d'architecture, on y retrouve la peinture dans les décors, la danse dans les ballets et les gestes mêmes de l'acteur, la musique dans l'opéra et la déclamation, la poésie et l'éloquence dans le drame même, toutefois l'éloquence se dédouble, la composition du discours appartient à l'auteur et le débit est laissé à l'acteur. Mais ce qui domine tout, ce qui plus que tout le reste contribue à passionner le spectateur, c'est l'imitation de l'art social. C'est l'amour parlant et agissant, c'est tout le mouvement de la vie humaine, c'est toutes les complications que produisent, dans leur mêlée, les événements, les caractères, les élans des passions, les réactions de la sagesse et du devoir.

On comprend quelle puissance doit avoir sur l'âme cet assaut de tous les arts réunis, et par conséquent l'immense influence du théâtre sur la société.

Si cette influence était bonne, elle serait un grand bien. Il est vrai que les poètes et les musiciens ont créé pour le théâtre un grand nombre de chefs d'œuvres dignes de l'admiration des hommes ; mais dans beaucoup d'œuvres aussi le mal s'est introduit, d'autant plus dangereux qu'il est revêtu de toutes les séductions du genre. La comédie surtout, qui s'adresse à la malignité railleuse, a, dès le commencement, tourné à la licence, et rarement est restée honnête.

Pour que l'influence du théâtre restât salutaire ou du moins innocente, il faudrait qu'il fût une institution sociale et religieuse, il a eu rarement ces deux caractères; mais abandonné à la spéculation comme il l'est maintenant, il devait nécessairement tomber dans le mal. Car la spéculation n'a qu'un but, faire de l'argent; pour faire de l'argent, il faut attirer le public, pour attirer le public il faut flatter ses passions, pour flatter des passions, il faut être immoral.

Aussi le théâtre, surtout le théâtre populaire, est presque toujours le corrupteur de la société, et ce n'est qu'exceptionnellement qu'il se montre sinon bienfaisant, du moins innocent.

Le plus puissant contrepoids du mauvais théâtre est un autre lieu où tous les arts se trouvent aussi réunis; ce lieu c'est l'Eglise. C'est là que l'architecture a réalisé des prodiges, c'est là qu'on trouve un grand nombre des chefs-d'œuvres de la peinture. Les cérémonies religieuses, que nous avons appelées une danse sacrée, font ressortir à la fois toute la beauté de l'homme et toute sa dignité. L'église a dans sa liturgie des chants incomparables, qui revêtent les sublimes poésies des prophètes et des saints, et de plus elle donne asile aux plus belles compositions des grands maîtres. C'est là que l'éloquence est sans rivale dans les grands orateurs, et l'influence qu'elle exerce sur la multitude, même par les orateurs médiocres ou faibles, est immense à cause de son action, multiple et incessante.

Mais c'est dans l'Eglise surtout que l'art social est, non pas singé comme au théâtre, mais créé, développé et porté à la dernière perfection. C'est là que l'homme égaré sur la terre apprend quelles sont son origine et sa fin, et le chemin qui y conduit; c'est là qu'il trouve les secours nécessaires pour accomplir sa destinée, c'est là qu'il apprend le secret de la perfection, et qu'il trouve les moyens de la réaliser en lui-même. Là on lui enseigne, dès l'enfance, les vérités qu'il lui importe le plus de connaître, et les vertus qu'il doit pratiquer, et on lui donne dans les sacrements toutes les grâces qui le fortifient, et, quand son cœur saigne, quand son âme est brisée par la douleur, ce n'est pas au théâtre, mais là seulement qu'il peut répandre ses larmes et trouver le baume qui ferme ses plaies.

Cependant là on ne flatte pas ses passions, on apprend au contraire à les combattre, on ne mendie pas le public, on ne le corrompt pas pour le séduire; mais on l'appelle avec dignité, on le domine pour l'élever et le conduire à la perfection. Aussi l'Eglise attire surtout l'élite des âmes, les cœurs nobles et purs. Plus la société est corrompue, plus les théâtres sont pleins et les églises vides. Dans les temps de foi les fêtes religieuses étaient les grandes joies de la multitude, et les églises trop grandes maintenant, quoique moins nombreuses, ne suffisaient pas à contenir les fidèles.

Oh! si le théâtre aidait l'Eglise, et travaillait dans le même sens qu'elle, le mouvement d'ascension de la société serait universel. Malheureusement il n'en point ainsi, et, tandis que le théâtre entraîne une partie de la société dans la corruption, l'Eglise s'efforce de retenir le reste sur la pente fatale. Si l'homme, déjà porté au mal par sa nature, n'avait que le théâtre, la société marcherait à sa perte. C'est l'Eglise, qui a relevé la société païenne, qui empêche la société chrétienne de périr.

Il est donc éminemment utile de maintenir les arts dans les églises à la plus haute perfection, en même temps qu'à la plus grande dignité. Rien n'y doit être négligé, ni les ornements, ni les cérémonies, ni les chants, ni surtout la parole. Les splendeurs du culte ne sauraient être trop grandes, elles sont le sel de la terre; et ceux qui, comme Judas, blâment sous différents prétextes les dépenses faites pour les fêtes religieuses, n'ont aucune intelligence des vrais besoins de la société.

Mais revenons à l'art vivant.

Il est impossible de le perfectionner sans réagir sur tous les autres; car en fait d'art c'est l'homme qui est la réalité dont les autres ne sont que le reflet ou l'image.

La peinture reproduit son aspect, la statuaire sa forme, l'éloquence son âme, la danse son activité, la poésie sa pensée même revêtue de l'éclat de l'imagination.

C'est la nature qui donne la faculté, et qui forme certains hommes et certaines races plus artistes que les autres.

L'Eglise prend les hommes tels qu'ils sont, mais elle en tire tout le parti possible, en leur donnant pour modèle les plus beaux types, en surexcitant leurs facultés par l'inspiration la plus élevée et un idéal qui va jusqu'à l'infini. Aussi a-t-elle rendu les barbares du Nord capables de lutter avec la fine race des Grecs.

Cette race grecque qui, plus que toute autre, était née pour l'art, avait pour modèle la plus belle nature et pour instrument la langue la plus harmonieuse et la plus riche. Aussi a-t-elle tiré de la nature tout le parti qu'on en pouvait tirer. Mais son idéal ne dépassait pas la hauteur du paganisme. Les types les plus parfaits du beau étaient pour elle Apollon et Diane, Jupiter, Vénus et Cupidon, un tyran, une courtisane, un enfant cruel et perfide, malgré sa beauté.

Voilà pour l'art plastique, dans lequel leur supériorité est plus marquée. Mais pour aliment de leur éloquence, ils n'avaient que la guerre ou des intrigues humaines; et pour inspirer leur poésie, d'un côté la sensualité, de l'autre le froid et inflexible destin.

L'Eglise n'a pas donné aux hommes du Nord la finesse d'exécution que possédaient les Athéniens, mais un fond d'une richesse incomparable. Le livre par excellence, la Bible, est un inépuisable trésor; et le Credo seul, une lumière sans prix. Aussi quel intérêt peuvent avoir les ingénieuses personnalités que se renvoient Eschine et Démosthène en présence des splendeurs de l'éloquence chrétienne, de ces discours pleins de vie, qui ne sont point une œuvre de circonstance, mais qui expliquent les vérités éternelles et ont autant d'actualité pour nous qui les lisons que pour les premiers chrétiens qui les entendaient?.

Mais l'influence de l'Eglise sur les arts s'exerce surtout par les deux types qu'elle propose à notre admiration, comme idéal de la nature humaine : Jésus et Marie.

Jésus se présente d'abord à notre pensée comme enfant-Dieu. Il résulte de l'assemblage de ces deux mots un idéal merveilleux, mélange de faiblesse et de force, de graces naïves et de majesté, d'humilité et de splendeur, que nul ne peut rendre, mais qui est une source féconde d'inspiration. La grande poésie du peuple chrétien est la poésie de Noël.

Jésus-Christ nous apparaît ensuite dans la beauté de l'homme parfait. Annoncé par les prophètes comme le plus beau des enfants des hommes : *Speciosus forma præ filiis hominum*. Admiré par le romain Lentulus comme la plus belle figure qui se soit vue parmi les hommes : *Pulcherimmus vultu inter homines satos*, figure où la dignité la plus haute et la majesté la plus importante se joignent à la bonté la plus parfaite, et à une affabilité merveilleuse, idéal et but éternel, et éternel désespoir des artistes.

Dans le Christ, la beauté spirituelle et morale est encore plus étonnante que la beauté physique, il est le Fils bien-aimé dans lequel le Père a mis toute sa complaisance ; il est la joie des anges, la lumière des intelligences, la sagesse infinie, incarnée par l'amour ; il est l'agneau de Dieu, le bon pasteur qui donne sa vie pour ses brebis, l'époux des âmes pures et il sera la couronne de tous les saints. C'est lui qui fait éclore la fleur de la virginité, lui qui enivre d'extase les mystiques ; à son nom, tout genou fléchit depuis le ciel jusqu'aux enfers, et toutes les langues et tous les temps ne peuvent suffire à sa louange.

Marie, le second type, est d'une beauté et d'une douceur inexprimables. Pleine de grâces, bénie entre toutes les femmes, son privilège est d'être à la fois vierge et mère. Ces deux mots résument tout, c'est la pureté et l'intégrité jointe à la fécondité, c'est la fleur qui demeure dans toute sa fraîcheur et dans tout son éclat, lorsque le fruit est arrivé à sa pleine maturité.

Les prophètes l'avaient annoncée comme toute belle et sans tache. *Tota pulchra et macula non est in te*, comme incomparable et surpassant toutes les beautés réunies. *Multæ filiæ congregaverunt divitias suas, tu supergressa et universas.*

Selon des souvenirs traditionnels, elle causait dans tous ceux qui la voyaient et l'entendaient des effets merveilleux qui les portaient au bien et au désir de plaire à Dieu.

Il y avait chez elle une pureté, une simplicité, une naïveté, une gravité, une mansuétude inexprimable qui la mettait hors de toute comparaison. Elle était si merveilleusement pure, qu'on ne voyait en elle que l'image de Dieu réfléchie dans l'humanité. Personne n'avait de ressemblance avec elle, si ce n'est son fils ; sa physionomie se distinguait de toutes les autres par une expression de candeur et d'innocence, de gravité, de sagesse, de paix et d'amabilité douce et recueillie qu'aucune parole ne peut rendre.

On voyait en elle une incomparable majesté avec la simplicité innocente d'un enfant. Enfin tous les dons de la nature et de la grâce, qui brillaient en elle, la rendaient si belle et si ressemblante à son fils, que saint Denis, l'aréopagite, qui la vit, nous assure que, s'il n'eût été éclairé des lumières de la foi, il l'aurait prise pour une divinité.

Quel idéal pour les peintres ! et comme il les a tous inspirés, surtout le plus parfait d'entre eux, Raphaël, dont les vierges sont le plus beau titre aux yeux de la postérité.

Mais cette douce figure n'est pas un fond moins riche de poésie. Saluée d'abord et glorifiée par les anges, elle a été exaltée par toutes les langues, et comme elle l'avait prédit toutes les nations l'ont dites bienheureuse, *et beatam me dicent omnes generationes*.

Mère à la fois d'amour et de douleur, les hommes ont trouvé pour chanter ses joies et ses larmes leurs plus suaves paroles et leurs plus doux chants. Reine des cœurs, elle est appelée *Notre Dame* par tous les chrétiens. Dieu a la toute puissance de nature ; à elle, la toute puissance d'intercession. Avocate du genre humain, c'est vers elle que s'élèvent tous les bras, toutes les voix, tous les cœurs ; en elle est la dernière espérance de ceux qui ont perdu toutes les autres. Poésie de la prière, elle est invoquée sous mille noms merveilleux : miroir de justice, temple de la sagesse, cause de toute joie, rose mystique, arche d'alliance, porte du ciel, étoile du matin, refuge des pécheurs, consolatrice des affligés, reines des anges et des saints.

Ces deux types de l'art chrétien ne sont pas comme ceux du paganisme de pures fictions, ils sont une réalité historique. Ce que nous avons entendu, dit Saint-Jean, ce que nous avons vu de nos yeux, ce que nous avons examiné, ce que nos mains ont touché du Verbe de vie qui a été manifesté, nous l'avons vu, nous l'attestons, nous vous l'annonçons comme la vie éternelle qui était dans le sein du Père et qui nous a apparu. *Quod audivimus, quod vidimus oculis nostris, quod perspeximus, et manus nostræ contractaverunt de verbo vitæ... et vidimus et testamur, et annuntiamus vobis, vitam eternam quæ erat apud patrem et apparuit nobis* (Jean. I.I). Mais cette réalité, nous n'en connaissons pas encore la millième partie. Le Thabor ne l'a pas montrée tout entière, et le dogme de la résurrection ouvre à notre idéal des horizons infiniment plus brillants. Les mystiques semblent en avoir entrevu quelque chose. « Etant à la messe, dit Sainte Thérèse, Jésus-Christ se montra à moi tel qu'on le peint ressuscité, et avec une beauté et une majesté inconcevable; il m'aurait été impossible de me figurer une si extrême beauté, tant sa seule blancheur, et son éclat surpassaient tout ce qu'on peut s'en imaginer ici bas. C'est un éclat qui n'éblouit point, c'est une blancheur inconcevable : c'est une splendeur qui réjouit la vue sans la blesser; c'est une clarté qui rend l'âme capable de voir cette beauté toute divine ; et enfin c'est une lumière en comparaison de laquelle celle du soleil paraît si obscure que l'on ne daignerait pas ouvrir les yeux pour le regarder. Je dirai donc, quand il n'y aurait point d'autre contentement au ciel que de voir l'extrême beauté des corps glorieux et particulièrement celui de notre divin rédempteur, on ne saurait se l'imaginer tel qu'il est, car si, lorsque cette majesté ne se montre à nous ici-bas qu'à proportion de ce que notre infirmité est capable de soutenir l'éclat de sa gloire, nous sommes en un tel ravissement, que sera-ce lorsque notre âme étant affranchie des liens de ce corps mortel, la pourra voir et jouir de ce bonheur dans toute sa plénitude? »

Mais toutes les paroles, tous les efforts de l'imagination, les visions mêmes ne peuvent nous faire connaître toute la vérité sur la beauté de ces types. Une considération plus élevée nous fait entrevoir la réalité bien au-delà de toutes les conceptions humaines.

Nous l'avons déjà dit, la pensée créatrice se résume tout entière en Jésus-Christ. En Jésus-Christ la création est complète, tout est réalisé dans la plus haute perfection, et le reste n'est plus qu'un reflet qui pâlit, un écho qui meurt à mesure qu'il s'éloigne du type central.

Dieu a mis en Jésus-Christ toute la beauté. Mais dans la pensée divine la beauté a deux faces, la face positive et la face négative. Ces deux faces dans la nature divine, qui est esprit pur, sont indivisiblement liées par l'unité qui est l'essence de l'infini.

Mais la matière essentiellement divisible ne peut réaliser ces deux faces de la beauté dans un seul type.

La création de l'humanité de Jésus-Christ, qui réalisait toute la beauté matérielle positive, demandait donc un complément qui réalisât toute la beauté négative : ce complément est Marie, qui se trouve ainsi la seule créature nécessaire à l'intégrité de la création. Et, bien que la personnalité divine mette entre elle et Jésus-Christ une différence infinie, elle est néanmoins indispensable à l'humanité de l'homme-Dieu. S'il est le lion victorieux de Juda, elle est la colombe sans tache ; s'il est le nouvel Adam, elle est la nouvelle Ève (1) ; elle est un des foyers de l'ellipse divine qui illumine le temps et l'espace.

Elle remplit donc un rôle qui la sépare de toutes les créatures ; faisant partie de l'unité typique, elle est au-dessus de tous les nombres.

Dans la pensée créatrice, Marie et Jésus-Christ précèdent tous les êtres finis. Aussi l'Église lui applique les paroles que l'Esprit-Saint avait dictées pour louer la sagesse éternelle « Le Seigneur m'a possédée au commencement de ses voies, avant ses œuvres ; j'étais engendrée avant les collines. » On conçoit donc que, si, comme Jésus-Christ selon la chair, fille d'Adam, elle ne pouvait pas plus que Jésus-Christ être souillée de la corruption humaine, selon la pensée divine, elle était dans l'échelle des êtres bien au-dessus d'Adam et avant lui. La souillure se répand et descend, mais ne remonte pas, elle devait donc rester immaculée et toute belle. *Tota pulchra est et macula non est in te.*

Ce second type de la beauté, comme celui de Jésus-Christ, a été voilé sur la terre et n'aura son plein développement qu'au ciel, mais alors toute conception et toute attente seront incroyablement dépassées.

On peut se demander ici si la matière, par sa nature même, n'impose pas fatalement des limites à la beauté physique?

Question aussi intéressante que difficile.

La matière, expression de l'idée du non-être a, comme nous l'avons vu, cinq propriétés : la divisibilité, l'inertie, l'impénétrabilité, la mutabilité et la forme, que la couleur, c'est-à-dire la lumière, rend visible.

Les quatre premières propriétés purement négatives n'expriment que le non être, mais par la cinquième, qui est la forme, la matière sort de la négation pure et entre dans la réalité par sa participation à l'idée, car toute forme traduit une idée et toute couleur un sentiment. Et, comme la cire molle reçoit l'empreinte de tout ce qui la touche, la matière ne peut refuser l'empreinte d'aucune idée.

Ce n'est donc plus dans la matière même, mais dans l'idée que nous devons chercher des limites, s'il y en a. Or on peut dire des idées ce qu'on peut dire de la série des nombres qui leur correspond :

---

(1) Adam et Ève sont l'origine et le principe de la vie terrestre et naturelle. Jésus-Christ et Marie sont l'origine et le principe de la vie surnaturelle que Jésus-Christ appelle : Nouvelle vie et vie éternelle. Dans la création, l'œuvre descend de Dieu, unité, principe, c'est pourquoi l'unité apparaît la première dans Adam ; mais dans la rédemption, l'œuvre remonte à Dieu, but et unité finale, c'est pourquoi l'unité apparaît la dernière en Jésus-Christ.

aucun nombre n'est infini, mais aucune limite ne peut clore la série des nombres qui exprime l'indéfini.

La variété des idées, ainsi que celle des formes, est donc indéfinie.

Le beau n'est pas une forme spéciale, mais l'harmonie des formes, et il est d'autant plus parfait que la variété des formes est plus grande, et que l'harmonie qui les unit se rapproche davantage de l'unité qui est l'infini.

D'un autre côté, le laid est la discordance ou la disproportion des formes, et la laideur est d'autant plus grande que les formes sont plus nombreuses et jurent davantage entre elles.

Mais l'horizon du beau est plus vaste que celui du laid, car le beau, qui se réalise par l'harmonie, se rapproche de plus en plus de l'unité qui est l'infini; le laid au contraire, qui procède par division, s'éloigne de plus en plus de l'unité et reste fatalement dans les nombres.

Lorsque l'harmonie a fait d'un certain nombre de formes élémentaires un tout parfaitement lié, ce tout dans son ensemble s'appelle aussi une forme; c'est pourquoi on dit de l'ensemble du corps humain : la forme humaine.

La forme humaine est le chef-d'œuvre de la sagesse créatrice, qui a dit : Faisons l'homme à notre image.

Le nombre des formes et des couleurs qui composent la forme humaine est incalculable, et les degrés d'harmonie dont cette multitude est susceptible le sont aussi, et toutes ces formes, toutes ces couleurs, tous ces degrés d'harmonie ont un sens mystérieux et profond qui, si nous pouvions le comprendre, nous ferait connaître toutes les vérités.

De même que cette quantité incalculable d'éléments peut, par son harmonie, réaliser la beauté suprême, de même elle peut par sa discordance produire l'extrême laideur, comme le dit l'ancien adage : *Optimi corruptio pessima;* ce qu'il y a de plus excellent devient le pire, lorsqu'il se corrompt.

C'est pour Jésus-Christ que la forme humaine a été décidée dans le conseil éternel de la Trinité, c'est de lui qu'il a été dit avant tous les siècles : Faisons l'homme à notre image.

Il est le médiateur universel, absolument nécessaire à la création. Sans lui, il y aurait entre Dieu et son œuvre un abîme sans fond, l'abîme qui sépare le fini de l'infini. Mais en Jésus-Christ, le fini et l'infini se touchent et deviennent un dans l'unité de la personne ; par là l'abîme est comblé, et l'on peut descendre et remonter sans interruption de Dieu à la matière et de la matière à Dieu. Mais la forme humaine seule était capable de recevoir et de contenir l'âme de l'Homme-Dieu et elle se trouve le trait d'union nécessaire entre Dieu et son œuvre.

La beauté humaine arrivée à sa perfection contient et dépasse toutes les beautés de la création ; et quand elle manifeste la vie par la grâce des mouvements, quand elle rayonne par le regard et le sourire, elle éblouit, fascine et captive tout autour d'elle. Mais ce n'est pas sur la terre où le péché a tout perverti et tout enlaidi que nous pouvons nous faire une idée de ce qu'elle peut être, ce n'est qu'au ciel, en Jésus-Christ et Marie, que nous pourrons la contempler dans toute sa perfection, aussi ce que nous verrons alors n'a point d'expression, et ne peut être soupçonné par aucune intelligence terrestre.

Mais enfin cette beauté sera-t-elle encore finie ?

La pensée hésite à répondre. Jésus-Christ est l'unité de l'œuvre divine, l'unité est au-dessus de tous les nombres, elle est l'infini. Cette pensée laisse entrevoir des possibilités qui donnent le vertige.

L'angle idéal de la géométrie se termine par le point qui n'ayant plus de dimension, n'est plus matière et exprime l'infini. La beauté aussi, arrivée à son sommet qui est l'unité, touche l'infini et doit en refléter l'éblouissante lumière.

C'est pourquoi, selon la parole de saint Pierre, les anges les plus beaux aspirent à contempler cette beauté divine de Jésus-Christ et par conséquent celle de Marie qui est son complément. *Inquem desiderant Angeli prospicere.*

Il ne nous reste plus qu'à unir nos désirs à ceux des anges. Cette contemplation, si nous nous rendons dignes d'en jouir, dépassera toutes nos prévisions, comblera tous nos vœux et nous plongera dans une extase sans fin, car cette beauté de Jésus-Christ et de Marie reproduira comme un fidèle miroir la splendeur toute entière de la lumière divine, et nous sentirons là portée et la justesse de cette étonnante parole de saint Paul : En lui habite toute la plénitude de la divinité corporellement. *Quia in ipso habitat omnis plenitudo divinitatis corporaliter.*

CHAPITRE XIV

DE LA FLEUR DE L'AMOUR

Lorsque l'amour ou, si l'on veut, lorsque l'affection, arrivée à ce degré où il est difficile de distinguer l'amitié de l'amour, paraît indépendante de la préoccupation sexuelle, on lui donne généralement le nom d'amour platonique, parce que Platon a décrit ce genre d'affection, notamment dans le Banquet.

Le sentiment que décrit Platon peut se prendre en bonne et en mauvaise part.

Il a un sens pur et élevé dont le type mythologique est Castor et Pollux, la fable nous montre ce même type dans Oreste et Pylade, et l'histoire dans David et Jonathan : « Je pleure sur toi, Jonathan, mon « frère, le plus beau d'entre les hommes, plus aimable que l'amour « d'aucune femme, comme une mère aime son fils unique, ainsi je « t'aimais ».

On retrouve ce même sentiment, mais transfiguré et divinisé, dans le disciple que Jésus aimait.

Mais les mœurs païennes, qui avaient tout souillé, avaient rendu ce sentiment presque toujours impur et grossier.

Platon, dans sa description, devait avoir en vue l'affection de Socrate pour Alcibiade, qui est différemment jugée par les uns et les autres.

Quoi qu'il en soit, nous n'avons point à débattre cette question. Je n'ai cité Platon que pour séparer ma cause de la sienne et écarter l'amour platonique, quelque sens qu'on lui donne.

Ce que je veux décrire ici est toute autre chose, et, comme cela n'a point reçu que je sache de nom spécial, je l'appelle la fleur de l'amour.

Lorsque la plante a grandi sous le regard du soleil, il vient un moment admirable entre tous, où elle produit sa fleur ; il ne s'agit pas encore de fruit, c'est uniquement la fête du beau. Toutes les grâces de la forme, tout le prestige des couleurs se réunissent dans ce brillant phénomène à la vue duquel le regard s'enivre, et l'âme sent s'élever en elle des pensées de joie et de bonheur.

Il est un pareil moment dans l'amour, c'est le premier ; c'est aussi la fleur avant le fruit.

Toutefois, il y a fleur et fleur, toutes ne sont pas aussi belles, quelques-unes mêmes repoussent par leur odeur, tandis que d'autres exhalent un parfum divin.

Je veux peindre ici la fleur de l'amour dans ses plus belles conditions sur la terre, parce que la conclusion morale qui doit en ressortir, se tire à plus forte raison lorsque ces conditions sont moins parfaites.

Je suppose donc une âme jeune, intelligente et pure, connaissant déjà Dieu et l'aimant autant qu'elle sait aimer. Cette âme s'est déjà réjouie dans l'amitié de ses parents, de ses frères et sœurs et de quelques amis.

Mais un jour elle voit une figure qui lui paraît celle d'un ange, elle entend une voix qui lui semble le retentissement d'elle-même, elle croit se reconnaître toute entière comme en un miroir, dans cet autre reflet de Dieu, et le sentiment de l'unité la saisit de son étreinte toute puissante.

Cependant, tout est pur encore et presqu'immatériel, elle est éblouie par une lumière qu'elle n'ose presque toucher chez elle, aussi ce n'est encore que la fête du beau.

Ce qui se passe alors dans cette âme est inexprimable et ne pourrait être compris, si chacun n'avait eu en soi une étincelle au moins de ce brillant phénomène.

Jusque là, cette âme n'avait songé qu'à s'amuser ; mais avec le sentiment de l'unité, la question du bonheur se pose devant elle. Elle se pose comme une aurore que doit suivre le jour, et devant cette nouvelle révélation, son saisissement est indicible.

En ce moment elle n'a aucun motif de douter, elle est sans expérience, elle n'a point eu de déception, et dans son cœur vient de s'éveiller l'instinct du bonheur simple comme l'unité, et, comme elle, infini et invincible. Aussi cette âme s'illumine, se dilate et se répand comme la lumière du soleil dans le ciel, tout déborde en elle.

C'est d'abord une espérance sans borne, et la sérénité que donne l'assurance. Il serait inutile en ce moment de lui dire qu'elle peut se tromper, et prendre une illusion pour une réalité ; elle vous regarderait avec un sourire compatissant, se disant à elle-même : le malheureux ne connaît pas le trésor que j'ai découvert.

Ensuite c'est une puissance et un courage incroyables. Nulle œuvre ne lui paraît trop grande, nul obstacle invincible ; elle est toujours prête à entreprendre, tout lui paraît possible.

Enfin elle rayonne d'une bienveillance ineffable, nulle haine dans son cœur. On ne hait que ceux qui peuvent nous ravir ce qu'on aime, elle ne craint encore personne.

Aussi son cœur surabonde d'amour, elle se sent si heureuse qu'il lui semble qu'elle pourrait répandre son bonheur sur tous les êtres sans s'appauvrir. Elle défie le destin, pourvu qu'il ne touche pas à son trésor, elle éprouve même une jouissance à braver certaines fatigues, certaines privations, certaines souffrances, car elle s'assure, en les éprouvant, qu'elles ne peuvent entamer le bonheur auquel elle tient uniquement.

Aussi, dans sa joie, la poésie s'échappe comme un parfum de son cœur, elle comprend tout sous un nouveau jour ; les fleurs, la lumière, les chants des oiseaux, toutes les beautés, toutes les harmonies de la nature, et, sans qu'elle s'en doute, ses paroles sont des poëmes.

Elle comprend mieux encore le créateur de toutes ces choses, le modèle et l'auteur de toutes ces beautés ; la bonté de Dieu surtout semble se révéler à elle tout entière ; émue, éblouie, elle tombe à genoux et remercie Dieu avec une effusion qu'aucune parole ne peut rendre.

Cette âme, loin de se vanter de ce paradis intérieur, le cache comme un secret, le garde comme un trésor, le voile comme une vierge pudique sa beauté. Mais sans qu'elle s'en doute il en transpire quelque chose au dehors.

Sa joie illumine sa figure et lui fait comme une auréole, ses yeux brillent d'un éclat inaccoutumé, son amour est comme le parfum que les fleurs au printemps répandent autour d'elles. Ceux qui approchent de cette âme éprouvent une joie et un bien-être dont ils ne se rendent pas compte. Cette merveille de la fleur d'amour est quelquefois près de nous sans que nous nous en doutions. Les anges la contemplent et les démons la voient. Mais les démons, qui ont perdu la faculté d'aimer qui est aussi la faculté du bonheur, en voyant cet amour, grincent des dents et se tordent de rage, et ils jurent d'éteindre cette lumière, et de briser le vase qui la contient, s'ils ne peuvent le souiller.

Dieu pourrait les empêcher de le faire, souvent il ne le fait pas et voici pourquoi :

Cette âme est pure encore, mais elle est exposée à une tentation presqu'irrésistible.

Certainement l'amour humain n'est pas mauvais en soi, puisqu'il est la fin naturelle de l'homme, et que Dieu est lui-même l'auteur de la nature. Mais l'homme étant, par la grâce, destiné à la fin surnaturelle, la fin naturelle doit, pour rester dans l'ordre, se subordonner à la fin surnaturelle, et de principale devenir accessoire.

Or voici notre position sur la terre : l'ordre naturel est en pleine maturité ; il est comme un grand arbre, qui a toutes ses branches et toutes ses feuilles. L'ordre surnaturel, au contraire, est comme une jeune plante qui sort à peine de terre, et n'a pour résister qu'une tige tendre encore et des feuilles naissantes.

La vie terrestre n'a d'autre but providentiel que de faire croître cette jeune plante jusqu'à ce que, devenue elle-même un arbre plus grand encore, elle ne puisse plus être déracinée, ni dominée.

Mais si on laissait tout aller, la jeune plante ne serait-elle pas toujours étouffée ? Si, sur la terre, dans les conditions d'ignorance et de concupiscence où nous a laissés le péché originel, l'amour humain pouvait réaliser tout son idéal, qui pourrait résister à son entraînement ? qui ne serait absorbé par son ivresse ? qui songerait encore à l'ordre surnaturel ?

L'homme serait donc dans un danger imminent de manquer sa destinée, et plus son amour serait pur, noble et parfait, plus la tentation serait délicate, l'entraînement invincible, l'oubli irrémédiable.

Cette âme, que nous avons vue tout à l'heure prosternée devant Dieu et le remerciant avec tant d'amour, était-ce avant tout pour lui-même qu'elle aimait ainsi Dieu ? n'était-ce pas plus encore pour le don bien-aimé qu'elle avait reçu ? Son pied commençait donc déjà à glisser sur la pente fatale.

Or voici où est la difficulté. Ce danger peut être atténué mais non entièrement supprimé.

Dieu, par la vocation à l'ordre surnaturel, ajoute au commandement de l'adorer celui de l'aimer ; c'est-à-dire qu'il nous invite à chercher en lui la réalisation de notre unité, à diriger vers lui notre désir du bonheur, à transporter en lui tous nos projets de béatitude : en un mot à l'aimer du même amour que nous ressentons naturellement pour l'autre moitié de notre être quand nous croyons l'apercevoir.

Mais n'est-ce pas cette vision, ou cette illusion, qui fait sortir notre désir du bonheur du vague où il reste pendant l'enfance, qui nous fait entrevoir la possibilité de ce bonheur, qui électrise notre cœur, le fait bondir, et centuple ses forces ?

Comprendrions-nous bien, sans cette révélation de l'amour naturel, et ce que Dieu demande de nous, et ce que nous pouvons espérer de lui ? nos sentiments pour le créateur ne ressembleraient-ils pas à l'obéissance du serviteur plutôt qu'à l'ardente affection de l'épouse ?

Le rêve d'amour qui brille subitement dans notre âme comme l'éclair dans la nuit est donc utile et souvent nécessaire pour nous faire entrevoir, selon son degré de lumière, les horizons de l'amour divin que Dieu veut nous faire atteindre : c'est pourquoi il le laisse éclore ; mais, s'il s'accomplissait, il deviendrait un obstacle presqu'invincible à notre destinée surnaturelle ; c'est pourquoi il ne se réalise jamais.

Et voici ce qu'il arrive.

Comme nous l'avons déjà dit, excepté Dieu qui seul est un, tout être ne peut arriver à sa plénitude que par un être complémentaire qui est une partie intégrante de lui-même. Le retour à l'unité de ces deux moitiés d'être, selon les lois de la nature, doit réaliser la perfection ou le bonheur dont ils sont capables. Si donc une âme rencontrait l'âme qui, seule dans la série des êtres, est son complément, le rêve de l'amour se réaliserait pleinement et avec lui le danger dont nous avons parlé.

Mais sur la terre, nul ne rencontre son complément, ou, s'il le rencontre, il est tellement défiguré par la déchéance originelle qu'il est méconnaissable.

Lors donc que la fleur d'amour éclot dans notre âme, nous croyons voir ce complément dont le désir irrésistible est dans notre cœur. Mais c'est une illusion ; souvent celui que nous aimons, par une illusion semblable, croit voir ce complément désiré dans une autre personne, qui à son tour, le voit ailleurs ; et l'amour alors, au lieu d'être le bonheur de l'unité, devient le supplice de la division.

Lorsque l'illusion est réciproque, lorsque deux âmes croient se reconnaître de loin l'une dans l'autre, à mesure qu'elles s'approchent, l'illusion pâlit devant la réalité, et, lorsqu'elles se touchent, elles sont l'une à l'autre comme un miroir plein de défauts où l'on ne voit qu'une figure grimaçante dans laquelle on ne se reconnaît plus, et alors l'amour s'ensevelit dans le tombeau de la déception.

Enfin les plus belles réalisations sont toujours à mille lieues du premier rêve.

Il est souvent à craindre qu'à la déception de l'amour ne succède l'illusion de la sensualité, heureux encore ceux qui reconnaissent leur erreur en mettant le pied dans la fange et qui retournent sur leurs pas.

Ces illusions ne sont pas l'œuvre de Dieu, mais des ténèbres que répand partout l'auteur du mal. Si Dieu lui laisse accomplir son œuvre, c'est qu'il en tire notre bien, en nous délivrant du terrible danger que nous avons signalé.

Toutes ces déceptions qui agitent notre cœur lui empêchent de prendre racine sur la terre, et lui rendent la liberté.

Heureux entre tous ceux qui sont arrêtés dès le commencement, dont le pied ne glisse pas jusque dans la boue, et qui peuvent s'envoler purs encore dans les régions supérieures.

Les voyageurs disent que, sur les bords de la mer Morte, on trouve des arbustes qui produisent de belles fleurs et forment des fruits, mais quand on ouvre ces fruits, on n'y trouve qu'une poussière noire et infecte. Ainsi l'amour planté d'abord dans le paradis terrestre, transplanté sur la terre maudite, produit encore des fleurs, mais ne peut plus réaliser son fruit de bonheur, et autant les fleurs sont belles encore, autant le fruit est amer et corruptible. Il est donc aussi inutile que dangereux de vouloir sur la terre réaliser ce beau rêve de l'amour.

Cependant, comme dit saint Thomas (P. I. Q. 75, a. b.), un désir réellement puisé dans la nature ne saurait être vain : *Naturale autem desiderium non potest esse vanum.*

Il croit pouvoir de ce principe conclure l'immortalité de l'âme.

« Tout être, dit-il, doué d'intelligence, désire naturellement d'être « toujours ; mais un désir réellement puisé dans la nature ne saurait « être vain, donc toute substance intellectuelle est incorruptible ».

On conçoit, en effet, qu'il serait cruel de la part de Dieu de mettre dans le cœur un désir invincible s'il ne donnait la possibilité de le satisfaire. Mais le désir de l'amour, qui n'est autre que le désir de l'unité et du bonheur, n'est pas moins naturel, moins universel, moins profond que le désir d'être toujours.

Seulement la permanence de l'être, dont le désir est inné à l'intelligence, est indépendante de notre volonté et se réalise fatalement. Mais l'amour, qui produit le bonheur, est un acte de la libre volonté, qui peut être défectueux par le mauvais usage de la liberté. Ce désir du bonheur peut donc être frustré par notre faute, bien qu'il persiste éternellement, et précisément c'est là l'enfer.

Mais Dieu étant bon et juste, et l'homme ne pouvant être heureux avec un désir éternellement frustré, il est impossible que ce désir de l'unité ne se réalise pas pour celui qui a bien usé de sa liberté.

Il faut donc conclure que le rêve de l'amour, qui n'a jamais pu se réaliser sur la terre, se réalisera au ciel.

Mais comprenons bien dans quel sens. Le désir naturel, dont parle saint Thomas, est celui qui résulte de l'essence même de la nature et non de sa corruption. Rien ne doit subsister au ciel des convoitises que la déchéance a laissées dans notre chair ; ce qui doit se réaliser, ce n'est que ce premier rêve de l'amour si pur, si lumineux, si immatériel.

Après la résurrection, puisqu'on ne meurt plus, il ne s'agit plus de perpétuer l'espèce : *in resurrectione*, dit Jésus-Christ, *neque nubent neque nubentur ultra mori poterunt.*

Il s'agit de reconstituer l'unité de l'être complexe qui a été jusque là divisé, et de le rendre capable du bonheur en le rendant complet.

Sans doute notre bonheur au ciel consistera essentiellement dans la jouissance de Dieu. Dieu sera notre fin, comme la lumière pour les yeux, comme l'harmonie pour les oreilles, comme l'espace pour le voyageur, comme l'être aimé pour celui qui embrasse. Mais de même que nous éprouvons naturellement le désir d'avoir nos deux yeux pour mieux voir la lumière, nos deux oreilles pour mieux jouir de l'harmonie, nos deux jambes pour parcourir l'espace, et nos deux bras pour mieux embrasser notre ami ; de même nous éprouvons invinciblement le besoin d'être deux, c'est-à-dire un être complet, pour aimer Dieu, le louer et jouir de lui.

Pourrait-il entrer dans le plan de Dieu de peupler le ciel d'êtres incomplets et d'en faire comme un asile de mutilés.

Sur la terre, nous sommes comme un homme auquel il manque un membre que rien ne peut remplacer.

Ceux auxquels il manque une jambe, s'en font une de bois avec laquelle ils marchent tant bien que mal. Voilà l'image des plus belles réalisations sur la terre ; elles sont toujours très-loin de l'idéal qui ne se réalisera qu'au ciel.

Là cette réalisation n'aura plus les dangers qu'elle avait sur la terre ; la plante surnaturelle sera devenue un grand arbre sans rival et indéracinable, les âmes confirmées dans la charité, et devenues capables de voir Dieu face à face, ne pourront jamais être tentées de détourner leurs regards de cette beauté infinie.

L'amour humain ne pourra plus être qu'une joie accessoire, et un moyen d'atteindre la fin dernière.

On le désirera, on ne pourra s'en passer, parce que, sans lui, on serait comme un boiteux qui ne peut courir vers le but, comme une voix sans écho qui ne s'entend pas elle-même et ne peut chanter ce qui est dans le cœur.

Ceci nous aide à mieux saisir le sens de la virginité, que Jésus-Christ disait si difficile à comprendre : *qui potest capere capiat*. La Vierge, en réalité, ne renonce pas à l'amour, elle l'ajourne pour le royaume des cieux, comme dit encore Jésus-Christ : *propter regnum cœlorum*.

Voyant que, sur cette terre morte, cette plante merveilleuse de l'amour ne produit que des fleurs qui tombent, et des fruits qui se gâtent, elle en conserve la graine précieuse pour la semer dans la terre des vivants, où elle produira des fleurs éternelles et des fruits incorruptibles.

Elle a compris le vrai sens de ces paroles de Jésus-Christ ; si votre œil droit ou votre main droite vous scandalisent, retranchez-les et jetez-les loin de vous, car il vaut mieux entrer dans le royaume de Dieu, avec un œil ou une main, que d'être rejeté avec les deux

(Math. 9-42). Cet œil et cette main sont cette autre moitié de nous-même que les poètes appellent la meilleure part de nous-même.

> Quand je rêve un moment, quand je me dis : là-bas...
> J'ai la meilleure part, l'autre part de moi-même.
> (Jocelyn).

Sur la terre, ce bras droit est le plus souvent disproportionné, il gêne au lieu d'aider, il fait souvent souffrir.

La vierge, malgré le désir inné, le rejette donc afin de marcher sans encombre. Elle sait bien qu'au ciel, rien n'est boiteux, rien n'est incomplet, et qu'elle retrouvera en Dieu cette main et cet œil plus beaux qu'auparavant, mais désormais sans dangers ou, selon le mot de l'évangile, sans scandale.

Il y a plus. Jésus-Christ a dit (Math. 19-20): Celui qui aura laissé pour mon nom, sa maison, ou ses frères, ou ses sœurs, ou son père, ou sa mère, ou son épouse, ou ses fils, ou ses champs, *recevra le centuple* et possédera la vie éternelle.

Si donc c'est pour le nom de Dieu que les vierges ont renoncé sur la terre aux joies de l'amour, elles doivent, outre la vie éternelle, recevoir le centuple de ce qu'elles ont sacrifié. Ainsi, si l'amour humain doit être exalté au ciel dans les autres saints, c'est dans les vierges qu'il produira son plus vif éclat et ses plus doux fruits de bonheur.

Les vierges aimeront cent fois plus que les autres, et formeront une troupe privilégiée, comme saint Jean l'a vu dans l'Apocalypse : « Et je vis l'agneau debout sur la montagne de Sion et avec lui cent « quarante-quatre mille qui avaient son nom et celui de son père « écrit sur le front... Ceux-ci sont vierges : ce sont ceux qui suivent « l'agneau partout où il va..... et ils chantent un cantique nouveau « devant le trône..... et nul ne pouvait chanter ce cantique que « les cent quarante-quatre mille qui ont été rachetés de la terre ».

Les vierges, il est vrai, ne savent pas sur la terre le résultat de leur sacrifice ; mais elles croient à la parole de Dieu, et, guidées par cette boussole infaillible, elles arrivent sûrement au port.

Il est bon même le plus souvent qu'elles ne le sachent pas.

Cet amour humain, qu'elles sacrifient et qu'elles retrouveront au ciel, n'est qu'un accessoire, une ombre de l'amour divin, qui sera la véritable source de notre béatitude, et demeure le véritable but que nous devons poursuivre. Mais cette ombre a tant d'attrait pour notre cœur, que si notre attention était attirée sur elle, il y aurait danger qu'elle devînt le principal but de nos efforts pour aller au ciel. Alors, poursuivant l'ombre au lieu de la réalité, nous n'atteindrions ni l'une ni l'autre.

Si, au contraire, notre attention, détournée de l'ombre, tend toute entière à la réalité, en laissant cette réalité, nous aurons aussi l'ombre qui la suit inévitablement.

Puis Dieu tire de cette ignorance des sublimités sans pareilles.

Si Abraham avait su qu'arrivé sur la montagne, il n'immolerait qu'un bélier, quel mérite aurait-il eu ?

Il a cru qu'il fallait sacrifier son fils, et il y a consenti. Ce consentement est resté l'acte d'amour et d'obéissance le plus éclatant de l'histoire. Il est la plus grande gloire d'Abraham, le plus beau fleuron de sa couronne de vertu, et sera éternellement la plus grande source de sa béatitude céleste.

Si la vierge savait que son rêve est impossible sur la terre, qu'en cessant de le poursuivre ici-bas elle le retrouvera brillant dans le ciel, la virginité ne serait plus de sa part qu'un large calcul.

Mais la vierge qui croit son rêve possible et l'immole à Dieu, fait un sacrifice plus sublime que celui d'Abraham ; elle réalise la plus haute merveille de l'amour, et nulle lumière au ciel ne sera semblable à la blancheur éblouissante du front des vierges.

Aussi Dieu n'a rien promis relativement à ce complément du Ciel que nous concluons logiquement de divers principes ; il semble même en vouloir détourner notre attention, lorsqu'il dit qu'au ciel, les élus sans mariage seront semblables aux anges.

Il se contente de promettre en général, outre la vie éternelle, le centuple de tout ce qu'on sacrifie pour lui, sans dire de quelle manière cette promesse sera réalisée.

Du reste, comme nous venons de le dire, cet amour n'est au ciel que le premier degré de la béatitude. D'autres amours plus merveilleux se laissent entrevoir et nous ouvrent d'autres horizons qu'il faut sonder.

Si nous avons bien compris, l'essence de l'amour c'est l'unité. Ce bonheur si grand qu'il nous fait éprouver, cette joie sans rivale, cette ivresse du cœur ne sont autre chose que le sentiment de l'unité : ce sont deux êtres, ou plutôt deux moitiés du même être qui sentent qu'ils sont un.

Mais si nous réfléchissons, nous verrons que tous les hommes, tous les anges, tous les êtres étant dans la pensée de Dieu, et la pensée de Dieu étant une, tous ont dans cette pensée divine une unité plus haute que Dieu seul connaît. Si donc nous pouvions pénétrer dans cette unité de la pensée de Dieu, une joie semblable à celle de l'amour se produirait en notre âme à l'occasion de chacune des créatures, plus ou moins grande selon le degré de ressemblance avec nous. De plus il résulterait de l'ensemble une joie immense comme l'océan où se perdent tous les fleuves.

Notre premier amour serait comme une voix répétée par mille

échos redisant le même mot; ce serait la première béatitude multipliée par toutes les créatures, contenues dans la même unité; et dans cette unité merveilleuse, on jouirait non seulement de chaque individu, mais encore dans la grande unité ou distinguerait l'unité des individus dans l'espèce, des espèces dans les genres, des genres dans l'universalité, et toutes ces unités formeraient une seule unité, un océan de délices où le premier amour serait plongé dans une ivresse indicible et sans fin.

Cette pensée une de tous les êtres créés est dans le Verbe depuis l'éternité, et depuis l'éternité elle fait partie de la béatitude divine. Mais Dieu, en nous faisant pénétrer dans cette pensée une de la création qui est au sein du Verbe, nous ferait toucher à une unité plus haute, l'unité ineffable des trois personnes divines, qui est le bonheur essentiel et infini de Dieu. A ce contact notre âme éprouverait un nouveau tressaillement sans pareil. Éblouie, elle verrait une lumière devant laquelle toutes les autres lumières pâliraient, elle se fondrait de délices dans un bonheur où tous les autres bonheurs viendraient se perdre.

Ce tressaillement, cette lumière, ce bonheur, c'est la vie éternelle.

O merveille des merveilles, que l'âme qui vous contemple souffre d'être si loin de vous !

Mais que dis-je, vous êtes à la fois loin et près, car vous n'êtes que l'éclosion de la charité qui, comme un œuf divin, renferme le germe de vos splendeurs éblouissantes.

En effet la charité est ce même amour universel de Dieu d'abord, et de toute créature en Dieu.

La charité, selon saint Paul, est diffuse dans nos cœurs par l'Esprit-Saint, elle est l'Esprit-Saint lui-même habitant en nous. *Spiritum Sanctum habitantem in nobis.*

Or l'Esprit-Saint est l'harmonie qui réjouit l'éternité, la lumière qui renferme toutes les beautés, l'amour qui unit toute la béatitude éternelle et infinie de Dieu même. Si la charité est le Saint-Esprit habitant en nous, elle est tout cela et elle renferme en elle tout le mystère de l'unité.

Seulement, au lieu d'être comme l'amour humain dans la clarté visible de l'intelligence, elle est sous le voile lumineux de la foi qui accuse la présence de l'objet sans le laisser voir.

La foi donne la certitude sans la vue de la lumière, ni la jouissance du bonheur; mais si le voile de la foi se déchirait et faisait place à la vision intuitive, la lumière brillerait à nos yeux, l'unité se ferait sentir à notre cœur, et la béatitude enivrerait notre âme.

La charité est donc pour nous un trésor complet, mais scellé.

La vie terrestre est faite pour l'incubation de cet œuf divin, mais si nous sommes fidèles jusqu'à la mort, la coquille alors se brisera et la merveille de la vie éternelle éclatera dans toute sa splendeur et nous appartiendra pour toujours. C'est pourquoi il est dit que la charité demeure éternellement. *Charitas autem manet in æternum.*

Je voudrais pouvoir ne jamais quitter cette contemplation du bonheur. Qu'il me soit permis avant de finir de résumer mes sentiments sous la forme d'un rêve, puisque ce bonheur est encore un rêve qui ne sera réalisé que dans une autre vie.

O rêve, qui pourrait te redire comme je te vois!

Il me semblait que mon enveloppe terrestre s'était brisée.

L'homme extérieur était en ruines, et du sein de ces ruines, l'homme intérieur s'élevait radieux. Toute langueur, toute infirmité avait disparu, la vie était puissante, la jeunesse immortelle.

L'impétuosité de l'esprit me transporta au pied du trône céleste. A la vue de la gloire divine, j'éprouvai un saisissement inexprimable; les pensées, les sentiments refluaient dans mon cœur et semblaient vouloir le briser, car ils y étaient comme scellés. Je ne pouvais ni les exprimer, ni faire sortir de ma poitrine une parole ou un son de voix, de sorte que j'étais dans une angoisse extrême comme un homme à qui la respiration vient à manquer.

Alors j'entendis prononcer l'antique parole : Il n'est pas bon que l'homme soit seul, donnons-lui une aide semblable à lui.

En ce moment un chœur de vierges s'avançait vers le trône; une d'elle me paraissait environnée d'une lumière si douce et si belle que mon cœur ne pouvait rester en moi.

Je levais des yeux suppliants vers le trône, le roi de justice et la reine de bonté y étaient assis, ils sourirent, et me retournant, je vis la vierge radieuse à côté de moi, le roi et la reine étendirent les mains sur nos têtes et nous bénirent.

Je sentis alors que ma vie avait doublé, en grandeur et en puissance; ce que je n'avais pu faire seul, nos deux cœurs réunis le firent; le sceau qui le fermait fut levé, la joie s'en échappa comme un torrent longtemps contenu et nos deux prières montaient comme un nuage d'encens qui environnait tout le trône.

Allez maintenant, nous dit le roi, visiter les richesses de mon palais. Nous nous élançâmes à travers les espaces de la création, et cette course rapide d'une étoile à l'autre rafraîchissait nos fronts. Que de merveilles nous vîmes alors! Quelle beauté, quelle variété dans l'œuvre divine! Comme les soleils étaient brillants dans leur mille nuances! Comme les anges et les élus qui les habitaient étaient beaux, aimables et rayonnants de bonheur! Tout était vie et lumière; mais la raison des choses nous paraissait une lumière plus grande encore que celle des choses mêmes, car nous la voyons alors cette raison claire et sans voile, et cette raison était le verbe. Elle nous faisait comprendre l'ordre et l'enchaînement de tout. La création nous apparaissait comme un seul livre dont chaque créature était une lettre ou un mot, et tous ces mots étaient la louange sans fin de l'Unique, incompréhensible, éternel et infini.

Mais c'était comme si je voyais toute chose deux fois, car ma douce compagne était un écho de moi-même, nous étions à la fois deux et un.

Comme dans deux instruments accordés ensemble, rien ne vibrait dans l'un qui ne vibrât dans l'autre, et ce qui vibrait ainsi, ce n'était pas le monotone unisson, mais la ravissante harmonie. O ange de mes rêves, qu'il était merveilleux l'échange qui se faisait de nos deux vies!

Tout ce que je pensais, tu le sentais, et les sentiments venaient s'illuminer dans ma pensée et retombaient sur toi en pluie de lumière, et mes pensées s'animaient dans ton cœur et remontaient vers moi en ineffables parfums.

C'est dans le ravissement de cette harmonie que nous parcourions les merveilles de la création, et de toutes ces merveilles, tu me paraissais toujours la plus belle, parce que nous étions renfermés tous deux dans un cercle de lumière qui n'était visible qu'à nous.

Comme l'abeille chargée du parfum des fleurs, nous revînmes le cœur plein de bénédictions aux pieds du trône, et la voix éternelle se fit entendre à nous.

Enfants! ce bonheur dont vous jouissez, image du mien, je l'attendais depuis l'éternité, car depuis l'éternité j'en avais fait le plan et vous le destinais. Mon désir était grand de vous en voir jouir, et je vous l'aurais donné plus tôt, s'il eut été possible. J'ai compati à vos souffrances, lorsque, séparés sur la terre, vous n'aviez que la moitié de notre vie, mais alors vos cœurs destinés à se remplir et à contenir l'amour surnaturel étaient des vases trop fragiles pour supporter cette liqueur enivrante. Il fallait changer la terre dont ils étaient formés en diamant indestructible.

L'épreuve seule pouvait les rendre capables de contenir la merveille de l'amour divin, et c'était à la virginité qu'il était donné de l'élever à son degré le plus sublime.

Mais ici tout est amour, parce que je suis moi-même l'amour éternel et infini. Ici une voix seule ne pourrait se faire entendre, elle serait celle d'un homme qui crie dans le vide et ne s'entend pas lui-même.

Ce n'est qu'à deux que vous pouvez m'aimer assez, c'est pourquoi toute voix a un écho, toute note un accord, et tout ce qui monte vers moi du cœur de mes bien-aimés est harmonie.

Allez donc maintenant, croissez sans mesure en vie et en lumière, multipliez sans fin vos joies et vos transports, l'Infini vous environne et l'éternité est devant vous.

Alors nos deux cœurs débordèrent à la fois et s'écrièrent : ô amour infini, nous t'aimons plus que nous-mêmes.

Ce cri retentissait encore, lorsqu'un hymne que chantaient les anges s'empara de notre attention. *Gaudeamus et exultemur quia venerunt nuptiæ agni et uxor ejus preparavit se.* Soyons dans la joie et l'exultation parce que le moment des noces de l'agneau est venu et son épouse est prête.

Comment dire ce qui se passa alors, ô ma bien-aimée !

L'auréole lumineuse qui nous enveloppait tous les deux et nous faisait paraître si beaux l'un à l'autre, ce cercle de béatitude qui renfermait le secret de notre amour, commença à se dilater et à recevoir dans son sein l'un après l'autre tous les couples des élus. A mesure qu'ils entraient, ils nous paraissaient brillants comme nous-mêmes; ils étaient tous, deux à deux, beaux et souriants, et nous effleuraient, en passant, d'un baiser parfumé. Il semblait alors que leur amour pénétrait le nôtre et ne faisait plus qu'un avec lui. Notre bonheur ainsi grandissait toujours, mais, lorsqu'après les autres entra le premier couple, Adam et Eve, un profond sentiment de l'unité de la race humaine s'empara de nous et nous donna une joie inconnue jusque là.

Mais bientôt ces merveilles firent place à de plus grandes.

L'infinie multitude des anges chanta : *Attolite portas vestras et introibit rex gloriæ*. Elevez vos portes et le roi de gloire entrera. A ces mots, notre cercle d'amour se dilata sans mesure, toute l'armée des anges y entra, non seulement les doux anges qui nous avaient gardés sur la terre, mais les archanges, les vertus, les puissances, les principautés et les dominations. Les trônes aussi y apportèrent leur majesté, les chérubins leur lumière éblouissante et les séraphins, leur amour brûlant. Au milieu de ce brillant cortège était le Christ dont l'éclat faisait tout pâlir et, à côté de lui, la reine des anges d'une incomparable beauté.

La voix d'un apôtre fit entendre ces mots : *Despondi vos uni viro virginem castam exhibere christo.* Je vous ai fiancés à un seul époux, comme une seule vierge chaste.

Alors, au milieu de l'assemblée des anges, nous nous sentîmes toute l'Eglise comme une seule vierge purifiée, parfumée et revêtue de la robe nuptiale, nous étions dans le saisissement et dans l'attente, lorsqu'une voix d'une douceur infinie redit au nom de tous cette parole qui a décidé de notre sort et nous a rendus enfants de Dieu : *Fiat mihi secundum verbum tuum.* Qu'il me soit fait selon votre parole.

Il nous sembla alors que nous entrions dans le cœur du Christ, où était déjà celui de Marie. En ce moment une nouvelle unité, mille fois plus belle que les précédentes, nous apparut.

Ce n'était plus celle d'un amour humain, mais l'unité surnaturelle de la grâce qui rend participant de la nature divine, l'unité de l'Eglise que l'amour de l'Homme-Dieu avait scellée de tout son sang. Nous sentions en nous toute l'immensité de cet amour incompréhensible du Christ qui semblait se refléter tout entier dans le cœur de celle qu'on appelle la mère d'amour.

Notre cœur ne pouvait contenir tout notre bonheur, nous avions presque perdu le sentiment de nous-même, et dans notre ivresse, nous entendions murmurer au-dessus de nous : *Meæ deliciæ esse cum filiis hominum*. Mes délices sont d'être avec les enfants des hommes.

Je ne sais depuis combien de temps durait notre extase, lorsque la voix de l'amoureux François se fit entendre : « Loué soit mon Seigneur pour notre père le soleil qui est beau et rayonne avec une grande splendeur, loué soit monseigneur, pour l'air notre frère, pour notre sœur l'eau, qui est humble, précieuse et chaste, pour notre frère le feu, qui est fort et puissant. » Et le disciple bien-aimé ajouta : *Quod factum est in ipso vita erat*. Tout ce qui a été fait était vie en lui.

En ce moment nous fut dévoilée la pensée du Verbe créateur. Ce n'était plus en elles-mêmes que nous admirions les œuvres du Tout-Puissant, mais dans les types éternellement subsistants dans la pensée du Verbe. Et dans cette pensée où tout est un, tout aussi est vie et amour. C'est pourquoi tous les êtres qui nous avaient paru morts jusque là s'animèrent à notre vue, toute la création sembla entrer dans notre cercle d'amour et de bonheur; les pierres elles-mêmes aimaient, les fleurs étaient nos amies, les soleils nous semblaient brûlants d'amour; ainsi dans l'unité du Verbe, tous les êtres étaient amour et nous faisaient jouir de l'amour.

Alors une voix d'une beauté et d'une puissance inexprimable sortit de la bouche de l'Homme-Dieu : « Père, qu'ils soient tous uns; comme vous mon Père êtes en moi et moi en vous; qu'ainsi ils soient un en nous. »

A ces mots, une lumière qui fit pâlir toutes les autres, nous environna, c'était celle de l'Esprit-Saint qui nous manifestait la Trinité.

Nous étions éblouis à la fois par la lumière première et insondable du Père, par la brillante et gracieuse variété du Fils, par la splendeur béatifique de l'Esprit divin, de cet Esprit lumière des lumières, qui, caché en nous depuis notre premier pas dans la sainteté, venait d'ôter ses voiles et de nous introduire dans le cercle d'amour de la Trinité.

O merveille des merveilles !... tout ce qui précède semblait avoir disparu, parce que l'Esprit Saint nous avait pour ainsi dire identifiés à lui. Nous aimions le Père avec l'amour du Fils, et le Fils avec l'amour du Père, et c'était l'Esprit lui-même qui aimait en nous et par nous.

C'était l'amour infini qui remplissait nos cœurs et les débordait sans mesure. Ce foyer éternel d'amour devant lequel la création toute entière s'évanouirait comme une goutte de cire dans une fournaise, cette ardeur béatifique que Dieu seul jusque là avait pu supporter, était dans nos cœurs, ou plutôt nos cœurs étaient en elle, et, comme le buisson mystérieux, brûlaient sans se consumer.

Car ces cœurs qui, auparavant seraient tombés en cendres à son approche, étaient devenus comme l'or pur que le feu rend plus pur encore.

Oh ! quelle parole pourrait suffire ! Où étions-nous, ma bien-aimée ? Tout avait disparu de notre pensée, nous nous étions oubliés l'un l'autre, nous nous étions oubliés nous-mêmes. Il semblait que nous n'étions plus nous, il ne restait de nous que le sentiment de la jouissance et l'ivresse du bonheur. Éblouis, éperdus, nous entendions à peine les ailes des séraphins qui frémissaient au-dessus de nous, et la triple adoration : saint, saint, saint, qui volait d'un bout du ciel à l'autre.

La voix du disciple bien-aimé s'éleva alors et s'écria : Dieu est amour. Toutes les créatures grandes et petites, toutes depuis le haut du ciel jusqu'aux derniers confins de la création répétèrent avec ivresse : Dieu est amour. Et cette immense acclamation ébranla toute la voûte des cieux. Les Anges chantèrent *Alleluia* et tous les Élus réunis répondirent *Amen*. Il en est ainsi. Et cet *Amen* résumait et confirmait toutes les joies précédentes, toutes ces joies devenaient une dans cet *Amen* sublime, et à toutes ces joies, cet *Amen* mettait le sceau de l'éternité.

Ce que j'éprouvais alors ne peut se dire, je ne pus que répéter une dernière fois *Amen*.

CHAPITRE XV

DES CONDITIONS DE L'AMOUR EN DIEU ET DANS L'HOMME

C'est par la vue des différences que les notions que nous avons des choses arrivent à leur dernier degré de clarté ; il me semble utile, en résumant ce que nous avons dit de l'amour, d'examiner la différence des conditions de l'amour dans Dieu et dans l'homme, et d'attirer l'attention sur les conséquences que cette différence entraîne.

Dieu est amour, dit saint Jean, *Deus charitas est*, et c'est en Dieu que doivent se trouver les conditions de l'amour dans toute leur perfection et dans toute leur plénitude.

En étudiant l'amour nous avons distingué deux amours que nous avons appelés : l'un l'amour d'identité, l'autre l'amour de bienveillance ou d'amitié. L'amour d'amitié est le sentiment par lequel on désire faire du bien à ceux qu'on aime ; l'amour d'identité est le sentiment par lequel un être désire se réunir à son complément et ne faire qu'un avec lui. Mais lorsque ces deux sentiments ont le même objet pour but, la distinction semble s'effacer et l'on ne voit plus qu'un seul amour. Pour bien comprendre l'amour, il faut avant tout considérer qu'il a deux mouvements en sens contraire, l'un de concentration et d'attraction par lequel il s'empare de ce qu'il aime, l'autre d'effusion par lequel il se donne à ce qu'il aime. En un mot l'amour désire et prend, et l'amour se donne, et, pour que l'amour soit parfait, ces deux mouvements doivent être égaux et simultanés, et leur résultat et leur but est l'unité.

Ces conditions se trouvent parfaitement en Dieu. Le Père désire le Fils, et en même temps se donne à lui, et de même le Fils désire le Père et se donne à lui. Ce don que l'amour fait de lui-même est comme un sacrifice pacifique, pour être parfait il faut qu'il soit absolu, tellement qu'il ne soit point révoqué si le sacrifice de pacifique devient sanglant, et nous voyons que l'amour du Fils pour le Père n'a point reculé devant le sacrifice sanglant de la croix.

Le résultat de ce double amour du Père et du Fils, personnifié par le Saint-Esprit, est l'unité, comme le dit Jésus-Christ : mon Père et moi ne sommes qu'un. *Ego et pater unum sumus.*

Il ne faut pas oublier que l'unité que produit le double amour du Père et du Fils n'est pas postérieure à cet amour, mais éternelle comme lui. Dieu n'est pas sorti de l'unité pour y rentrer, il y est éternellement et lorsque le Père aime le Fils et le Fils aime le Père, c'est toujours un seul et même Dieu qui s'aime lui-même.

Dieu s'aime lui-même absolument, cette expression n'a pas en Dieu la même signification que dans l'homme ; dans l'homme, s'aimer soi-même, c'est l'égoïsme qui est haïssable par-dessus tout. Pourquoi n'en est-il pas de même en Dieu ? Voici : le vice de l'égoïsme n'est pas l'amour de soi qui est essentiellement inhérant à toute créature vivante, mais c'est l'exclusion volontaire. L'homme n'est qu'une partie dans le tout qu'on appelle création, et il le sait. Sans être dans la vérité et la justice, il ne doit s'estimer que dans la proportion où il est avec le tout et ne s'aimer que dans cette même proportion. Or par l'égoïsme, l'homme, qui n'est qu'une partie, s'aime comme s'il était le tout, c'est pourquoi il blesse souverainement la justice.

Il n'en est pas ainsi en Dieu. Dieu, en s'aimant absolument lui-même, n'exclut rien, puisqu'il est l'infini qui contient tout. Dieu, en s'aimant, aime tout, et l'infini qu'il est lui-même et le fini dont il est la cause. Son amour n'exclut rien, pas même les méchants. Car ce que Dieu hait, ce ne sont pas les méchants en eux-mêmes, mais le mal qui est en eux et qui les sépare fatalement de lui. Dieu ne hait donc absolument que le mal, mais le mal n'est pas un être, il n'est que la division, la désorganisation, la discordance de l'être, il est le contraire de l'amour qui est l'harmonie et l'unité de l'être, le mal est le seul obstacle à l'amour, et Dieu qui est tout amour ne hait que ce qui empêche l'amour.

Ainsi en Dieu l'amour, comme tout ce qui est en lui, est sans exclusion, sans limite, c'est-à-dire infini.

Le Père désire infiniment le Fils et se donne infiniment à lui. Le Fils désire infiniment le Père et se donne infiniment à lui, et le Saint-Esprit, qui est la personnification de cet amour infini, est la perfection absolue, la lumière sans tache, la beauté parfaite, l'unité éternelle et la béatitude sans limite et sans fin.

Tel est l'amour en Dieu, harmonie parfaite, unité absolue.

Mais dès que nous descendons de Dieu à la créature, nous rencontrons l'isolement, la disproportion, et la division qui empoisonne tout de son venin mortel.

Dans le langage humain, le mot aimer a une foule de sens différents et qui semblent quelquefois contradictoires.

On dit : aimer Dieu, sa patrie, ses amis, son épouse, ses enfants. On dit aussi : s'aimer soi-même, aimer la gloire, le plaisir, l'argent, la bonne chère, on dit même : aimer la vengeance et enfin aimer le mal. Sans nous orienter dans ce dédale, il ne faut point perdre de vue les deux pôles que nous avons indiqués, c'est-à-dire les deux mouvements de l'amour ; le mouvement d'attraction, de concentration et d'absorption par lequel l'amour veut posséder, et le mouvement d'expansion par lequel il se donne.

Dans l'amour parfait, comme nous l'avons vu en Dieu, ces deux mouvements doivent être égaux et simultanés.

Quand ils sont isolés, un seul mérite le nom d'amour, celui par lequel le cœur se donne ; l'autre, par lequel il veut prendre et posséder, doit s'appeler convoitise.

Leur effet sur le cœur de l'homme est tout différent.

En Dieu, tout étant infini, il ne peut y avoir ni augmentation, ni diminution, mais l'homme étant fini, tout en lui peut s'agrandir ou diminuer.

La convoitise n'agrandit pas, loin de là. Lorsque le cœur de l'homme convoite ce qui est plus grand que lui, il tend à le rapetisser à sa mesure afin de pouvoir le contenir, lorsqu'il convoite ce qui lui est inférieur il se rétrécit lui-même à la mesure de ce qu'il convoite ; le comble en ce genre est le rétrécissement du cœur de l'avare.

L'amour au contraire est un mouvement d'expansion qui peut dilater infiniment le cœur de l'homme. Le cœur qui se donne semble sortir de lui-même, se répandre autour de lui, s'agrandir d'autant plus qu'il se donne davantage et plus largement. La petitesse est native dans l'homme, c'est le point de départ ; l'agrandissement est le progrès qui s'acquiert avec plus ou moins de difficulté.

Comme nous l'avons déjà expliqué, toute créature vivante naît dans un égoïsme inconscient. En effet, le premier sentiment de tout être est celui de sa propre existence. À ce premier il ne connaît que lui, il se croit tout et s'aime uniquement.

La convoitise est le fruit spontané de cet égoïsme primitif. Dès que l'enfant s'aperçoit qu'il y a d'autres êtres, son premier instinct est de tout rapporter à soi et de tout posséder. L'enfant, dès qu'il ouvre les yeux, étend les bras pour saisir ce qu'il voit et il demande par ses cris ce que ses faibles mains ne peuvent atteindre.

Cet égoïsme primitif se laisse difficilement entamer, et l'on est bien longtemps quelquefois avant de persuader à un enfant de partager ce qu'il possède avec les autres.

La convoitise peut aller jusqu'à l'adoration.

L'adoration que nous devons à Dieu consiste en deux points, le reconnaître comme premier principe et comme fin dernière.

Dieu, en effet, est non seulement le principe, mais il est aussi directement ou indirectement la fin ou la béatitude de toute créature, il est évident que toute créature ne peut recevoir la plénitude et l'achèvement de son être, qui est le bonheur, que de la source qui l'a produite. Au fond c'est toujours Dieu que nous entrevoyons à travers les créatures ; toutes les beautés que nous admirons ne sont qu'un reflet de la beauté de Dieu, et toutes les vraies joies un écho de son harmonie. Toutes les créatures vivantes puisent ainsi indirectement et inconsciemment en Dieu leur vie et leur bonheur ; mais la créature intelligente et libre doit reconnaître formellement Dieu comme principe, et diriger finalement vers lui ses aspirations du bonheur et de la perfection, c'est là l'adoration. Mettre sa fin dernière en Dieu est une partie de l'adoration ; conséquemment tout homme qui met tout son bonheur dans une créature, l'adore ; c'est pourquoi saint Paul appelle l'avarice une idolâtrie, et il est d'usage entre les amants de se dire qu'ils s'adorent.

La portée de ce mot est terrible ; dire à quelqu'un : je t'adore, c'est lui dire : je crois que mon bonheur est en toi et je te mets en demeure de me le donner. Un cœur loyal, qui comprendrait toute la portée de cette demande et l'incapacité où il est d'y satisfaire, reculerait d'effroi, et c'est ce qui explique l'indicible répression que fait éprouver une personne qui vous adore et qu'on n'aime pas. Les amoureux se demandent et se promettent mutuellement le bonheur et, dans leur illusion, ils croient pouvoir se le donner ; mais lorsque, tôt ou tard, l'illusion s'évanouit, elle laisse dans leur âme un vide insondable.

Cette illusion est d'autant plus dangereuse, qu'elle est soutenue par une apparence de vérité. Pour l'être fini, le retour à l'unité par l'harmonie n'est pas la fin dernière, mais elle est la fin première. La plénitude de l'être qu'elle réalise devait, dans le plan primitif, donner à l'homme toute la puissance naturelle possible pour atteindre la fin dernière et s'y attacher. Malheureusement la souillure originelle en fait souvent un danger qui éloigne de la fin dernière plutôt qu'elle n'y conduit. Il ne faudrait jamais oublier, ce qui est difficile, qu'elle n'est qu'un échelon dont on peut se servir pour arriver au sommet, mais auquel il ne faut pas s'arrêter.

Je suis le Seigneur votre Dieu, vous n'adorerez que lui seul.

Adorer une créature est une illusion folle et coupable ; mais se complaire à se faire adorer comme le font certaines personnes, sans même avoir la circonstance atténuante de la réciprocité, est un orgueil satanique. C'est une manière spéciale d'usurper les droits de Dieu, car c'est se substituer à lui comme fin dernière.

Satan, dès le commencement, se substituant à Dieu comme principe, a voulu aussi se faire adorer et a introduit dans le monde l'idolâtrie proprement dite.

Bien que plusieurs réservent exclusivement à l'adoration le nom d'amour, l'adoration n'est pas encore l'amour; elle peut y mener et s'y joindre, mais elle reste distincte et différente ; elle se rattache au premier mouvement dont nous avons parlé, tandis que l'amour caractérise le second. Celui qui adore, aspire à son propre bonheur, celui qui aime veut le bonheur de ce qu'il aime ; l'adorateur est quelquefois exigeant, jaloux et importun ; celui qui aime, se dévoue et se sacrifie. Dieu seul doit être adoré, l'amour peut et doit s'étendre à tous les êtres.

Jésus-Christ ne nous a pas adorés, mais il nous a aimés du plus grand amour, car, selon sa parole, il n'y a pas de plus grand amour que de donner sa vie pour ceux qu'on aime.

Aussi quelqu'un, qui croyait avoir trouvé la plus haute expression de l'affection, disant : Je t'adore, reçut cette réponse pleine de sens : Je préférerais que tu m'aimasses.

Le grand problème est d'engager le cœur de l'homme à sortir de lui-même pour se donner tout entier (1) dans l'ordre naturel ce que nous avons appelé amour d'identité est destiné à relâcher le nœud de l'égoïsme.

Dieu, en séparant l'homme primitif en deux par la formation de la femme, lui a créé un besoin impérieux de reconstituer son unité. Je ne parle pas ici de l'amour animal, pure convoitise que le péché originel a si profondément dégradé, mais de ce que nous avons appelé l'amour humain.

Celui qui a trouvé, ou croit avoir trouvé, dans une créature semblable à lui, le complément de son être, est saisi d'un désir sans borne de ne faire qu'un avec elle, inséparablement, mais cette autre créature étant libre, il sent que l'union ne se réalisera qu'autant qu'elle se donnera elle-même, et, comme il la veut à tout prix, il se décide à se donner lui-même à elle pour l'engager à se donner à lui.

C'est là un pas décisif hors de l'égoïsme, et le commencement du progrès. Le cœur qui se donne ainsi, sortant de lumière, semble se doubler. Mais c'est encore peu, ce n'est après tout, comme on l'a dit, qu'un égoïsme à deux. L'amour des enfants, qui n'est qu'un prolongement de l'amour d'identité, vient solliciter le cœur à s'élargir, puis ensuite la famille, la cité, la patrie, et enfin l'humanité entière, demandent aussi de l'amour, mais la réponse que fait le cœur à ces divers appels, est rarement sans réserve ; d'ailleurs, la famille, la pa-

(1) Car ce n'est qu'en se donnant qu'il entre en communion avec le reste de la création et qu'il fait partie de l'harmonie universelle, autrement il reste une note isolée et discordante.

trie, l'humanité même, ont des bornes. L'agrandissement du cœur s'arrête là forcément; la nature ne peut aller plus loin.

Mais voici un nouvel ordre de choses, et des horizons infinis qui s'ouvrent devant nous.

Dieu permet à l'homme d'élever son amour jusqu'à lui; non seulement il le permet, mais il le veut et en fait un grand commandement, et ce qu'il demande, ce n'est pas seulement l'amour de soumission et d'adoration que toute créature doit naturellement à son créateur, mais l'amour d'identité, qui, de toute éternité, était resté le secret mystérieux des personnes divines, car après avoir dit : Tu aimeras le seigneur, ton Dieu, de toute ton âme, de tout ton cœur et de toutes tes forces, Dieu ajoute : Je serai moi-même ta récompense grande à l'excès.

Par ce commandement, l'ordre surnaturel se substitue à l'ordre naturel, tous les pôles de la destinée humaine sont changés, comme le dit le poète latin, sans comprendre toute la portée de ses paroles :

Magnus ab integro seculorum nascitur ordo
Jam nova progenies cœlo dimittitur alto.

Le grand ordre des siècles recommence sur un plan nouveau, une nouvelle naissance descend du haut des cieux.

Nous devons non seulement adorer Dieu comme notre créateur, mais aspirer à le posséder et l'aimer comme le complément de notre être, comme notre unité et la source de notre béatitude, comme le moyen d'entrer pleinement en conscience de notre être et d'en jouir.

Est-il croyable que le cœur de l'homme puisse contenir cet amour de l'infini? Et comment cela est-il possible? Ce n'est certes par aucune force naturelle que ce but sublime peut être atteint, mais il faut que la toute puissance de la grâce divine transforme l'homme en une nouvelle créature. Si quelqu'un, dit Jésus-Christ, ne renaît de nouveau, il ne peut entrer dans le royaume de Dieu.

Nous avons déjà indiqué comment s'opère cette transformation merveilleuse, mais ce ne serait pas trop de le répéter, si par là on pouvait l'inculquer aux têtes humaines.

Voici donc : Dieu, dans sa bonté infinie, a voulu partager son propre bonheur avec l'homme. Mais la béatitude de Dieu résulte de l'amour qu'il a pour lui-même, et cet amour est fondé sur la connaissance qu'il a de lui-même. Aucune autre connaissance ne peut produire cet amour, et aucun autre amour ne peut produire cette béatitude. Le premier degré qu'il faut atteindre est donc cette connaissance que Dieu a de lui-même, mais à cela sont impuissants, non seulement tous les efforts de la raison humaine, mais ceux de toute intelligence privée, créée ou possible. Personne, dit Jésus-Christ (Math. 11-27), ne connaît le Fils, si ce n'est le Père, et personne ne connaît le Père si ce n'est le Fils, et celui à qui il veut bien le révéler : *Nemo novit filium nisi pater; neque patrem quis novit nisi filius et cui voluerit filius revelare.*

Ce texte nous indique le moyen, c'est la révélation du Fils, qui est le verbe et la parole de Dieu ; mais la parole révélée, qui dépasse de beaucoup notre raison, doit être acceptée par la foi, qui est un acte non de l'intelligence pure, mais de la confiance.

Et ceci ouvre un nouvel ordre de choses, un nouveau point de départ, une nouvelle vie. Jusqu'ici l'homme, dans ses affections et dans ses actes, n'avait d'autre guide que la raison, qui était comme son étoile polaire ; il faut maintenant qu'il change son pôle et qu'il calcule toute sa marche sur une autre étoile, qui est la parole de Dieu, par laquelle Dieu lui communique la connaissance de lui-même. Néanmoins cette connaissance n'est pas dans l'homme la connaissance claire et parfaite que Dieu a de lui-même, mais seulement une participation qui peut être plus ou moins grande, non quant à son objet, mais quant à la foi qui l'embrasse. En effet, celui qui a la foi, participe implicitement à la connaissance infinie de Dieu, en ce qu'il croit en Dieu même, nonseulement en ce qui lui est parvenu de la révélation, mais à tout ce que Dieu peut révéler, à tout ce qu'il sait de lui-même. Seulement cette croyance peut être plus ou moins franche, plus ou moins vive, plus ou moins intense. Ainsi la foi est infinie quant à son objet, mais elle est finie et variable dans son intensité, et la participation de l'homme à la connaissance que Dieu a de lui-même est plus ou moins parfaite, selon la vivacité de sa foi.

Le premier degré mène au second, la foi à travers l'espérance, qui est la foi dans les promesses de Dieu et qui conduit à la charité. La charité est un amour tout différent des autres; il ne dépend pas des sens et de l'imagination et n'en suit pas les caprices, il ne s'embarrasse pas dans les hésitations et les doutes de la raison. Fort d'une croyance absolue, il va droit à son but en traversant un abîme infini. L'âme fidèle croit, sans hésiter, que Dieu est infiniment parfait, beau et aimable, qu'il condescend à nous aimer comme le Père aime son Fils, que nous devons l'aimer comme le Fils aime le Père, qu'il veut nous rendre participants de la nature divine et de sa béatitude infinie, qui est l'Esprit-Saint, que nous devons chercher et trouver en lui notre unité et notre bonheur, que nous devons nous donner nous-mêmes à Dieu absolument, en tout, partout, et malgré tout; la formule fondamentale de cet amour est la conformité absolue à la volonté de Dieu, nous devons désirer et demander du fond du cœur que sa volonté se fasse sur la terre comme au ciel. Quand la nature résiste, nous devons ajouter avec Jésus-Christ : Que votre volonté se fasse et non la mienne.

Cet amour est accompagné quelquefois de l'enthousiasme de la raison et de l'émotion de la sensibilité, mais il est indépendant et subsiste sans eux à travers les obscurités de l'intelligence avec l'insensibilité. Le croyant marche malgré tout à son but, et le caractère spécial de son amour est qu'il fait la volonté de Dieu et observe ses commandements. Celui qui m'aime, dit J.-C., observe mon commandement, *si diligit me, mandata mea servate* (Joan, 14, 15).

Par la charité, l'amour de l'homme devient semblable à celui de Dieu. Comme en Dieu son objet est l'infini, c'est ce même infini qu'il désire par l'amour d'identité et auquel il se donne absolument ; en se donnant absolument à l'infini, il ôte toute limite à son amour qui, comme celui de Dieu, n'exclut rien, car en Dieu et pour Dieu, il aime toutes les créatures qui sont l'œuvre de ses mains, comme le dit la formule chrétienne : « Mon Dieu, que je vous aime par dessus toute chose, et mon prochain comme moi-même pour l'amour de vous. » Ce prochain qui, selon la parole de J.-C., doit comprendre les ennemis, dépasse de beaucoup les limites naturelles.

La charité embrasse les trois églises militante, triomphante et souffrante, et s'étend graduellement sur toute la création.

Mais est-il étonnant que cet amour ressemble à celui de Dieu, puisqu'il est l'amour de Dieu lui-même qui habite en nous. Telle est la doctrine constante de l'Evangile.

La transformation que produit en nous l'ordre surnaturel est appelé par J.-C. une nouvelle naissance. Et, en effet, l'une consiste en intelligence et amour, et, par l'ordre surnaturel, il lui est donné une autre intelligence et un autre amour, qui sont l'intelligence et l'amour de Dieu. L'intelligence de Dieu, c'est le Verbe qui est la parole de Dieu, et, par la foi à la parole de Dieu, nous entrons en participation du Verbe d'amour de Dieu, et, par la charité, nous entrons en participation de l'Esprit-Saint. Savez-vous, nous dit Saint Paul, que vous êtes le temple de Dieu, et que l'Esprit-Saint habite en vous. *Nescitis quia templum Dei estis et spiritus Dei habitat in vobis* (cor. 3-14). C'est cette habitation du St-Esprit en nous qu'on appelle la grâce sanctifiante. Mais le St-Esprit est la plénitude de la Trinité et la suppose toute entière. C'est pourquoi J.-C. dit : Si quelqu'un m'aime, il gardera ma parole, et mon père l'aimera, et nous viendrons à lui et nous ferons notre demeure en lui (Joan 14.23).

La vie surnaturelle, c'est donc Dieu en nous, c'est l'homme qui, sans être Dieu, est divinisé comme le fer plongé dans le feu est incandescent, sans être le feu. Toute la chaleur du fer rouge vient du feu, tout le développement de la vie surnaturelle vient de Dieu qui fait tout, la nature ne peut et ne doit qu'une chose : unir sa volonté à celle de Dieu qui agit. C'est pourquoi Saint-Paul s'écrie : ce n'est plus moi qui vis, mais Jésus-Christ qui vit en moi. *Jam non ego vivo vivit vero in me Christus.*

Saint-Paul ne dit pas Dieu, mais J.-C., ce qui attire notre attention sur un autre point de vue.

La bonté de Dieu, qui se donne ainsi aux hommes, paraît au premier abord incompréhensible, sans motif et presque opposée aux lois de la sagesse.

Mais voici : Dieu, comme nous l'avons dit, aime toutes les créatures dans son Verbe qui contient les types de toute éternité, et il les aime en proportion de ce qu'elles sont en elles-mêmes. Parmi toutes les créatures, une seule, l'humanité de J.-C., devenant Dieu par son union personnelle avec le Verbe acquérait tous les droits de la divinité, et méritait que Dieu se donnât à elle tout entier. C'est pourquoi il est appelé plein de grâce et de vérité.

Mais par un mystère admirable, J.-C., Dieu et homme, a, par la vocation à l'ordre surnaturel, adopté une partie des hommes. Ceux-ci sont les élus et, comme l'indique leur nom, la portion choisie, l'élite de la création. Par cette adoption, ils deviennent frères de J.-C, ses cohéritiers et héritiers de Dieu, plus encore, ils deviennent les membres d'un même corps, dont J.-C. est le chef, et, comme l'esprit qui est dans le chef peut se communiquer à tout le corps, l'esprit de Dieu, qui est de droit en J.-C., vient aussi habiter dans toutes les âmes qui font partie du corps mystique de J.-C. C'est par J.-C. que la création toute entière se rapporte à Dieu d'une manière générale; mais c'est uniquement et spécialement par lui et en lui que la société des élus entre en participation, non seulement de la vie et de l'intelligence, mais de la divinité même.

La société des élus, outre les hommes, comprend les anges; mais c'est aussi par J.-C., dans des conditions que nous ignorons, que les anges participent à la divinisation par la grâce. Comme le chante l'Église dans la préface de la messe : J.-C., par lequel les anges louent votre majesté, les dominations l'adorent, les puissances la craignent, et toutes les vertus des cieux avec les bienheureux séraphins la célèbrent d'une voix unanime; avec lesquels nous demandons à mêler nos voix pour chanter, prosternés avec eux, Saint! Saint! Saint! *Sanctus! Sanctus! Sanctus!*

C'est donc par Jésus-Christ, avec Jésus-Christ et en Jésus-Christ que nous sommes tous les élus, les privilégiés de Dieu. C'est par Jésus-Christ que notre amour, qui était fatalement borné par les limites de notre nature, a pu briser toutes les barrières et s'étendre à l'infini.

Et ce qu'il y a d'admirable encore, cette transformation de l'amour n'est pas un privilège des grands inaccessibles aux petits. Tous peuvent également y prétendre, l'acte de foi qui ouvre la nouvelle vie étant un acte du cœur est à la portée de tous. Ici, la grandeur est inutile, la science et le génie impuissants. La plus petite âme peut avoir une foi aussi complète et aussi vive que la plus grande, la foi est même plus facile aux petits qu'aux grands, selon cette parole de Jésus-Christ : Mon Père, Seigneur du ciel et de la terre, je vous rends gloire de ce que vous avez caché ces choses aux sages et aux prudents et que vous les avez révélées aux petits.

Que nul donc ne se décourage en considérant sa petitesse, que nul ne regarde comme impossible d'arriver à tant de grandeur; s'il a un cœur, cela suffit, la porte de la vie est ouverte à tous ceux qui ont entendu l'appel divin, tous peuvent entrer, tous, excepté les orgueilleux.

Mais pourquoi cet amour ne produit-il pas immédiatement dans l'homme cette béatitude dont il est la source éternelle?

Parce que l'arbre ne porte ses fruits qu'après avoir grandi jusqu'à devenir un arbre parfait. Il est vrai qu'en Dieu cet amour produit éternellement la béatitude qui est son fruit, mais c'est parce qu'il est la propriété éternelle de Dieu. Mais il n'est pas notre propriété, nous ne le possédons pas, nous y participons seulement et cette participation, comme tout ce qui tombe dans le fini, est sujet à la loi de succession, et n'arrive à la perfection qu'après avoir passé par le commencement et l'accroissement.

La nouvelle vie que donne la grâce, comme la vie naturelle, passe en nous par l'enfance et la jeunesse avant d'arriver à l'âge viril et, comme elle, ne montre sa puissance qu'arrivée à la perfection. Ce qu'il y a de plus important pour l'homme est donc de faire croître cet amour surnaturel dans son cœur et de le porter à la plus haute perfection possible, car c'est le degré de perfection qu'il aura acquis pendant cette vie qui sera la mesure de la béatitude qui se produira dans l'autre vie.

Nous voyons maintenant le but, il n'y en a qu'un. Dieu est amour, et nous ne pouvons arriver à Dieu que si nous sommes nous-mêmes amour et selon le degré d'amour qui est en nous, non pas de la convoitise, mais de l'amour qui se donne en Dieu et pour Dieu au prochain.

Il est donc inutile de chercher à droite et à gauche.

Une seule chose est nécessaire selon la parole de Jésus-Christ. Tout ce qui mène à cette seule chose est bon par là même. Tout ce qui n'y mène pas est mal : et rien ne peut remplacer cet unique nécessaire. Toutes les dévotions, les prières, les jeûnes, les aumônes, les pèlerinages, les indulgences, les vœux, les fondations, tout cela est bon s'il mène à l'amour ou s'il le développe, sinon tout cela est vide et inutile, c'est la doctrine que Saint Paul expose aux Corinthiens avec une fermeté incomparable.

« Quand je parlerais les langues des hommes et des anges, si je n'ai pas la charité, je suis comme un airain sonnant ou une cymbale retentissante : et quand j'aurais le don de prophétie, que je connaîtrais tous les mystères et toute la science ; quand j'aurais toute la foi, au point de transporter des montagnes ; si je n'ai point la charité, je ne puis rien. Et quand je distribuerais tout mon bien pour la nourriture des pauvres et que je livrerais mon corps pour être brûlé ; si je n'ai point la charité, cela même ne sert de rien ». (I. Cor., 13).

Mais il n'est pas facile d'enraciner solidement cette plante surnaturelle de la charité dans le terrain naturel qui n'est pas le sien.

Lorsqu'un homme veut cultiver une plante précieuse, soit une vigne de grande qualité, il ne se contente pas de la jeter en terre et de l'abandonner à elle-même. Il faut d'abord préparer la place.

La terre que nous habitons, maudite depuis le péché, produit d'elle-même en abondance des herbes inutiles, des poisons, des ronces et des épines : il faut avant tout en défricher le terrain, puis quand on l'a remué profondément, on plante la vigne dans une bonne exposition. Les mauvaises herbes repoussent sans cesse, sans cesse il faut les arracher, puis arroser la terre à mesure qu'elle se dessèche. Quand la vigne est jeune encore, on la soutient avec des échalas, puis on plante tout autour une palissade pour écarter les bêtes sauvages.

Enfin, lorsque la vigne produit trop de feuille, il faut l'émonder elle-même, de peur que, par ce feuillage, la sève ne soit détournée du fruit, et ce n'est qu'après des mois et des années de ces soins assidus qu'apparaît le raisin vermeil qui produit cette liqueur généreuse louée par le psalmiste, ce vin qui réjouit le cœur de l'homme.

Ces soins donnés à la vigne sont symboliques de ceux qui sont nécessaires pour faire croître la charité dans le cœur de l'homme.

C'est la liberté qui doit prendre tous ces soins, et il lui faut pour cela de grands efforts et une vigilance continuelle.

Le cœur de l'homme, comme la terre maudite, produit spontanément l'inclination au mal sous toutes les formes, la triple concupiscence dont parle Saint-Jean, la concupiscence de la chair, la concupiscence des yeux et l'orgueil de la vie. Alors donc que la foi a confié à la liberté le germe de la charité, il faut que celle-ci déblaie le cœur, la fleur empoisonnée de la concupiscence charnelle, des ronces envahissantes de la convoitise, et qu'elle brise la dureté orgueilleuse de cette terre. Puis, quand la charité est plantée, elle ne peut croître que si elle est arrosée quotidiennement par la prière et la méditation, sans quoi la liberté, harcelée par les sollicitations importunes du monde sensible, oublie la plante précieuse qui se dessèche. Il faut encore à la charité naissante le soutien d'un guide spirituel.

Il faut l'environner des barrières de la prudence, pour éviter les occasions, et fermer l'entrée aux démons qui rôdent en guettant leur proie. Il faut retrancher même les choses qui, sans être mauvaises, sont inutiles comme l'herbe qui envahit la terre et en absorbe la fertilité.

Tout cela ne suffit pas encore, la plante précieuse elle-même, la vigne a besoin d'être émondée.

L'amour, comme nous l'avons vu, a deux mouvements, celui par lequel il désire et celui par lequel il se donne, et la perfection demande que ces deux mouvements soient simultanés et égaux ; mais le cœur de l'homme imparfait introduit même dans la charité une disproportion fâcheuse, et cette disproportion change l'amour en convoitise, il ne suffit pas de désirer Dieu, il faut l'aimer. Si l'on offrait à un malheureux qui n'a qu'une pauvre cabane pour s'abriter la jouissance d'un château, on trouverait tout simple qu'il acceptât ce don, mais on trouverait très-mal que cette acceptation ne fut pas accompagnée d'une reconnaissance sans bornes et d'un entier dévouement. Si Dieu, dans son infinie bonté s'offre à nous, c'est bien le moins qu'en échange nous nous donnions à lui, d'autant plus que ce n'est que dans la mesure où nous nous serons donnés, que le don de Dieu pourra se réaliser. Plusieurs croient aimer Dieu parfaitement et sont dans l'illusion ; chez les uns, c'est l'imagination qui se développe, ils parlent beaucoup, sont pleins d'enthousiasme, aimant les manifestations, les cérémonies et les chants, d'autres, à qui Dieu accorde des grâces sensibles pour les attirer à lui, se renferment dans cette sensibilité et ne songent qu'à en jouir. Ce sont des vignes qui produisent beaucoup de feuilles mais dont les raisins sont maigres et rares. Aussi Dieu, qui veut les amener à la perfection, retranche toute sensibilité pour ne laisser agir que la foi pure. C'est pourquoi nous voyons dans la vie des saints que presque tous ont passé par des sécheresses de cœur longues et désolantes, et c'est en persistant à servir Dieu dans cet état de désolation qu'ils ont montré qu'ils aimaient vraiment Dieu. C'est donc le sacrifice qui atteste la réalité de l'amour.

L'amour humain lui-même a l'instinct du sacrifice. Celui qui aime avec passion, donne avec joie ce qu'il possède, il cherche les occasions de faire des sacrifices pour prouver son amour et son idéal, serait-ce d'exposer sa vie pour sauver ce qu'il aime. L'amour est le fond de la poésie humaine, mais c'est au sacrifice que commence la poésie, et ce sont les dévouements héroïques qui font la beauté et le charme des grands poëmes.

L'amour humain se sent indépendamment du sacrifice, c'est un feu qui brûle les sens et enflamme l'imagination, et celui qui brûle ne peut avoir de doute sur son état.

Mais l'amour de charité, qui est fondé sur la foi, échappe à tous les sens ; il peut être dans notre cœur à notre insu, et nous ne savons pas quand il s'éteint. C'est donc pour lui surtout que le témoignage du sacrifice est notoire.

Le sacrifice nous apprend à quel degré de force ou de faiblesse est notre amour, le sacrifice fréquent est comme la gymnastique de cet amour, qui le réveille, et le développe par les efforts qu'il exige de lui ; il est comme la pierre de touche qui nous indique son degré de pureté. Le savant, qui a besoin pour une opération importante d'un or parfaitement pur, ne le prend pas au hasard, il l'essaie par la pierre de touche avec soin, et, s'il n'est pas assez pur, il le refond et le purifie, jusqu'à ce qu'il soit arrivé au degré de perfection voulu, et alors il est sûr que l'opération réussira. Telle a été la conduite des saints. Nous sommes étonnés en lisant leur vie de voir leur recherche de la souffrance et du sacrifice, qui plus d'une fois s'est manifestée dès leur enfance, c'est par là qu'ils marchaient à la perfection, et qu'ils montraient que le Saint-Esprit était réellement présent dans leur cœur.

Peu ont la volonté et le courage de faire les retranchements nécessaires. Quel est le riche qui donne tout son superflu aux pauvres, qui se prive volontairement des plaisirs qui lui sont faciles, qui travaille et se dévoue pour ses semblables ? C'est pourquoi J.-C. dit qu'il est difficile à un riche d'entrer dans le royaume de Dieu.

Et cependant tous voudraient être riches, tous ou presque tous cultivent avec ardeur les épines et les ronces dont les fleurs fascinent le regard, mais qui, selon la parole de Jésus-Christ, étouffent la bonne semence.

C'est donc dans sa miséricorde que Dieu opère ou laisse opérer par les causes secondes tous ces retranchements que nous n'avons pas le cœur de faire nous-mêmes.

Le nombre des riches est relativement très-petit, presque tous les hommes sont condamnés pour vivre à un dur et incessant travail, des sacrifices inévitables s'offrent à eux sous toutes les formes, les privations, les maladies, les souffrances, se succèdent sans interruption, et la mort leur arrache ceux qu'ils aiment. Plusieurs murmurent et trahissent par là l'absence ou la faiblesse de leur charité, mais plusieurs aussi se résignent en disant, quoiqu'en soupirant : il faut bien vouloir ce que Dieu veut.

L'essence de la charité, comme nous l'avons dit, est la conformité de la volonté humaine à la volonté divine. Cette parole est donc un acte de charité. Cette charité, il est vrai, n'est encore que positive, mais charité cependant. Stimulée par les sacrifices et renouvelée par les actes de résignation, elle s'envenime peu à peu dans le cœur et finit par produire le fruit de haine éternelle.

Deus non fecit mortem.

Dieu n'a pas fait la mort, dit le livre de la Sagesse, mais elle est entré dans l'univers par l'envie de Satan.

Dieu n'a fait ni la mort, ni la douleur, ni aucune des misères de cette vie dont la mort est le sommet, le résumé et le couronnement. Mais le chef-d'œuvre de la Sagesse divine est de forcer toutes ces œuvres de l'auteur du mal à produire le bien qu'il avait pour but de détruire.

Il y avait à résoudre un problème difficile devant lequel la puissance semblait se récuser. Il s'agissait d'incliner au bien l'incompressible liberté de l'homme. Or, cette liberté, dès sa naissance et faible encore, est mise aux prises avec toutes les difficultés et environnée de tous les dangers : elle naît enveloppée dans les langes de l'égoïsme, et respirant l'atmosphère de l'orgueil. Elle dort, qui la réveillera? La Sagesse divine se met à l'œuvre, elle lâche un peu la bride au mal, et la douleur mord le cœur de l'homme; il pleure d'abord, puis quand il voit dans les autres la douleur qu'il a éprouvée lui-même, la pitié ouvre son cœur et dénoue les langes de l'égoïsme. Vient ensuite la parole de Dieu qui révèle les mystères et ouvre les trésors des promesses divines. L'âme, au premier moment est réjouie de cette lumière, la parole de Dieu est reçue avec joie. *Cum gaudio suscipiunt illud.* La liberté se promet à elle-même de suivre cette lumière, et d'obtenir l'accomplissement des promesses. Mais la liberté humaine n'est pas comme celle de Dieu, sans obstacles, éternelle, infatigable et immuable; elle est faible, oublieuse, distraite par les nécessités de la vie matérielle, et importunée par la tendance obstinée au mal de la nature sensible, il y a donc grand danger qu'elle agisse contre sa parole, ou du moins qu'elle oublie les promesses qu'elle a faites à Dieu et à elle-même.

Lors même qu'elle n'a point commis de faute grave, elle a si peu le temps de se recueillir, qu'elle ne peut se rendre compte si l'amour de Dieu vit encore en elle. Ce témoignage irrécusable de l'amour, c'est le sacrifice.

Lorsqu'un homme est dans la prospérité, il est environné d'un grand nombre d'hommes qui se disent ses amis, et qui même croient l'être sincèrement. Mais qu'il tombe dans l'adversité, qu'il ait besoin du secours de ses amis, ils disparaissent comme le mirage du désert, et c'est beaucoup s'il en reste un, celui-là était le seul véritable.

C'est pourquoi Satan, accusant Job, disait à Dieu : Il n'est pas étonnant que Job vous bénisse, vous l'avez comblé de biens, mais touchez le et vous verrez s'il vous bénira.

Dieu aimait Job, et, s'il permit à Satan de le tourmenter, ce n'était point pour le faire souffrir, mais pour éprouver son amour, pour le stimuler, l'agrandir sans mesure afin qu'il devînt capable ensuite d'un bonheur sans mesure aussi ; et la parole de Job : « Dieu m'avait donné tous ces biens, il me les a ôtés, que son nom soit béni, » a retenti dans tous les siècles pour provoquer des imitateurs et elle retombe dans toute l'éternité dans l'action de grâces que fera entendre Job éternellement heureux.

C'est ainsi que Dieu agit envers chacun de nous.

S'il permet aux tribulations de nous atteindre, c'est pour réveiller la liberté du sommeil de l'oubli, lui rappeler ses promesses, et la mettre en demeure de les tenir, lui faire sentir à quel degré de faiblesse ou de force est son amour, et la stimuler à renouveler ses efforts pour s'accroître.

Ces tribulations font partie du cœur humain, des actes au moins de résignation positive, quelquefois des acceptations généreuses, héroïques même. Tous ces actes sont comme la gymnastique de l'amour ; en les pratiquant il se fortifie et s'exalte. Ce n'est que pendant le combat que le courage du soldat s'exalte jusqu'à l'ivresse. Le sacrifice de l'amour divin a aussi son ivresse. Voyez toutes ces vierges qui renoncent avec joie à toutes les séductions du monde pour se consacrer au jeûne, à la prière, au service des malades, à l'instruction des pauvres, écoutez Ste-Thérèse s'écrier : ou souffrir ou mourir. Lisez les lettres brûlantes des missionnaires qui vont dans les climats les plus rudes, au milieu d'habitants plus rudes encore que leur climat, pour gagner des âmes à Dieu et par là témoigner leur amour et pour Dieu et pour les hommes ; entendez ces missionnaires appeler de leur vœux le martyre, comme le couronnement de leurs travaux. Lisez l'histoire de tous les martyrs, qui semblaient enivré du sang de ce martyr qui, avec la perfection à la fois divine et humaine de l'homme-Dieu, a ouvert sur la croix, la route royale du sacrifice.

Tous ceux-là ont eu le plus grand amour possible, car, comme dit J.-C., il n'y a point de plus grand amour que de donner sa vie pour ce qu'on aime.

C'est ainsi que la Sagesse divine a forcé la mort, chef-d'œuvre de la haine de Lucifer, à produire le chef-d'œuvre de l'amour que nous adorons tous en Jésus crucifié.

Et ce chef-d'œuvre de l'amour sera éternellement dans le ciel l'objet de l'adoration et des acclamations enthousiastes de la cour céleste, comme il fut révélé à St-Jean, quand le ciel s'ouvrit devant lui : « Et j'entendis autour du trône la voix de beaucoup d'anges, leur nombre était des milliers de milliers, qui disaient à pleine voix : il est digne, l'agneau qui a été immolé, de recevoir la vertu, la divinité, la sagesse, la force, l'honneur, la gloire et la bénédiction. Et j'entendis toute créature qui est dans le ciel, sur la terre et sous la terre, et celles qui sont sur la mer et dans la mer ; je les entendis tous disant : A celui qui est établi sur le trône et à l'agneau, bénédiction, honneur, gloire et puissance dans les siècles des siècles. *Amen.* »

CHAPITRE XVI

DES LOIS DU MONDE PHYSIQUE
CONSÉQUENCES ET CONJECTURES

Les lois du monde physique doivent reproduire à leur manière les lois de l'être, que nous avons étudiées et dont nous avons trouvé le type en Dieu même. En effet, en tout et partout, Dieu n'a pu traduire que sa pensée, qui est l'éternelle contemplation de lui-même.

Mais la matière, qui est négative, doit tout reproduire négativement comme les moules reproduisent en creux les reliefs, comme la silhouette accuse fidèlement la forme de l'objet éclairé.

La matière, en effet, n'est que l'ombre de Dieu et la silhouette de l'être.

Si donc à la lumière de ce qui précède, nous jetons un dernier coup d'œil dans la matière, la théorie pourra nous aider à mieux classer ce que nous connaissons, à mieux comprendre le sens de certains faits, et quelquefois à prolonger des conséquences au-delà des limites de l'observation, avec des degrés de probabilité que le lecteur appréciera.

En traitant des propriétés de la matière, nous avons remarqué que toutes sont des non propriétés, des négations de l'être, excepté une, la forme qui est la manifestation de l'intelligence et l'intelligibilité de la matière.

C'est donc par la forme, empreinte de l'esprit, que la matière échappe au néant et simule l'être.

La forme est donc tout dans la matière, c'est par la forme qu'elle se caractérise, qu'elle se distingue et qu'elle a une action quelconque positive ou négative, d'où il suit que la forme et l'action dans la matière peuvent se conclure l'une de l'autre.

Je parle ici de la forme intime et moléculaire et non de la forme extérieure des corps.

Néanmoins, c'est encore la forme extérieure qui nous indique le plus souvent l'usage et l'utilité des corps; quand nous voyons une roue, nous comprenons de suite qu'elle est faite pour rouler, et quand nous voyons un cube de pierre, qu'il est bon pour construire ; c'est à la forme des outils que nous reconnaissons s'ils sont faits pour percer, pour couper, pour déchirer, pour écraser ou pour broyer. Mais toutes ces formes artificielles ne nous indiquent que des fonctions artificielles aussi.

Quant aux énergies essentielles, non à l'ensemble du corps, mais à la matière même qui le compose, elle dépend de la forme moléculaire.

Or la matière, telle que nous la percevons au moyen de nos sens, se partage en deux grandes parts : la matière inerte ou sans vie, et la matière vivante qui commence aux fluides impondérables et finit au corps de l'homme. Il faut donc qu'il y ait des formes qui expriment la vie et d'autres qui ne l'expriment pas.

Comment une forme peut-elle exprimer ou nier la vie ? Nous avons dit que la vie est dans les créatures une participation à quelque chose d'infini. Si donc une forme renferme l'idée de l'infini, elle sera capable de recevoir la vie, si elle l'exclut, elle en sera incapable. Or la ligne droite est l'expression de la limite et du fini, elle nie donc l'infini et l'exclut, c'est une forme morte, tout au contraire les formes courbes expriment l'infini de plusieurs manières. Une courbe parfaite est une pure idée irréalisable matériellement. Les géomètres, voulant définir le cercle, disent qu'on doit le considérer comme un polygone ayant une infinité de côtés. Une infinité de côtés est une expression absolument absurde, jamais il n'y a eu de cercle parfait, le cercle est un être purement spirituel qui n'existe que dans l'idée, et qui, précisément parce qu'il suppose l'idée de l'infini, ne peut être matériel. En outre le cercle suppose le centre, qui doit être un point. Or le point géométrique, qui exclut toute dimension, est encore l'idée de l'infini que l'esprit peut concevoir, mais que la matière ne peut réaliser.

Ainsi les formes mortes sont les formes rectilignes et les formes vivantes, les formes courbes.

Par le fait, lorsque nous décomposons les corps, aussi loin que nos observations peuvent nous conduire, nous trouvons dans la matière inerte des formes anguleuses et, lorsque ces formes sont arrangées régulièrement, nous avons toute la belle série des cristaux.

Mais dans la matière vivante, au contraire, nos microscopes ne nous montrent que des cellules arrondies se rapprochant de la sphère ou de l'ellipsoïde.

Nos instruments imparfaits sont bien loin de nous conduire jusqu'à la molécule primitive, mais tout porte à croire que la même forme différencierait jusqu'au bout les êtres vivants des êtres morts.

Quelqu'imparfaite que soit la forme ronde que nous donnons aux objets fabriqués cependant par cette forme, ils deviennent moins rebelles au mouvement que nous voulons leur imprimer et le mouvement communiqué est une image de la vie, comme le mouvement spontané est symptôme de la vie même.

Mais Dieu, par sa puissance, a pu dans la molécule vivante atteindre la perfection de la forme courbe à un degré assez parfait pour qu'elle devienne capable non seulement d'imiter la vie, mais de s'identifier à elle et de devenir réellement vivante.

Si dans la matière, comme nous venons de le dire, tout dépend de la forme, essence, genre, espèce, individu, l'unité, ce rêve de quelques penseurs s'évanouit pour toujours, car la forme est essentiellement multiple.

Les figures rectilignes seules sont très-nombreuses et elles peuvent varier indéfiniment l'écartement de leurs angles. Si donc chaque forme moléculaire peut fournir un corps simple, la nomenclature chimique actuelle est encore loin de la possibilité et même de la réalité. Cependant nous avons vu jusque là que, dans la pensée divine, les nombres ne sont pas indifférents, la quantité des corps simples doit être limité et marqué d'un nombre qui traduisait une pensée de Dieu et dont il connaît le sens.

Toutefois, quelques multiples que puissent être les formes moléculaires, il est un nombre que la matière doit exprimer plus spécialement que les autres êtres, c'est le nombre deux.

Comme nous l'avons déjà vu, l'unité absolue est le privilège incommunicable de Dieu. Dieu seul est un. Et lorsqu'il a voulu créer des êtres hors de lui, il n'a pu le faire qu'en réalisant la distinction qui était renfermée implicitement dans son unité, et pour qu'elle existât hors de lui, il fallait qu'elle sortît de cette unité qui est son essence, c'est pourquoi la création toute entière est pour ainsi dire l'éclosion du nombre deux, et est scellée de ce nombre depuis une extrémité jusqu'à l'autre.

Dieu lui-même nous l'enseigne dans le livre qui contient sa parole : Considère toutes les œuvres du Très-Haut, elles sont ainsi deux à deux, et l'une opposée à l'autre (Eccl. 33-15).

Tout absolument est donc double, excepté Dieu. C'est la matière qui renferme, comme nous l'ont dit Aristote et saint Thomas, le principe de la distinction. C'est elle qui a en elle toute l'énergie du nombre deux et communique ce nombre à tout le reste de la création.

Un des types les plus remarquables de ce nombre est la double électricité qu'on a distinguée si admirablement (sans le savoir) (1), par les

---

(1) Les physiciens qui ont donné ces noms pensaient que l'électricité est unique,

noms de positive et négative, puisqu'elle est un reflet de la double idée qui est éternelle en Dieu, l'idée positive de l'être et l'idée négative du non être. Cette duplicité se traduit chez les êtres vivants par une autre dénomination, celle de mâle et femelle. Ces deux dénominations ont la même signification. On pourrait donc à juste titre appeler les deux électricités : mâle et femelle. Et cela est d'autant plus vrai que les expériences de M. Bekensteiner et celle si connue des deux cônes de charbons (2), nous font voir que l'électricité est non seulement le symbole, mais la cause matérielle du sexe, et que l'attraction animale d'un sexe pour l'autre n'est autre que celle même des deux électricités qui se trouvent accumulées en sens inverse dans l'un et l'autre sexe.

Ainsi tous les êtres sortis de la main de Dieu jusqu'à la matière sont mâles et femelles, chacun selon la capacité et la convenance de leur nature.

La matière inerte et sans vie, qui n'a de réalité que la forme, ne peut avoir de sexe proprement dit, mais en cela comme dans tout le reste, elle n'a de réelle que la forme, il faut donc que les formes géométriques rectilignes soient partagées en deux séries, qui seront à leur manière mâle et femelle, ou, si l'on veut, positives et négatives.

Toute la vertu des formes vient des nombres. Or nous connaissons déjà la croyance antique qui regarde les nombres impairs comme masculins et les nombres pairs comme féminins ; cette division des nombres partage toutes les figures géométriques en deux séries, celles qui ont un nombre pair de côtés et qui, lorsqu'elles sont régulières, ont leurs côtés parallèles, et celles qui, ayant un nombre impair de côtés, ne peuvent avoir de côtés parallèles et se terminent par des angles plus ou moins aigus.

Or dans ces deux séries, les figures les plus simples et qui peuvent être considérées comme primitives et racines de toutes les autres, sont le triangle et le carré.

Le triangle parfait, le triangle type, qui a les trois côtés et les trois angles égaux, peut s'élargir par la base ou s'allonger par la pointe jus-

---

et que les effets attribués aux deux électricités venaient de la présence ou de l'absence du même fluide.

(2) On sait que lorsque les deux électricités communiquent par le moyen de deux cônes de charbons, le cône qui conduit l'électricité positive, prend de plus en plus la forme saillante et celui qui conduit l'électricité négative prend peu à peu la forme rentrante.

M. Bekensteiner, ayant chez lui un chat et une chatte en chaleur, essaya à plusieurs reprises d'électriser une boule de sureau suspendue à un fil de soie et de l'approcher de ces animaux. Le résultat fut le même chaque fois, lorsque la boule était chargée d'électricité positive, elle était repoussée par le chat et attirée par la chatte se déchargeant par une étincelle. Lorsqu'elle était chargée d'électricité négative, elle était repoussée par la chatte et attirée par le chat. Cette expérience est relatée dans ses études sur l'électricité.

qu'à devenir une aiguille. Le carré de son côté peut, en changeant ses angles, devenir un losange ou parallélogramme plus ou moins effilé.

Mais la molécule, étant un solide, exige trois dimensions, la molécule caractérisée par le triangle sera donc un tetraèdre qui offre quatre surfaces triangulaires, et celle caractérisée par le carré un cube qui offre six surfaces carrées ; tels doivent être les deux types de la molécule primitive matérielle, et ces deux types diversement modifiés doivent former par leur agglomération deux séries de corps ayant des propriétés opposées.

Mais entre ces deux formes simples que nous avons appelé mâle et femelle, nous en trouvons une autre, qui est l'une et l'autre ou si l'on aime mieux ni l'une ni l'autre, c'est le prisme triangle qui offre trois faces carrées et deux faces triangulaires ; on pourra donc appeler cette forme hermaphrodite ou si l'on aime mieux neutre, la loi, la neutralité est une harmonie négative, qui convient à la division et à la matière. Le prisme pourra donc servir à former des corps neutres qui n'ont aucune des propriétés des deux autres séries ou qui ont des propriétés moyennes.

Mais la matière inerte, étant morte, ne peut par elle-même former un corps, pour former un corps il faut la force d'affinité et de cohésion, et force et inertie sont contradictoires. La science soupçonne déjà que toute attraction, même l'attraction moléculaire, vient de l'électricité. Ceci est la vérité, et la science, qui marche à grand pas vers cette conclusion absolue, y arrivera tôt ou tard.

Sous l'action des fluides impondérables, la matière inerte ne serait qu'une poussière d'une finesse incalculable, par conséquent impalpable, invisible, sans cohésion ni agglomération quelconque. Il n'y aurait pas de corps.

Puisque les trois fluides nous deviennent nécessaires en ce moment, il faut laisser un moment la matière inerte pour les étudier et deviner, s'il se peut, leur secret.

Nous avons déjà exprimé l'idée que les trois fluides étaient une matière vivante. En effet, comme le disent Saint-Denis et Saint-Thomas, *le nom de vie implique l'idée de mouvement* (2.2. Q 179. a 1), et encore : « vivre n'est autre chose que d'exister dans une nature qui possède en elle le principe du mouvement » (I. Q. 18. a. 2). Or les trois fluides nous apparaissent dans la nature se mouvant par eux-mêmes et moteurs de toute la matière. Ils remplissent le rôle que les anciens attribuaient à ce qu'ils appelaient l'âme du monde.

Par là même qu'ils sont vivants, ils seront plus faciles à connaître que la matière inerte et muette. Car, par leur activité même, ils manifestent leurs propriétés, et leurs propriétés trahissent leur forme intime, s'il est vrai comme nous l'avons dit que toute propriété de la matière vient de sa forme.

Nous n'avons à choisir ici qu'entre les figures courbes puisque les molécules curvilignes seules, comme nous l'avons dit, sont capables de la vie.

Et d'abord les propriétés du calorique sont celles-ci :

1° L'expansion. La chaleur dilate tous les corps.

2° Elle est le plus puissant des moteurs ; plus la science se développe, plus elle tend à identifier le calorique et le mouvement. Une théorie qui a fait beaucoup de bruit dernièrement cherche à établir que toute chaleur peut se traduire en mouvement et tout mouvement en chaleur, c'est ce qu'avait dit Saint-Thomas : (Supl. Q. 78. a I) Le calorique produit la chaleur au moyen du mouvement. *Calor est effectus ejus* (caloris) *mediante motu*.

Plusieurs grands physiciens pensent que l'équilibre de la température doit s'expliquer non par le repos, mais par un échange et un mouvement perpétuel du calorique.

« Il faut voir, dit Pouillet, (tom. 2. pag. 453) dans les ouvrages de Fourier, dans ceux de Laplace et de Poisson, quelle est la portée et l'étendue de cette belle théorie. »

Les propriétés du calorique sont donc l'expansion et le mouvement ; et, par le mouvement, la vie. Or en traitant des sections coniques, nous avons vu que le cercle était le symbole de la vie, du mouvement et de l'expansion. Le calorique ne fait donc que traduire en action les propriétés mathématiques du cercle, il n'est autre chose qu'une sphère vivante.

La propriété de la lumière est d'être belle et de nous manifester toutes les beautés de la matière, par cette manifestation de la beauté elle est la source de l'amour, c'est pourquoi elle nous avait paru le reflet dans la création de l'Esprit-Saint. Mais l'ellipse aussi nous avait paru un symbole de l'Esprit-Saint, parce qu'elle était la courbe de l'amour, la lumière traduit donc en vie la propriété de l'ellipse et nous pouvons penser avec raison que la molécule lumineuse est une ellipsoïde vivante.

Le caractère dominant de l'électricité est sa double polarité. Néanmoins cette duplicité n'est pas constante. Lorsque les deux pôles sont mis en rapport, les deux électricités s'unissent en produisant une étincelle, on dit alors que les deux électricités se sont neutralisées ; mais il serait plus vrai de dire qu'elles se sont unies et mariées ; et qu'en s'unissant, elles se sont changées en lumière et en beauté. Elles ne se sont pas annulées pour cela puisqu'on peut encore les séparer et les rejoindre de nouveau ; mais le nom d'électricité semble réservé à leur état de séparation. Leur union, en les transformant leur fait perdre leur nom. On sait que tous les corps renferment une grande quantité d'électricité neutre, qu'une seule goutte d'eau en renferme assez pour foudroyer un être vivant : mais on dit qu'un corps s'électrise seulement lorsqu'il manifeste la séparation des deux électricités.

Une seule des sections coniques se montre séparée en deux, c'est l'hyperbole avec ses deux courbes qui se développent en sens opposé et qui, par conséquent, en style géométrique, sont relativement l'une à l'autre positive et négative. Aussi avons-nous vu dans l'hyperbole, comme dans l'électricité, l'image de la double idée de l'être et du non être, nous pouvons donc conjecturer que l'électricité à l'état de séparation n'est qu'une hyperloloïde vivante. Mais l'équation algébrique de l'ellipse et celle de l'hyperbole sont composées des mêmes éléments et ne diffère que par le signe plus ou moins (+ ou —) (1). Si donc on change le signe, on passe d'une courbe à l'autre; changez le moins de l'hyperbole en plus vous avez l'ellipse, de même changez la séparation de l'électricité en union, vous avez l'étincelle, c'est-à-dire la lumière.

Nous avions vu aussi qu'en Dieu les deux idées de l'être et du non être formaient par leur contraste la distinction divine et par leur union l'harmonie ou l'Esprit-Saint.

Ainsi tout nous indique que la molécule du calorique est sphérique, celle de la lumière, ellipsoïde, celle de l'électricité, hyperboloïde ; la vie renfermée dans ces molécules leur donne le mouvement, et comme ici la vie est renfermée dans une figure simple et rigoureusement définie, elle produit constamment les mêmes effets qui ne sont que la traduction vivante des propriétés géométriques de la figure.

Ces trois fluides, étant vivants, ont le mouvement par eux-mêmes, et ce mouvement est permanent. Cependant, il nous semble que nous produisons de la chaleur, de la lumière et de l'électricité, mais ce n'est qu'une illusion et voici pourquoi : dans l'état actuel de nos sens, nous ne percevons pas ces fluides directement en eux-mêmes. Ils ne parviennent à nos sens que lorsqu'ils sont mêlés et portés par la matière inerte aux formes rectilignes.

Lors donc que nous opérons artificiellement cette combinaison du fluide et de la matière, alors le fluide parvient à nos sens et il nous semble que nous l'avons produit, mais il était déjà, et seulement il nous est devenu visible.

De tous les phénomènes, celui qui semble le plus dégagé de la matière est l'étincelle électrique, et cependant de nombreuses expériences ont démontré que le courant électrique transporte toujours

(1) Equation de l'ellipse $a^2y^2 + b^2 \times x^2 = a^2b^2$. Hyperbole $a^2 y^2 - b^2 x^2 = a^2b^2$.

des particules des objets qu'il traverse ; nous ne voyons donc jamais l'électricité pure et dégagée de toute matière.

Les trois fluides doivent être partout et remplir toute la création, chacun avec son mouvement propre.

Le calorique meut tout circulairement, la lumière ondule, l'électricité, tant que son mouvement n'est pas modifié facticement par un être libre, se sépare et se rejoint avec une rapidité presque infinie et produit un scintillement universel. A cet état de pureté, ces trois merveilles de la création n'ont rien de nuisible, le calorique est un bain délicieux de chaleur qui ne brûle jamais, la lumière resplendit sans éblouir, et l'électricité, qui est comme le battement de cœur de la lumière, entretient la vie sans secousse. Mais ce magnifique spectacle nous est caché, depuis que, par le péché, nous avons perdu la seconde vue, et ce n'est que lorsque le voile de chair qui couvre notre âme sera déchiré, qu'il nous sera rendu.

Ces trois fluides sont tous les trois partout dans la création, le moindre rayon de lumière les renferme tous et leur union est si intime que plusieurs ont pensé que la lumière, la chaleur et l'électricité n'étaient que le même fluide vibrant différemment. Cependant les fluides affirment leur triplicité en se manifestant séparément et en même temps dans le plus beau des phénomènes, le spectre solaire.

Lorsque l'on fait passer un rayon de lumière à travers un prisme, ce rayon s'infléchit, et voici ce qu'on observe sur la surface où tombe le rayon infléchi. On voit d'abord un ovale lumineux dont la couleur varie d'un bout à l'autre ; quoique cette variation se fasse par des nuances non tranchées, on distingue cependant sept couleurs appréciables : le rouge, l'orangé, le jaune, le vert, le bleu, l'indigo et le violet. Cette lumière produit en même temps de la chaleur et de l'électricité ; mais, si on mesure exactement ces deux derniers fluides, on voit que la chaleur commence en deçà de l'extrémité rouge, qu'elle a sa plus grande intensité à la bande rouge du spectre et qu'elle s'évanouit dans la bande jaune. De l'autre côté les effets électriques se manifestent bien au-delà de l'extrémité violette du spectre, leur plus grande intensité est dans l'ombre au-delà du violet, et ils cessent d'être appréciables vers le jaune.

Les physiciens ont pensé que la lumière était un composé de sept couleurs que le prisme divisait. Qu'il me soit permis de protester contre cette supposition.

La lumière est harmonie et l'harmonie ne peut se diviser sans se détruire. La lumière divisée redeviendrait ténèbres, nous le voyons dans le beau phénomène de l'éclairage électrique. La lumière si vive qui se produit au point où les deux courants électriques se réunissent, s'éteint dès qu'on sépare les deux éléments dont l'union ou l'harmonie formait la lumière.

Voici donc l'explication la plus naturelle du spectre solaire, explication qui a été soupçonnée depuis longtemps et qu'on aurait dû adopter.

Lorsque le rayon solaire, qui contient les trois fluides, traverse le prisme, il s'infléchit, mais, comme la divergence n'est pas la même pour les trois fluides et qu'elle diffère aussi par les deux électricités, il se forme différents faisceaux qui ont une direction différente et viennent se superposer en partie sur la surface où tombe le spectre ; toute la partie lumineuse et visible, c'est-à-dire le spectre tout entier, est formé par le cône du fluide lumineux.

Mais ce faisceau étant en partie recouvert par les autres, n'est pur qu'au milieu, à l'endroit où la lumière est la plus vive, c'est-à-dire à l'extrémité de la bande jaune qui avoisine le vert, et ce jaune éclatant est la couleur de la lumière pure, mais au point où le cône lumineux rencontre l'extrémité du cône calorique, la lumière dévie vers l'orangé à mesure qu'on approche du centre du calorique et que sa puissance l'emporte sur celle de la lumière, la couleur devient rouge, enfin là où finit le cône lumineux, commence l'ombre, et le cône calorique qui se termine plus loin, continue à produire de la chaleur.

Le même phénomène se passe de l'autre côté du spectre, le cône d'électricité libre fait passer successivement la lumière au vert, au bleu, à l'indigo et au violet, puis continue son action dans l'ombre au delà du spectre.

Nous voyons donc, dans la belle page que Dieu écrit dans l'arc-en-ciel, trois fluides s'échappant d'un rayon de soleil et trois actions diverses qui se montrent étalées en trois points, puis combinées à divers degrés dans le reste de l'espace. Il y a donc trois fluides.

Nous avons donné pour fondement à la matière inerte, le pair et l'impair, ou autrement le carré et le triangle, aux trois fluides, trois sections coniques ; le cercle, l'ellipse et l'hyperbole, mais il nous reste une section conique sans emploi ; c'est la parabole, et cette singulière figure réclame ici toute notre attention.

Ce qui frappe la parabole, c'est son caractère indécis et indéterminé. Elle rappelle l'idée de l'infini, parce qu'elle est courbe, mais elle n'a point de centre, et par là, elle manque de l'unité qui se manifeste dans les autres courbes.

Les trois autres sections coniques, lorsqu'on les pousse à l'infini, ou, si l'on veut, à l'extrême, c'est-à-dire lorsqu'on ramène le plan secteur au sommet du cône, rentrent dans l'unité, et produisent encore l'idée de l'infini, ainsi le cercle et l'ellipse redeviennent le point, et l'hyperbole devient le double cône.

Mais la parabole arrivée à ce sommet, devient une simple ligne droite, symbole de la limite et du fini, comme l'idée pure du non être qu'elle représente. C'est donc une figure qui exprime à la fois la vie et la mort; elle peut devenir vivante, mais elle ne peut retenir la vie; elle est apte à la vie, mais ne la possède pas; elle peut être morte, vivre et mourir ensuite; si donc, une molécule a cette forme, ce sera une molécule qui pourra devenir vivante, mais qui, pour arriver à la vie et la conserver, aura besoin d'être aidée et soutenue par les molécules plus parfaites des trois fluides.

Ce que nous venons de dire de la parabole, convient parfaitement au rôle que joue le carbone dans la nature.

Le carbone n'est pas vivant par lui-même, mais il est apte à la vie, et il forme la solidité de tous les êtres vivants, depuis la dernière des plantes jusqu'au corps de l'homme. Le carbone, d'une nature supérieure au minéral, est comme un intermédiaire entre la pierre et les fluides. Et comme ce qui excelle en bien peut exceller en mal *optimi, corruptio pessima*, le carbone se distingue en bien comme en mal.

Il constitue le diamant qui boit la lumière, et est beau entre tous, et il est le principe du noir, couleur du mal. C'est par lui que nous jouissons du feu et de la lumière, et il est aussi complice de toute la destruction qu'opère la poudre. Par lui, le fer devenu acier, lui doit sa force et son brillant. Il donne aux fleurs, le parfum; au vin, l'ivresse; à la lumière, la blancheur.

Mais il sert à former le plus meurtrier des poisons : l'acide prussique.

Nous supposerons donc que la molécule du carbone est parabolique, parce qu'elle reproduit, dans la réalité, toutes les indications géométriques de la parabole, de même que la parabole est une figure hybride et hermaphrodite, ouverte d'un côté, fermée de l'autre, pouvant être, soit une courbe, soit une ligne droite, placée seule entre la série supérieure des courbes qui ont un centre et la série inférieure des figures rectilignes. De même, le carbone mort sous la terre, dans les vastes gisements de houille, vivant à la surface dans toutes les molécules des plantes et des animaux, se trouve seul, entre la série supérieure des trois fluides, matière toujours vivante, et la série inférieure des minéraux sans vie.

Ici se présente une conclusion inattendue et merveilleuse.

Si la forme moléculaire détermine la nature des corps, il suit que celui qui aurait le pouvoir de changer la forme moléculaire pourrait transformer un corps donné en un autre corps quelconque, même le granit en un fluide, lumineux, électrique ou calorique?

Ceci jette un nouveau jour sur le problème de la résurrection.

Nous avons maintenant tous les acteurs qui doivent jouer un rôle dans la scène du monde physique, nous allons tâcher de nous rendre compte du rôle de chacun.

Le premier principe du mouvement, le grand moteur de la nature c'est le calorique, mais le régulateur universel est l'électricité. Toute la variété dans la création, tous les changements dans la nature en un mot, tous les phénomènes existants et possibles dépendent de l'électricité. La science le reconnaît de plus en plus, elle finira par l'affirmer absolument. Cela est facile à comprendre. A quoi se réduisent tous les phénomènes de la chimie et de la physique? A deux choses, composition et décomposition, attraction et répulsion. Pour produire un phénomène il faut toujours en détruire un autre, pour combiner deux substances il faut probablement les arracher aux combinaisons précédentes. Or, ce mouvement en double sens n'a son principe que dans l'électricité. Le mouvement de calorique est un mouvement d'expansion qui n'agit que dans un sens et ne pourrait produire qu'un phénomène unique, mais la faculté qu'a l'électricité de se rejoindre après s'être séparée rend tout possible; L'électricité est pour la nature comme pour l'homme la main, qui, par l'opposition du pouce aux autres doigts, devient l'instrument de toute l'industrie.

La matière inerte n'a par elle-même aucun mouvement, mais les molécules électriques, qui sont partout, s'emparent des molécules matérielles et, comme une immense fourmilière, entraînent les molécules inertes dans leur mouvement de va-et-vient. Elle compose et redécompose incessamment tous les corps. Ce mouvement de l'électricité n'est cependant pas sans repos. Dans beaucoup de circonstances les deux molécules électriques persistent dans leur union, et aussi longtemps que dure cette union, les différents corps de la nature subsistent dans leur intégrité et leur lucidité.

Quant à la lumière, elle n'est qu'un résultat, elle apparaît lorsque les deux électricités se réunissent avec liberté et puissance, elle est la fête nuptiale du positif et du négatif.

Ainsi, rigoureusement parlant, nous ne voyons jamais de corps simples, car dans tout corps autre que l'élément que nous observons, il y a toujours de l'électricité; mais ce que nous appelons un corps simple, est celui qui, outre l'électricité, n'a qu'une espèce de molécule matérielle.

Ce n'est pas la matière inerte qui est incapable d'initiative et de mouvement qui s'attache à l'électricité, mais l'électricité vivante qui choisit ou rejette dans les molécules inférieures celles qui lui sont sympathiques ou antipathiques.

Or, comme on a pu souvent l'observer, la sympathie des deux sexes l'un pour l'autre, se fait sentir même à travers les plus grandes différences de nature, à plus forte raison entre deux natures voisines, aussi l'électricité négative ou femelle s'attache de préférence aux molécules triangulaires ou impaires, et l'électricité positive ou mâle aux molécules parallélipipèdes dont le premier type est le carré et, s'il y a des molécules hermaphrodites, c'est-à-dire prismatiques, les deux électricités doivent s'y attacher également.

De là doivent résulter trois espèces de corps, des mâles, des femelles et des hermaphrodites, ou, si l'on veut, des positifs, des négatifs et des neutres.

Les chimistes ont reconnu que les corps simples observés jusqu'à présent ont des tendances différentes pour les deux électricités, toutes les fois que deux corps sont en dissolution dans le courant d'une pile électrique, l'un des deux se rend au pôle négatif et l'autre au pôle positif, et ils ont dressé une liste des 54 corps simples dans laquelle chaque corps est positif relativement à celui qui suit. Si cette liste pouvait être d'une exactitude parfaite, elle serait le plus précieux de tous les renseignements sur la nature intime des corps.

Mais malheureusement l'influence du milieu qui tient les corps en dissolution jette la perturbation dans les rapports et selon la manière dont est composée la pile, certains corps changent de rôle et passent alternativement à un pôle ou à un autre.

Néanmoins cette liste, telle qu'elle est, est encore ce que nous avons de plus précieux, car si elle renferme beaucoup d'incertitude dans le milieu, elle a une signification très-arrêtée aux deux extrémités.

L'oxygène et le potassium occupent toujours les deux bouts et les cinq ou six premiers après eux ne cèdent jamais leur place. Quels que soient les autres corps, l'oxygène se rend toujours au pôle positif et le potassium au pôle négatif.

Ce qui détermine le mouvement vers un pôle ou l'autre ce n'est pas la matière inerte qui lui est associée, c'est pourquoi les chimistes disent que l'oxygène est, de tous les corps, celui qui est le plus exclusivement chargé d'électricité négative, et le potassium, le corps le plus exclusivement chargé d'électricité positive.

A mesure qu'on avance dans la liste, les électricités se mêlent, et au milieu le mélange doit être en équilibre.

Les chimistes divisent encore les corps, soit simples soit composés en trois parts, les acides, les alcalis et les neutres; cette division a le même sens que la précédente. On appelle acides, l'oxygène et les composés qui sont dominés par l'oxygène ou des voisins (1), et alcalis

---

(1) Les chimistes parlent aussi d'acides formés par l'hydrogène, mais, comme l'observe judicieusement Thénard, dans ces composés ce n'est pas l'hydrogène qui joue le rôle acide ou négatif, mais les corps qui lui sont unis et qui, en effet, sont tous plus négatifs que lui dans la liste. Le chlore et le fluor forment aussi avec d'autres corps 4 acides sans oxygène ni hydrogène.

les composés où dominent les corps qui sont les derniers dans la liste. On reconnait aussi ces composés à la propriété qu'ont les acides de rougir le bleu de tournesol, et, les alcalis de rétablir cette couleur bleue lorsqu'elle a été rougie par un acide.

Il est clair qu'ici les acides et les alcalis, qui ont une si grande attraction entre eux, représentent les deux sexes mâle et femelle ; mais ici il se présente un doute. Qui doit déterminer le sexe, est-ce la molécule matérielle ou l'électricité qui l'accompagne ?

Le fait se charge de répondre : il est évident que, dans les actions chimiques, ce sont les acides qui jouent le rôle actif ou mâle ; il faut donc dire que l'électricité négative, en s'unissant à la molécule triangle, donne à son activité la nature de la molécule qu'elle a adoptée, ce qui ne l'empêche pas de rejoindre avec empressement l'électricité positive, lorsque la voie lui est ouverte, tout en entraînant avec elle la molécule qu'elle possède. Néanmoins, ce croisement des pôles introduit quelque chose d'ambigu dans l'allure de ces composés ; aussi l'oxygène et les acides se montrent mâles et actifs dans leur action aggressive d'acides, femelles et passifs dans leur attraction par l'électricité positive, de sorte que les acides ressemblent à un corps d'homme qui aurait une âme de femme, et les alcalis à un corps de femme qui aurait une âme d'homme.

Voici donc l'idée que nous nous sommes formée de l'ensemble des corps simples, l'oxygène et ceux qui le suivent sont formés de molécules à faces triangulaires plus ou moins aigues et chargées plus ou moins exclusivement d'électricité négative. La différence des angles de ces triangles est la cause de la différence de nature et de propriétés de ces corps.

De l'autre côté, le potassium et ceux qui l'avoisinent sont formés de molécules parallélipipèdes, soit cubiques, soit rhomboïdales, et chargées plus ou moins exclusivement d'électricité positive ; là, comme de l'autre côté, la différence des angles détermine la différence des natures et leurs propriétés. Enfin, les corps du milieu ont une forme mixte, dont le type est le prisme, et réunissent à peu près également les deux électricités.

Cette conjecture ne pourra peut-être jamais se vérifier, car la molécule primitive échappe par sa ténuité à toute observation ; en comparaison de cette molécule, les cristaux les plus fins que puisse discerner le microscope sont encore des mondes. Cependant, les faits observés en minéralogie, sans conclure rigoureusement, donnent des indications qui semblent conduire à notre hypothèse.

Ainsi l'on peut remarquer que, généralement, ce sont les acides qui cristallisent en aiguilles, et les corps alcalins ou basiques, en cubes et en rhombes.

Quelquefois, le même sel prend les deux formes, selon qu'il est acide ou non, tel est le sulfate de strychnine (Thénard, t. 3, pag. 734).

Il est un phénomène lumineux qui nous révèle dans les cristaux des subdivisions où le microscope n'en voyait plus, c'est l'astérisme, c'est-à-dire le scintillement par reflet d'une étoile à six rayons, qu'on voit dans le saphir et l'émeraude.

On doit en conclure, dit Bendant, que les prismes hexagoneaux de saphir et d'émeraude sont formés de six prismes triangulaires équilatéraux.

Or, le saphir est de l'alumine, substance qui est vers le milieu de la liste neutre, par conséquent.

Dans l'émeraude, l'alumine est accompagnée de silice, corps plus négatif, et de glucine, corps positif, qui se neutralisent et laissent intacte la neutralité de l'alumine.

Le diamant ou carbone cristalisé présente une particularité que les minéralogistes ne pouvant expliquer, ont regardé comme une déviation, une infraction à la loi, c'est qu'au lieu d'avoir des facettes planes comme les autres cristaux, il les a curvilignes. Il me semble, au contraire, que par là le carbone tend à reproduire la forme parabolique de sa molécule primitive, et se sépare des autres minéraux, s'élevant au-dessus d'eux par une tendance à la vie qu'ils n'ont pas. On pourrait citer d'autres faits, mais cela suffit pour montrer que nos conjectures ne sont point purement théoriques, mais fondées aussi des observations que fournit la science.

Parmi les 54 corps simples admis jusqu'à présent, trois, sans compter le carbone, se trouvent sur la terre en quantité bien plus grande que les autres, ce sont le silicium, principe du silex, l'aluminium, principe de la lumière et de l'argile, enfin, le calcium, principe de la chaux. De ces trois corps, le silex est le plus négatif, la chaux, le plus positif, et l'argile tient le milieu.

Il me semble qu'on devrait faire une classe à part des trois grands gaz, l'oxygène, l'azote et l'hydrogène, car ils forment à eux trois une série complète. L'oxygène est non seulement acide, mais le principe général des acides. L'azote se caractérise par sa neutralité et son peu d'adhérence dans les combinaisons. L'hydrogène devrait être placé dans les corps basiques et alcalins.

Ainsi l'azote, qui est neutre, produit, en s'unissant avec l'oxygène, un des principaux acides, l'acide nitrique, et, en s'unissant avec l'hydrogène, un alcali puissant, l'ammoniaque. L'oxygène et l'hydrogène jouent donc ici le rôle des deux extrêmes, et lorsque ces deux extrêmes se réunissent entre eux, ils se neutralisent et produisent l'eau, ce liquide éminemment neutre, et qui, selon Pouillet (tom. 2, pag. 678) se cristallise en prismes réguliers.

Il serait naturel que ces trois gaz, qui remplissent si bien les trois rôles : négatif, neutre et positif, reproduisissent dans leurs molécules constituées les trois formes typiques : tétraèdre, prisme, et cube.

Selon cette hypothèse, l'oxigène serait composé de molécules tétraèdres avec prédominance peut-être exclusive de l'électrité négative, et vertu acide, l'hydrogène de molécules cubes avec prédominance d'électricité positive et vertu alcaline, l'azote de molécules prismatiques avec équilibre d'électricité et neutralité chimique.

La neutralité de l'azote a fait penser à plusieurs qu'il était double et pouvait se décomposer, mais qu'hermaphrodite par sa forme complexe et par l'équilibre de l'électricité, il a résisté jusque là à tous les efforts et résistera probablement toujours.

Ce sont ces trois grands gaz qui, unis au carbone et vivifiés par les trois fluides impondérables, forment tous les corps vivants qui sont sur la terre, de celui de la plante jusqu'à celui de l'homme.

Mais avant de parler des corps vivants, il faut arrêter notre attention sur un des plus importants phénomènes de l'électricité, le magnétisme.

Ce qu'on appelle électricité en physique ce n'est ni l'électricité neutre, ni celle qui est engagée dans la composition des corps, mais seulement celle qui est séparée, soit positive soit négative, et qui, sans être combinée avec les corps, s'accumule autour d'eux ou au dedans d'eux, et se manifeste par son attraction pour l'électricité contraire.

On dit qu'un corps s'électrise lorsqu'une portion de l'électricité qui lui est attachée se sépare en deux, soit qu'il rejette l'un des deux, soit qu'il les conserve à cet état de séparation.

Dans la machine électrique, l'électricité négative est chassée dans la terre réservoir commun, et l'électricité vitrée ou positive s'accumule sur le cylindre de cuivre isolé, mais un phénomène bien plus intéressant est celui dont la pierre d'aimant a donné le premier type; ici la séparation de l'électricité libre est spontanée, constante et assujetie à des lois fixes. C'est une espèce d'organisation en divorce, toute la puissance négative ou mâle s'accumule d'un côté, toute la puissance négative ou femelle s'accumule de l'autre, mais cela se fait dans le plus grand ordre. Chaque groupe a un centre, un foyer, un pôle auquel il se rattache et obéit. Puis, autour de chaque pôle un courant en sens inverse de l'autre s'établit comme une danse en ronde de chaque groupe.

Malgré l'attraction naturelle, l'une pour l'autre, deux électricités, elles restent aussi séparées, mais si d'autres groupes, organisés de la même manière, se présentent, la sympathie naturelle reparaît, le pôle positif attire le pôle négatif de l'autre groupe et repousse le pôle positif.

On se demande ici quelle est la cause de ce divorce et la nature de cette organisation.

La cause du divorce et de sa permanence est la matière inerte.

Le magnétisme ne se manifeste jamais dans un corps homogène et uniforme. Haüy avait remarqué que plusieurs cristaux s'électrisaient lorsqu'on les chauffait, mais il constata que n'était que les cristaux qui avaient une forme différente aux deux extrémités, c'est cette différence qui devenait un sujet d'élection et de divergence entre les deux électricités.

L'expérience étant faite sur une tourmaline, dont une extrémité était terminée par une pyramide à six faces et l'autre par une pyramide à trois faces ou un tétraèdre, l'électricité négative ne manqua pas d'être séduite par le nombre trois et l'électricité positive préféra le nombre six.

La pierre d'aimant, selon Thénard, est composée de deux atomes de péroxide de fer et d'un atome de protoxide, nous trouvons ici une matière à deux états différents : l'un plus acide que l'autre ; cela suffit pour mettre la division dans l'électricité libre, et chaque pôle réunit et organise son parti.

Mais en quoi consiste cette organisation ?

S'il est vrai que les deux molécules électriques, quand elles sont distinctes, aient la forme d'une hyperbole, le type est tout trouvé, ces deux molécules de demi-hyperboles se rassemblent chacune de leur côté et reproduisent dans leur groupe la forme qui est propre à chacune d'elle ; par la vertu de cet arrangement, elles acquièrent socialement la vertu et l'influence que chacune possède également. Toute cette vertu se concentre en un pôle et, de même que tout un peuple déclare la guerre, fait la paix et gouverne par son roi, toutes ces demi-électricités attirent et repoussent, et se coordonnent entre elles par leur pôle.

Cette électricité libre, jouissant ainsi dans la pierre d'aimant d'une organisation spéciale, forme dans cette pierre un corps fluide, bien plus élevé en nature que le corps grossier, et dont l'action est bien plus merveilleuse, puisque cette action nous a donné la boussole.

Nous aussi, comme nous l'avons vu, nous avons un corps fluide supérieur au corps grossier, mais dont malheureusement nous avons rarement l'usage. Nous avons appelé l'usage exceptionnel de notre corps fluide la seconde vue, on pourrait appeler le magnétisme de la pierre d'aimant la seconde action.

On sait que la terre n'est elle-même qu'un immense aimant qui, comme la pierre magnétique, a son corps fluide organisé. On a calculé avec soin les équateurs et les pôles de cette immense hyperbole électrique qui oscille autour des pôles de rotation de la terre sans coïncider avec eux.

Ce corps fluide de la terre qui lui donne une seconde action, rend compte de bien des phénomènes inexplicables sans lui.

On sait déjà que c'est le magnétisme terrestre qui guide l'aiguille aimantée, attirant par son pôle positif, qui est au nord, l'électricité négative de l'aiguille et la maintenant ainsi dans la même direction. Le magnétisme terrestre seul aussi peut donner une raison des aurores boréales qui se voient si souvent dans les régions où doit se trouver l'efflorescence de la courbe hyperbolique du magnétisme terrestre, l'extrémité de cette courbe aux parties de la terre attire les électricités ambiantes de nom contraire, non subitement et avec violence comme le nuage qui précipite la foudre, mais par l'action lente et douce de l'aimant qui produit la lumière continue et innoffensive de l'aurore.

Continuons à étudier les précieuses indications de l'aimant. Lorsque l'on met deux aimants en rapport, on voit qu'en somme les attractions sont plus fortes que les répulsions, et, comme l'aimant n'est que l'imitation de la molécule primitive, il suit qu'en somme la matière toute entière, imprégnée d'électricité, attire en raison directe de sa masse et inverse de sa distance, ce qui a été observé et constaté ; mais si le soleil et la terre exercent l'un sur l'autre une action constante par leur masse, ils doivent avoir l'un sur l'autre par leur corps fluide une seconde action.

Supposons maintenant que l'action du corps fluide du soleil soit unique et positive, et nous verrons qu'il en doit être ainsi, il s'en suit que, lorsque la terre présente au soleil le pôle arctique qui est positif, l'attraction de la masse doit être modifiée par la répulsion du pôle, et la terre doit s'éloigner au contraire ; lorsqu'elle présente au soleil le pôle antarctique qui est négatif, l'attraction du pôle s'ajoutant à celle de la masse, la terre doit se rapprocher. C'est ce qui arrive en effet, et c'est cette seconde action du corps fluide des deux astres qui donne l'explication la plus naturelle et la plus vraisemblable de l'excentricité de l'orbite terrestre qui, au lieu d'être un cercle, se trouve une ellipse dont le soleil occupe l'un des foyers.

Nous avons vu qu'entre l'équation algébrique de l'hyperbole et celle de l'ellipse, il n'y avait de différence qu'un signe plus et un signe moins ; il suffit de changer ce signe pour changer l'hyperbole courbe de l'électricité séparée, en ellipse courbe de la lumière ou électricité réunie. De même dans la molécule électrique, il suffit de changer la séparation exprimée par le signe moins, en réunion exprimée par le signe plus pour changer l'électricité en étincelle ou lumière.

Le magnétisme terrestre a la forme d'une hyperbole, c'est-à-dire que les électricités de son corps fluide sont à l'état de séparation, et quand nous n'en aurions d'autre preuve que l'obscurité de la terre, cela suffirait, mais si l'on pouvait rejoindre ces deux pôles magnétiques, l'hyperbole deviendrait une ellipse, l'électricité se changerait en lumière et la terre deviendrait lumineuse.

Par là même que le soleil est lumineux, nous pouvons conjecturer que son corps fluide a la forme d'une ellipse, mais dans une ellipse qui est le symbole de l'harmonie, c'est-à-dire de la variété ramenée à l'unité, la double attraction et répulsion de l'électricité ne peut subsister, il faut, ou que l'attraction soit nulle, ou qu'elle se résume dans l'un des deux termes. L'analogie nous indique la dernière supposition comme la réalité.

Dans tous les grands types que nous avons étudié, lorsque le positif et le négatif reviennent à l'unité par l'harmonie, c'est l'élément positif qui reste dominant et dans lequel l'autre semble se fondre. L'homme est le chef de la femme, dit saint Paul, comme le Christ est le chef de l'Eglise.

Dieu, dit encore saint Paul, a donné à son Fils tout le gouvernement du monde, mais à la fin le Christ remettra le royaume à Dieu, son Père, afin que Dieu soit tout en tous.

Enfin, remontant au sommet, nous voyons que, lorsque l'idée de l'être et celle de non être se réunissent pour former la lumière infinie et éternelle de l'Esprit-Saint, ce qui se manifeste et brille dans cette lumière, c'est l'être qui se contemple dans l'idée de l'être comme en un miroir. *Splendor hujus figurae et speculum sine macula Dei majestatis.*

Les deux électricités, qui sont dans la création un des plus fidèles symboles des deux idées de l'être et du non être, doivent se comporter comme leur type et, lorsque par leur réunion elles deviennent lumière, la lumière, quoique renfermant les deux éléments dans son harmonie, est positive dans son unité.

Ainsi donc, le corps fluide du soleil a la forme harmonique de l'ellipse qui est celle de la lumière, c'est pourquoi il a l'auréole lumineuse comme l'auront les corps ressuscités, mais l'action de son corps fluide, étant ramenée à l'unité par l'harmonie, n'a qu'une action : l'action positive.

C'est pourquoi il attire le côté négatif de la terre plus que le positif et lui fait décrire une ellipse dont il occupe un des foyers.

Jusqu'ici nous n'avons vu la vie qu'à l'état élémentaire, telle qu'elle est dans les trois fluides.

La vie est un principe infini ou indéfini qui n'a pas de forme par elle-même, et qui, dans les êtres finis, ne peut réaliser que la forme où elle est enfermée. De même que la vapeur qui peut tout mouvoir, mais dont les effets sont sans cesse variés par les différents mécanismes qu'on soumet à sa puissance, la vie enfermée dans les trois sections coniques ne peut réaliser que l'idée simple et parfaitement définie qu'expriment mathématiquement ces figures. Aussi les trois fluides n'ont chacun qu'une action, toujours la même fatalement : le calorique meut et dilate, l'électricité distingue et sépare, la lumière réunit et éclaire.

Mais les formes simples, de même que les idées fondamentales et les mots qui les expriment, peuvent se combiner de mille manières avec un art infini. Le moindre vocabulaire renferme la matière élémentaire de tous les chefs-d'œuvres de l'esprit humain qui remplissent les bibliothèques. Dieu donc, dont la sagesse est infinie, peut, en combinant les formes géométriques qui sont son alphabet, produire des merveilles, et ces merveilles sont les germes des êtres vivants depuis la plante jusqu'à l'homme.

Semez dans la terre des graines de différentes espèces, pas une ne produira une plante pareille. Pourquoi cela? sinon parce que chacune de ces semences contenait dans son germe toute l'organisation de la plante qu'elle produit. Et l'imperceptible cellule aussi, qui, fécondée, devient vivante et raisonnable, renferme en elle toute la merveilleuse organisation du corps humain, ce chef-d'œuvre matériel de la puissance divine.

Ainsi donc la vie, indéterminée par elle-même, anime toutes les formes qui sont capables de la recevoir et dans les conditions voulues pour entrer en contact avec elle ; mais la vie ne peut développer et mettre en lumière que ce qui est contenu dans la forme qui sert de limite à sa puissance indéterminée, et ces développements ont des différences infinies de genre à genre, d'espèce à espèce, et offrent encore dans la même espèce des nuances incalculables.

L'action simple et toujours identique des fluides a pu nous indiquer la forme qu'ils traduisaient dans leurs mouvements ; mais l'action multiple des plantes, les mouvements spontanés des animaux, les possibilités infinies et imprévoyables de la liberté déroutent complètement toute sagacité, et nous sommes infiniment loin de pouvoir ni comprendre ni soupçonner les merveilles de formes accumulées dans un seul germe humain, nous ne pouvons que l'admirer, éblouis lorsque sa beauté, arrivée à son développement, frappe nos regards.

La perfectibilité de ce germe entre les mains de Dieu n'a point de limites assignables, et ce que nous connaissons de l'humanité est loin de l'épuiser.

Toutefois cette perfection a été poussée à son sommet et on peut dire en quelque sorte à un degré infini dans le chef-d'œuvre de l'Esprit Saint : Jésus-Christ. Ici non seulement la forme a pu recevoir la vie, non seulement elle s'est imprégnée de sensibilité, d'intelligence et de raison, mais elle s'est identifiée avec la divinité même, dont elle résumait toute la pensée écrite matériellement au moyen de l'alphabet des formes et des nombres, comme l'affirme Saint-Paul. Nous venons de voir passer sous nos yeux toutes les transformations du monde physique, car tout est, pour la physique, lumière ou mouvement et pour la chimie, décomposition ou composition, et nous avons vu que tout se réduisait à peu d'éléments et peu de principes. La vie et l'intelligence sont tout, et l'intelligence dans le monde matériel s'exprime par la forme.

Comme formes élémentaires, nous avons dans la région inférieure deux figures rectilignes, le triangle et le carré ou parallélogramme qui peuvent se modifier de mille manières et dont sont composés tous les polygones rectilignes. Dans la région supérieure les sections coniques, dont trois sont des courbes parfaites, parce que, dans toutes leurs transformations, elles ne cessent jamais d'être courbes, et dont la quatrième, tantôt courbe, tantôt ligne droite, semble appartenir aux deux régions.

La vie pouvant entrer dans les courbes parfaites qui s'expriment par leur unité, nous avons dans la région supérieure les trois fluides vivants, le calorique, la lumière et l'électricité, dans la région inférieure toutes les molécules de la matière inerte, qui se partage en deux séries par les nombres pairs et impairs qui la caractérisent ; le triangle et le carré restent une image sans vie du positif et du négatif, du sexe masculin et du sexe féminin.

Entre ces deux régions se trouve le carbone, qui oscille entre la vie et la mort, sert de trait d'union entre les deux et rend l'une participante de l'autre.

Les rôles de ces sept acteurs sont marqués. Le calorique donne le mouvement, la matière inerte le subit positivement, mais, par la division de son sexe, elle offre un motif à la division de l'électricité ; l'électricité, par ses séparations et réunions successives, produit tous les changements, car, sans elle, le mouvement n'ayant qu'un sens, il n'y aurait dans le monde qu'un phénomène toujours identique. Le carbone donne un corps à la vie et tend la main à la matière morte. Enfin la lumière, résultat de tout le reste, manifeste tout et se trouve le but, la fin où tout tend.

Ainsi, pour tout résumer en un mot, l'univers est en présence du créateur comme une immense horloge dont le calorique est le grand ressort, la matière, les rouages, l'électricité, le balancier sans le mouvement duquel rien ne marche, et la lumière, le cadran et l'aiguille qui montrent le résultat de l'œuvre et la pensée de l'ouvrier.

Enfin, tout se résume dans la grande loi, dans la formule universelle qui renferme tout, soit pour le fini soit pour l'infini : le positif et le négatif produisent par leur union l'*Harmonie*.

Polygénésie

Nous avons vu avec admiration les lois fondamentales de l'ordre physique copier fidèlement les lois métaphysiques de l'être et rentrer dans les mêmes formules de force ; que les unes ne sont pour ainsi dire que le reflet, le retentissement et l'écho des autres. Mais si nous entrions dans le détail, nous serions plus d'une fois étonnés, scandalisés même, de voir comment ces lois s'exécutent, à quelles conséquences elles aboutissent.

C'est en effet en vertu des lois physiques que la température nous brûle et nous gèle, que les poisons nous tuent, que les maladies nous accablent, que tous les êtres vivants se dévorent entre eux, et que la mort couronne tous les fléaux.

C'est que l'ordre actuel du monde n'est plus la pensée primitive de Dieu, mais l'organisation d'un monde déchu. Dans cet ordre du mal il y a deux parts : l'ordre est la part de Dieu, mais le mal n'est point de lui. Donc pour retrouver les vraies lois de la nature, telles qu'elles étaient dans le plan divin primitif, il faut retrancher hardiment tout le mal et ne laisser que le bien.

Que de blasphèmes n'ont eu d'autre cause que la funeste habitude de tout mettre sur le compte de Dieu ! Je comprendrais le doute et l'hésitation de l'homme s'il était jeté sur la terre sans indications, sans renseignements aucuns. Mais quand la tradition de tous les peuples nous montre à l'origine un ennemi qui, toujours le même sous différents noms (1), introduit le mal dans le monde, faire remonter le reproche jusqu'à Dieu est non seulement un oubli et une faute, mais une impiété.

Faisons donc ici le procès du mal, étudions sa première origine, son invasion dans la matière, l'étendue de ses ravages ; puis alors, l'éliminant en pensée de la création, nous verrons apparaître le plan primitif de Dieu, qui est défiguré maintenant, mais qui doit ressortir triomphant de la lutte et être réintégré pour toujours dans la pureté par le dernier jugement que nous attendons tous. *Quia et ipsa creatura liberabitur aservitute corruptionis in libertatem gloriæ filiorum Dei* (Nom 8, 21), parce que la créature elle-même sera délivrée de l'esclavage de la corruption par la liberté de la gloire des enfants de Dieu.

Dieu n'est pas l'auteur du mal, cependant le mal ne pourrait être s'il ne trouvait en Dieu le principe de la possibilité et voici comment :

L'intelligence ou la distinction, comme nous l'avons vu, renferme dans son essence l'inévitable nécessité d'un double terme. Aucune idée ne peut être distincte sans son opposé, sa négation, son ombre. L'idée de l'être suppose l'idée du non être.

Cependant aucun des termes de la série positive renfermée dans l'idée de l'être, ni de la série négative renfermée dans l'idée du non être n'a rien de mauvais en soi, c'est la série du moindre être que Dieu a réalisée par la création, et il a vu que tout ce qu'il avait fait était bon, *et vidit quod esset bonum*.

Mais lorsque l'être divin a réalisé l'harmonie et la lumière par l'amour de l'Esprit Saint, Dieu ne peut avoir une idée distincte de cette harmonie sans l'idée contraire qui est celle de la désharmonie, or l'idée de la désharmonie dans son ensemble et dans toutes ses subdivisions est l'idée du mal. Il faut bien remarquer ici que l'idée de la désharmonie ou discorde est essentiellement double et divisée, c'est-à-dire qu'elle est la vue intellectuelle de deux objets à l'état de division et d'antipathie, c'est pourquoi duplicité est presque synonyme de mal. L'idée du non être n'est point l'idée du mal, parce que, ne renfermant formellement qu'un terme, elle est simple, et la simplicité, synonyme d'innocence, exclut le mal par là même qu'elle exclut la duplicité.

L'idée du non être, qui est la distinction, voit, il est vrai, les deux termes comme distincts, mais aussi comme s'attirant l'un l'autre et tendant à l'unité; elle ne les voit donc point comme les voit l'idée opposée de l'harmonie qui est celle du mal, c'est-à-dire divisés, inconciliables et luttant entre eux.

L'idée du non être est encore l'innocence, mais elle n'est pas encore la sainteté. La sainteté suppose que l'harmonie, qui est le retour à l'unité, est comme choisie et aimée. Mais comme rien, pas même l'harmonie, ne peut être dans l'intelligence sans son contraire, l'idée de l'harmonie emporte l'idée opposée de la désharmonie, mais en même temps la sainteté, qui est l'amour de l'harmonie, suppose la haine de la désharmonie ou du mal.

L'idée du non être, parce qu'elle n'est pas incompatible avec l'unité, essence de l'être, a pu être réalisée par Dieu dans la création. La désharmonie ne peut être réalisée de prime abord, elle est le brisement de l'harmonie et présuppose l'existence de cette même harmonie ; mais en brisant l'unité, elle est hostile à l'être, autrement à la vie, dont elle attaque l'essence autant que possible, c'est pourquoi le mal s'appelle aussi la mort.

L'idée du mal est donc bonne en soi, puisqu'elle contribue à la

---

(1) Ahriman, Typhon, Satan, etc.

dernière perfection de l'intelligence, qui consiste dans la double idée du mal. L'intelligence, dont la nature est la distinction, est capable de contenir même la duplicité inhérente à l'idée du mal. Mais pour rester bonne, cette idée du mal ne doit pas sortir de l'intelligence. Dès qu'elle pénètre dans l'amour, qui n'est autre chose que l'harmonie son contraire, elle le détruit et le change en haine, et c'est là le mal moral. Dès qu'elle touche l'être matériel auquel l'attraction tient lieu d'amour, elle brise et pervertit cette attraction et produit le mal physique. Cette idée, bonne tant qu'elle reste dans l'intelligence, devient donc le mal dès qu'elle se réalise en en partant. C'est pourquoi Dieu a cette idée mais ne la réalise jamais.

Malheureusement la liberté dans la créature entraîne fatalement la possibilité de cette réalisation maudite.

Comme nous l'avons vu, aucune créature ne peut être créée dans la participation actuelle de la vie divine qui est l'ordre surnaturel; car si la créature pouvait se trouver dans cet ordre par la création même, cet ordre ne serait plus surnaturel. Il faut donc que cette participation soit offerte à la créature libre, qu'elle soit crue par la foi et acceptée par la charité.

Toute créature vit donc hors de cette vie divine. Cette séparation de Dieu n'est pas en elle-même en mal; c'est une imperfection dans la créature finie, c'est entre Dieu et la créature la réalisation de la distinction. Mais lorsque la créature refuse le rapprochement que Dieu lui offre, la distinction devient division, la différence devient désharmonie volontaire, et c'est le mal moral.

Ce mal, s'il était pleinement consciencieux, serait absolu et irrévocable, mais il a le plus souvent dans la créature pour cause atténante, l'ignorance et la faiblesse. La créature, incrédule bien souvent, n'a pas encore pour cela l'aversion formelle de Dieu. Eblouie par son principe qu'elle ne comprend pas, elle ne peut se figurer qu'il soit son bonheur et sa fin dernière, elle doute, hésite, se renferme en elle-même et reste dans l'incertitude. Le plus souvent c'est l'illusion du bonheur qui éloigne de Dieu, on poursuit une chimère malgré la parole de Dieu qu'on n'écoute pas, on ne hait pas Dieu pour cela, on voudrait même quelquefois concilier l'amour de Dieu et de la chimère qu'on poursuit, c'est pourquoi il y a des péchés rémissibles. Mais comme le dit Jésus-Christ, il y a un péché contre l'esprit saint qui n'est pardonné ni dans ce monde, ni dans l'autre, et ce péché est surtout celui de Lucifer qu'il faut dévoiler ici.

Lucifer était la première des créatures, le plus beau des anges, le premier ministre de Dieu dans toute la création. Lorsque Dieu se fit connaître à lui et lui proposa l'ordre surnaturel, cet être orgueilleux et enivré déjà de sa propre beauté, fut, par l'amour, jaloux de n'être pas le premier, il refusa de mettre sa fin dernière en Dieu, il ne voulut d'autre bonheur que celui qu'il pourrait tirer de sa propre nature, et n'eut pour Dieu qu'une jalousie et une haine immense, ce fut là son premier péché.

Nous avons vu tout à l'heure en Dieu cette idée de la désharmonie, qui était en lui comme un secret formidable, comme un sceau qui devait être éternel, comme un germe condamné par la justice à une perpétuelle stérilité.

Ce mal, que les malheureuses créatures réalisent en elles instinctivement et sans en comprendre tout le mystère, n'avait pu cacher son secret à l'intelligence formidable de Lucifer; à cette vue, le géant du mal eut un sourire horrible et, par une malice analogue à celle de Cham, il résolut de dévoiler ce secret, de le réaliser dans toute la création, dont Dieu lui avait confié le gouvernement, et de faire éclore ce germe que Dieu avait condamné à la stérilité.

Il se mit donc à son œuvre de destruction, aidé des démons, ses complices. Mais Dieu permit aux anges fidèles de lutter contre les traîtres, et alors commença le grand combat de Satan et des anges contre saint Michel et les anges, combat qui dure encore et que Jésus-Christ doit terminer au jugement dernier.

Il faut ici se rendre compte de l'action de Satan. Par la nature, Dieu aurait tout créé, unité ou harmonie, et les conséquences de l'harmonie sont l'ordre, la proportion, la beauté, la lumière, la vie et le bonheur. Le secret du mal, qui est celui de Satan, est la désharmonie ou la division, et les conséquences de la division sont le désordre, la disproportion, la laideur, les ténèbres, la mort et la douleur. Partout donc où nous trouvons une de ces conséquences de la division, nous sommes sûrs de voir une des traces de la main satanique.

Partout où Satan put le faire, il éteignit la lumière et engendra les ténèbres, en fixant la séparation des deux électricités; puis, arrachant la matière inerte à l'action des fluides, il détruisit la force de cohésion et la réduisit en poussière, or la poussière c'est la mort de la matière, c'est pourquoi Dieu, condamnant l'homme à la mort, lui dit : Tu es poussière et tu retourneras en poussière, et, puisque, comme le dit le livre, Dieu n'a pas fait la mort, il n'a pas fait non plus la poussière.

Lors même que la matière ou la poussière se réorganise, si elle le fait en désordre, elle reste ténébreuse ; la matière inerte ne peut pas il est vrai être lumineuse par elle-même, mais elle est lumineuse négativement ou positivement quand elle est transparente. Lorsque les molécules de la matière se réunissent en ordre, elles cristallisent, et la matière reste transparente, alors le carbone, le silex, l'alumine et la chaux deviennent le diamant, le cristal, le saphir et l'albâtre ; tel a dû être l'état primitif de la matière, mais l'état où nous la voyons en grande partie est ténébreux et, par conséquent, satanique.

Lorsque Satan a puissance sur un globe habité par des êtres vivants, il attaque la vie par la mort et la corruption qui la prépare. Alors il détruit toute unité, toute permanence, toute proportion. Le corps des plantes et la chair animale, sans cohésion, tombent peu à peu en poussière impalpable ; la chair s'évapore par la transpiration, s'appauvrit par les déjections, tombe en nourriture par les maladies, et est dévorée par la fausse vie des infusoires et de la vermine, et ressemble à une ruine qu'il faut continuellement replâtrer jusqu'à ce qu'elle s'écroule définitivement. La sensibilité n'est plus en proportion avec les éléments, elle souffre tour à tour du chaud, du sec, du froid et de l'humide. Les fruits qui devaient nourrir l'homme se chargent sans proportion d'acides et d'alcalis, et deviennent des poisons qui tuent au lieu de nourrir, et les meilleurs sont remplis de substance inutile que la vie ne peut s'assimiler.

Le résultat de tout ce désordre est la douleur qui empoisonne toute la vie et la mort qui la détruit. Enfin Satan force tous les êtres à se détruire les uns les autres, en les rendant nourriture nécessaire les uns des autres, de sorte que les plus forts mangent les plus faibles, jusqu'à ce que, morts eux-mêmes, ils deviennent la proie des insectes.

Rien de tout ceci ne peut être l'œuvre de Dieu et doit être rejeté de l'ordre primitif de la création.

Tout cela est l'œuvre de Satan, œuvre qu'il voulait étendre à toute la création. Mais il n'en a pas eu le temps, car saint Michel et ses anges combattirent contre lui et, comme le dit saint Jean, il fut chassé du ciel. *Et non valuerunt neque locus inventus est eorum amplius in cælo.* Cependant on ne peut dire combien il a éteint de soleils et empoisonné de globes, mais ses ravages furent immenses, si l'on s'en rapporte à cette parole de saint Jean : *Et cauda ejus trahebat tertiam partem stellarum cæli.* Et la queue du dragon entraînait la troisième partie des étoiles du ciel.

Je sais qu'on m'objectera la seconde ligne de la genèse : « Or, la terre était tohu-bohu et les ténèbres étaient sur la face de l'abîme, » mais je répondrai par la première ligne, qu'on ne médite pas assez.

Cette première ligne : au commencement, Dieu créa le ciel et la terre, dans sa brève simplicité, a une portée sans limite assignable, car si on la prend à la lettre, elle dit tout en un mot : Dieu créa le ciel et la terre, c'est là toute la création, mais la création première, qui réalisait toute la pensée divine, et où l'œuvre de Dieu était encore sans souillure ; c'est, en une ligne, une histoire immense, qu'on nous indique sans nous donner de détails, parce que cette histoire ne nous regarde qu'indirectement.

Dès la seconde ligne, le mal apparaît, le tohu-bohu ou le désordre et les ténèbres, or, ne serait-ce pas un blasphème de dire que Dieu a créé le désordre et les ténèbres? La conclusion se présente d'elle-même. Déjà, avait eu lieu la grande lutte des anges, déjà la création avait été en partie dévastée, et l'œuvre des six jours n'était qu'une œuvre de réparation pour préparer la place au Sauveur du monde, qui devait, selon le mot de Saint-Paul, tout réparer au ciel et sur la terre *instaurare omnia quæ in cœlis et quæ in terra sunt* (Eph. I. 10).

Dieu commence par rappeler la lumière : *fiat lux*. Cependant le moment n'est pas encore venu de couronner l'œuvre, il laisse une part aux ténèbres : *et divisit lucem a tenebris;* la terre n'est encore qu'un séjour provisoire, c'est par l'humanité que Dieu veut détruire le règne de Satan, et si Adam manque à sa mission, il l'accomplira divinement. Il a, dit Saint-Jean, abandonné tout jugement à son Fils, parce qu'il est le fils de l'homme. Dieu se contente donc de limiter le mal et de lui faire sa part; il débrouille ce qui a été confondu, il réunit les eaux de la mer, afin de rendre la terre habitable, il rappelle la vie dans les germes morts.

Puis, avant de créer le roi de ce nouveau royaume, il prépare, sur cette terre imparfaite, un jardin de délices.

Quant à Satan, il le refoule dans une plante, cette plante est la seule arme avec laquelle il lui soit permis de lutter, alors, voulant vaincre Satan avec ses propres œuvres, il crée l'homme et lui fait un corps de démon, de cette même terre que Satan a divisée et obscurcie. Nous pouvons comprendre maintenant toute la portée de la tentation du paradis terrestre. Vous serez comme des dieux, sachant le bien et le mal. Dieu avait caché le formidable secret à sa créature faible encore ; il attendait, pour le révéler à Adam, qu'il fût confirmé dans le bien par l'obéissance et l'amour, et disposé à n'accueillir la connaissance du mal, que par la haine, mais l'orgueil tentait déjà le cœur d'Adam et d'Eve, et c'est alors que Satan leur dit : j'ai découvert le secret que Dieu vous cache, donnez-vous à moi par la désobéissance, et je vous communiquerai ma science du bien et du mal, alors vous aurez le couronnement de l'intelligence, comme Dieu.

Dieu avait mis Adam et Eve sur la terre, pour la racheter et en expulser l'ennemi, mais le premier, Adam s'est laissé vaincre et a laissé au second la gloire de repousser le tentateur et de détruire son royaume.

Satan, redevenu par sa victoire le prince de ce monde, comme l'appelle J.-C., travailla à remettre le désordre partout, il inocula d'abord dans le corps d'Adam la corruption et la mort; il pervertit, autant qu'il le put, les lois de la nature, et la destruction aurait été complète si Adam n'eût fait pénitence et, si Dieu n'eût suspendu la puissance du mal par la promesse du rédempteur. Aussi, la nature telle qu'elle est, n'est que l'ordre dans le désordre, c'est le mal qui, forcé par la sagesse divine, se détruit lui-même, et fournit l'occasion au bien qu'il ne veut pas. L'excès est partout, mais les excès se neutralisent, l'excès de production est arrêté par l'excès de férocité des carnivores, le froid tue les germes, l'incendie nettoie le terrain des forêts vierges, les éléments luttent entre eux et tous les êtres se détruisent, se dévorent les uns les autres. Mais cette destruction est un mal nécessaire; les poisons sont aussi des remèdes, et la guerre elle-même une saignée qui empêche la putréfaction morale dans les peuples.

C'est ce que dit Saint-Paul, dont nous ne nous lassons pas de répéter la parole : *vanitati enim creatura subjecta est non volens : omnis creatura in gemis ut et parturit usque adhuc.... revelationem filiorum Dei expectat* (Rom. 8).

La créature a été soumise à la vanité sans le vouloir.... toute créature jusqu'à présent est dans le gémissement et l'enfantement, mais elle attend la révélation des enfants de Dieu.

Ici on peut faire deux questions. Dieu n'aurait-il pas pu arrêter, dès le premier pas, la malice de Satan et préserver son œuvre matérielle de toute souillure? Il est évident qu'il le pouvait. Pourquoi alors ne l'a-t-il pas fait? Pour plusieurs raisons. D'abord, comme nous l'avons déjà vu, le mal moral n'eût pas été diminué par là, car la tentation de l'orgueil, inévitable à toute créature libre, eût été plus dangereuse encore qu'elle ne l'a été. Secondement, de toute cette désorganisation physique qui comprend la douleur et la mort, Dieu devait faire sortir toutes les merveilles de l'amour par le sacrifice de la croix, par le sang des martyrs, par la pénitence de tous les Saints, merveilles qui feront éternellement l'admiration et la joie du ciel.

Dieu a donc laissé l'ennemi commencer son œuvre de destruction, il l'a laissé avancer jusqu'à ce qu'il soit tombé dans le piège, car Satan, en tuant J.-C., a détruit tous ses droits, il a suicidé sa puissance, il s'est donné un vainqueur. *Absorpta est mors in victoria:* la mort, dit Saint Paul, a été détruite par sa propre victoire.

Nous pouvons entrevoir maintenant ce que devaient être les lois de la nature dans le principe, et ce qu'elles seront après la conclusion de la lutte au jugement dernier.

Il faut retrancher des lois actuelles, je ne dis pas toute transformation, mais toute destruction, tout désordre, toute disproportion, toute ténèbre, toute mort.

Point de poussière d'abord, toute molécule matérielle doit faire partie d'une organisation quelconque et y rester jusqu'à ce qu'une nouvelle transformation la fasse passer dans une autre organisation. Point de putréfaction, toute substance doit être par elle-même pure et incorruptible.

Point de mort, la matière inerte doit être toute entière imprégnée des trois fluides, transformée par eux, et par eux élevée jusqu'à la vie, c'est, en partie, cet immense et sublime résultat que poursuivent, depuis le commencement du monde, les alchimistes dont le but, si mal compris, est de rendre l'or vivant.

Enfin, point de ténèbres, nulle matière opaque, partout la transparence ou la lucidité, de sorte que la marche triomphale de la lumière ne trouve aucun obstacle, et que le royaume de la lumière succède partout au royaume des ténèbres.

Je sais que bien des artistes vont se récrier, prétendant que le noir est nécessaire à leur pinceau, et l'ombre à leur œuvre, et qu'une lumière universelle serait un éblouissement insoutenable, qui ne laisserait rien distinguer et changerait la vue en supplice.

Je répondrai d'abord que la lumière renferme les sept couleurs et toutes leurs nuances, le contraste de ces couleurs suffit à dessiner toutes les formes, les belles verrières de nos cathédrales montrent qu'on peut faire de l'art sans sortir de la transparence, et l'arc-en-ciel me semble une palette assez belle pour contenter le génie le plus difficile.

Dès que les corps conservent la couleur, la lumière ne peut pas les confondre à nos yeux, pas plus qu'elle ne confond le diamant, le rubis, l'émeraude et le saphir.

Enfin, la fatigue que la lumière continue procure à nos yeux, vient du désordre physique, qui n'était pas au commencement et qui ne sera plus à la fin. D'abord, nos organes n'ont plus leur valeur primitive. Dans l'état actuel, le corps humain est dans une dissolution perpétuelle, la vie n'est qu'une longue maladie qui prépare la mort, et la faiblesse humaine se blesse à tout ce qui l'entoure.

Ensuite la lumière elle-même, telle que nous la voyons, n'est jamais pure, la poussière l'empoisonne comme elle empoisonne tout, les dernières découvertes nous font voir dans la lumière même du soleil des molécules métalliques en suspension, et, en arrivant à notre œil, la lumière elle-même nous apporte l'impression de la division, qui est le mal.

Nous ne savons donc pas ce que c'est que la lumière pure, et nous ne pouvons nous faire l'idée de la beauté dont elle est susceptible.

Les expériences des mystiques nous ouvrent à ce sujet de nouveaux horizons. Sainte Thérèse, dans ses visions, se vit revêtir d'une robe. « Il est impossible, dit-elle, de donner la moindre idée de son incomparable blancheur; à côté d'elle, tout ce que la nature a de plus éclatant est noir comme la suie... et cet éclat, quelqu'extraordinaire qu'il fut, réjouissait la vue au lieu de l'éblouir. » Une autre fois, elle vit le corps de Jésus-Christ. « Quand, dit-elle, je me serais efforcée, durant des années entières, de me figurer une beauté si ravissante, jamais je n'aurais pu en venir à bout, tant sa seule blancheur et son éclat surpassent tout ce que l'on peut s'en imaginer ici-bas. C'est un éclat qui n'éblouit point ; c'est une blancheur ineffablement pure et suave tout ensemble ; c'est une splendeur infinie qui cause à la vue un indicible plaisir sans ombre de fatigue ; c'est une lumière infiniment différente de celle d'ici bas, et auprès de ses rayons qui inondent l'œil ravi de l'âme, ceux du soleil perdent tellement leur lustre, qu'on voudrait ne plus les regarder. »

Une autre sainte, Anna Taigi, avait continuellement devant les yeux un soleil qui lui paraissait incomparablement plus brillant que le soleil naturel ; cependant, dans un temps où son œil malade ne pouvait supporter la simple lumière du jour, de ce même œil malade, elle fixait et contemplait sans fatigue le soleil merveilleux qui l'illuminait.

Voilà la vraie lumière, la lumière créée par Dieu au commencement, la lumière pure qui n'a pas été souillée par le mal, la lumière que nous rendra la restitution de l'ordre primitif, et dont nous n'avons à craindre ni éblouissement ni fatigue.

Dans cette restitution des vraies lois de la nature, tous les principes restent, les défauts seuls disparaissent, c'est toujours le calorique qui est le moteur universel, mais il échauffe sans jamais brûler. L'électricité est, par sa mobilité, la cause de toutes les transformations, et réalise à volonté toutes les conceptions des êtres libres, mais elle ne se fixe jamais dans les ténèbres et la douleur de la séparation. La lumière remplit tout, brillante sans éblouissement, et composant une admirable symphonie avec ses sept couleurs, comme le musicien avec les sept notes de la gamme.

Enfin le carbone, la matière inerte, imprégnée et vivifiée par les trois fluides, est toute entière transparente ou lumineuse, et vivant de la vie élémentaire. Tout en elle est organisé, aucune de ses molécules ne se sépare et n'erre isolée et vagabonde dans l'espace comme maintenant ; elle ne se transforme que pour réaliser une autre forme passant sans interruption d'une organisation à une autre.

Cet état brillant et heureux de la nature, que nous croyons implicitement enfermé dans la première ligne de la Bible, se retrouve plus développée dans la dernière page de cette même Bible, dans la Jérusalem céleste, que décrit St-Jean. Palingénésie chrétienne, où l'on ne voit que lumière et pierre précieuse, où, parmi les métaux, l'or est seul admis et encore à un état qui nous est inconnu, c'est-à-dire transparent comme le verre.

« Et l'ange me transporta en esprit... et me montra Jérusalem, la sainte cité qui descendait du ciel venant de Dieu, illuminée de la clarté de Dieu, et sa lumière était semblable à une pierre précieuse, telle qu'une pierre de jaspe transparente comme le cristal... et la muraille était bâtie de pierres de jaspe, mais la ville était d'un or très-fin semblable à du verre d'une grande pureté, et les fondements de la muraille de la ville étaient ornés de toutes sortes de pierres précieuses. Le premier fondement était de jaspe, le second de saphir, le troisième de chalcédoine, le quatrième d'émeraude, le cinquième de sardonix, le sixième de sardoine, le septième de chrysolite, le huitième de béryl, le neuvième de topaze, le dixième de chrysoprase, le onzième d'hyacinthe, le douzième d'améthyste, et les douze portes étaient douze perles; et chaque porte était faite de chaque perle, et la place de la ville était d'un or pur comme un verre transparent...

Et il me montra un fleuve d'eau vive, claire comme le cristal, qui partait du trône de Dieu et de l'agneau, au milieu de la place de la ville; sur les deux rivages du fleuve, était l'arbre de vie qui porte douze fruits et donne son fruit chaque mois... et la ville n'a pas besoin de soleil ni de lune pour l'éclairer, parce que la gloire de Dieu l'éclaire, et que l'agneau en est le flambeau... et ses portes ne se fermeront point le jour, car il n'y aura point de nuit en ce lieu. »

CHAPITRE XVII

RÉSUMÉ SUR LES NOMBRES

Jusqu'ici nous avons vu Dieu et toutes ses œuvres manifester des nombres qui les caractérisaient. Résumons, en finissant, les observations à ce sujet disséminées dans tout l'ouvrage.

Avant tout, l'unité : l'unité est le sceau et le privilège de Dieu. Dieu seul est parfaitement un. Mais l'unité peut, comme nous l'avons vu, s'envisager sous plusieurs aspects, mais surtout comme principe et comme fin, car tout procède de l'unité et tout doit tendre à y revenir.

C'est pourquoi Dieu, qui est l'unité, dit de lui-même : Je suis l'alpha et l'oméga, le premier et le dernier, le principe et la fin. *Ego sum alpha et omega, primus et novissimus, principium et finis* (Apoc., I, 13).

Comme principe, l'unité radicale est l'être même de Dieu. C'est l'idée que Dieu a de son propre être. Elle caractérise la vie, premier des attributs que nous avons reconnu en Dieu.

L'unité finale, qui ramène à un point indivisible tout le développement de l'être, s'est révélée plusieurs fois, chaque fois que le développement de l'être se complétait sous un aspect différent. Ainsi, lorsque le St-Esprit unit le Père et le Fils avec lui-même, apparaît l'unité d'harmonie ; lorsque la sainteté clot le cercle de l'être et le ramène tout entier à son principe, apparaît l'unité d'amour ou de béatitude. Enfin, l'éternité ajoutant à toutes les autres unités, l'unité dans la durée apparaît comme l'unité des unités, unité qui achève et contient toutes les autres et les rend permanentes.

L'idée du non être nous a révélé le nombre deux, principe de toute distinction, renfermant la possibilité métaphysique, soit du retour à l'unité, soit de la division. Ce nombre caractérise exclusivement l'idée négative du non être ou la justice divine. Dieu a marqué toute la création du sceau de ce nombre, car, selon le texte de la Sagesse, toutes les œuvres du Très Haut sont doubles. Les reflets de ce nombre dans les créatures sont innombrables, et son expression la plus haute est dans le double sexe, masculin et féminin.

L'harmonie de l'Esprit-Saint nous révèle le nombre trois. Le nombre trois est le retour à l'unité, qui semblait brisée par le nombre deux. C'est en unissant le Fils au Père que l'Esprit-Saint se réalise ; c'est pourquoi il peut être considéré comme l'efflorescence de l'unité, il émane d'elle directement, participe à sa vertu, et exprime la paix et la béatitude. Sous un aspect, le nombre trois renferme l'être tout entier, et peut être considéré comme le premier développement de l'idée de l'être, qui était une dans son principe. Ce nombre a de nombreux reflets dans la création, dans les fluides, dans les couleurs et dans les formes.

L'idée du non être, introduisant une subdivision dans l'un des trois attributs primitifs, fait apparaître le nombre quatre. Le nombre quatre ajoute explicitement à l'idée de Dieu l'idée de la création, qui était déjà dans le nombre trois, mais implicitement et seulement comme possibilité. Par la création, l'être semble se multiplier, c'est pourquoi le nom que lui donne la langue hébraïque, selon Fabre d'Olivet, a le sens de multiplication. Le nombre quatre a son premier type dans les séries d'être radicalement séparées par une distance infinie ; Dieu, l'être raisonnable, l'être vivant, et la matière ; il renferme donc tout l'infini et le fini ; il se présente comme résumé, comme collection à la fois complète et distincte.

Nous avons trouvé le nombre cinq dans la matière, qui est, dans la création, l'expression pure et isolée de l'idée du non être. Ce nombre émane directement du nombre deux, qui caractérise l'idée négative, c'est la division qui éclot de la distinction. La sympathie de ces deux nombres est indiquée dans les cinq pétales ordinaires des dicotylédones, de même que la sympathie du trois et du un se manifeste dans les trois pétales des monocotylédones.

Ce nombre exprime à la fois l'analyse, l'intelligence et la division, il n'a point de facteur, ne peut former de groupes, et ne peut sortir du détail. Il peut être considéré comme le développement de l'idée du non être qui était dans le nombre deux.

Le nombre six descend généalogiquement de l'unité, par l'intermédiaire du trois. Il est la paire du trois qui s'est redoublé, et l'harmonie du deux qui est triplé.

Toujours en équilibre dans tous ses groupes, il est le nombre parfait des pythagoriciens, le type de la proportion et de la beauté naturelle. Nous avons vu que la vie pure, se manifestant dans la création, a réalisé au plus six facultés ; le nombre six peut donc être regardé comme le dernier épanouissement de la vie pure, et il la caractérise spécialement ; il a son reflet dans la manifestation du beau par les arts.

Le nombre sept se présente avant tout comme formant le cercle de l'être. C'est le nombre complet par excellence, il clôt et termine tout, il est partout la fin et la conclusion. Par lui, l'idée de l'être atteint son dernier développement, comme l'être lui-même.

Avec le septième attribut, qui est la sainteté, apparaît l'idée du bien et du mal : l'un qui s'épanouit en sept fleurs qui sont les sept vertus, l'autre qui produit sept épines qui sont les sept péchés capitaux. Le bien et le mal montrent dans tout son éclat le rôle de la liberté, de sorte que ce nombre sept peut se rapporter à trois des attributs divin ; à l'idée de l'être dont il est le plus grand développement, à la sainteté qui est l'attribut septième et final, à la liberté qui n'est que dans les êtres à sept facultés, et dont le principal champ d'action est le double septenaire du bien et du mal.

Les reflets de ce nombre sont très-fréquents, soit dans l'ordre naturel, soit dans l'ordre surnaturel. Dans le premier, nous avons les sept couleurs, les ser... s, les sept formes, les sept jours ; dans le second, nous avons les vertus, les vices, les sacrements, les dons du Saint-Esprit et les demandes du *pater* et les ordres mineurs et majeurs qui se terminent par le sacerdoce ; enfin on peut ajouter encore le chandelier à sept branches, les sept pains de proposition, et tous les septenaires de l'Apocalypse.

Nous avons vu le nombre neuf comme caractérisant spécialement la sainteté, surtout dans son rapport avec l'unité, à laquelle elle ramène l'être tout entier ; c'est l'unité de tout l'être et de tous les êtres qui en sont capables. C'est par elle que Dieu est tout en entier en tout lui-même et tout dans les saints et que les saints sont tout en Dieu, autant qu'il est possible. Le nombre neuf remonte à l'unité par le trois, il est le trois développé et multiplié par lui-même, et, comme le trois était déjà l'être ramené à l'unité par l'amour, cela revenait à un multiplié par un qui reste toujours l'unité première. Ce nombre d'amour et de béatitude n'a de reflet que dans le ciel dans les neuf chœurs des anges.

Il reste quelques nombres mystérieux et sacrés que nous n'avons pas rencontrés sur notre chemin ; les nombres déjà expliqués nous fourniront peut-être quelque lumière à leur sujet.

Le premier qui attire notre attention est le douze. Le douze, que les pythagoriciens appelaient le nombre plus que parfait, est remarquable par la quantité de ses facteurs ; il se groupe de toute manière, se prête à toutes les combinaisons et se présente naturellement comme l'harmonie de tous les autres nombres sacrés ; en lui se trouvent combinés le 2, le 3, le 4 et le 6.

Mais voici un calcul qui lui rattache deux autres des nombres expliqués, et justifie le caractère harmonique que nous lui avons attribué.

L'harmonie ou la lumière, troisième attribut divin, résulte, comme nous l'avons vu, du contact qui unit l'idée de l'être à l'idée du non être. Or, nous venons de voir que cinq était l'épanouissement du nombre deux, qui caractérise l'idée du non être, et que l'idée de l'être, une d'abord, triple ensuite, trouvait son dernier développement dans le nombre sept. Si donc nous réunissons ces deux nombres, qui sont l'idée de l'être et l'idée du non être dans leur perfection, nous aurons le nombre 12, qui caractérisera l'harmonie ou la lumière dans sa plus grande perfection aussi.

Ce nombre n'a qu'un reflet dans l'ordre naturel, c'est le rapport du cours de la lune avec celui du soleil qui produit les 12 mois de l'année. Ce rapport, il est vrai, n'est pas parfaitement exact maintenant, mais les anciennes traditions le supposent exact, et il a dû l'être dans l'ordre primitif, avant qu'il fût désorganisé, soit par le péché des anges, soit par celui de l'homme.

Dans l'ordre mystique et surnaturel, le nombre 12 a son type dans les 12 tribus d'Israël et les douze apôtres. Nous le retrouvons avec abondance, caractérisant le règne de l'Esprit-Saint dans la Jérusalem céleste de l'Apocalypse avec ses douze fondements marqués du nom des douze apôtres, ses douze portes gardées par douze anges et surmontées du nom des douze tribus, sa longueur de douze mille stades, sa hauteur de douze fois douze coudées, les douze perles dont sont formées les douze portes, et les douze fruits que produit l'arbre de vie.

Les pythagoriciens disent que les nombres impairs sont mâles et les nombres pairs femelles. Cette parole renferme un grand sens qui mérite d'être approfondi.

Comme nous l'avons vu, masculin et féminin sont synonymes de positif et négatif. Le positif est le premier, et le négatif ne survient que comme complément; lorsque le féminin apparaît, ils sont deux et l'être est complet. Les mots incomplet et complet pourraient donc être substitués à ceux des pythagoriciens et seraient peut-être d'une exactitude plus parfaite.

Examinons les nombres sacrés et même tous les nombres de la première dizaine à ce point de vue.

L'unité est l'essence première de l'être, l'unité caractérise l'être radical, l'idée de l'être et la personne du Père; mais cette unité engendre un complément qui est l'idée du non être. Alors apparaît le nombre deux, qui caractérise cette idée négative et la personne du Fils. Ici revient à la pensée le texte de la cabale juive que nous avons cité au commencement.

« Tout ce qui existe, tout ce qui a été formé par l'Ancien, dont le Nom soit sanctifié, subsiste par un mâle et par une femelle. La sagesse est aussi nommée le père, car elle a, dit-on, engendré toutes choses ; l'intelligence c'est la mère ainsi qu'il est écrit : tu appelleras l'intelligence du nom de mère. »

Nous avons dit souvent que la sagesse était l'idée de l'être et l'intelligence la distinction, qui se fait par l'idée négative du non être.

Mais lorsque ces deux termes, après s'être montrés comme distincts, se réunissent, lorsqu'à l'unité principe et à son complément s'ajoute l'unité d'harmonie de l'Esprit Saint, le nombre trois apparaît, mais les trois ne sont qu'un seul Dieu. Il faisait allusion à cette harmonie divine de la trinité, celui qui dit, en parlant de l'union de l'homme et de la femme : ils ne sont plus deux *jam non sunt duo*. Le trois reprend donc le sens et le caractère de l'unité qu'il rétablit, il est un seul Dieu, un seul être et, comme tel, terme positif.

Ce qui s'ajoute à Dieu n'est et ne peut être que la création, toute négative relativement à lui. Si donc on dépasse le trois pour arriver au quatre, on ajoutera à l'idée positive de Dieu l'idée complémentaire de la création, qui est la manifestation extérieure de l'idée négative du non être.

Déjà, à un autre point de vue, nous avons vu le nombre quatre exprimer à la fois Dieu et toutes les séries possibles de créatures. Remarquons que, dans ce nombre quatre, les deux éléments positif et négatif ne sont pas également exprimés. Le trois est une idée développée de Dieu et complète en un sens. Ce qu'on ajoute pour aller à quatre n'est pas l'idée complète et détaillée de la création, mais un point qui ne fait que l'indiquer.

Le cinq qui suit le quatre est par lui-même l'idée développée du non être et de la création ; nous l'avons vu caractériser la matière, qui a cinq propriétés répondant aux cinq sens de l'homme. Ce nombre est donc négatif et, comme l'indique son nom hébreu, il signifie aussi l'intelligence, l'analyse et la division.

Mais si, au cinq on ajoute une unité qui non seulement indique la vie, mais l'exprime réellement, puisqu'elle est son nom, ce nombre cinq, nombre de division et de mort, en devenant le six, se transforme, se remplit de proportion et d'harmonie, il devient le nombre parfait des pythagoriciens. La lumière intellectuelle résulte, comme nous le savons, de l'union de l'idée positive de l'être avec l'idée négative du non être ; le nombre six renferme, d'un côté l'idée du non être développée dans le cinq, et l'idée de l'être, non seulement indiquée, mais exprimée réellement par le un. Toutefois, ce un exprime l'idée de l'être en germe et sans développement, telle qu'elle est dans la raison humaine, le nombre six exprime donc parfaitement la beauté de l'intelligence créée, la beauté de l'ange, de l'âme et du corps humain, toutes les beautés naturelles.

Sept, idée complète de Dieu, compte tous ses attributs, c'est l'idée de l'être arrivée à son entier développement. Sept est donc essentiellement positif. Si on ajoute un pour parvenir au huit, ce point, d'après ce qui précède, doit aussi indiquer la création. Nous ne pouvons le prouver indirectement ; cependant les deux seules manifestations que nous connaissions du nombre huit semblent confirmer cette conjecture.

Le nombre huit se montre d'abord dans l'échelle musicale, la gamme, il est vrai, est complète en sept termes, mais arrivée au septième, l'oreille demande un huitième pour se reposer. Or, ce huitième terme n'est pas quelque chose de nouveau, c'est la répétition de l'ut qui a engendré toute la gamme. Ce second ut, fait à l'image du premier, est lui-même le principe d'une autre gamme, qu'il indique seulement. Cette autre gamme, qui doit se dérouler à l'image de la première, est un symbole admirable de la création qui reflète, dans le fini, les attributs infinis de Dieu.

La seconde manifestation du nombre huit se trouve dans les béatitudes. Il est remarquable qu'elles procèdent comme les notes de la gamme, elles se déroulent d'abord en sept termes différents : 1° le royaume des cieux, 2° la terre, 3° la consolation, 4° le rassasiement, 5° la miséricorde, 6° la vue de Dieu, 7° l'adoption divine et la huitième est la répétition de la première : le royaume des cieux.

Le nombre neuf nous ramène au positif de l'unité.

Le nombre neuf est l'unité par la sainteté, l'unité dans toute sa fécondité et dans son dernier repos, c'est Dieu considéré comme béatitude.

Si l'on dépasse ce nombre, on arrive au dix.

Ce nombre manifeste admirablement la duplicité des événements par le signe même : un et zéro. Ici l'unité a repris sa forme première, et elle s'adjoint le zéro.

Le zéro est la forme de l'idée négative qui s'approche le plus de son objet direct, le néant dont Dieu a tiré le monde ; et, dans le monde, ce que le zéro exprime surtout, c'est la matière, premier degré de l'échelle qui va du néant jusqu'à Dieu.

Le 10 représente donc la divinité qui s'adjoint la matière, c'est la traduction de cette parole *et verbo caro factum est*. Le verbe s'est fait chair. Le zéro représente aussi la pensée du néant, qui est le principe de l'humilité, et, joint à l'unité, rappelle cette autre parole : « Apprenez de moi que je suis doux et humble de cœur ». De toute manière, le 10 caractérise donc Dieu, fait homme, J.-C., en qui se résume et se rattache à Dieu toute la création.

Le 10 résume toute l'œuvre extérieure de Dieu dont J.-C. est le sommet. Il est la limite de la conception humaine, qui compte tout par dix, et qui, pour dérouler la série indéfinie des nombres, reproduit indéfiniment, en d'autres termes, cette première série de 1 à 10, qui renferme non seulement toute sa pensée, mais encore tous ses devoirs, car ce sont les dix commandements qui déterminent tous les rapports qui doivent exister entre Dieu et l'homme et entre les hommes entre eux.

Au delà de 10, dans l'ordre surnaturel, nous trouvons le 12 mystérieux. Nous avons déjà vu qu'il appartenait à l'Esprit-Saint, et était le symbole de la lumière incréée.

Comme les autres nombres pairs, il renferme les deux éléments, mais plus parfaitement qu'eux tous. Dans les autres, un seul élément était développé, et l'autre simplement indiqué par un point; ici les deux éléments sont dans tout leur développement, c'est la plus complète expression de l'idée du non être et de l'idée de l'être, et, si la lumière résulte du contact de ces deux éléments, elle doit être à son plus haut degré d'intensité lorsque ces deux éléments sont eux-mêmes dans leur plus grande perfection.

En passant du 10 au 12, nous avons laissé sur notre chemin un nombre énigmatique, le nombre onze. Ce nombre a-t-il un sens, et quel est-il ? St-Augustin dit qu'il est le nombre du mal. Cela est vrai, mais pour des raisons plus hautes que celles qu'il en donne.

Le nombre 10, représentant J.-C., renfermait la pensée créatrice dans son idéal, car nous avons vu que J.-C. renferme en lui toutes les perfections qui peuvent se trouver dans les créatures. Mais en lui la création reste infailliblement unie à Dieu, puisqu'il n'y a pas de nouvelle personnalité. En effet, en J.-C. il n'y a qu'une personnalité, celle du Verbe, la personnalité s'est effacée dans le zéro du 10. Mais dès que Dieu a voulu faire de pures créatures, dont la première en grandeur était Lucifer, il a fallu leur donner une personnalité distincte de la sienne. Cette personnalité qui se trouve en face de Dieu est une petite unité devant la grande unité divine. C'est ce que représente le 11. Cette seconde unité est distincte de l'autre. Or, la distinction ouvre deux voies à la petite unité, elle peut s'élever à l'harmonie en se réunissant à la grande unité, elle peut se constituer dans la division qui est le mal, en restant séparée, et, si cette unité est libre, elle peut choisir.

Le 11 exprime donc la tentation et le danger où se trouve, par son être même, toute créature libre de se séparer de Dieu, ce qui est le mal. Le 11 est l'inévitable danger de l'orgueil, source et sommet du mal.

Dans le 11, ce danger est permanent, car lors même qu'on réunit ces unités, elles forment le nombre deux, qui est celui de la distinction et laisse toujours la porte ouverte à la division.

Si ces deux unités pouvaient s'élever à la paix de l'harmonie et, en se développant, devenir le nombre 3, alors nous aurions le 33 et le danger disparaîtrait. Le 3 exprimant l'amour, ces deux trois s'aiment et s'unissent naturellement; et, par leur union, ils forment le nombre 6, qui est un nombre d'harmonie, de beauté et de perfection.

Le 33 se présente donc comme le salut de la Rédemption du 11, c'est sans doute pour cela que le Rédempteur a vécu 33 ans, restant 30 ans dans la vie cachée en Dieu, et travaillant 3 ans à racheter la créature égarée et révoltée.

Lucifer est resté obstinément dans le 11, réalisant le danger de division qu'il renferme; c'est pourquoi ce nombre d'orgueil lui reste comme un sceau de malédiction, et il imprime ce sceau du mal sur tous ceux qui partagent sa révolte contre Dieu.

Il nous reste à déchiffrer l'énigme du 40.

Ce nombre a certainement un sens mystérieux, car il est répété avec insistance dans toute l'histoire sacrée. La pluie du déluge a duré quarante jours; Moïse est resté quarante jours sur le Sinaï; quarante jours étaient donnés aux ministres pour faire pénitence; les espions envoyés par Moïse restèrent quarante jours à explorer la terre de Chanaan, et les israélites furent condamnés à rester quarante ans dans le désert; Élie jeûna et marcha quarante jours pour aller au mont Horeb; J.-C. jeûna dans le désert et resta pendant quarante jours sur la terre après sa résurrection; enfin, le carême éternise ce nombre dans la société chrétienne.

Au premier aspect, le sens de ce nombre semble multiple. Il se présente comme punition dans le déluge et le séjour des Israélites dans le désert, comme mesure de la patience divine dans la menace faite à Ninive; comme expiation dans les jeûnes de Jésus-Christ, d'Élie et des chrétiens; comme révélation dans le séjour de Moïse au Sinaï, et dans le temps qui précéda l'Ascension. La seule chose constante, c'est que ce nombre caractérise une période complète et suffisante pour achever une œuvre.

Saint Augustin pense que le nombre quarante représente la durée de notre pèlerinage sur la terre, ce qui est en effet une période complète qui achève l'œuvre de notre destinée.

Le nombre quarante doit émaner du nombre quatre qui est aussi un nombre complet; un nombre qui résume Dieu et ses œuvres, une somme qui contient l'énumération de toutes les sortes d'êtres existants et possibles.

Voici un aperçu qui présente ce nombre sous un jour nouveau, sans le sortir de son caractère collectif.

Nous venons d'assigner à chaque attribut divin le nombre qui le caractérisait spécialement. La vie dans son plus grand développement manifeste le nombre 6. L'idée de l'être s'épanouit dans le nombre 3. L'idée du non être est caractérisée par le nombre 2, la sainteté par le nombre 9, la lumière ou l'harmonie par le nombre 12, la liberté acquiert toute sa puissance par le nombre 7 et nous avons appelé l'éternité : l'unité des unités.

Si nous plaçons tous ces attributs dans l'ordre qu'ils ont dans le cercle de l'être, si nous mettons en regard les couleurs de l'arc en ciel et les nombres que nous venons d'indiquer, nous aurons le tableau suivant :

Vie	Liberté	Lumière	Sainteté	Sagesse	Justice	Éternité
Rouge	Orange	Jaune	Vert	Bleu	Indigo	Violet
6	7	12	9	3	2	1

Il est remarquable que distribués ainsi, ces nombres se trouvent dans une progression semblable à celle de la lumière dans les couleurs de l'arc-en-ciel.

En effet, dans l'arc-en-ciel, nous voyons d'abord la lumière croître d'abord du rouge jusqu'au jaune, où elle atteint sa plus grande intensité, puis de là décroître rapidement jusqu'au violet, la moins lumineuse des sept couleurs. Il en est de même dans la série des nombres 6, 7, 12, 9, 3, 2, 1.

Mais ce qui n'est pas moins remarquable, et ce qui nous ramène à notre sujet, c'est que ces sept nombres additionnés reproduisent le nombre quarante, qui se présente alors comme la collection et la somme des nombres divins.

Notre pèlerinage sur la terre n'a qu'un but, c'est de nous élever jusqu'à Dieu, par la connaissance d'abord et ensuite par l'amour. Or c'est par la contemplation des sept attributs, que notre âme monte, comme par une échelle mystérieuse, à la connaissance de plus en plus parfaite de son bien suprême, qui est Dieu. C'est sur ces degrés que nous découvrons et contemplons successivement le principe de vie, cause universelle par laquelle et dans laquelle, comme dit saint Paul, nous sommes, nous vivons et nous nous mouvons, puis l'idée de l'être ou de l'infini, qui nous donne la raison, l'idée du non être ou la distinction, qui nous ouvre les portes de la science, les sublimes prérogatives et les devoirs de la liberté, les merveilles harmoniques de la lumière, de l'amour, la perfection de la sainteté, et le repos sans fin de l'immuable éternité.

Les anges vont et viennent sur cette voie lumineuse, pour nous montrer la route et soutenir nos pas ; ils montent et descendent sur cette échelle mystérieuse, dont celle de Jacob était le symbole. Jacob dut aussi y compter quarante degrés, lorsqu'il la voyait, si belle et si lumineuse, unir le ciel et la terre.

Nous aussi, nous l'avons parcourue à notre manière, cette échelle divine, non dans la vision d'un songe, mais dans la marche patiente de la pensée. Nous en avons compté tous les degrés, et de chacun d'eux nous avons vu jaillir un rayon de lumière; nous avons donc terminé notre tâche et nous devons nous arrêter là.

Mais nous en avons l'espérance, les efforts que nous avons faits ne seront pas inutiles; notre récompense dans une autre vie sera de parcourir éternellement cette échelle divine, non plus avec le pas fatiguant du raisonnement, mais avec les ailes infatigables de l'intuition; non plus sous le voile transparent de l'analogie, mais dans la lumière éblouissante de la réalité, et dans l'extase sans fin de l'amour.

CONCLUSION

Arrivés au bout de notre course, retournons-nous pour voir l'espace parcouru, comme le voyageur qui, après avoir exploré une région, arrivé au sommet de la montagne, cherche à contempler dans leur ensemble les beautés qu'il a admirées dans leurs détails. Ce sera une fête pour notre pensée de voir toutes les conceptions que nous avons exposées se rattacher à un seul principe et en sortir, comme l'arbre sort tout entier du tronc qui le supporte. Il est beau et admirable de voir que tout est renfermé dans une seule idée et dans un seul mot, et peut en sortir. Ce mot et cette idée, c'est Dieu.

Dieu, c'est-à-dire l'être par lui-même, infini, sans limite, par conséquent indivisible unité. Cette idée première ne peut être démontrée *à priori*, puisqu'elle est première, mais elle s'impose comme un fait et ne peut laisser place au doute. En effet, nous savons et nous sentons que l'effet ne peut pas être plus grand que la cause ; il est impossible que notre intelligence finie ait produit l'idée de l'infini. Si cette idée est dans notre pensée qui, loin d'avoir pu la produire, ne la comprend même pas, c'est qu'elle y a été mise par l'infini lui-même, qui seul l'a pu produire et seul la comprend. Elle est, comme dit Fénelon, Dieu en nous. C'est le sceau de sa réalité qu'il imprime dans toute intelligence droite.

Ainsi donc Dieu est, comme il l'a dit à Moïse : *Ego sum qui sum*.

Tirons maintenant les conséquences logiques de cette source infinie.

L'infini, qui a toutes les perfections, a l'intelligence : il se connaît, et la vue directe qu'il a de lui-même, qui est l'être, ne peut être que l'idée de l'être. Mais toute idée reste confuse, ce qui est une imperfection, tant qu'elle n'est pas rendue distincte par le contraste de son idée contraire. Dieu a donc l'idée du non être, mais ces deux idées restent imparfaites, si elles ne sont complétées par la vue du rapport qui existe entre elles, et la vue de ce rapport, qui procède des deux idées et les ramène à l'unité d'une seule vue, est la lumière et l'harmonie qui complètent l'idée que Dieu a de lui-même.

Nous avons donc quatre termes : l'être ou la vie, l'idée de l'être, l'idée du non-être et la lumière. Ces quatre termes peuvent s'exprimer en trois mots : l'être conscient, la distinction et l'harmonie. Or, ces trois termes du triangle divin, en présence les uns des autres, produisent trois attributs intermédiaires qui complètent le cercle de la nature divine.

L'être ou la vie, principe actif, en présence de la lumière qui lui montre le but, produit l'activité intelligente, qui est la liberté. D'un autre côté, la vie en face de la distinction, ramenant à l'unité du moi toute la variété qu'elle contient, produit l'éternité qui est la mémoire divine.

Enfin, l'harmonie qui est le bien, en face de la distinction, se distingue de son contraire qui est le mal, et produit la sainteté qui est à la fois l'amour de l'amour ou de l'harmonie et du bien, et la haine de la haine ou de la discordance et du mal.

La lumière, qui produit la sainteté par la notion du bien et du mal, rejaillit sur tout le cercle divin, et en achève tous les attributs en les éclairant.

L'harmonie ou la conscience de l'être devient la conscience du bien, et l'éternité s'enrichit de cette conscience. La liberté, de purement active, devient élective ; l'idée de l'être contemplant l'être, contemple le bien, et prend le nom de sagesse ; l'idée du non-être, ayant à discerner le mal devient la justice.

Ainsi le cercle divin est formé : vie, liberté, harmonie, sainteté, sagesse, justice, éternité, voilà les sept rayons de la nature divine, les sept cordes de la lyre éternelle. Mais n'oublions pas que ces développements logiques n'ont qu'une priorité de raison, et qu'en Dieu tout est simultané et éternel. Ce septénaire est la cause, le modèle et la raison de toute chose. Au milieu des attributs qui se multiplient, reste invariable la triplicité de la personnalité divine. La personnalité est la clef de plus d'un mystère, elle n'est pas un attribut ; nous l'avons définie la conscience intelligente du moi. Je dis intelligente, parce que la conscience sensible sans intelligence ne produit que l'individualité animale et non la personnalité.

La conscience du moi implique le contraste ou le choc du non-moi. Pour être complète et parfaite, elle doit renfermer aussi la conscience du non-moi et celle du rapport qu'il y a entre le moi et le non-moi. Autrement, la conscience complète doit être en même temps la connaissance de ce qu'on est, de ce qu'on n'est pas, et du rapport qui existe entre ce qu'on est et ce qu'on n'est pas. Ces trois points de vue renferment tout et restent toujours trois.

Dieu seul remplit ces trois conditions dans sa conscience infinie qui contient tout. Une créature finie, quelle qu'elle soit, n'en peut remplir qu'une : elle a conscience du moi ou de ce qu'elle est, mais dans ce qu'elle n'est pas ou le non-moi se trouve l'infini, qui dépasse sa conscience et ne peut y être renfermée. Elle peut, il est vrai, avoir l'idée de l'infini ; mais elle ne le comprend pas : l'infini peut être dans sa science, mais non dans sa conscience. Cependant des êtres intelligents, qui ne remplissent qu'une des conditions de la personnalité parfaite, sont des personnes. Ceci nous laisse entrevoir que Dieu, qui les remplit toutes les trois, peut être trois fois personne.

Dieu est la plénitude éternelle de l'être. Comment peut-il y avoir d'autres êtres que lui ?

Dieu, par le mystère de la création, a voulu donner une réalité objective, non pas au non-être, mais à l'idée qu'il en a, idée qui est aussi celle du non-moi, puisqu'il est l'être, et qui est éternellement subjective en lui. Pour cela il fallait que toutes les qualités de cette réalité fussent la négation des attributs de l'être divin. Il fallait opposer à l'unité la divisibilité, à l'activité l'inertie, à la lumière l'impénétrabilité, à l'immuable éternité l'incessante mobilité qui réalise le temps. Il fallait cependant que cet être, si on peut l'appeler ainsi, arraché au néant par la réalité, se rattachât à l'être par un point, ce qu'il fait par la forme qui, traduisant négativement la pensée, la rend non pas intelligent, mais intelligible.

Cette réalité est la matière, qui est la forme divisible, inerte, impénétrable et mobile.

L'idée du non-être renferme implicitement l'idée du moindre être ou de la limite ; la quantité des limites possibles est indéfinie comme celle des nombres auxquels elle correspond. Toute limite offre la possibilité d'un être fini, et, dans la pensée de Dieu, toute limite doit être caractérisée par un nombre. Dieu est l'infini et, pour lui, la matière, qui réalise la limite, est le non-moi ; c'est sur ce non-moi que Dieu a élevé tout l'édifice de la création, qui contient les êtres autres que lui, car la matière, expression du non-être, n'était pas le but, mais le moyen de manifester l'être à tous les degrés. Néanmoins Dieu reste seul l'être proprement dit ; les autres ne sont être que par participation.

L'échelle des êtres s'élève à mesure que la limite se perfectionne et participe davantage à l'être. La participation aux trois attributs fondamentaux forme trois séries d'êtres entre lesquelles ces participations mettent des différences infinies. Les limites qui participent à la vie forment la série des êtres simplement vivants ; les plantes et les animaux. La participation, non seulement à l'être, mais à l'idée de l'être, forme la série des êtres intelligents ; les anges et les hommes. Le troisième attribut, l'harmonie ou la lumière, est la divinité même.

Jésus-Christ seul y participe ; par là il est à la fois Dieu et homme infiniment au-dessus des simples hommes et des anges. Dans ces trois séries, Dieu, l'être infini, s'est manifesté tout entier et l'œuvre de la création est parfaite.

Ici apparaît la charité infinie de Dieu : *Deus charitas est.* Jésus-Christ seul participe à la divinité par nature, mais, par l'adoption, il peut s'assimiler, pour ainsi dire, les créatures raisonnables, et les rendre participantes de sa divinité, avec lui et par lui : *Per ipsum, cum ipso, in ipso.* Mais comme les créatures raisonnables sont libres, il faut qu'on leur propose cette adoption et qu'elles l'acceptent, alors elles entrent dans une nouvelle vie, infiniment supérieure à la vie naturelle, c'est pourquoi on l'appelle la vie surnaturelle.

Cet ordre surnaturel est toute la vraie religion depuis le commencement du monde. Tous ceux auxquels parvient cette invitation sublime d'être pour ainsi dire divinisés par Jésus-Christ, sont les appelés; ceux qui la refusent sont les damnés parmi les hommes, et les démons parmi les anges.

Revenons au cercle divin, raison de toute chose. Dieu, l'être complet ne pouvait, dans ses œuvres, que reproduire l'image de ce qu'il voyait en lui-même.

Ainsi, si nous parcourons la création, nous voyons partout des reflets des trois attributs, ou quatre termes, et des sept attributs du cercle divin : par les trois fluides impondérables, les trois couleurs primitives, les trois notes de l'accord parfait, les trois ou quatre sections coniques. Puis nous trouvons le nombre sept imprimé dans la nature dans les sept couleurs de l'arc-en-ciel et dans les sept notes de la gamme. Dieu a aussi gravé ce nombre dans les sept jours de la semaine.

Mais le plus beau reflet du divin septénaire se trouve dans l'âme humaine. C'est pourquoi Dieu a dit : « Faisons l'homme à notre image. » En effet, l'homme participe non seulement à la vie, mais à l'idée de l'être et, bien que cette idée indivisible reste en lui confuse, parce que l'idée du non-être divisible, qui n'est en lui que particule, n'y répond pas, il résulte du contraste et de l'harmonie de ces deux idées, telles qu'elles sont dans l'homme, une lumière qui est la raison. L'action de la vie, guidée par cette lumière, produit la liberté. D'un autre côté, la vie, ramenant à l'unité du moi la variété d'idées qui est en chacun, produit la mémoire qui, faute de l'éternité, lui donne l'immortalité. Enfin la raison, en face de la distinction, entrevoyant la différence du bien, qui est l'amour et l'union, et du mal, qui est la haine et la division, produit une bonté naturelle qui, lorsque la révélation a dévoilé le mystère du bien et du mal surnaturels, peut devenir la sainteté, passe-port des élus. Ainsi l'âme humaine a donc sept facultés correspondantes et aussi semblables que possible aux sept attributs divins.

L'âme de l'animal, privée de l'idée de l'être, ne peut reproduire les sept termes ; elle n'en reproduit que six qui sont un reflet bien pâle de la divine lumière. Chez lui, la vie ne prend conscience d'elle-même que par les sens ; les sensations qu'ils lui font éprouver produisent la sensibilité, son seul guide, qui est plutôt un feu qu'une lumière. La vie, agissant à la lueur de ce feu, produit, au lieu de la liberté, la spontanéité. Cette vie obscure, ramenant à l'unité du moi les sensations éprouvées, produit une collection d'images qui est l'imagination, seule permanence de son être, dont nous ne pouvons apprécier l'étendue et les limites. Enfin la sensibilité, en face des sensations, ne peut s'élever plus haut que l'amour animal.

Ainsi l'échelle animale est constituée de la sorte : vie, sens, sensibilité, spontanéité, imagination, amour naturel.

Le septénaire des facultés de l'âme humaine est la raison de beaucoup d'autres. Quand ces sept facultés se pervertissent, elles produisent les sept péchés capitaux. Quand elles conservent leur perfection, surtout quand cette perfection est surnaturalisée par la sainteté, elles produisent les sept vertus principales. Les sept sacrements sont les canaux de la grâce qui sanctifient ces sept facultés, et les sept dons du Saint-Esprit leur donnent leur dernière perfection. Enfin les sept demandes du *Pater* demandent à Dieu les grâces que confèrent les sept sacrements.

Les six facultés animales, qui sont aussi dans l'homme, déterminent le nombre des beaux-arts.

En effet, l'art consiste à ajouter le beau sensible à l'utile, c'est-à-dire à transfigurer l'œuvre de la faculté inférieure par la lumière de l'harmonie et de l'unité. Alors l'œuvre des sens devient l'art plastique et les cavernes se changent en palais. La vie qui veut entraîner les volontés met en jeu les fascinations de l'éloquence ; les mouvements spontanés deviennent la danse, la sensibilité du moi s'exhale par la musique, l'imagination disciplinée revêt de poésie la pensée nue ; enfin l'œuvre de l'amour naturel, qui est l'enfant, donne lieu à l'art social, qui consiste à préparer à l'enfant une naissance pure et à le perfectionner par l'éducation.

La matière et ses lois nous offrent aussi d'admirables analogies. La matière, expression du néant, comme nous l'avons vu, ne se rattache à l'être que par la forme, qui exprime une pensée et la rend intelligible ; en un mot elle n'a de réalité que la forme. Ceci porte à conclure que la forme moléculaire doit être la raison de la différente nature des corps. Si maintenant nous considérons que l'action des trois fluides impondérables n'est que la traduction vivante des propriétés mathématiques des sections coniques, il nous est permis de conjecturer que la molécule élémentaire du calorique est sphérique, celle de la lumière elliptique, et celle de la double électricité hyperbolique. Le champ reste ouvert à mille autres conjectures qu'il est difficile ou impossible de vérifier, mais qui forment un tout harmonique avec le reste de l'édifice.

En résumant tout, il est admirable de voir que la formule que nous avons employée pour caractériser la Trinité se trouve la loi universelle, la loi de toute chose dans la création. Partout c'est le positif et le négatif produisant l'harmonie, c'est la loi du développement intellectuel dans la vérité, du beau dans les arts, du mouvement dans la mécanique et l'industrie, des phénomènes de la physique, de la propagation des êtres et de toutes les créations que nous avons appelées créations harmoniques.

L'harmonie est donc le but suprême, la fin dernière où tout doit tendre et où tout doit se reposer. Mais il faut s'arrêter là, passer outre est une transgression, la négation de l'harmonie ne produit rien et ne peut que détruire; elle est le mal et le malheur, et entre l'harmonie et la négation il ne peut y avoir d'autre rapport que la malédiction.

Ainsi une question mérite encore de nous arrêter à cause de son importance : celle du bien et du mal. La connaissance du mal apparaît en Dieu lorsque l'harmonie, prenant conscience d'elle-même, se distingue de son contraire. C'est-à-dire que l'harmonie est le bien, et le mal le contraire de l'harmonie, c'est-à-dire la discordance.

Ainsi le bien n'est pas l'être, ni le mal le non-être. L'être est le bien quand il est en harmonie avec lui-même, il est le mal quand il est en discordance avec lui-même. Selon la grandeur de l'être, l'harmonie peut être plus riche et plus admirable, et la discordance prendre d'effroyables proportions. L'harmonie de l'être avec lui-même peut être de la volonté, alors elle est amour et béatitude, elle peut être de la pensée, alors elle est vérité et lumière. La discordance de la volonté est haine et douleur, celle de la pensée est erreur et ténèbres.

L'harmonie de la volonté divine est l'amour infini et la souveraine béatitude ; celle de la pensée est la lumière sans ombre et l'éternelle vérité. En Dieu seul est infiniment et sans mélange le bien intellectuel, qui est la lumière et la vérité, en lui seul est infiniment et sans défaillance le bien moral, qui est l'amour et la béatitude. Tout ce qu'il y a dans la création de lumière et de bonheur n'est qu'un lointain reflet de ce qui est en lui. Celui donc qui désire posséder le bien intellectuel et le bien moral doit s'efforcer de participer à la pensée divine et au bonheur divin ; chercher ailleurs est une peine folle et inutile ; penser autrement que Dieu est erreur, vouloir autrement que lui est mal et malheur. Celui qui se met en discordance avec

Dieu ne peut jamais se mettre en harmonie avec lui-même, sa pensée reste toujours divisée par le doute et son cœur déchiré par le mécontentement. Le seul vrai moyen d'acquérir à la fois le bien intellectuel et moral est donc de chercher par tous les moyens possibles à savoir ce que Dieu pense, afin d'y conformer notre pensée, et de connaître ce qu'il veut, afin d'y confirmer notre volonté. Penser comme Dieu, vouloir comme Dieu, voilà le but, la fin suprême, la réalisation parfaite, tout est là, c'est le tout de l'homme, *hoc est enim omnis homo*, et que ceci soit pour nous la conclusion des conclusions. *Amen*.

FIN

TABLE DES MATIÈRES

CONTENUES

DANS LE DEUXIÈME VOLUME

		PAGES
Chap.	I. Du Corps fluidique.	1
—	II. Du Progrès.	15
—	III. Du Bien et du Mal.	25
—	IV. De la Grâce et de la Prédestination.	57
—	V. Du Nom de Don attribué au Saint-Esprit.	73
—	VI. Des Vertus Théologales.	81
—	VII. Des Vertus Cardinales.	99
—	VIII. Des Péchés Capitaux.	117
—	IX. Des Sacrements.	142
—	X. Du Pater.	178
—	XI. De l'Art.	188
—	XII. Des Beaux-Arts.	195
—	XIII. De l'Art Vivant.	216
—	XIV. De la Fleur de l'Amour.	238
—	XV. Des Conditions de l'Amour en Dieu et dans l'homme.	253
—	XVI. Des Lois du Monde physique.	269
—	XVII. Résumé sur les Nombres.	299
Conclusion.		309

Beauvais. — Imprimerie Professionnelle.

www.ingramcontent.com/pod-product-compliance
Lightning Source LLC
Chambersburg PA
CBHW060647170426
43199CB00012B/1702